U0637498

本书为教育部人文社会科学研究青年基金项目
"汉语规范化与'十七年'长篇小说关系研究"
（项目编号 13YJC751030）成果
河南省高校青年骨干教师资助计划成果

再造巴别塔

——汉语规范化与"十七年"长篇小说关系研究

刘成勇 著

中国社会科学出版社

图书在版编目(CIP)数据

再造巴别塔：汉语规范化与"十七年"长篇小说关系研究 / 刘成勇著. —北京：中国社会科学出版社，2017.2

ISBN 978 – 7 – 5161 – 9417 – 1

Ⅰ.①再… Ⅱ.①刘… Ⅲ.①汉语规范化 – 关系 – 长篇小说 – 小说语言 – 研究 – 中国 – 当代 Ⅳ.①I207.425②I045

中国版本图书馆 CIP 数据核字(2016)第 288140 号

出 版 人	赵剑英	
责任编辑	宫京蕾	
责任校对	周 昊	
责任印制	李寡寡	

出　　版	中国社会科学出版社	
社　　址	北京鼓楼西大街甲 158 号	
邮　　编	100720	
网　　址	http://www.csspw.cn	
发 行 部	010 – 84083685	
门 市 部	010 – 84029450	
经　　销	新华书店及其他书店	

印刷装订	北京市兴怀印刷厂	
版　　次	2017 年 2 月第 1 版	
印　　次	2017 年 2 月第 1 次印刷	

开　　本	710 × 1000　1/16	
印　　张	19	
插　　页	2	
字　　数	312 千字	
定　　价	78.00 元	

凡购买中国社会科学出版社图书，如有质量问题请与本社营销中心联系调换
电话：010 – 84083683
版权所有　侵权必究

序

孙先科

在几年前的一篇文章中我提到过，"十七年"小说研究成果丰硕，许多学者在叙事形态与意义系统的话语裂隙及冲突中寻找文本内部不同话语纠缠迎拒的多声部格局，即使是传统的社会历史批评，在摆脱了意识形态话语的牵制后仍不失其对"十七年"小说解读的有效性。20世纪90年代以来小说理论的丰富与增殖以及西方文论的本土化使"十七年"小说研究走向新的高潮。但相对于"十七年"小说文本的特殊性与复杂性而言，在视阈和疆界方面仍有拓展的可能。尤其是这一期间产生的长篇小说，其与生成语境之间的关联互动及文本自身的大容量及敞开性为研究者提供了更好的切入角度和阐释空间。

因此，三年前，当成勇和我谈起准备从汉语规范化的角度观照"十七年"长篇小说时，我觉得这是一个很有意思的话题，也有很大的研究价值。20世纪50年代的汉语规范化运动有其必要性，毕竟对于刚刚成立的国家来说，语言统一及其标准化是社会有效运转和意识形态建构的必要条件。但当这种规范化语言大量进入文学作品，或者说文学作品在很大程度上是作为规范化语言的载体而存在时，那么文学自身难免会发生某些本质性变化。毕竟作为语言的艺术，文学最终是以语言形象呈现出来。从语言入手可以触摸到"十七年"长篇小说更多本体性的问题，同时也有可能敞开一些被人道主义、历史主义和启蒙主义话语以及精神分析、叙述学、结构主义、解构主义等研究方法所遮蔽的问题。在看了成勇的书稿后，我认为，成勇在史料挖掘及问题分析方面都有新的发现和新的见解，他所做的工作在一定程度上填补了"十七年"长篇小说研究的薄弱环节。

20世纪语言哲学取得的巨大成果为整个人文社会科学的研究提供了许多可供借鉴的新方法、新视角。但在"十七年"长篇小说的研究中，由于政治的原因，学者过多关注文学的社会历史层面，相对忽略了语言之于文本的本体性地位。即使谈到语言变革对"十七年"文学的影响时，也只是在语言的工具性层面展开，鲜有涉及这种语言变革给作家和作品带来的思想和艺术层面的变化。有鉴于此，作者积极吸收语言哲学的新成果，将语言本质论作为理论基础。从这种宏观的理论视野出发，作者既可以整体性把握语言体验与语言观念、政治规训与文学自由、语言想象与生活真实之间的复杂关系，也可以游刃有余地探讨汉语规范化对"十七年"长篇小说具体的影响。从微观的语言选择与使用到中观的语言意识形态，再到宏观的语言本体，作者在不同层面上考量"十七年"文学的生成、发展、流变及其整体风貌，并最终从语言这一文学本体性存在的角度重新认识了"十七年"长篇小说的一些重要文学现象。

当然，为了避免理论推演的空泛，作者首先遵循论从史出、实事求是的治学原则，在对史料的把握与分析中，提炼具有创见的观点。任何一种历史学科研究的推进都离不开史料的支撑，史料的新发现是推动历史研究往前发展的主要动力之一。该书爬梳了大量丰富的、原始的史料，在对历史细节的叙述和解读中尽可能还原或接近历史本相。再就是以文本分析为主，在对"十七年"长篇小说某些语言细节的阅读与阐释中证实汉语规范化对"十七年"长篇小说的有效影响，同时也发现了一些隐藏的或压抑下去的文本意义。文本分析是理论思辨和逻辑推论的平台，它使理论建构不至于成为凌空虚蹈的自我演绎。如对老舍的《正红旗下》字词的语音分析，表明"十七年"长篇小说民族风格的强化与汉语规范化的密不可分，同时也见出作者扎实的文本分析能力。再就是作者本着历史主义的研究态度既对汉语规范化的合理性及其对"十七年"长篇小说的积极影响作了肯定，也辨析了文学作品依循自身逻辑对规范化语言的对抗与博弈，从中透露出的是主体心态、政治环境、文学范式之间或明或暗的关联与离合。

总之，以语言作为重新进入"十七年"长篇小说的有效路径，既显示出作者敏锐的学术眼光，也反映了作者一丝不苟的学风。尽管这部论著在体例安排和观点阐发方面还有值得商榷之处，但对于这样一个新的领域，遗漏和不足在所难免。希望学界师友能以宽容的心态对这部著作提出建议和批评，也希望成勇在今后的学术道路上持之以恒，取得更为丰硕的成果！

目　录

绪　论

汉语规范化有广义和狭义之分。广义的汉语规范化指的是根据汉语发展规律，对语音、词汇、语法制定一定的标准，促进语言使用的明确、一致，以利于民族共同语及民族文化的健康发展。狭义的汉语规范化指的是20世纪50年代以推行《汉语拼音方案》、整理和简化汉字、推广普通话为主要内容的语言运动。本书所指的汉语规范化是就狭义而言，也就是新中国成立后的语言规范运动。本书的目的是以汉语规范化为背景，从语言的角度看"十七年"长篇小说的生成流变、文体特征及诗学问题。

一　问题缘起

"十七年"期间，文学承担起为新的政权"正名"和宣扬社会主义价值观的意识形态重任。在各种文类中，长篇小说最适宜表现新中国"翻天覆地"的史诗性巨变。这是因为一方面自近代以来，长篇小说被赋予表现整体性的现实社会和连续性的历史进程的意识形态功能；另一方面是新的时代召唤长篇小说"必须表现'时代的必然'"。① 20世纪50年代是长篇小说创作的一个高峰期，大致表现在三个方面。首先是数量的激增。根据《中国新文艺大系·理论史料集》（1949—1966）关于长篇小说目录索引统计，"十七年"共出版长篇小说310多部，其中1957—1960年这四年共出版130多部，将近总数量的一半。后来被认为是"红色经典"的作品也大多出现于这一时期，像《六十年的变迁》《红旗谱》《林海雪原》《上海的早晨》《青春之歌》《三家巷》《山乡巨变》《铁木前传》《大波》《创业史》等。其次是作品大多是史诗般的鸿篇巨制，动辄数十

---

① 陈建华：《革命与形式——茅盾早期小说的现代性展开》，复旦大学出版社2007年版，第40页。

万甚至上百万字。多部曲长篇小说也大量集中出现,有柳青的《创业史》两部、李云德的《沸腾的群山》两部、梁斌的"红旗谱"三部曲(《红旗谱》《播火记》《烽烟图》)、欧阳山的"一代风流"系列(《三家巷》《苦斗》《柳暗花明》)、冯德英的"花"三部曲(《苦菜花》《迎春花》《山菊花》)、雷加的"潜力"三部曲(《春天来到了鸭绿江》《站在最前列》《蓝色的青枫林》)、萧玉的"高粱红了"系列(《乌云密布》《战鼓催春》《紧锁关山》)、周而复的《上海的早晨》四部、李劼人重写的"大波系列"四部、唐人的《金陵春梦》八本、姚雪垠的多卷本《李自成》等。还有就是创作长篇小说的作家队伍不断壮大。除了赵树理、周立波、柳青、欧阳山、艾芜、李劼人等从三四十年代就开始从事文学写作、创作经验丰富的老作家外,还有一批在战争中成长起来、凭借着丰富的生活经历登上文坛的工农兵作家如高玉宝、陈登科、乌兰巴干、曲波、冯志、知侠等。受时代精神的鼓舞,作家们普遍表现出强烈的叙述历史、反映现实生活的创作冲动。以写短篇小说见长的作家如孙犁、沈从文等也有长篇小说的问世或有创作长篇小说的意愿。

但与这一创作热潮成反比的是,无论当时还是现在,对"十七年"长篇小说整体评价不高。五六十年代,周扬、茅盾等指出过长篇小说创作有公式化、概念化的弊病,如人物形象塑造的模式化、叙述故事的概念化、艺术手法的单调等。80 年代前期在"告别革命"的思潮背景下,批评界认为"十七年"长篇小说审美性缺失、文学性不强。80 年代后期,尽管"重写文学史"的提出使研究者开始从文学本体的角度对"十七年"长篇小说进行解读和阐释,但"非历史化"的思维方式无疑在对这一时期长篇小说敞开的同时造成新的遮蔽。90 年代中期以来,随着文学研究的文化转向,研究者开始从多个角度进入"十七年"长篇小说,一方面在文本内部的边缘、细节处挖掘作品的审美特质、生命存在、现代性价值诉求等,另一方面从文本产生的语境——文学环境、文学制度等方面探究文本与意识形态之间的复杂性关系。以上各个角度的研究出现了大量成果,表明"十七年"长篇小说似乎是一个多质的、丰富的、复杂的文本空间。但不可否认的事实是,除了研究者对这一时期长篇小说作专业性阅读之外,普通读者不再有"十七年"乃至其后相当长一段时间内的阅读热情。

尤其是上述研究尽管是以长篇小说文本为研究基点,其最终获取的却是小说以外的某种价值，是一种"非文学"的"文学研究"。也因此，在研究者众语喧哗的背后，得出的结论有时候是互不兼容或南辕北辙。那么，有没有一种能够"克服文学语言研究中抽象的'形式主义'同抽象的'思想派'的脱节"的理想视角，① 在整体性基础上沟通形式与内容，有效地描述或解释"十七年"长篇小说的诸种文本现象、文本症候？比如，当代文学"一体化"问题（洪子诚），什么样的内容"应写""可写"与"不可写"以及"怎么写"，线性的时间观与历史进化论，去性化与生活内容的"圣洁化"等（黄子平），作品的不断修改与重写问题（金宏宇），文学与政治之间的关系问题，"十七年"文学的审美问题以及时间问题、新人问题、人物形象的单质化、情节的单线式结构，等等。还有，该如何认识"十七年"长篇小说的公式化和概念化现象？在内容方面为何会集体性地出现政治生活的突出和日常生活、地方生活的消隐，共性的突出和个性风格的消隐，国家叙事的突出和知识分子叙事、民间叙事的消隐的文本症候？为何"十七年"时期一些优秀的作家如沈从文、曹禺等有创作的冲动但却写不出作品？为何具有艺术表现力的作家艺术枯竭？为何这一时期的作品主要写亲历事件？

也许要回答这一切，还是得回到"文学是语言的艺术"的命题，尤其是不能忽略"十七年"长篇小说所处的汉语规范化这个大背景。

文学是语言的载体，语言是文学的物质材料。就此意义上说，文学是语言的艺术，"文学性"也就是语言描绘生活、传达情感、感悟灵魂的准确性、形象性和丰富性。文学创作首先就是对于语言的甄别、选择与使用；而对于文学作品的接受也首先是从语言开始，语言的质量决定了文学作品思想主题的深度、艺术审美的高度。一时代有一时代的文学，而这种文学与这一时代的整体语言状况密不可分。从语言的角度来看，汉语经历了从雅致到通俗、从文言到白话的蜕变，顺应着这种变化，文学也经历了诗经、楚辞、先秦散文、汉赋、唐诗、宋词、元曲、明清小说等种种文学形态。由此可见，社会语言的发展变化决定了文学语言的形象风貌，而文学作品在根本上受到社会语言的潜在制约，很难设想会有一种"超语言"的文学语言的存在。

---

① ［苏］巴赫金：《长篇小说的话语》，《小说理论》，白春仁、晓河译，河北教育出版社1998 年版，第 37 页。

但这样说并非表明文学语言是一种被动存在。文学语言是一种具有审美性的、自由自在的语言，总是不断冲破社会语言的"牢笼"以实现自我。文学语言也是一种开放性的语言，各种行业、专业、知识领域的语言都可以进入文学语言系统。如果说一种语言代表了一种生活，那么，文学语言表现的生活最为广阔、最为丰富。同时，文学语言对于社会语言的发展具有反作用，文学作品中的语汇可以成为社会的流行语，从而促进了社会语言的丰富，深化了语言的内涵。如果文学语言是对社会语言的照搬实录，文学也就失去了自身的独特性。这也是语言学家承认的事实。张志公指出："文学作品语言的使用间或逸出一点语汇规范、语法规范以至逻辑事理的规范，往往是不可避免的，甚至于说，恰恰是由于它逸出规范'逸'得高明而产生了文学效果，形成了某种风格。"① 因此，文学语言在一定程度上会与规范性的社会语言、功利性的交际语言相疏离或是冲突，规范性的社会语言也总是约束着文学自由的天性。但无论如何，文学作品却总能在对规范语言的遵循与反抗中显现出艺术的灵光。

但汉语规范化不仅未给"十七年"长篇小说自由的空间，甚至也未留有更多商榷的余地，"十七年"长篇小说在汉语规范化语境中似乎并未表现出更多的艺术价值。50 年代的语言规范化既是语言自身逻辑发展的结果，更是国家语言规划使然。新中国成立伊始，无论是政治教育、经济发展，还是社会交流、文化教育都亟须对语言进行规范，以达到普及文化、传播知识的目的。从国家建构的角度而言，对于秩序的调整和价值的统一也首先要从语言着手。规范化的语言造就的是一个整体、有序的世界，这恰好吻合了新中国从混乱中创建新的秩序和价值的迫切心理。因此，语言问题迅速上升为思想态度问题、政治立场问题——章伯钧、罗隆基、陈梦家等对汉语规范化表示怀疑和反对意见的知识分子不仅因此被定为"右派"，有的甚至为此付出生命代价。文学作品作为语言媒介，很快被赋予推广、示范规范化语言的历史使命，而"十七年"长篇小说因其语言容量大、读者接受范围广备受重视。规范化的语言没有拉开文学与生活的距离，文学拘泥于语言的规范而处处掣肘。随着那种特殊年代政治生活的远去，文学也就随之丧失了时代价值而被遗忘。

因此，本书将从语言入手去考察"十七年"长篇小说生成演变的内

---

① 张志公：《文学·风格·语言规范》，《语文建设》1992 年第 6 期。

在根源，通过对汉语规范化运动在"十七年"长篇小说生成演变中影响方式、影响程度及影响效果的分析，揭示语言规范化在"十七年"长篇小说形成过程中的作用以及由此带来的"十七年"长篇小说的重要文本现象。

二　研究意义及研究现状

学界对于"十七年"长篇小说的研究成果相当可观，也有部分成果涉及"十七年"长篇小说的语言问题，但就笔者阅读范围来看，将汉语规范化作为语言背景，在史料整理、历史阐释和文本解读的立体框架中对"十七年"长篇小说的生成机制、价值立场、文体选择等方面进行整体系统研究的工作尚未展开。

研究汉语规范化与"十七年"长篇小说之间的关系具有重要学术价值和理论意义。文学是语言的艺术，语言的变化势必会影响到文学创作的变化。新中国成立初期的汉语规范化以语言政策的形式对整个社会生活产生了重要影响，对作家和文学作品提出了更为严格的要求，作家的语言观念和创作实践因此而改变。作家成为"语言规范的宣传家""推广普通话的示范者"，文学作品则是规范语言的重要载体。语言的规范带来的是思维范式、文体风格、叙事模式的规范，这就影响到"十七年"长篇小说的总体风貌。从汉语规范化的角度来观照"十七年"长篇小说，可以看出更多从其他角度所难以看出的艺术问题，可以得出更为接近这一时段文学发展规律的结论。如果忽略了汉语规范化这一特殊语言背景，忽略了文字改革、普通话的推广对作家语言观念和创作实践的影响，忽略了语言规范对于文本生成演变的机制性作用，可能难以对"十七年"长篇小说的文学秩序及种种艺术症候作出合理解释，也难以阐释意识形态与文学实践之间更为细致的、具体化的影响与关联。在汉语规范化与"十七年"长篇小说之间建立一种阐释关系，是近年来中国现当代文学进行"个案化"和"细节化"（孙先科语）研究的深入要求，既可以在语言本体意义上揭示"十七年"长篇小说与民族国家建构之间的互文关系，同时也是在文学本体范围内探讨"十七年"长篇小说的文体风貌及艺术特征，从而将"十七年"长篇小说研究引向更深层次。

目前与本论题有关的研究成果主要有以下三个方面：

1. 在语言工具论层面对"十七年"文学语言进行研究。对"十七年"文学语言较早关注的是学者李道新。1993年他连续发表了《试论"十七年"文学语言的人工性》《从语用学角度看17年文学语言的公众化、社会化趋向》两篇文章，指出"十七年"文学语言是一种具有工具功能的人工语言，阻碍了这一时期文学向更深刻的境界发展。李道新的研究尽管没有更深入地挖掘"十七年"文学人工语言的成因，但却注意到了文学语言的"浅表化、非个性化和程式化"现象，尤其是他认为应超越工具性文学语言的范畴，恢复文学语言的本体论意义，对本论题具有一定的启示性。

2. 从民族国家建构的高度对"十七年"文学生成的语言动力机制进行研究。随着20世纪90年代中国现代文学研究的语言学转向，"十七年"文学语言在新的世纪再次引起关注。张卫中、郜元宝、赵黎明、颜同林等学者从20世纪语言思潮的角度探讨了民族国家建构与汉语规范化之间的关系及其对"十七年"文学语言的影响。这些学者研究视野开阔、史料翔实，在语言运动与文学演变之间建构起内在关联。但因为其关注视野的宏观，并且着力于从思想史和政治史层面对"十七年"书面语言建立过程的考证，相对忽略了作家的语言体验与语言观念及其在文学创作中的体现。因此，在微观层面对规范化语言如何进入"十七年"长篇小说并因此规范了文本进行细节性考证，是对这一问题的研究与深化。

3. 中国现当代文学研究语言学转向的其他成果以及90年代以来"十七年"长篇小说的研究成果，对本课题研究工作的展开具有启发作用和理论意义。（1）高玉、朱晓进、刘进才、文贵良、张艳华、刘琴、刘广远、张昭兵等对于现代汉语和现代文学之间的互动研究；（2）张颐武、郜元宝、葛红兵、张卫中、南帆等对汉语写作的理论探讨及文本研究；（3）孙先科、金宏宇、黄发有、姚丹、钱振文、龚奎林等对"十七年"长篇小说的版本变迁研究；（4）李陀关于"毛文体"的系列文章；（5）黄子平、蓝爱国、李杨、余岱宗等对"十七年"长篇小说的症候式解读。

综上所述，在汉语规范化与"十七年"长篇小说之间有着巨大的研究空间和阐释的可能性。

第一章

现代化价值诉求与汉语规范化

《旧约圣经·创世记》第十一节讲的是"巴别塔"的故事。大洪水后，人们说的都是同一种语言，交流非常便利。为了"传扬自己的名"，人们准备建造一座通往天堂的高塔。上帝知道后，担心"以后他们要做的事就没有不成了"。为了阻止人类的计划，就变乱了他们的口音，使他们在语言上出现隔阂，无法合作施工，"巴别塔"——通天之塔自然也就无法建成。于是，人类分散到世界各地，而语言随着时间的推移也越来越乱。作为一种隐喻，"巴别塔"表示人类语言的多样性和交流的困难。语言的混乱给人类的生存和社会的发展带来重重障碍。因此，"再造巴别塔"的语言冲动在人们的心中一直存在。尤其是跨入现代社会的门槛，语言的统一更是现代民族国家的建立及大规模社会合作的必要前提。

语言的统一也是中国现代化的重要内容。现代化体现为物质、制度的现代化，但作为现代化的前提条件则是同质化的语言。自鸦片战争以来，古老的中国一直奔突在新生的路途上，经过洋务运动、维新变法后，有识之士认识到中国的问题是文化的问题、思想的问题，也逐渐认识到要改变中国的文化和思想，必先从语言开始，而语言变革也是开启民智、强盛国家的必要手段和路径。此后的语言运动莫不沿着这一思路行进。可以这样认为，近代以来的现代化历史进程映射在语言运动的镜像中。经过近半个世纪的摸索，新中国成立之后进行的汉语规范化运动将语言的统一落到实处，结束了长久以来汉语言文分离、方言众多的混乱局面，为新中国政治、经济、社会、文化的发展建构了一座坚实的语言"巴别塔"。

第一节 语言与语言规范化

语言的出现对于人类的进化具有决定性意义，语言的本质决定了人的本质。人们把握世界、构建社会、感受自我依赖于语言，而传递信息、交流思想、承载文化更是语言的基本功能，这一切都需要在语言规范的基础上才能实现。就像洪堡特所说："语言结构必须把自由性同规律性结合起来，也即需要通过一定的限制来确保自由的存在。"① 语言从一开始就具有本能性的规范化趋向，在其漫长的发展过程中，语言规范从未间断，保证了现实言说和社会发展的可能。

一　语言规范化与社会发展

学术界对语言的起源语焉不详，即使有一些提法，也大多是假说、设想，比如模仿说、劳动说、心灵说、情感说等。但可以肯定的是，语言和人类社会的产生是同步的。人类有了语言，可以更好地交流信息与情感，组织社会生产活动。但语言并不仅仅是作为交流信息与情感的工具而存在，工具性仅仅是语言功能的一部分。语言一经产生，就具有了自我的生成逻辑法则，规定着人的本质和社会本质。借助于语言，人类经验可以以概念化的方式被凝固和撒播。通过语言，人有了时间感和空间感，从而也确立了自我主体性。人通过语言拥有了世界，对世界的认识也止于语言。世界随着语言而延展，并在语言的边界处止步。语言的可能性意味着生活的可能性，与其说人存在于生活中，不如说人存在于语言中。正因如此，海德格尔肯定性地指出语言之于人的重要性："唯语言才使人能够成为那样一个作为人而存在的生命体。作为说话者，人才是人。"②

在语言之前，人类面对的是差异和混乱的世界，只能本能性地处理人与世界、人与他人之间的关系。有了语言，人为世界划定界域，变混杂为条理，赋予处理对象、生活事件、行为活动以价值和意义。事象经由语言的编码才能为人所注意，从这一意义上说，语言不仅能反映事象的本质，同样也能歪曲事象的本质。名称和事物之间并不具有必然的联系，二者之间的结合体现了任意性和武断性，也就是荀子所说"名无固宜，约之一命"。但一旦两者之间的关系确立，就有了一种约定俗成的稳定关系。这种关系不能违拗，否则的话，经验将被瓦解，世界将重新散乱。

---

① ［德］洪堡特：《论人类语言结构的差异及其对人类精神发展的影响》，姚小平译，商务印书馆 1999 年版，第 192 页。

② ［德］海德格尔：《海德格尔选集》，孙周兴选编，上海三联书店 1996 年版，第 981 页。

　　语言的失序表征着社会的失序。战国中晚期是一个战乱频繁的时代，同时也是一个文字大变革的时代。魏晋南北朝时期，政治分裂，战乱不断，表现在语言方面则是字体不一，语音不正。西晋末年，北魏文字学家江式呈请北魏宣武帝派人帮助他编撰《古今文字》，就是因为十六国之乱后，出现了"世易风移，文字改变"而致"谬错""失真"等诸多社会问题，通过词典的编撰，以使语言规范起来，从而达到匡谬正俗的社会效果。清末民初至新中国成立之前是中国社会由传统向现代嬗变的时代，表现在语言方面也是文言、白话、方言、欧化语言甚至世界语、拉丁化新文字并存。语言的混乱给社会政治、经济、文化和日常生活带来极大的不便。

　　规范化语言造就的是一个有序的世界。孔子说："名不正，则言不顺；言不顺，则事不成；事不成，则礼乐不兴，礼乐不兴，则刑罚不中；刑罚不中，则民无所措手足。"① 由此可见，"正名"也即语言的规范是有序的开始。许慎将文字看作社会有序的根本："本立而道生，知天下之至啧而不可乱也。"追求有序是人的本能，而不断地自我规范也可以看作是语言的本能。因此，规范是语言发展的基本原则。当然，随着人的思维的拓展和社会生活的扩大，语言会出现变异，但这种变异的语言终将以其实用与否或淘汰或成为语言的有机部分。语言的发展就是在"规范—变异—规范"中循环往复以至无穷。很难设想会有一种一成不变的语言。同理，也很难有不断处于变化过程中的语言的存在。就汉语而言，春秋时期有雅言、通语，明清时期有官话，现代以来有国语、普通话，这些都是规范化的语言。但在几千年的发展过程中，汉语无论是词汇、语音还是语法都发生了巨大的变化，并且还将会继续发生变化。

　　在前文明社会，语言的规范通过约定俗成的原则实现。进入文明社会之后，除了语言自身的新陈代谢，社会力量对语言规范起到不容忽视的作用。其中辞书、字典在语言规范中起着十分重要的作用。再有就是语言学家、权威人士著书立说也是语言规范的重要力量。如汉朝末年书法家蔡邕主持刻写了三体石经，从而开始了中国历史上第一次碑刻经书、规范文字的伟大工程。而能够对语言进行强制性规范并能产生直接影响和效果的则是国家行政力量的作用。既然文字是治理国家的基础，那么国家也就有责

---

① 《论语·子路第十三》，钱穆：《论语新解》，巴蜀书社 1985 年版，第 307—308 页。

任处理好语言文字问题。故而东汉许慎认为："盖文字者，经艺之本，王政之始。"① 国家主要是通过语言政策和语言规划有步骤、有目的地推进语言规范化，而语言规范化也需要全社会的共同参与才能实现，即如王国维所说："凡既有文字之国，未有能以一人之力创造一体者。"② 秦代的"书同文"是一次大规模的文字规范化运动，遏制了七国之间"言语异声，文字异形"的非规范化局面，大篆简化之后的小篆成为秦国的标准官书。而"书同文"能够在短时间内完成，也与官方的大力主导密不可分。这是中国历史上第一次由官方推行的文字改革。西汉时有律法规定，"吏民上书"如果有错别字就要被判罪，文字使用规范上升到国法层面。从近代以来的语言运动实践上看，有没有政府主导结果是不一样的。晚清、民国都有对语言规范的讨论和实施，但因为"政府既没有能力也没有决心真正实现对语文运动的领导"，③ 半个多世纪的语言规范不如新中国成立后短短几年间取得的效果显著。

二　语言规范的基本内容

语言规范可以从语音、文字、词汇、语法等几方面进行。对于汉语而言，语言的规范首先是文字的规范。西方语言和文字基本上能够保持一致，而汉语语言和文字在上古时代就发生了分离，"从文字上几乎看不到真实的语言"。④ 梁漱溟也认为："语言文字浸浸分别而行，初不以文字依附于语言，而语言转可收摄于文字。"⑤ 言语行为具有即时性和语境性，语音及其意义稍纵即逝，而文字却以其保守性、稳定性保存了语言的风貌。战国时吕不韦悬赏天下诸侯游士宾客对其所编《吕氏春秋》进行品评："有能增损一字者予千金"，这说明来自不同方言区的士人都能读懂《吕氏春秋》的文字；同样，西汉时读书人还能读懂春秋战国时的古文书籍。对于汉字的这种超时空性及其历史作用，国外学者似乎认识得更为清

---

① 许慎：《说文解字序》，曹顺庆主编《中华文化原典读本》，北京师范大学出版社2011年版，第288页。

② 王国维：《史籀疏证序》，《王国维手定观堂集林》，浙江教育出版社2014年版，第133页。

③ 何九盈：《中国现代语言学史》，广东教育出版社1995年版，第13—14页。

④ 唐兰：《中国文字学》，上海古籍出版社1979年版，第3页。

⑤ 梁漱溟：《中国文化要义》，学林出版社1987年版，第312页。

晰。索绪尔认为，对于汉人来说，文字就是第二语言。中国的语言没有像欧洲语言那样分化成各种不同的语言，就是因为方块汉字的维系。英国语言学家帕默尔认为"汉字是中国文化的脊梁"，瑞典汉学家高本汉更是明确指出："中国人抛弃汉字之日，就是放弃他们的文化基础之时。"① 故而可以认为，语言的根本在文字，而文字的规范是汉语规范的根本。

一般认为，西周宣王用大篆统一了异体较多的甲骨文、金文，大概是中国历史上汉字的第一次规范与统一。秦朝时文字使用混乱，有大篆、小篆、刻符文字、署书、殳书、隶书等，这一时期也出现了多部字书以使其统一起来，如李斯的《仓颉篇》、赵高的《爰历篇》、胡母敬的《博学篇》等。到西汉时草书兴起，则有杨雄所撰《训篆篇》。王莽当政时期各种书体有六种，乱造之字更多，而经今古文之争则对字义的理解分歧加大。针对文字使用的乱状，许慎撰写了《说文解字》，目的是通过对文字的意义追本溯源，以"解谬误，晓学者，达神恉"，恢复五经真意。《说文解字》是史上第一部大字典，共收汉字 9353 个。许慎从社会实践的角度论述了语言文字与社会发展之间的关系，系统地分析了汉字的内部规律，将汉字音、形、义进行贯通综合研究，从而使文字研究有了科学依据。自此之后，汉字的形体及意义没有太大的变动。

在规范的文字基础上产生的书面语也即文言文也是规范性语言。在长期的语言实践中，文言构建起严谨的表述体系，但建立于表意的、单音节文字基础上的文言在语法方面又有其灵活的一面。关于文言严谨与灵活的辩证关系，张中行有个形象的说法："表示某种意思，用什么词，组成什么样的句式，虽然容许一定的灵活性，但这有如京剧旦角的服装，可以穿青衣，也可以穿红挂绿，却绝不许穿生角、净角的长袍。"② 这表明文言在语法方面有很大的灵活性，但所使用的词汇系统却非常严格。文言自身的稳固再配合以读经、科举，两千多年来，对国家的统一、民族的融合、历史的延续起到不可替代的作用。张中行从多方面肯定了文言的历史功绩："……文言是有打破时间限制的魔力的。"文言"是联系不同地域和不同时间的人，使他们感到同属一家，因而有助于国家和民族的团结"③。

---

① 见游汝杰《中国文化语言学引论》，高等教育出版社 1993 年版，第 167 页。

② 张中行：《文言和白话》，黑龙江人民出版社 1988 年版，第 17 页。

③ 同上书，第 30、40 页。

从世界上其他国家因语言变迁带来的民族分裂、国家混乱、历史断裂的事实来看，作为书面语的"文言"具有超强的稳定性，对中华民族的政治、经济、文化的延展实在是功不可没。

　　构成语言的另一重要系统是口语。相较书面语而言，口语对于人来说，更具有直接现实性。人们可以不需要书面语，但却离不开口语，口语的消失也就意味着语言的消失。因此，口语的规范也是语言规范的重要内容。口语由于其当下性和在场性，在使用方面更为自由、随意，甚至在某些具体语境中缺乏语意连贯性和语法逻辑性，规范的难度更大。但这并不意味着口语是无章可循，可以率性而为。殷周之际的雅言、汉代的通语、明清之际的官话、现代的普通话都是规范化的口语。口语的规范主要是"正音"，也即语音的统一标准化。我国历史上出现了多部正音的韵书，如三国时李登所编的《声类》、晋代吕静所编的《韵集》、隋代陆法言编撰的《切韵》、唐代孙愐所著《唐韵》、宋代陈彭年等整理编修的《广韵》、元代周德清编辑的《中原音韵》、明代乐韶风编撰的《洪武正韵》、清代李光地等编纂的《音韵阐微》等。其中周德清的《中原音韵》是第一部以当时口语为描写对象的韵书，针对的是当时北曲创作在体制、音韵、语言等方面"令人无所守"的混乱状况，其主要目的就是"正音"："言语一科，欲作乐府，必正言语，欲正言语，必宗中原之音。"《中原音韵》在戏曲界影响很大，时人认为该书所编中原音韵并诸起例"能使四方出语不偏"，明王骥德评价说："作北曲者宗之，兢兢无敢出入"，《四库全书提要》也认为《中原音韵》成了"北曲的准绳"。这部书对于戏曲创作和戏曲繁荣起到了促进作用。如果考虑到戏曲在民间的普及，那么本书更大的作用还在于为现代普通话的语音规范奠定了基础。①

　　汉语书面语和口语共享同一文字基础，两者之间相互渗透，你中有我，我中有你。利玛窦指出："说起来很奇怪，尽管在写作时所用的文言和日常生活中的白话很不相同，但所用的字词却是两者通用的。因此两种形式的区别，完全是个风格和结构的问题。"② 口语是书面语的基础，是书面语的源泉。先有口语才有书面语，书面语是在对口语提炼加工的基础

---

　　① 见吴勇、刘裕黑《周德清与〈中原音韵〉及其人其事》，中国音韵学研究会编：《中国音韵学——中国音韵学研究会南昌国际研讨会论文集》，江西人民出版社2010年版，第263页。

　　② ［意］利玛窦：《利玛窦中国札记》，中华书局2010年版，第27页。

上而形成；书面语虽源于口语，但与口语相比，更为规范、清晰、稳定。书面语或多或少吸收了口语中的有益成分，同时也对口语的发展产生影响，比如成语典故在口语中就经常使用。当然，口语的规范对书面语的规范也具有反作用，即如人所说："'出口成章'也更有利于'下笔成文'。"①《论语》是以口语写就的语录体，而据学者统计，出自《论语》的成语有 255 条，可见现今的书面语词中有不少是来自于两千年前的口语。② 再有，汉译佛经、宋元话本、禅宗语录、宋金戏曲、元杂剧中都有大量的口语词，这些词语随着明清白话文的成熟也都进入书面语系统。

　　尽管书面语和口语相互影响、相互渗透，但在语言规范中书面语一直对口语起着主导作用，即使在清末民初一直到新中国成立初期的"言文一致"的"国语"构建过程中也不例外。"言文分离"是晚清知识分子出于富国强民的启蒙需要对汉语体系做出的一种判断，如梁启超认为，"言文分离"由来已久："抑今之文字，沿自数千年以前，未尝一变，而今之语言，则自数千年以来，不啻万百千变，而不可以数计。以多变者与不变者相遇，此文言分离之所由起也。"③"言文分离"阻碍了现代思想的传播和民智的开发，于是追求一种透明的"言文一致"的语言体系几乎成为自晚清以来知识分子的共识，其中用力最甚的是对"言"也即"口语"的规范统一。时人多认为"文"是对"言"的摹写，"言"可以毫无障碍地转化成"文"，那么只要统一了"言"，即口语，则"文"就可顺流而下，一并统一了。在"言文一致"的语言运动中，白话文作为国语书面语，基本地位和规范得到确立，成为一种统一的书面语。但口语的统一还是没有什么进展。虽然"言文一致"从清末以来一直被反复提倡和追求，然而当建构现代民族共同语言的时候却发现，不止书面语依然维系着"文"的传统，甚至口头语都被"文"重构。④ 口语上的"国语"一定要到中华人民共和国成立之后才最终形成，而"言文一致"无疑也成为新中国成立初期汉语规范化的历史基础和思想原则。

---

①　刘兴策：《语言规范精要》，华中师范大学出版社 1999 年版，第 14 页。

②　党静鹏、刘洪涛：《〈论语〉中的语句对后世成语形成的作用和影响》，《天津教育学院学报》1999 年第 1 期。

③　梁启超：《梁启超全集·沈氏音书序》，北京出版社 1999 年版，第 90 页。

④　袁先欣：《国语中的"言"与"文"》，《首都师范大学学报》2010 年第 6 期。

改革经验，他认为："在某一方面来讲，他们的文字已较中国文字为进步，而他们原来是学并用中国文字的……我想我们的文字研究者应即研究他们的字母及文字改革经验……以便为我们的文字改革制订方案。"① 遵循这一指示，郑林曦对比了旅大市用汉字扫盲和朝鲜、越南用拼音文字扫盲的效果，用具体的数字说明拼音文字扫盲的快捷简便，为中国未来的文字方向树立了样板，坚定了文字拼音化的信心。

应该说，语言变革的成功是多种力量综合的结果，语言学家或是知识分子的变革热情和理论论证固然重要，但仅仅靠语言学家或是知识分子自身的力量难以实现语言运动，它需要政府力量的主导、政策法规的保障和经济的大量投入。1920 年教育部发布命令，全国国民学校一、二年级改"国文"为"国语"，白话文方始进入教材，获得合法性地位。对于教育部的这一纸训令的意义，胡适认为："这个命令是几十年第一件大事。他的影响和结果，我们现在很难预先计算。但我们可以说：这一道命令，把中国教育的革新，至少提早了二十年。"② 在此之前，王照的"官话字母"曾经靠着张百熙、袁世凯的支持在河北、山东、山西、河南、东北推行一段时间，劳乃宣的"合声简字"曾经靠着周馥、端方的支持在江浙各地产生过一定影响。而那些不能得到政府支持的语言运动几乎没有实践的机会，仅仅停留在理论设计层面。五四时期，新派知识分子与守旧知识分子围绕文言白话展开激烈争论，但除了大打口水仗之外对于语言变革本身没有实质性进展。1935 年国民党政府欲推行简化汉字，但因为戴季陶等国民党元老的阻挠而搁浅，汉字简化运动草草收场、无疾而终。由此看出，没有政府的支持，语言工作者的主观努力并不能转变为客观现实。所以，傅斯年才感慨："中国向来革新的事业，不经过行政方面的一纸公文，在社会方面总不容易普及的；就算大家知道了，而且赞成了，没有一种强迫力也不会实行的。"③

新中国的建立为语言的现实实现奠定了坚实的政治、经济基础，而国家领导者的重视更是语言变革成功的制度基础。汉语规范化过程中的政策文件、社论、组织讨论的方式等以及汉语规范化的方向、措施、步骤等与

---

① 刘少奇：《关于学习朝鲜越南等国文字改革工作经验给陆定一等的信》（1950 年 2 月 1 日），《建国以来刘少奇文稿》（第一册），中央文献出版社 2005 年版，第 441 页。

② 胡适：《〈国语讲习所同学录〉序》，《新教育》第 3 卷第 1 册，1921 年 2 月。

③ 黎锦熙：《国语运动》，商务印书馆 1933 年版，第 36—37 页。

领导者的重视程度和关注程度密切相关。正是在政治因素的主导下，汉语规范化工作才在短短十几年的时间里完成过去几十年知识分子变革语言的夙愿。早在 30 年代，语言学家王力就认为："由汉字到拼音文字，比之由文言文到白话文更难成功，自然需要比五四时代更大的潮流，然后能促其实现。总之，汉字改革必须有整个的政治思潮为后盾，否则永远没有成功的希望"，"将来新字如果有成功的一天，一定是因为某一个政党把它作为政策之一，而这一个政党已经取得政权的时候"①。从新中国成立后语言发展道路来看，王力所言不虚。

二　汉语规范化的历史发展过程

1. 1949：新文字运动与汉字改革

近代以来知识分子变革汉字的热情虽然几经波折，但却一直未减。新中国的建立使民间看到了拉丁化新文字实现的希望。1949 年初中国共产党筹备召开中国人民政治协商会议期间，全国各地的语文专家、文字改革工作者等党内外人士纷纷写文章、出书刊，互相联络，呼吁团结合作，希望在新的政治环境下恢复一度沉寂的文字改革事业。许多民间人士向报馆和政府寄送了很多改革文字的意见书及文字方案。就在这一年纪念五四的活动期间，天津几家报纸登载了一些主张推行新文字的文章。成立于1949 年 11 月的中国文字改革协会，在不到半年的时间里就收到全国各地近百种新文字方案。同时，上海、杭州、厦门、扬州、广州等地纷纷成立新文字研究会；在北京、长沙、常熟、常州、南京、汉口、许昌、济南等六十多个地方举行了或大或小的拉丁化新文字运动；全国各地学习新文字的大约有 14000 人，复旦大学、大夏大学、浙江大学等高校将新文字研究列为正式课程；《光明日报》副刊《新语文》、上海新文字工作者协会编辑的《新文字周刊》、厦门新文字研究会主办的《新文字月刊》等杂志纷纷创刊，各种新文字书籍二十多种。文字改革思潮甚嚣尘上。

中国汉字在结构和意义方面体现出一种超稳定结构，反映出的是历史的连续和文化的叠加，从而成为汉民族文化心理的坚实底座。要创造一种全新的历史和文化，就得打碎这个底座。20 世纪二三十年代的"汉字不灭、中国必亡"的论调暗含的就是对中国传统文化的批判，那么，通过

---

① 王力：《汉字改革》，《王力文集》（第七卷），山东教育出版社 1990 年版，第 308 页。

变革与传统文化紧密相关的汉字以达到文化的现代转型，这也是新的政权所必须考虑的事情。吴玉章早在1940年就以肯定的语气对新文字即将产生的历史功绩作了展望："我们要使愚昧无知的中国人变成过去，我们要扫除文盲，只有用新文字才有可能。汉字是不能担负这个任务的。"① 郑林曦更明确认为："有了纯粹拼音的文字，才能帮助中国语言走向真正的、完全的统一。"② 汉字改革还是"言文一致"的必要条件："要想打破文字和语言分离的障碍，达到言文一致，若仅仅在文学上革命，而不在文字上革命，是没有用的。"③ 变革文字更为现实的意义是拼音文字将会在扫盲工作中发挥重要作用。据统计，1949年全国5.5亿人口中80%是文盲，农村的文盲率更高达95%以上。那么，文字改革首先要考虑到的是这部分人的实际需求，而这部分人最需要的就是易学易懂的文字。在新中国成立之初，文化普及比文化提高更为迫切。就像胡愈之所说："曾经有机会受过长期文字教育的少数知识分子，并不感觉到文字改革问题的严重，但对于占人口百分之八十的不识字的工农群众，这问题是严重的，需要立刻解决的。"④ 汤用彤更是明言："文字改革本来不是为着现在已认识方块字的知识分子，而是为着现在还不认识字和将来要认识字的千百万劳动人民和我们的子孙万代。"⑤

　　几经探讨，拉丁化新文字被确定为记录汉语的符号。拉丁字母在当时被认为是在"全世界多数有文化力量的'族语'中都'通行'"，中国要改革旧文字建立国语新文字，就要走这种"国际化"路线。⑥ 这种"国际化"路线显示出新中国的文字变革既具有民主意识，又有世界性眼光。如汪晖所说："这种新的普遍语言具有世界主义和民族主义的双重取向和

---

　　① 甘肃省社会科学院历史研究所编：《陕甘宁革命根据地史料选辑》（第四辑），甘肃人民出版社1985年版，第393页。

　　② 郑林曦：《中国文字为什么必须走向拼音化?》，《中国文字为什么必须改革》，东方书店1953年版，第36页。

　　③ 吴玉章语，见倪海曙《拉丁化新文字运动始末和编年纪事》，知识出版社1987年版，第261页。

　　④ 胡愈之：《"五四"与文字改革》，《胡愈之文集》，生活·读书·新知三联书店1996年版，第253页。

　　⑤ 汤用彤语，见王力《批判右派分子陈梦家关于反对文字改革的荒谬言论》，《1957年文字改革辩论选辑》，新知识出版社1958年版，第198页。

　　⑥ 黎锦熙：《国语新文字论》，《文字改革论丛》，文字改革出版社1957年版，第7页。

双重功能。"① 它颠覆了传统文言的专制威权和现代白话文的精英性质，将公共平等的文化权还给大众，从语言形式方面破解了阶级差别和民族差异，体现出新国家建构的现代色彩。

文字改革很有必要，但又不能操之过急。毕竟文字改革不仅仅是技术层面的操作，而是牵涉到政治、经济、文化、社会生活等方方面面。假如"一旦宣布废止，突换新的工具，一定也要使社会感受到这种'崩溃的威胁'"。文字的遽变其后果还不仅限于社会层面，甚至可能会给新的政权带来威胁："在中国的汉语区域，使用汉字的环境已经这样普遍，这样绵长，凡不与汉字连系的任何新文字工具，目前都是不容易推行得动的，因为在社会生活中，大家对于新工具的'交通性'和'分别型'，总不免怀疑是在'造成无政府状态'。"② 鉴于社会和政治稳定的实际状况，周恩来指出："……文字改革是关系到全国人民的一件大事，政府对它采取步骤是很慎重的。"③ 因此，语言工作者谨慎地提出了汉字改革渐进的主张：汉字改良（用简体字和基本字、核心字）、汉字改换（用"注音汉字"和"新注音汉字"）、汉字改革（用独立的新文字）。④ 其中，汉字改良也即使用简体字成为汉字改革的首要举措。

简体字在民间有一定的历史基础和群众基础，选定并推行、实施简体字是文字改革工作的开始。就像周恩来所评价的那样："远在文字改革委员会成立之前，人民群众早已在改革文字，而文字改革委员会的工作，无非是搜集、整理群众的创造，并且经过各方的讨论加以推广罢了。"⑤ 从汉字的发展历程来看，这是事实。早在宋元时期平民社会就流传着一种通俗的简体字，当时被称为"俗体字"，登不了大雅之堂，但在民间却大受欢迎，成为日常生活用字的首选。简体字既是汉字"趋易避难"规律的体现，也是适应社会生活发展的必要。因此20世纪20年代，当人们开始着手简化汉字时，这些俗体字也开始进入知识分子的视野，汉字简化也由民间的自发阶段进入知识分子的自觉阶段。章太炎、陆费逵乃至于坚决要

---

① 汪晖：《方言问题与现代语言运动》，《现代中国思想的兴起》，生活·读书·新知三联书店2008年版，第1516页。

② 黎锦熙：《中国文字与语言》（上册），北京师范大学出版社1951年版，第11页。

③ 周恩来：《当前文字改革的任务》，《语文知识》1958年第2期。

④ 黎锦熙：《中国文字与语言》（上），北京师范大学出版社1951年版，第10页。

⑤ 周恩来：《当前文字改革的任务》，《语文知识》1958年第2期。

废除汉字的钱玄同等人都提倡过简化字。钱玄同对简体字兴趣浓厚，还提出了简体字的八种构成方法。当然，钱玄同对简体字的重视是将其当作实现拼音文字的过渡。在一篇文章中，钱玄同认为："改用拼音是治本的办法，减省现行汉字的笔画是治标的办法。那治本的事业，我们当然应该竭力去进行。但这种根本改革，关系甚大，不是一朝一夕就能达到目的的。……现行汉字在学术上、教育上的作梗，已经到了火烧眉毛的地步，不可不亟图补救的方法！……所以治标的办法，实是目前最切要的办法。"[①] 其他研究简体字的还有胡怀琛的简体字说、杜定友简字标准表、刘复宋元以来俗字谱、徐则敏常用简字研究等。1935 年 8 月南京国民政府教育部公布《第一批简体字表》，这是近代以来首次在官方的主导下推行简体字，简体字运动由理论倡导进入到实践环节。但因为戴季陶、存文会等保守势力的强烈反对，教育部发出了收回简体字表的训令。简体字运动在国统区半途而废，但在抗日根据地和解放区却有了极大的发展，在书报刊物和宣传品中不仅采用而且创造了许多简体字。新中国成立以后，这些被称为"解放字"的简体字流行到全国各地，为简体字的推行奠定了群众基础。

1950 年秋，教育部前社会教育司开始研究怎样选定简体字。同年 8 月 9 日举行了一次简体字座谈会，大家拟出了选定简体字原则的草案四条：

一、整理选定已经通行的简体字，必要时根据已有简体字的简化规律加以适当的补充。

二、所选定补充的简体字，以楷体为主，间或采取行书、草书，但必须注意容易书写和便于印刷。

三、简体字的选定和补充，以最常用的汉字为限，不必为每一繁难汉字制作简体。

四、简体字选定后，由教育部报请中央人民政府政务院公布实行。

社教司根据这个原则来搜集材料，从各项已有的四五千简体字中选出

---

① 钱玄同：《减省现行汉字的笔画案》，《精读钱玄同》，鹭江出版社 2007 年版，第 198 页。

一千五百余较常用字，按字排列，编写《常用简体字登记表》，在同年 9 月把表分送各方面语文工作者，征求意见。后来文字改革研究委员会筹备会参合各项意见，根据述而不作的精神，·将比较通行的、笔画适合印刷体的五百多个简体字挑选出来再进行讨论。之后，根据毛泽东的指示和"约定俗成、稳步前进"的方针，文改会在《常用简体字登记表》的基础上多次修改、调整，形成《汉字简化方案修正草案》，简化字的字数为 515 个，简化偏旁为 54 个。该草案于 1956 年 1 月 28 日在国务院全体会议第二十三次会议以《汉字简化方案》之名通过，文字改革就此进入高潮阶段。

但几乎与之同时，对文字改革的质疑声也越来越强烈。反对的声音引起了高层的注意。1957 年《人民日报》发表社论以澄清文字改革的目的："必须认识，当前的文字改革工作，不是为了废除汉字而代之以拼音文字，而是为了改良现在通用的汉字，使其更利于广大人民群众的学习和使用，同时逐步统一汉民族的口头语言。"[1] 相对于之前激烈的废除汉字的论调，语气已有所缓和。1958 年 1 月 10 日，周恩来在全国政协举行的报告会上作了《当前文字改革的任务》的报告，对汉字的未来作了这样的描述："汉字在历史上有过不可磨灭的功绩，在这一点上我们大家的意见是一致的。至于汉字的前途，它是不是千秋万岁永远不变呢？还是要变呢？它是向着汉字自己的形体变化呢？还是被拼音文字代替？它是为拉丁字母式的拼音文字所代替，还是为另一种形式的拼音文字所代替呢？这个问题我们现在还不忙做出结论。"[2] 这样一种提法无疑为纷扰了中国近半个世纪的拉丁化文字运动画上了句号，同时也将汉字拼音化悬置起来，成为一个留待将来解决的历史问题。

2. 1955：推广普通话——汉语规范化的核心工作

1955 年 10 月 15—23 日，教育部和中国文字改革委员会联合召开了全国文字改革会议，全面讨论了文字改革问题，通过了大力推广普通话——也即汉民族共同语的决议。第二天，中国科学院召开了现代汉语规范问题学术会议，探讨汉语规范化的理论问题，确定了现代汉语规范化的

---

① 《人民日报》社论：《当前文字改革的任务和汉语拼音方案》，《人民日报》1957 年 12 月 11 日。

② 周恩来：《当前文字改革的任务》，《语文知识》1958 年第 2 期。

总原则:"以北京语音为标准音,以北方话为基础方言,以典范的现代白话文著作为语法规范。"这两个学术会议,不仅对现代汉民族标准语也即普通话作出了明确的界定,确定了规范化的总原则,而且对落实语音、词汇、语法和现代汉字等各项具体的规范事项,也作了初步的研究,形成了有关的工作决议,这对后来汉语规范化运动的全面展开起了意义深远的指导作用。

全国文字改革会议确定了文字改革的最终目标是汉字拼音化,在这一过程中,首先要解决的是简化汉字和推广普通话两项工作。但汉字简化并不能根本解决文字改革问题,或者说汉字简化是文字改革工作的一部分,与之同时进行的是逐步统一汉语语音,这是"一项基本的也是迫切的重要工作"①。《人民日报》1955 年 10 月 26 日发表的社论就民族共同语与拼音文字之间的关系以及推广普通话的重要性做了如下说明:"如果没有规范明确的民族共同语,拼音文字就缺乏一个确定的基础;如果不积极推广民族共同语,拼音文字的推行就会遭遇很大的困难。"当然,社论也认为,推广普通话并不仅仅是为了文字改革,它还有更为重要的意义:"无论为了加强汉民族的政治、经济、文化的统一,为了顺利地进行社会主义的建设,为了充分地发挥语言在社会生活中的交际作用,以至为了有效地发展民族间和国际间的联系、团结工作,都必须使汉民族共同语的规范明确,并且推广到全民族的范围。"②

"普通话"的名称最早出现于 1902 年吴汝纶访日时的谈话中,1906年,研究切音字的学者朱文熊在《江苏新字母》一书中将"普通话"定义为"各省通行之话"。新中国成立后,为了避免"国语"这个名称引起国内少数民族的误解,在两次会议期间,经过研究讨论,将汉民族共同语定名为"普通话"。"普通"二字表明"官话"开始突破上层社会圈子而下行到一般民众中。五四时期开始的"国语运动"和"白话文运动"从口语和书面语两方面作了规范统一的努力,为普通话的普及和提高奠定了基础,而现代交通的发展和革命战争也极大地扩大了普通话的使用范围。③ 但人们对普通话的内涵并没有明确的阐释,而在语音方面也是"南

---

① 《光明日报》社论:《文字改革工作的伟大开端》,《光明日报》1955 年 10 月 24 日。

② 《人民日报》社论:《为促进汉字改革、推广普通话、实现汉语规范化而努力》,《人民日报》1955 年 10 月 26 日。

③ 张奚若:《大力推广以北京语音为标准音的普通话》,《中国语文》1955 年第 42 期。

腔北调"，"离开我们全民族的人民都懂得的程度还很远"①。因此，必须对汉民族共同语进行规范，这也成为汉语规范化工作的重中之重。

1956 年，国务院把推广普通话作为汉语规范化工作的核心，随后展开了一系列活动，遵循"大力提倡，重点推行，逐步普及"的方针，在全国范围内有条不紊地推进普通话工作。所谓"大力提倡"，就是利用多种形式宣传国家推广普通话的方针、政策，宣传推广普通话的重要意义及学习普通话的必要性和紧要性，改变社会上和家庭中等各个场合不愿意说、不愿意听、歧视学习普通话的现象，造成有利于推广普通话的社会风气。大力提倡的具体工作就是宣传、说服、教育，而不是发文件强制性实施，尤其是不能强行消灭方言。"重点推行"就是推广普通话时不可平均使用力量，要抓住重点，有先有后、有主有次地展开工作。从地区来说，南方方言区是重点；从城乡来说，城市是重点；从部门来说，学校是重点；从推广对象来说，青少年是重点。其他如商业、服务行业、铁路、交通、邮电等与一般民众接触较多的部门工作人员以及各级机关干部也要注意使用普通话。"逐步普及"包含两层意思：一是中国地广人多，方言复杂，那么推广普通话是一项长期任务，不能操之过急，只能稳定实施、逐步普及；二是针对不同条件、不同对象、不同年龄分别提出不同要求，"要求全体汉族人民都能说得像北京人一样，这样既不可能，也是不必要的。……这样，才能减少推广普通话的阻力，提高大家对学习普通话的信心和兴趣"②。

在普通话的标准和推广普通话的方针政策确定之后，推广普通话的实际工作逐渐展开。一是机构设置。国务院成立了中央推广普通话工作委员会，由陈毅任主任；各省、市人民政府设立同样委员会；教育部设置普通话教学指导处，负责全国学校的普通话教学指导、普通话师资培训和普通话教材供应；各省（市）教育厅（局）设立普通话推广处，专人负责推广普通话工作。二是进行普通话培训和观摩。国务院在《关于普通话的指示》中要求，教育部及省、市、县等各级教育行政机关应经常举办普通话语音研究班及短期培训班，训练中小学、师范院校语文教师及机关、团体、部队的相关人员。至 1959 年 8 月，教育部语音研究班为各部门培

① 张周：《为什么要推广普通话？》，广东人民出版社 1956 年版，第 9 页。
② 周恩来：《当前文字改革的任务》，《语文知识》1958 年第 2 期。

养推广普通话骨干 1100 余人。普通话教学成绩观摩会是宣传、交流推广普通话经验的另外一种形式，1958—1964 年，分别在北京、上海、青岛、西安召开四次全国普通话教学成绩观摩会，通过奖励先进和媒体宣传，营造了学习普通话的社会氛围。第三是方言调查。1957—1958 年在全国范围内进行了我国历史上第一次全国汉语方言的初步普查。普查工作以语音为重点，根据方言和普通话对应规律，编写出指导各方言地区学习普通话的小册子 320 种。第四是以广播、电视、唱片为载体进行普通话语音教学讲座，讲座的主要内容是北京语音规律、汉语拼音字母知识（字母、拼音、四声、变调、轻重音等）、语文课本朗读教学等。利用电子媒介推广普通话，扩大了传播范围，1956 年 5—9 月，教育部和中央人民广播电台举办两期"普通话语音教学广播讲座"（即北京语音教学广播讲座），听众达到几百万人。第五是在学校及社会推广普通话。1956 年秋季开始，绝大多数小学一年级采用了新教材，受过语音训练的教师大部分开始使用普通话教学，师生用注音字母教学普通话。中学文学课本生字注音采用拼音字母，生字生词读音的规范化程度明显提高。在社会推广普通话方面，中国人民解放军总政治部、中华全国总工会、铁道部、广播事业局、文化部、共青团中央、交通部等有关单位相继发出通知或指示，要求所属单位积极学习使用普通话。经过几年努力，社会形成了学说普通话的风气。1959 年，吴玉章在第二次全国普通话教学成绩观摩会开幕式上举例介绍了社会上推广普通话的成绩："……上海新城区饮食业一千多名职工，在今年一月我来上海时就已经基本学会了普通话，该区交通部门的售票员，一直坚持说普通话。"[①] 这表明在普通民众那里已经有了学说普通话的良好氛围。

3. 1958：《汉语拼音方案》与汉语规范化工作的深化

1958 年 2 月 11 日，中华人民共和国第一届全国人民代表大会第五次会议批准了《汉语拼音方案》，通过了吴玉章《关于当前文字改革和汉语拼音方案的报告》，认为当前文字改革的任务是应该继续简化汉字、积极推广普通话；汉语拼音方案作为帮助学习汉字和推广普通话的工具，应该首先在师范、中、小学校进行教学，积累教学经验，同时在出版等方面逐

---

① 吴玉章：《在第二次全国普通话教学成绩观摩会上的讲话》，中国文字改革委员会研究推广处编《第二次全国普通话教学成绩观摩会资料选编》，文字改革出版社 1960 年版，第 4 页。

步推行，并且在实践过程中继续求得方案的进一步完善。这一方案的公布及实施被认为是继简化汉字、推广普通话以后的又一件大事，是中国文字改革史的里程碑，既表明汉语规范化工作的进一步深化，也表明汉语规范化确立标准工作的基本完成。

方块汉字并不表示语音结构，其形态不能将读音标识出来，既妨碍了汉字的认读，也妨碍了全国语音的统一。为使汉字能为更多人所认识，前人进行过种种注音方式的尝试，如直音、反切、注音字母等。新中国成立之后，出于迅速提高大众文化素质尤其是推广普通话的需要，制定出一个更加理想完善的拼音方案就是语言规范化的一个重要工作。自1949年起，社会上就有拟定拼音方案的讨论。1955年，中国文字改革委员会公布《汉语拼音方案（草案）》，广泛征求意见。社会各界人士对于草案的讨论热烈非常，仅1956年2—9月就收到各方面的书面意见4300多件。在综合各方面意见的基础上，又经过三年审慎的修订，《汉语拼音方案》于1958年被批准通过。

关于《汉语拼音方案》的用处，吴玉章在人代会上所做的报告中归纳为七项：一是用来给汉字注音以提高教学汉字的效率，如小学语文课本、北方话区扫盲课本、儿童读物、连环图画、通俗报刊等都可注音，以利于初学文字的儿童和文盲识字阅读。其他如字典、词典以及报刊书籍上的冷僻字、容易读错的字也应用拼音字母注音。二是用来帮助教学普通话。拼音字母是教学普通话所不可缺少的工具，以拼音字母编印普通话的教材、读物、字表和词典，供学习的人随时参考，矫正发音，才能收到成效。三是作为少数民族创造文字的共同基础。少数民族可以在民族自愿的条件下，以拼音方案为基础作为创造文字的共同基础，吸收汉语词汇发展和丰富自己的语言以及各民族之间互相学习和交际。四是解决人名、地名和科学术语的翻译问题。汉语拼音方案确定后，一方面可以解决中国人名、地名的音译，另一方面利用拼音字母有可能逐渐解决外国人名、地名以及科学技术术语的翻译问题。五是帮助外国人学习汉语，以促进国际文化交流。用拼音字母编印各种汉语读本、读物和辞典，帮助外国人学习汉语。六是解决编索引问题。按照拉丁字母的排列顺序编索引、字典、数目、卡片以及排列档案、资料、病历等既简便又严密，检索方便。七是语文工作者可以用拼音方案继续进行有关汉字拼音化的各项研究和实验工作。除此之外，拼音字母还可以用来解决电报、旗语以及工业产品的代号等问题。

《汉语拼音方案》公布之后，在推行方面做了大量工作。第一，进行了各种各样的宣传。如上海于 1958 年 1 月 20 日在上海科学会堂举办了"汉语拼音方案展览会"，展出了大量图像、语录、手稿、遗物、年谱、书信、著作、读物等多种资料史料，反映了新中国成立后文字改革机关对汉语拼音方案所作的一系列工作以及我国历史上的汉语拼音方案创制概况。上海语文学会为了更深入宣传汉语拼音方案草案，邀请陈望道、倪海曙等分别作"汉语拼音方案的演进""汉语拼音方案的历史""怎样使用汉语拼音方案"的相关专题报告。第二，全国小学语文课本及有些地区的扫盲课本采用汉语拼音给生字注音，帮助识字。第三，帮助少数民族创制、改革了 19 种民族文字和 6 种拼音方案，如壮、布依、侗、水、黎、哈尼、傈僳、纳西、羌、白、土家、土、佤、布朗等十几个少数民族的语言是在《汉语拼音方案》基础上创制的拉丁字母式民族文字。此外还为维吾尔、哈萨克、达斡尔、彝、独龙、怒等民族设计了拼音方案。第四，编印各种汉语课本、读物和辞典帮助外国人学习汉语，通过汉语拼音学习汉语成为对外汉语教学的基本模式。第五，各出版社相继出版了多种多样的图书，推动拼音字母的运用。如文字改革出版社出版了《汉语拼音方案字母表》《声韵母表》《音节表》等大型图表以及《注音本〈阿 Q 正传〉》《注音本〈共产党宣言〉》等注音读物，还有《农民用拼音识字课本》等教材、《拼音字母基础知识》等理论书籍。人民教育出版社出版了《拼音字母十课》、上海教育出版社出版了《普通话日常用词》、中国少年出版社出版了帮助小学低年级学生学习拼音字母及语音的《拼音歌》等。《新华字典》《同音字典》《四角号码新词典》均改用拼音字母注音，《常用汉字拼音表》《汉字拼音检字》等工具书使普通民众更便于检查、学习北京语音。

当然，《汉语拼音方案》最直接的作用还是推广普通话。现代汉语规范问题学术会议上，人们一致认为："只有进行广泛深入的科学研究，才能把规范化的工作做好。确定普通话的语音规范是目前首要的工作，必须迅速进行研究，使普通话的使用和教学有更正确的依据。"①《汉语拼音方案》的制定和颁布就是这一会议精神的结果。但在这一问题上，有读者

---

① 《现代汉语规范问题学术会议决议》，《中国语文》1955 年第 42 期。

产生了疑虑:《方案》的颁布是否意味着消灭汉字、实行拼音文字。对此,相关人员在刊物上发表文章予以澄清:"公布拼音方案,推广拼音字母,在目前不仅不是要'消灭'汉字,而且正好相反,是要帮助更多的人认识汉字,使汉字的读音统一起来,推广普通话以促进汉民族语言的完全统一。"① 袁家骅指出:"必须交代清楚,拼音方案和拼音文字是两回事、两个阶段,从拼音方案逐渐过渡到拼音文字需要较长的时期。这个发展过程是空前的伟大的变革,但不需要也不可能采取爆发的方式。……以拼音方案作为学习汉字的辅助工具,实际上就是用拉丁字母代替注音字母,并不存在文字改革的问题。"②

总的来看,20世纪50年代的汉语规范化运动是晚清以来语文改革运动的延续与发展,是国语运动、大众语运动、拼音化运动在新的政权领导下的现实实现。如简化汉字之于汉字改革运动和简化字运动,推广普通话之于国语运动,汉语拼音化之于切音字运动、注音字母运动、国语罗马运动和拉丁化新文字运动,关于文风的讨论之于白话文运动和大众语运动,等等。当然,在强大的中央政府的主导下,汉语规范化又包含了许多过去国语运动所没有的内容,如标准音的确定、标准语与地方方言之间的关系、汉字简化的实施等,将民族标准语的发展和建设推向一个全新的、更高的阶段,并在现实生活中产生了实际效果,对于社会生产的发展、文化教育的提高、科学技术的进步尤其是政治意识形态的认同产生了不可估量的作用。当然,汉语规范化过程也出现了种种误差,比如汉语的民族形式问题、标准语与方言之间的关系、书面语与口语之间的关系等,在激进的时代氛围中缺乏学理性探讨,也影响到语言的健康发展。

---

① 《汉语拼音方案与有关文件汇编》,北京市推广普通话工作委员会1958年版,第47页。
② 袁家骅:《汉语拼音方案要为推广普通话服务》,《文字改革》1957年第10期。

第二章

汉语规范化与作家语言认同

语言规范化是一场全民参与的语言实践运动，没有人能置身其外。新中国成立初期的汉语规范化除了要求戏曲、电影、广播、曲艺等种种艺术形式担负起传播规范化语言的重任，对于文学作品和作家也提出了新的任务，认为文学作品是规范化语言的主要载体，而作家则是汉语规范化的宣传者。无论主动还是被动、有意还是无意，作家们提笔创作之前，总得想想语言是否符合规范，是否符合人民大众的欣赏习惯，对规范化语言的认同影响到作家的语言实践。

第一节　汉语规范化与作家的新使命

语言的主要载体是文学作品。历史上，文学作品在语言规范中起到不可估量的作用。就好像张志公所说："语言的明确一致的标准不但在词典和语法书里固定下来，更重要的是在其他一切出版物里固定下来并且通过这些出版物（以及直接运用有声语言的戏剧、广播等）传播开去。当语言的规范在它的书面形式中明确固定起来的时候，出版物对于语言规范化的作用是很大的。反过来说，出版物里运用语言不合乎规范，那就会使语言的规范化工作遭遇很大的困难。"[1] 鉴于文学作品影响的广泛及其在汉语规范化中的特殊作用，文学工作者除了写出为工农兵服务的文学作品外，还肩负着规范语言的新使命。这不仅是作家写好作品的基本要求，也是社会各界对作家的殷切希望。

---

[1]　张志公：《编辑工作者怎样分担促进汉语规范化的任务》，《中国语文》1956 年第 3 期。

一 语言工作者对文学家的语言要求

五四时期，语言学家和文学家是一种"合谋"的关系，也就是胡适所说的"国语的文学，文学的国语"。在这一"合谋"关系中，现代文学被赋予构建民族共同语的重任："标准国语不是靠国音字母或国音字典定出来的。凡是标准国语必须是'文学的国语'，就是那有文学价值的国语。国语的标准是伟大的文学家定出来的，绝不是教育部的公告定得出来的。"① 胡适以文学家的口吻宣示了现代文学在构建民族共同语中的作用，言辞中有着掩饰不住的自信与自豪。在汉语规范化运动中，语言学家却是以"舍我其谁"的口气召唤文学家参与到语言规范化运动中来。相比之下，作家在汉语规范化运动中显得更为被动。但文学是规范语言推行和实践的重要领域，文学作品的语言是否规范，直接影响到汉语规范化的成败，文字工作者自然会对文艺工作者发出新的呼吁。1956 年 3 月，中国作家协会第二次理事会（扩大）会议召开之后，《中国语文》发表了署名为"葳"的一篇文章《作家们！请用实际行动推广普通话和汉语规范化》，从题目来看带有一种要求和命令的性质。文章以语言工作者的身份向作协会议的召开表示祝贺，但其主要的目的还是呼吁作家参与到汉语规范化工作中来："我们也还认为完全有必要再一次伸出要求合作和并肩作战的手，请作家们用实际行动在创作中来体现推广普通话、实现汉语规范化的工作。"文章在肯定部分作家认识到汉语规范化的重要性并身体力行的同时批评了这次作协会议对于汉语规范化的重视程度不够："没有充分利用这样的好机会把推广普通话、促进汉语规范化作为一项重要任务提到日程表上来。"不仅如此，在部分代表的发言中"还多多少少地流露出对于文学作品语言的重要性认识不够或认识不正确的现象"。文章最后向作家发出号召："语言工作者在这里再一次请作家们重视这个问题，而且用实际行动体现它。"②

从专业角度出发，语言学家对文学语言最不满意的地方就是文学作品词汇的不规范，再就是对文学作品中违背语法的现象提出了严厉批评。应

---

① 胡适：《中国新文学大系·建设理论集·导言》，上海良友图书印刷公司 1935 年版，第 22 页。

② 葳：《作家们！请用实际行动推广普通话和汉语规范化》，《中国语文》1956 年第 3 期。

该说，语言学家从专业角度正确指出文学作品语言充满语病甚至是滥造语句的地方，指出作家语言使用的失误或是不严谨，可以促使文学作品艺术方面的完善，对于语言乃至于文学自身的发展自是大有裨益。例如，李正伦对骆宾基小说《交易》中的语病批评就非常到位。《交易》中有这样两句话：

> 护山村农业社坐落在老黑山背后白头山口外的空旷上。那片空旷很广阔，……
>
> 这护山屯本来只有三十几户农民，大部分是三年的老社员，因为富裕了，就在屯南又盖了些坐北朝南的砖壁住舍，向阳处一色是玻璃窗。

李正伦认为，"空旷而广阔"属于同义反复，"砖壁住舍"让人莫名其妙。① 这样的批评对于作家来说确实非常必要。

陆柱国的长篇小说《踏平东海万顷浪》的开头在描写警卫员章野时有这样的句子："被汗水浸透了的洗得发白的军衣，紧裹着他那少女一般匀称的身躯……"评论者王亚凡认为用"少女一般"来描写一个战士的身躯，"使人很难看到作者用语的准确性"②。"准确"是规范化语言的基本要求，"不准确"则是语言使用最失败的地方。也许陆柱国使用"少女"一词来描述警卫员的身材是为了与其整体外貌相协调——章野"年青"，有着"白里透红的清秀的面孔"，还有"两条漆黑的、细长的眉毛"以及"一双熟透了的葡萄一样又黑又大的眼珠"——孤立地看这些描写，章野的外貌与"少女"没有太大区别，但"少女"一词确实在含混不清的外貌描写中起到定性的作用，更主要的是这种女性化外貌严重削弱甚至是损害了"警卫员"这一身份的精神内涵。因此，王亚凡批评作者用语的不准确也就不能说是无的放矢。在1980年的第二版中，这一句改为"……紧裹着他那健壮而匀称的身躯。……"③ 再如杨沫《青春之歌》第十七章，在谈到如何纪念"五一"时，卢嘉川说了一句话："前几天李大

---

① 李正伦：《编者和作者要注意语言的健康》，《语文学习》1956年第7期。
② 王亚凡：《读〈踏平东海万顷浪〉》，《文艺报》1959年第4期。
③ 陆柱国：《踏平东海万顷浪》，解放军文艺出版社1980年版，第1页。

钊同志的出殡游行，我们已经又被捕许多同志。……"谢宜鹏将其作为不规范的句子进行批评改正，认为"又被捕"含有"已经"的意思，"已经"应该删掉。正确句子应改为"……我们又有许多同志被捕了；现在……"① 但不知为何，在后来的版本中，杨沫并未对这句有着明显语病的句子进行修改。

　　如果说以上所举例子仅仅是违背了汉语规范化的一般性要求，那么田家对于胜白长篇小说《王大成翻身记》的批评则牵涉到汉语规范化的核心问题：语言意识形态的纯洁性。《王大成翻身记》以王大成和郑淑慧悲欢离合的生活遭际为主要线索，反映了抗战时期山东东海地区人们的苦难以及他们走上民族斗争和阶级斗争的历程。小说流畅、通俗的语言特色整体上得到批评家的认同和肯定，认为其"叙事描写都具有群众语言的那种绘影绘声的特点"。② 但小说在部分语词的选用方面不仅与整体语言风格不相协调，而且表现出思想情感和价值态度的暧昧不明。王大成和林春晓初到解放区，遇到一个青妇小队的小姑娘小凤子：

　　　　单见她上身穿着一件冒红色夹袄，腿上穿着一条豆绿色长裤，腰里束着一条半新不旧的皮带，皮带上拴着两个手榴弹。面如傅粉，唇如涂朱，鬓角上插着一枝鲜艳的桃花。冷眼看去，简直像画上画的女侠客一样，真是叫人又惊又爱。

　　这段外貌描写，除了"皮带上拴着两个手榴弹"一句标示出小凤子身份的时代性，其他从衣着打扮到面容神情都是传统女性形象的翻版。在解放区这样一种具有阳刚氛围、战斗气息的环境中，"面如傅粉，唇如涂朱，鬓角上插着一枝鲜艳的桃花"的描写不仅过于古典化，而且弱化了解放区人们积极乐观的革命精神，尤其是最后一句"又惊又爱"更是透露出几分传统文人对陌生年轻女子怜香惜玉甚至是把玩狭邪的情调。因此，田家批评于胜白的这段描写用"面如敷粉""唇如涂朱"等形容解放区的女性，表现出不够正确的美学观点。这种不正确的美学观点同样表现

---

　　① 谢宜鹏语，见《不规范的词和句子》，《语文知识》1959 年第 9 期。

　　② 李希凡：《一本富有传统风格特色的小说——读〈王大成翻身记〉》，《读书杂志》1959年第 5 期。

在天狗第一次见到刘益臣时的描写。在天狗的眼里,刘益臣"声似铜钟,口若悬河,处事大方,言语不俗,颇有绅士气派,心里着实有几分尊重"①。赵天狗是一个地方泼皮,吃喝嫖赌、不务正业,性情狡猾粗暴,凡事好耍无赖。当上保长后又假公济私、摸暗捞黑、胡作非为。而刘益臣曾经在海关当过稽察员,营私舞弊、投机倒把,善于奔走笼络、欺软怕硬,在外观上更是粗鄙至极。以"声若洪钟、口若悬河、处事大方、言语不俗、绅士气派"来形容刘益臣,以"着实""尊重"表现赵天狗初见刘益臣的心理反应,词语本身的褒义色彩与人物道德品质的低劣相互抵牾,不仅模糊了作者本人的价值倾向,并且损害了语言的纯洁与健康。因此,田家对《王大成翻身记》语言的批评也就并非牵强。

语言学家从专业的角度指出文学语言存在的种种违反规范的地方,确实能够促使文学家正视语言问题,避免错误语句的出现。但有时候语言学家的批评也并不完全正确,有时候也是无中生有的指责。唐文以秦兆阳的小说《在田野上,前进!》为例,指出作品因过多使用方言而造成语言不规范,如"土坷垃、山响、吧着烟锅、团弄、发坏、出息人、打耀、眼时"等词语,在普通话里不存在。唐文从语言规范的角度认为普通话里没有的就不可以用,未免有些苛刻。再如《青春之歌》第十九章,罗大方从看守所放出来见到卢嘉川,从卢嘉川的话中他知道自己和党还紧紧结合在一起时的心理反应:"因为是胜利地跑到了目的地,就又表现了一种衷心的喜悦和松快。"对于这句话,《语文知识》"不规范的词和句子"一栏有批评认为,"松快"是生造的词,可用"愉快"来代替。如果要表达轻松、愉快两种状态,那就可以用"轻松和愉快"。②事实上,"松快"这个词属于北京话里本来就有的词,在其他作家作品里也比较常见,如:

　　……马氏每每苦劝,只是旧性不改。今日三,明日四,虽不比日前的松快容易,手头也还拼凑得来,……③

　　"坐下来吧!我也不和你辩白。我说,你在这里多住几天,也让

---

①　田家:《论诗的共产主义风格》,北京出版社1958年版,第51页。

②　谢宜鹏语,见《不规范的词和句子》,《语文知识》1959年第9期。

③　冯梦龙:《初刻拍案惊奇》,天地出版社1999年版,第154页。

孩子松·快·松·快·，你怎么有福不会享呀？往年，你不在场，粮食租子不是照样一粒也不少，一车一车的往县城……"①

另外，孙犁《鞋的故事》、王安忆《小城之恋》、贾大山《梦庄记事》等作品中也有"松快"这个词。因此，将"松快"看作是生造的词，并且将其改掉，就是对词汇的不熟悉所致。再如，茹志鹃的小说《春暖时节》里面有句话："她一把抓住静兰，满·脸·郑·重·地说道：'我们组今晚上要开生产会议，有任务。'"有批评者认为"满脸郑重"很生硬，不妨改为"满脸装得很郑重"。② 事实上"满脸郑重"也是比较常见的用法，倒是"满脸装得很郑重"无论是口语还是书面语都不常见，因此，没必要加上"装得很"三字。

语言学家还从词语使用的准确性出发，批评作家用词不当。从单个句子来看，语言学家对文学语言不规范、不准确的批评不是没有道理。但问题是，文学语言不是孤立的、零散的存在，它们前后照应，构成了一个有机的语境。语境化之后，语言的所指与能指不一定吻合其惯常的搭配，但其语义对象相当清晰准确。就此意义而言，语言学家从句子本身出发而忽略了说话时的对象和语境，以书面语的严谨看取口语的散漫，有时会犯"只见树木、不见森林"的错误。比如《青春之歌》中有句话：

"老罗，你放心，我一定说服妈妈和你一同去。……"（杨沫：《青春之歌》，第 168 页）

徐仲华认为，"说服"有时具有"指使"的意义，"说服谁作什么"相当于"叫谁作什么"，这里的原意是许宁可以说服妈妈允许自己和罗大方一同去，但从字面上也可以理解为："许宁说服妈妈，要妈妈同罗大方一同去"。如果在"妈妈"后边添上"允许我"三个字，歧义便会消除。③ 徐仲华的修正从语法上来看非常正确，消除了歧义。但许宁是在一定的背景下说出这句话的，所要表达的意思就交流双方来说已经非常清

---

① 骆宾基：《混沌初开》，北京出版社 1998 年版，第 368 页。

② 戎椿年语，见《不规范的词和句子》，《语文知识》1960 年第 1 期。

③ 徐仲华：《汉语书面语言歧义现象举例》，《中国语文》1979 年第 5 期。

楚，应该不存在误解的问题。在前文第十九章中，罗大方被放出监狱后，卢嘉川到他家探望。罗大方表示要党分配自己到最残酷的斗争中去接受考验，卢嘉川也比较认同，推荐他参加察北抗日同盟军到前线作战。接下来，卢嘉川对罗大方提起了许宁："许宁也表示愿意去察北，可是，看样子总还是动摇不定。"罗大方表示愿意去帮助许宁，劝说许宁和自己一起离开北平。第二十章开始，罗大方和许宁一起在北大操场散步，表达了自己的意思，许宁才有以下这句话："老罗，你放心，我一定要说服妈妈和你一同去。我明白一个人应当怎样正确地安排他的生活。……"因此，从上下文以及双方说话的焦点来看，即使不在"妈妈"后面加上"允许我"，意思也表达得明明白白，读者也不会因此而发生误解——就像徐仲华说的那样，将其理解为"许宁说服妈妈，要妈妈同罗大方一同去"。甚至如果加上了"允许我"三个字，反而使句子有画蛇添足之嫌。

二　文学编辑对作品语言的规训

除了语言学家，对作家语言起直接规训作用的是期刊的编辑。张志公指出："编辑工作者在汉语规范化工作中负有非常重大的责任。"①《人民日报》社论明确提出："文化行政部门也应当采取一些措施加强广播、舞台、电影和出版物语言的规范化，特别是要注意……在出版机关加强文字编辑工作。"②编辑提醒作家注意语言使用的规范，帮助作家改正作品中语言使用不规范的地方，在汉语规范化中起到了特殊作用，在一定程度上促使作家认识到语言规范的重要性。

20世纪50—70年代，编辑对文学作品的修改有无上的权力。楼适夷回忆1952年调到人民文学出版社工作时的编辑感受，他说："作为一个编辑，在工作上，自己所发挥的权力，也是有点可怕的。我们好像一个外科大夫，一支笔像一把手术刀，喜欢在作家的作品上动动刀子，仿佛不给文章割出一点血来，就算没有尽到自己的责任。这把厉害的刀，一直动到老作家大作家，甚至已故作家的身上。"楼适夷回忆，除了鲁迅的作品一字未改（根据上级命令，删过大量书信），其他作家的作品几乎多多少少被

---

①　张志公：《编辑工作者怎样分担促进汉语规范化的任务》，《中国语文》1956年第3期。

②　《人民日报》社论：《为促进汉字改革、推广普通话、实现汉语规范化而努力》，《人民日报》1955年10月26日。

编辑改动过。郭沫若的《女神》中的《死的诱惑》被删，原因是诗人面对一把刀子、一条绳子，忍不住想走自杀的路；茅盾的《蚀》《子夜》中有些描写被认为是"黄"了一点而遭删改；《夏衍戏剧选》删削了《上海屋檐下》，因其小资产阶级气味过重。尽管编辑部也以商榷的口吻同作者委婉协商，但作者"尽管心里对编辑意见未必同意，也只能唯唯诺诺，表示'同意'"①。比如郭沫若被删去的《死的诱惑》是他白话诗的处女作，被删去后也只好向楼适夷暗吐苦水，却不敢有何公开的怨言。以郭沫若当时之地位尚如此默认编辑的删削，其他作家面对编辑的修改更遑论有申辩的权利。

　　处理语言文字是编辑的基础性工作，而在"十七年"期间，对语言进行规范化处理又是编辑的一项政治任务，占用了编辑的大量时间。据罗常培的介绍，在报刊和出版社的编辑部和校对科，编辑耗费大量人力处理语言规范问题，主要集中在两个方面：异体字和生造字以及标点符号。②除了这些文字的技术性处理，编辑还得从词汇、语法的角度对作品大动干戈。面对一部稿件，在主题思想正确的前提下，编辑首先考虑的就是作品的语言问题。当《林海雪原》的初稿摆放在案头，龙世辉首先感受到的是作品在语言方面先天不足，文学性不强，缺乏艺术感染力。在指导曲波修改过一遍后，龙世辉亲自动笔，几乎是将小说重写一遍。这种认真负责的态度几乎是每位编辑的责任和使命。据张羽回忆，萧也牧"为加工《红旗谱》，向一个家住定县的同志并通过她向她外婆调查了当地农村使用的地方语言，在稿件上字斟句酌地修改、补充，一丝不苟；他在《太阳从东方升起》的原稿上写下了密密麻麻的蝇头小楷的批注，给作品提了很多十分宝贵的意见"③。事实上，"十七年"长篇小说除少部分外，绝大多数都是在编辑的指导下，或者是编辑直接修改的结果。

　　因为把关不严而导致语言不规范的作品发表，编辑常常会遭遇严厉的批评。《陕西文艺》第一卷第五期、第六期发表了李兴运的山歌《修塘堰》和鼓词《挂画》，读者金笔认为作者对语言的使用是混乱的，而这种混乱的语言能够与读者见面与编辑的把关不严有关："《陕西文艺》编辑

　　① 楼适夷：《我在人民文学出版社》，吴波主编《编辑是一门正在消逝的艺术》，金城出版社 2013 年版，第 19—20 页。

　　② 罗常培、吕叔湘：《现代汉语规范问题》，《中国语文》1955 年第 42 期。

　　③ 张羽：《萧也牧之死》，《历史风涛中的文人们》，人民文学出版社 2009 年版，第 292 页。

同志未加修改，就刊登出来，也是一种不慎重的态度。"① 李正伦著文批评了期刊中不健康的语言现象，认为出现这些语病是作者和编辑的共同责任："作者和编者没有经过仔细地推敲，没有注意词的配合，没有揣摩文字所表现的是否符合客观事物。"在李正伦看来，编辑更应该对文章的语言负有直接责任，但或是过于粗心大意，或是文章出自名家之手而不再逐字逐句斟酌考虑，或者过分尊重作者文章而觉得不便改动。从规范语言的角度，李正伦对编辑提出了严厉的批评和更高的要求："就从上面这些例子看，已可说明我们有些作者用词造句是随便的，报刊编者在这方面的工作也是很不够的。在为祖国语言的纯洁而斗争的工作中，报刊编者有重大的责任。"②《中国语文》1959 年 2 月号发表了王德春的一篇文章《认真学习毛主席的语言理论》。针对这篇文章，宋玉柱写了《〈中国语文〉二月号一篇文章中的语言毛病》一文对王德春文章中的语病进行了分析，指责其句子过长、乱造词语、搭配不当等毛病。在这篇文章的结尾有编者的一段话做自我检讨："这里所举的第一个毛病和标题与内容不相称的毛病，是编辑部加工时的疏忽所致。第二、三两个毛病虽然是原稿有的，但是编辑部也没有尽到修正的责任。"③

编辑对语言的修改能够提升作品的艺术性、深化文学作品的思想内涵，但也可能导致偏离原意或是淡化了作品风格，从而引起作家的不满甚至反对。据舒乙回忆："父亲看重自己的语言，他为文字花了很多心血，下了很大功夫。写东西很慢，字字推敲，每天两千字，不超过三千。一些编辑改了他文章中的标点符号，他反感，说千万不要改，你改了，我要骂人。有的老编辑就说，老舍先生怎么这么狂？"④ 一个叫杜方明的作者在《文艺报》发文，对编辑任意将其作品中的方言土语——改为符合规范化要求的语言表示不满："我写一个农民很怕老婆，老乡们管他叫'见天儿顶灯的'，这'见天儿顶灯的'是北方话，自然不合'规范化'，因此蒙编辑同志改为'非常怕老婆的人'。至于'压根儿'就给改为'根本'，'咱们'就给改为'我们'，'赶明儿'就给改为'明天'，'有朝一日'就给改为'将来会有那么一天'……如此这般，语言倒是完全'规范化'

① 　金笔：《注意作品中的语言》，《西北文艺》1953 年第 1 期。
② 　李正伦：《编者和作者要注意语言的健康》，《语文学习》1956 年第 7 期。
③ 　宋玉柱：《〈中国语文〉二月号一篇文章中的语言毛病》，《中国语文》1959 年第 3 期。
④ 　陈徒手：《人有病　天知否》，生活·读书·新知三联书店 2013 年版，第 109—110 页。

了，既没有方言土语，也没有半文不白的词句了，可是全都干燥无味，像个瘪三。"①

　　编辑根据汉语规范化要求所做的文本修改既不被作家所看好，也不被批评家看好。以群曾经对编辑的教条主义做法提出批评："从群众的日常语言当中吸收新鲜的养料，是丰富文学语言必不可少的步骤。作家如果忽视了这个步骤，就必不可能创造出生动、丰富和新鲜的文学语言。而编辑工作者如果不了解这一点，单从文章规范或文法的角度来要求文学创作，那就必然会导向文学语言僵化的恶果。所谓'文章规范'和'文法'是什么地方来的呢？那只是从前人的文章当中整理、归纳出来的基本规律，而决不是限制作家的法律。文章规范本身就是必然会跟着文艺创作的发展而变化和发展的——它会不断地增加新的词汇和新的语法。所以，如果书籍或刊物的编辑者用既成的规范来限制文学语言，那就不仅会阻碍文学语言的发展，也会阻碍了文章规范和文法本身的发展。"② 茅盾也提出过类似批评："拿起汉文法规范化的尺度，非要把'我哥哥的帽子'改成'我的哥哥的帽子'不可，非要把'我这儿子，真叫人又好气又好笑'，改成'我的儿子的行为，真叫我又好气又好笑'不可，那我也只好说不敢苟同。"③

　　1957 年"双百方针"期间，中国作家协会书记处召开两次北京文学期刊编辑工作座谈会，谈论如何改进文学刊物编辑部和作家之间的关系问题，重点讨论了《人民文学》编辑部对王蒙小说《组织部新来的青年人》原稿的修改问题。在这次会议上，大家一致认为应严肃对待作家的创作劳动，尊重作家的创作成果。臧克家批评一些年轻编辑给作家改稿时，为了更合文法、更通顺些而任意"去一个'的'字，添一个'了'字"，但这样做的后果是破坏了作家的风格。④

　　夹在作家、批评家的不满、批评和汉语规范化的政治任务之间的编辑面对作品有时候也是左右为难，秦兆阳吐露了任意删改作家作品的苦衷。新中国成立初期，秦兆阳在《人民文学》从事编辑工作。一开始他也不愿意动作家的稿件，但很快他也开始了修改："将近三年半的期间中，

---

① 杜方明：《病梅》，《文艺报》1956 年第 15 期。
② 以群：《文学的语言》，《文艺学习》1957 年第 2 期。
③ 茅盾：《漫谈编辑工作》，《文艺月报》1957 年 1 月号。
④ 茅盾等：《加强编辑部同作家的团结》，《人民日报》1957 年 5 月 3 日。

《人民文学》上所发表的小说、散文、特写，大部分都经我做了或多或少的修改。"他认为之所以如此做是如下原因所致：一是当时《人民文学》的方针是发表示范性的作品、指导性的理论，并且要树立良好的文风。二是《人民文学》因为发表了一些有缺点有错误的作品而屡次受到批评并作公开检讨。三是作为编辑，主观上也不愿意在这样的机关刊物上出现文字不通、标点错乱、内容杂乱拖沓的作品。[①] 有些编辑事后也对自己不当的修改感到不安。雪克的《战斗的青春》的责任编辑是作家刘金。他不仅将小说的原名《凤姐》改为《战斗的青春》，而且对文字做了大量的修改。但后来他认为这种修改非常粗暴：

> 现在我得承认，那时我对作者的语言风格的把握和尊重是不够的。我常常不经意地把自己的绍兴官话的语调和语汇掺杂了进去。所以 1963 年 5 月 5 日雪克来信说："我曾对许多同志说过，这本书实际上是刘金同志帮助我写的。掀开书本，随处可指出你的字句。这并非夸张。"日后回想起来，从这段相当夸张的赞语里，我领悟到的只是教训，而非沾沾自喜。作为一个文学编辑，本当非常注意保持作者语言文字的风格，而我却大意了，甚至，有点粗暴。[②]

但无论如何，相对于新中国成立初期大多数语言素养低的作者，编辑所做的语言规范工作整体上提升了文学作品的艺术质量。因此，尽管老舍对编辑修改自己的作品不满，但还是希望"编辑有责任纠正稿子，让它规范化一些"[③]。叶圣陶也希望编辑遇到意思模糊不清的句子"就应该动手来改一改"。他提醒编辑"一定要为读者着想。读者读的时候容易糊涂的，我们要尽量说得明白一点，让读者少受累。'出门不认货'的态度是不好的，'货'拿了出去，读者读得懂读不懂，我们不能不负责，这是群众观点的表现"[④]。因此，编辑对文学作品语言的修改也可以看作是作家

①　茅盾等：《加强编辑部同作家的团结》，《人民日报》1957 年 5 月 9 日。

②　刘金：《〈战斗的青春〉问世的前前后后》，《吹沙居杂文》，学林出版社 1990 年版，第341 页。

③　老舍：《关于语言规范化》，《老舍全集》（第 17 卷），人民文学出版社 2013 年版，第685 页。

④　叶圣陶：《同编辑记者谈心》，《新闻业务》1961 年第 8 期。

回应汉语规范化的一种自觉。

三 文艺界的自我要求与读者的批评

新中国成立初期，文学作品语言不规范的现象相当严重。小说、话剧语言语句不通顺、不符合规范的地方比比皆是。在诗歌领域，为了达到押韵的目的，任意对词语省略、重组，违背语法逻辑，从而造出不伦不类的句子。这种语言现象不仅表现在非专业作者的作品中，即使是文化修养高的作家也难以避免。夏衍批评柯仲平的部分诗歌"不仅听不懂，而且是看不懂的"。他还批评过力扬的《虹》的句子："年幼的时候我是看见过虹的——那是当我坐在母亲底怀抱里，我顺着她向天边遥指的手臂，数着航过秋空的雁群的黄昏。"夏衍认为是不合语法、令人费解。① 即使在30年代写出《断章》《尺八》这样有着浓郁哲理意味诗歌的卞之琳，新中国成立之后的诗歌作品也屡屡受到批判。有读者指出他写于1958年的《十三陵水库工地杂诗》内容费解、诗风晦涩："到底说明了什么，是很难叫人理解的。其他如空话连篇言之无物，或者生造一些谁也不懂的词，那更是比较普遍的现象了。"②

因此，即使不是出于为汉语规范化做贡献而仅仅是为了文学自身的健康发展，文学工作者也应该注意语言的规范使用。文艺界领导者多数也是汉语规范化运动的推动者、领导者、支持者或是参与者，如郭沫若、老舍是中央推广普通话工作委员会副主任，丁西林、叶圣陶、茅盾、周扬、夏衍、邓拓等是委员。萧三是中国文字改革委员会理事、欧阳山是广东文字改革委员会副主任，其他如欧阳予倩、巴金、邓拓、聂绀弩、洪深、楼适夷等也都在文字改革机构担任一定的职务。叶圣陶建议《人民日报》发表题为《正确地使用祖国的语言，为语言的纯洁和健康而斗争》的社论。1955年在全国文字改革会议开幕式上，郭沫若代表中国科学院作《为中国文字的根本改革铺平道路》的致辞。在汉语规范化方面，他们自然责无旁贷，不仅在多种场合提醒作家注意语言的规范并从政治的高度阐释文学作品语言规范的重要意义，而且身体力行，以规范化语言写作，作汉语

---

① 夏衍：《文艺工作和汉语规范化》，《人民日报》1955年12月14日。

② 刘浪、徐桑榆：《对卞之琳〈十三陵水库工地杂诗〉的意见》，《诗刊》1958年第5期。濮之珍：《从语言的社会本质看文风问题》，《语文知识》1958年第7期。

规范化的先行者。

在纪念《在延安文艺座谈会上的讲话》发表十周年的文章中，周扬指出："在形式问题上，语言是有头等重要意义的。"他批评了当时文艺工作中存在的严重的语言"小众化"的"洋八股、洋教条"的恶劣倾向，而这种倾向和"概念化、公式化"的倾向结合起来，"就使得我们的许多作品既内容空虚，又语言无味，给我们艺术带来了最破坏、最有害的结果"。另外，"有些文艺家不做加工和提炼的工作，在语言上不下苦工，有些通俗化的文艺作家满足于沿用封建文艺中的陈词滥调，而不去努力汲取新鲜活泼的人民语言，也是错误的"。鉴于这种状况，周扬号召作家："我们必须强调提出为保护我们民族语言的纯洁、健康而斗争，文艺家应当站在这个斗争的前列，他们的作品中的语言应当成为国民语言的模范。"① 1955 年 12 月，夏衍在《人民日报》撰文，批评了文艺工作者未能足够重视党和政府提出的"为语言的纯洁和健康而斗争"的政治号召。在文中，夏衍列举了小说、戏剧、电影中不合语法、生造词汇以及滥用土语、文言词汇、外来词汇的弊病。在文章的结尾，夏衍呼吁文艺工作者"必须把语言的统一、汉语规范化当做一个严肃的政治任务"来对待。②

与周扬、夏衍那种严峻的语气不同，叶圣陶、老舍、茅盾、冯雪峰等以更为理性的口吻希望作家在汉语规范化中作贡献。叶圣陶在《文艺工作者怎样看现代汉语规范化问题》一文中指出了文艺工作者在汉语规范化中所起示范作用的重大：

　　　在使用语言上有示范作用的人怎么样努力呢？这只要就"示范作用"四个字想一想就可以知道。所谓示范作用是不管你自己是不是意识到的，即使你并没意识到，人家也从情理上认定你在使用语言上应该起示范作用。人家明知道你不像语言教学工作者那样教语言，可是相信你在任何场合使用语言必然以身作则，必然合乎规范，因而你是广义的语言教师。你的语言就是人家的范例，人家经常会引经据典地说："某某是这样说的，那样说总不大对头吧。"……不适用口

---

① 周扬：《毛泽东同志〈在延安文艺座谈会上的讲话〉发表十周年》，《人民日报》1952 年 5 月 26 日。

② 夏衍：《文艺工作和汉语规范化》，《人民日报》1955 年 12 月 14 日。

头语言而是用书面语言跟人家打交道的人，像报社记者，出版社编辑人，各种机关、团体里的撰稿人，各种浅近的、高深的论著的著作者，还有文艺作家，情形完全跟前边说的演员、广播员……一样，除了给人家知识、情感、思想、道德种种方面的影响以外，同时非当人家的语言教师不可，义不容辞，推也推不掉。这样说来，这一批人惟有真正做到以身作则才成，惟有真正做到使用语言完全合乎规范才成。①

《文艺报》1953 年第 3 期发表了冯雪峰以李如为笔名的文章《关于语言问题的意见》，对作家在民族统一语言中的任务提出了要求："我们的民族统一的语言，也还在大大的发展中，特别在现实生活经过了空前的大变革的现在，语言在起着很大的变化和发展。新的词和语汇在大量地产生出来，有许多旧的词和语，在被人遗忘着，语法也日在改进中，将日益精密起来，完善起来，日益能够适应新的生活和新的思想的需要。在我们人民生活的飞跃的发展中，所产生的词和语，有一些是还不够恰当和完美的，有些是还未确定的；要使新的词和语经过锻炼和改正而完美起来，确定下来，文学工作者也有自己的任务。"②

1955 年 9 月 15 日，中华人民共和国教育部、中国文字改革委员会联合召开的全国文字改革会议在北京举行，茅盾在会上作了《文艺工作者必须把自己的创造劳动和文字改革工作相结合》的报告，对文学家提出了特别的要求："他们的作品对于人民群众，首先是广大青年和青年知识分子学习语文，会发生很大的作用。他们为祖国语言的标准化、逻辑性和纯洁性而作的努力如果做得好，就必定会大大有助于推广汉民族共同语的工作。反之，如果文学作品中的语言是混乱庞杂的，或者是充满了不必要的方言土话和生、僻、怪字的，那就会影响到汉民族共同语在群众中首先是在广大青年知识分子中的顺利形成和推广。"③ 1956 年，在全国青年文学创作者会议上，茅盾的发言再次强调了语言规范化问题："我们文学工作者就应当特别严格要求自己，使得自己的作品能为推广语言规范化服

① 叶圣陶：《文艺作者怎样看现代汉语规范化问题》，《文艺月报》1956 年第 3 期。
② 李如：《关于语言问题的意见》，《文艺报》1953 年第 24 期。
③ 沈雁冰：《文艺工作者必须把自己的创造劳动和文字改革工作相结合》，《中国文字改革的第一步》，人民出版社 1956 年版，第 73 页。

务。……我们过去对于语言的纯洁和健康是注意得不够的,我们的有些作品还在散播'语言庞杂化'的影响。这就是滥用方言、俗语(包括职业语、市井语),制造一些只有作者自己懂得的怪词。如果说,在作品中出现过多的方言、俗语,是由于作者的不会运用'普通话',那么,作者就有责任去学习。我们应当把学习'普通话',今后是学习汉语规范化,看作不但是提高写作能力的必要的措施,而且是一项政治任务。……文学语言问题不光是一个语言规范化的问题,但在今天,规范化问题是一个迫切需要贯彻的问题。'作家们和翻译工作者们重视或不重视语言的规范,影响所及是难以估计的'。我们文学工作者一定要特别严格要求自己。"[①]

汉语规范化不仅仅是对语言进行规范化使用,更兼具发展语言、丰富语言的长远目标。历史地来看,文学作品在发展和丰富民族语言的过程中功不可没,不仅传统文学如此,自五四以来的文学作品亦然。[②] 就像傅东华所说:"语言的主要载体是文学作品,文学作品必须有它本身的价值才能够流传,能够流传才能够影响语言,语言的词汇之有白话和文言的转化以及雅和俗(就是规范的和非规范的)的分等,枢纽就在文学作品里。"[③]老舍以亲身经历说明了文学作品在民族语言发展过程中的作用:"我在童年的时候,我就听说过:有许多人拿《红楼梦》当做学习北京话的课本。这说明了一个问题:文艺作品在思想教育而外还有一种责任,就是教给大家怎么写文章和说话。"[④] 文艺界领导者的要求和呼吁对作家的语言规范意识有着直接的提升作用。

对作家提出语言规范要求的还有读者。汉语规范化运动经过宣传和实施,在群众中产生了巨大影响。《中国语文》编辑部的一篇"读者来件综述"介绍:"……所有读者来信来稿,都是从本身岗位工作上的实地经验,表明拥护汉语规范化的热诚并愿尽全力推广普通话。……从本刊读者来信来稿中看出,《为促进汉字改革、推广普通话、实现汉语规范化而努

---

① 茅盾:《关于艺术的技巧——在全国青年文学创作者会议上的报告》,《文艺学习》1956年第4期。

② 贺凯认为:"从五四以来的大众语文,一般都吸收了人民的口语成分,使文学语言表现得更加生动有力。现在已经有很多方言词提炼成为共同语。"见贺凯《文艺作品中的语言问题》,《火花》1959年第9期。

③ 傅东华:《古典文学语言试论》,《语文知识》1958年第4期。

④ 老舍:《大力推广普通话》,《人民日报》1955年10月31日。

力》的号召已经在语文工作者以至广大群众中间掀起了普遍的热情响应的高潮，一致表示愿尽一分应尽的责任。"读者在寄给编辑部的信中从语法、词汇等方面对作家语言提出种种看法和意见，其中大多数是从书面语中应使用普通话的要求出发，提出写文章、尤其是文学作品，要纠正方言土语的现象。例如，桂林一位读者在给《中国语文》的信中指出：

> 现在要求每一个写作的人都不要滥用方言土语，这是完全正确的，十分必要的。我们完全拥护胡乔木同志在汉语规范会议上所说的："现在扩大方言影响的不是地方戏，而是一部分作家，他们喜欢用大量的方言写作，这种作法对于民族文化的发展有障碍的作用。"

读者宋嗣喜的来信也认为："由于作家在作品中使用方言，使多数读者很难懂得其中的对话和涵义，因而减低了文艺作品的教育效果。像《暴风骤雨》《太阳照在桑干河上》这两部有名作品，很多南方人看不懂。"① 读者的意见在作家那里得到反馈——作家根据读者的意见修改作品的现象比较常见。王安友在一篇文章中谈到自己依循读者意见对长篇小说《战斗在沂蒙山区》的修改："从一九五二年开始，我着手写长篇小说《战斗在沂蒙山区》，我把初稿写出来请人给我提意见，几次讨论会都是意见纷纷，很不一致。有的人说淡，有的人说咸，分不清那是那非，听到人家说淡了，我就加一点盐，听到人家说咸了，我又添上一点汤。"其他小说如《李二嫂改嫁》《海上渔家》等出版后也多多少少受到读者批评，对此王安友的做法是："第一，欢迎；第二，不生气，也不害怕；第三，对批评得对的，虚心接受，就是在某些地方批评得不适当，也认真加以考虑，不迎头顶回去，也不是非不分地全包下来。"② 王安友的文章反映出"十七年"期间读者意见对作家创作起到一定作用。《红旗谱》《青春之歌》《在茫茫的草原上》《战斗的青春》等小说在语言方面都曾依据读者的意见反复修改，以尽量符合规范化语言的要求。

在种种外在约束和自我批判的合力作用下，"十七年"作家在汉语规范化运动中承担起建构民族共同语的重任。但文学作品并不是普及文化知

---

① 《对汉字改革和汉语规范化的反映——读者来件综述》，《中国语文》1955 年第 42 期。

② 王安友：《从读者批评谈起》，《山东文学》1962 年第 9 期。

识的工具，它还是作者表达自我的载体，在语言方面会追求含蓄的表达风格，这就和"看得懂、听得懂""愿意听"的语言相冲突，其结果只能是作家牺牲自我而着力于语言的口语化和大众化。

第二节　作家对汉语规范化的反应

社会各界对作家语言规范的要求使得作家不得不考虑改变语言策略，也即放弃自己熟悉的语言方式，以规范化的语言从事文学创作，促进语言规范的发展。这一语言转向意味着规范化语境下作家主体性地位的降低，表明在新的时代环境下，作家的思想规训从语言开始。

一　作家对汉语规范化的不同态度

最积极拥护汉语规范化的是解放区成长起来的作家。在很大程度上，解放区的语言经验是汉语规范化运动的历史资源，如语言的口语化、大众化、群众化等，就像有人所说："延安整风在更深刻的意义上，是一次整顿言说和写作的运动，一次建立整齐划一的具有高度纪律性的言说和写作秩序的运动。"[1] 解放区作家对汉语规范化的支持，更多来自于政治热情的驱使。1954 年，吴强就写了一篇名为《注意语言的纯洁和健康》的文章，对作品中的长句式、学生腔、过多的歇后语、俏皮话、骂人的语言进行了批评。他认为这些都是"不健康、不纯洁的语言"，因此他吁请文学工作者"注意语言的纯洁和健康"[2]。康濯对待汉语规范化的态度最具有代表性。1958 年，康濯在一篇发表于《文字改革》的文章中以不容置疑的口吻表达对汉语规范化的认同："汉字改革这件事，问题不在于要不要改革，而在于应该如何更加积极地从实践和研究中去进行改革。……汉字改革在不小的程度上要依靠知识分子的推广和传播，因此这项工作就必须要适当考虑知识分子的接受程度。不过，汉字改革在根本的方面是符合最广大人民的要求的工作，因此在总的原则上又只能从广大人民的要求出发来考虑问题，而不能对知识分子采取软弱的迁就，相反地倒应该对知识分子进行积极的说服教育。有些知识分子刚一见到简字，就觉得不习惯，觉

---

① 李陀：《汪曾祺与现代汉语写作》，《花城》1998 年第 5 期。

② 吴强：《注意语言的纯洁和健康》，《文艺生活》，新文艺出版社 1956 年版，第 35 页。

得难看，甚至觉得把'習'改为'习'简直是对汉字的糟蹋和侮辱，更不用说改用拼音文字将要怎样地不可容忍了。此外，有些文艺工作者感情还要细致一些，你如果把'林黛玉'的'黛'改为'代'，或者干脆只用拼音字母来书写那位多愁善感的少女的姓名，那一定有人控诉你是在毁灭文字。……总之，在文字改革工作中，首先考虑广大人民的要求，其次考虑现有的一般知识分子的要求，最后再适当考虑专家的要求，而后两项要求又一律服从于前一项，这就一切问题都不难解决。这是从文字改革的最高目的出发所必须遵循的最高原则。"①

　　对于解放区成长起来的作家来说，几乎不存在语言环境转变的问题。一方面像康濯、马烽、草明、西戎、束为等在延安文艺整风以后就开始有意识地学习群众语言、追求语言的口语化以更好地为大众服务，但在声势浩大的汉语规范化运动中，他们觉得还不够好，还要继续向群众学习。另一方面还有一批在战争和新中国成立后成长起来的工农兵作家，文化水平和文化素养较低。如高玉宝仅上过几个月的学，对于繁难的汉字掌握起来自然困难，写作《高玉宝》初稿时，以图画和符号代替不认识的汉字："日本鬼子的'鬼'字不会写，我就画一个鬼脸；蒋介石的'蒋'字不会写，我就画一个漫画上的蒋光头；一群东西的'群'字不会写，我就画一些小圆圈；杀人的'杀'字不会写，我就画一个小人脖子上安一把刀……"②陈登科仅在私塾读过两个寒学，"冬读春忘"，最终连自己的名字也写不上来。1944 年投寄的第一篇稿子六十多个字就有十三个错字、二十一个别字。1950 年写作《活人塘》时，好多字不会写，只好自创。"趴下来"的"趴"字不会写，就写了个"马"字，他想到的是"馬"字去了四点，就等于砍去四条腿，也就是"趴"了。还有些字实在想不出来怎么写，就在稿子上做个记号，让看稿人自己去猜。③乌兰巴干初学写作连五百字的信都写不好，写小说时用蒙语思考、汉文写作，词汇极为贫乏，常常词不达意。所写的文章不仅别人看不懂，一年之后连自己都看不懂。④雪克只上过几年小学，开始写作的时候，"连标点符号都不大会

---

① 康濯：《衷心拥护汉字改革》，《文字改革》1957 年第 11 期。

② 高玉宝：《我是怎样学习文化和写作的》，《我是怎样学习写作的》，通俗读物出版社 1953 年版，第 13—14 页。

③ 陈登科：《活人塘·又记》，《第一次恋爱》，安徽文艺出版社 1990 年版，第 275 页。

④ 乌兰巴干：《草原烽火·后记》，人民文学出版社 1959 年版，第 498 页。

用，更不要说语法修辞和文学写作技巧了"①。这些作家的文学语言思维处于未定型状态，具有很强的可塑性，在新的语言环境中适应得也就比较快。

但解放区也有些作家对于汉语规范化既非赞成，也非反对，而是在一种难以割舍又必得如此的复杂心态中犹豫不定。赵树理说："我自己在学了'官板正字'之后，对它发生了比较深厚的感情，在作文章、记笔记的时候，不写成这种字老觉着不恰于心，因此比别人在速度方面要差一大段时间。倡用简笔字以来，我在道理方面是满意的，只是自己一动笔使用个把简笔字，再往下写，总觉得上边产生了一点什么缺陷，为它耗去的精力，比写一个正字已经超过好多了。我自知这是一种惰性，但久久未能更正。……总之：我对汉字的感情是不统一的——一方面希望它早日改革而代之以拼音文字，另一方面在自己用它的时候又成了它的爱好者，不过这种爱好绝不影响到主张改革的积极性——我以为再不应该让孩子们染上我这种恶习。"② 茅盾一方面为用笨重的汉字做笔记、写信而感到"不幸"，另一方面也觉得应保留汉字，让后来者用拼音和汉字"两条腿走路"。③

在国统区从事写作的作家对待汉语规范化情况比较复杂一些。那些能够被新的社会所接纳的作家首先在语言方面就表现出一种"为工农兵服务"的写作意识，对汉语规范化也抱有极大的热诚。1950 年，冯至借东欧文艺工作者之口表示对中国文字改革的殷切希望：

> 在这些热烈的欢迎和谈话中，我们却常常被一个青年、一个工人，或是一个新闻记者拉到一边，静悄悄地问："你们的文字什么时候才能改为拼音文字呢？"我最初听到时，以为不过是一两个人关心这个问题，但是后来听得次数多了，便感到这句问话中含有更多的意义。他们觉得对于新中国的发展只有欢欣和鼓舞是不够的，他们想学习中国文，好进一步认识中国的新文化和社会情况。而中国的文字却使他们望而生畏，因此他们希望中国文字能够迅速改革，但他们并不能体会到，中国文字改革还需要相当的时期。④

---

① 雪克：《从〈战斗的青春〉的讨论中所得到的体会》，《文艺月报》1959 年第 9 期。
② 赵树理：《我与汉字》，《文字改革》1957 年第 11 期。
③ 茅盾：《关于小学生学会拼音字母又回生的问题》，《光明日报》1962 年 6 月 13 日。
④ 冯至：《新中国在东欧》，《冯至全集》第 3 卷，河北教育出版社 1999 年版，第 143 页。

　　冯至曾经对以前的语言倾向进行过检讨："20 年代有人写作，有时在文句间掺入不必要的外国字，这样就破坏了语言的纯洁性，我当时也沾染了这种不良的习气。如今我读到这类的文句，很感到可厌。"有了这种认识，那么在今后的创作中会"把不必要的外国字都删去了，用汉字代替"①。

　　像冯至这样自觉调整语言策略进入到新的语言环境中进行写作、进入新的创作阶段，同时也被新的时代所认可的作家，还有师陀、姚雪垠等。

　　新中国成立之后，师陀在语言方面"规范"得非常彻底。他认为，不仅是表现现代生活的作品，就是在古典性的或历史性的文艺作品中也应该进行普通话写作、口语化写作。他反驳那种认为应写得文绉绉的、"看上去和听起来更像古人"的观点："按照这种人的见解推论下去，写三皇五帝时代的人，应该用三皇五帝时期的语言，才能写出三皇五帝时代的人物，可惜的是那时的语言不曾留下来，即便留下来，作者照样写下来，我相信持这种见解的人简直像听外国话。"当然，师陀本人也写过一些"文绉绉"的语言，对此颇有后悔之意。1962 年所写的独幕喜剧《伐竹记》中的庆云有一段话："我一个寒门孤女，无处申诉，使我父亲蒙冤一世。我要沿门乞讨，走告百姓，教全国人皆知齐国君臣，上下昏庸，残暴不仁。"客观来说，身处春秋末期的民间女子庆云说出这番话并不过分，但师陀"每一想起"这段话，"便全身起鸡皮疙瘩，责怪自己的白话不行，口语不行，无力翻译得更通俗，并非有意提倡。"因此，他宣称："除了特定人物，不论写历史小说或话剧，我反对用文绉绉的语言。"②

　　师陀自述，其最初创作受五四影响，"欧化加方言土语"，上海沦陷初期又"故意追求欧化"。③ 但师陀后来认识到这样使用语言文字是错误的："文字既然是表现风格的手段，任何风格又是反映社会和人的手段，作为中国作家，写的文章，首先要让中国人能看得懂。至于自己的风格，全在其次，主要是反映社会和人，这一点我和废名不同。废名是写他自己，他心目中的社会和人；我是写我心目中的社会和人，我同情被压迫

---

　　① 冯至:《诗文自选琐记（代序）》,《冯至全集》第 2 卷,河北教育出版社 1999 年版,第 164 页。

　　② 师陀:《谈〈西门豹〉的创作》,任访秋主编《文学论丛》,河南人民出版社 1983 年版,第 234—235 页。

　　③ 师陀:《再谈风格》,《师陀全集续编·补佚篇》,河南大学出版社 2013 年版,第 334 页。

者，我反对那个吃人的社会。因此我很少写到自己，我认为自己没有什么可写，没有什么值得写。"① 有了这种认识，他开始进行语言的调整，写出了《写信》《前进曲》《石匠》《"政治教师"》以及《历史无情》等这样充满了浓郁的意识形态、极富政治意味的小说。比如写于 1953 年 10 月的新中国成立后的第一篇小说《写信》，14 岁的国材要给做工人的叔叔写封信，写信的背景是"美帝被迫签订停战协定"，写信的位置是"毛主席和农民谈话"的年画下面，写信的态度是"极认真的、仿佛司机要对乘客的生命安全负责的庄严感觉"。从一开始，"写信"这一日常化的、家庭化的事件就被浓郁的时代氛围所包裹，而所写的内容更是高度的政治化："为了响应建设伟大祖国的号召，为了巩固国防，我们订了家庭计划，同时订了节约计划。我们要尽可能参加劳动，为国家多生产粮食。过年时我们开个家庭会，在会上检查了过去一年的生活。我们找出了那个害人的病根子，去年我们所以忙的头上生脚，全因为没有计划，没有分工，浪费许多粮食，生活倒没有过好。"一封家书写成了政治思想工作汇报，在密集的政治语汇中，师陀的个人语言风格消失殆尽，而换来的则是顺利跨入新的时代环境继续写作——从新中国成立初期参加"土改"到 1959 年以历史唯物主义理念为指导创作《西门豹的遭遇》②，他从思想和行动上完成了对主流意识形态的认同和对时代价值的皈依。从 40 年代《果园城记》的浓郁抒情意味、《结婚》语言风格的朴实，到新中国成立后这一批小说用词及语法的中规中矩，师陀的语言发生了巨大的变化。

　　那些比较边缘化的作家如朱光潜等也对汉语规范化表示认同，并将从事、推进汉语规范化工作视为己任。50 年代，因为"一向钦佩"老舍"中文口语的简练"，朱光潜请老舍帮其校订萧伯纳的戏剧《英国佬的另一个岛》。而在谈到老舍翻译的萧伯纳的戏剧《苹果车》时，朱光潜对老舍的翻译语言提出了委婉的批评，认为译文不大像出于老舍之手。原因有两条：一是对原文亦步亦趋、寸步不离；二是吸收了西文的词汇和语法以丰富中文。朱光潜说这番话是在 1955 年 10 月 10 日给老舍的信中，这个时候正是全国现代汉语规范化问题学术会议召开的前夕。在这种"山雨

---

　　① 师陀：《我的风格》，《师陀作品新编》，人民文学出版社 2011 年版，第 346—347 页。

　　② 师陀：《〈西门豹〉后记》，刘增杰编：《师陀研究资料》，北京出版社 1984 年版，第 144 页。

欲来风满楼"的背景下，他对老舍批评的依据自然是汉语规范化的要求。在信中，朱光潜以文学家的责任感对老舍在汉语规范化中所发挥的作用提出期许："你在读者群众中威信和影响都很大，从你手里出来的文字，无论是自己作的还是译的，都是许多青年学习的对象；我们现正在争取汉语的规范化，说到究竟，真正促成语文规范化的还是在群众中有威信的作家，你也不能不注意到这一点。"[1] 应该说，对老舍在翻译中表现出的语言偏离规范的做法，朱光潜保持了足够的关心，从中透露的是自己对汉语规范化的心理认同。

但也有来自国统区的一部分作家对汉语规范化可能带来的语言困境表示了忧虑。1957 年，施蛰存写了一篇短文《倒绷孩儿》，他从繁体字转换为简化字入手，对因此带来的词义的混乱忧心忡忡：

> 水浒传里有一句话，叫做"八十岁的老娘，倒绷孩儿"。用以比喻一个老手对熟练的工作，反而不会做了。我的文字生涯，也该有三四十年了，对于祖国的语言文字，虽不能深入钻研，成为语文专家，一般的使用阅读，一向都还对付得过去。可是，近来却颇有"倒绷孩儿"之感，常常有许多文章，或一言一句，看不懂，非但如此，连自己写的文字，一经排成铅字，也往往看不懂了。真是一件很替自己担忧的事。
>
> ……
>
> 宋元俗字，简笔甚多，但是我读"元刊古今杂剧"和"缪刻京本通俗小说"，并不困难，倒是读我自己文章的校样，几乎每页都有怔住的地方，这是什么道理，我请求文化领导同志再考虑一下。如果丝毫不顾六书旧传统，任意无规则地创造简笔字，恐怕终不是个好办法。[2]

客观来说，施蛰存并不是反对汉语规范化。相反，他对汉语的规范和纯洁非常在意。《倒绷孩儿》一文发表于 1957 年 4 月 26 日的《文汇报》，

---

① 朱光潜：《朱光潜致老舍》（1955 年 10 月 10 日），老舍《老舍全集》（第十五卷），人民文学出版社 2013 年版，第 700—701 页。

② 施蛰存：《倒绷孩儿》，《文汇报》1957 年 4 月 26 日。

第二天他又发表了《第二第三》，针对当时语言不纯洁的现象，一方面批评了当下写作对民族语文传统的背弃，造成词义混乱；另一方面也批评了对外国语教条式的借鉴，结果"把简单话说成繁复，把直捷话说成曲折，把聪明话说得很笨拙"[①]。他批评了语言中存在的反映出"帝国主义侵略的后遗症"的大量"洋泾浜汉语"，认为"关心祖国语文纯洁的人，应该做一点工作，来肃清这一流毒"[②]。除此之外，他还发表有《咬文嚼字》《"家具"与"皮垫"》《再说"家具"》《妻子》《"老婆"》等文章，针对社会上流行的错用、误用词语现象进行批评指正。但施蛰存对于语言规范的良苦用心并未为时人所察，反而被人批判为"念念不忘的是作为知识分子的那点利益"[③]。

1957年，徐懋庸以"彭鼎"为笔名发表短文《没法就范的规范》。徐懋庸认为："我是绝对赞成汉语规范化的，也欢迎专家给我们立法定规。但是，我以为这方面的立法者，也要民主一些，科学一些，使人容易就范，也乐于就范。否则，实在也会使人束手结舌的。"徐懋庸对重音的规范、标点符号的规范都提出了反对意见，同时希望语文专家对我国的语言传统进行一些研究，比如，倡导短句式而忽略了长句式也是我国传统语言的一种结构方式。结果在语言教条主义思维下，长句式"不该用，连译文里也不该用"[④]。应该说徐懋庸对汉语规范教条主义做法的批评在对汉语规范化一片赞成声中还是独具一格的，但这篇文章也因此被认为是反党的证据之一。[⑤]

二　作家对普通话的学习与认同

赞成也好，反对也罢，政治主导下的语言氛围既已形成，作家们只有顺应这种语言的规约才有写作和发表的可能。换句话来说，作家们只有使

---

① 施蛰存：《第二第三》，刘凌、刘效礼编《施蛰存全集》（第3卷），华东师范大学出版社2011年版，第650—651页。

② 施蛰存：《洋泾浜汉语》，刘凌、刘效礼编《施蛰存全集》（第3卷），华东师范大学出版社2011年版，第712页。

③ 杜松寿：《资产阶级右派分子怎样利用文字改革问题向党进攻》，《中国语文》1957年第9期。

④ 徐懋庸：《没法就范的规范》，《长江文艺》1957年第5期。

⑤ 《长江文艺》编辑部：《关于徐懋庸问题的几句话》，《长江文艺》1958年第1期。

用规范化的语言并不断对所使用的语言进行规范才能更好地体现自身的价值和意义。

为了能够用规范的语言写作，作家们有意识的甚至是做出了极大的努力学习普通话。这首先体现在南方作家身上。汉语规范化情境下，南方作家并不因为自身语言困难而忽视语言规范的重要意义，相反，他们对汉语规范化表现得非常积极。秦牧旗帜鲜明地鼓吹普通话写作："我们必须用规范的普通话来写作，这样，才能使作品通行无阻地让最广大的群众阅读。而要做到这一步，就是不论生活在任何方言区域的人们，都必须学好普通话，那种夸大方言文学作用，不重视学习普通话的现象是应当结束了。""唯有学好普通话，才能够写出精彩的规范的普通话文学。而这样的文学，才是有力量流行于最广大人口之中的。"他热切号召作家们学习普通话："文学工作者惟有学好普通话，才不致于把外地人读了完全莫名其妙的方言土语，乱七八糟地塞进文学作品里去，使人望而生畏，无从索解。试想：假如上海人把'讲张'（谈论），杭州人把'木老老'（很多），广州人把'霎气'（麻烦），潮汕人把'刺榴'（流氓）之类的词语写进作品里面去，又不加任何解释的话，有谁能够知道，那讲的是什么玩意呢！"多年之后，秦牧仍在呼吁："我们得高度珍视民族共同语！在捍卫民族共同语的纯洁性和发展民族共同语的事业中，文学、语文工作者，负有特别重要的责任。"① 欧阳山尽管对普通话有保留意见（后文有所述及），但更多的是认同："先了解普通话，再从普通话的立场选择广东词汇，我是这样做的，这样子外省人容易接受。大体上做到70%—80%能使外省人看懂。如果你不知道外省人懂不懂，你最好先别用，至少是用上后加以解释，再想一想后能懂，就比较好办一点了。那我们的自由就更多一点了，吸收广东词汇就更多一点了。"② 作为新文字改革的支持者与领导者，欧阳山在他的文学作品中使用了大量的普通话词汇以及"已经'普通话化'了的群众语言和童谣歌曲"，③ 在《三家巷》中，语言呈现出普通话和广东话斑驳交错的状态。

但因为方言差异过大，南方作家学习普通话非常困难。高云览是福建

---

① 秦牧：《珍贵的民族共同语》，《秦牧全集》（第9卷），广东教育出版社2007年版，第417—419页。

② 陈衡：《欧阳山典型观初探》，中国文史出版社2008年版，第61页。

③ 黄秋耘：《革命春秋的序曲——喜读〈三家巷〉》，《文艺报》1960年第2期。

厦门人,大多数时间生活在家乡和国外。对于在这种语言环境中成长起来的高云览来说,学习北方口语难度更大。据陈元宁的回忆,有一次在家,高云览在叫妻子碧云时,叫成了"佩文"。当知道自己读错后,"他一怔,随即嘟念着:'糟糕,糟糕,我必须下功夫学好普通话。'"为了学习普通话,高云览专门用一个本子记录方言与普通话的对比,如"赶寸"是"凑巧""搅惑"是"干扰""一个价"是"同等对待"等,写完作品后还要念给家中的老保姆听,以检验接受效果。① 张楚琨对高云览学习普通话也印象颇深:"我记得,他穷年累月地做这一个准备工作,袖珍本子随时随地记上各种各样的、新鲜的也有平凡的语句、词汇、调子、语气、语尾;在写《小城春秋》的过程中,不断请教同志、朋友和群众,一句不苟,一词不苟,一字不苟。"② 他的妻子白碧云也见证了他在语言上的困扰:"我们是南方人,说普通话有时免不了有些别扭。这叫他很伤脑筋,但是他总不厌其烦地到处向人请教。有时候为了一句话怎样说才顺口,他会向朋友请教后又问家里的保姆甚至于孩子们,一直到他认为满意时才确定下来。"③ 据他的女儿高迅莹回忆:

> ……我送一位同学出来碰到爸爸,他听到我这位同学满口柔顺的北京音,非常感兴趣,便问我的同学:
>
> "北京人说'蹲',怎么说的?"爸爸做了个蹲在山崖下的姿势。我的同学看到爸爸这样认真,这样热切地想知道老北京人的语言,也认真起来,一边嘴里喃喃地念着"蹲,蹲",一边在头脑中思考着,突然她告诉爸爸:
>
> "对了,我们有时说'夯白下来'。"
>
> 他赶紧掏本本记了下来。爸爸就是这样,见到谁都好问一问,走到哪里都认真地听一听,记一记。他常对我说要有意识地学习语言,他说:

---

① 陈元宁:《忆云览》,《永远的纪念:高云览和〈小城春秋〉纪念集》,鹭江出版社1996年版,第40页。

② 张楚琨:《〈小城春秋〉序》,高云览《小城春秋》,人民文学出版社2005年版,第9页。

③ 白碧云:《高云览的创作生活片段》,《永远的纪念:高云览和〈小城春秋〉纪念集》,鹭江出版社1996年版,第62页。

　　"人民群众当中有许多生动的、活泼的、富有生命力的词汇，是一辈子学不完的。"

　　爸爸在语言方面下了很大功夫，他说过：

　　"作家漠视语言是一种'罪行'。语言必须使人易懂，生动。"①

　　儿子高京翼也谈到高云览创作时如何使语言规范化："怎么使小说里的人物语言个性化、有地方特色，又规范化，便于读者理解，爸爸下了很大的功夫。有时，为了找寻一个准确、生动、传神的词汇，他到处请教，甚至问我和妹妹。"②

　　尽管做出了最大的努力，在写作《小城春秋》时，高云览遇到的首要困难还是语言问题。据友人回忆："厦门话同普通话相差太远了，不仅是语音，还有语法和词汇。他在语言方面下了很大工夫。他认为作家漠视语言是一种'罪行'，语言必须使人易懂，生动。但尽管他尽了很大努力，《小城春秋》还有不少语法和语汇是别扭的。"③

　　这种语言障碍在南方作家那里存在比较普遍。江苏作家陈登科在修订小说《活人塘》时，试图将全部语言都改成普通话，但发现困难太多："一来因为我本身就是一口苏北话，要改变语言，首先得从我自己的语言改造起，可是一个人生长在一个地方，从小就讲那地方的话，也不是三五天之内就能改变过来的。"他自己也检讨，《活人塘》的语言"用了些没有经过提炼的土语，更造成该书在语言上难懂，不精练，甚至有的地方显得太杂乱了一些"。陈登科试图以普通话写作，但对普通话的习得并非朝夕之间的事。即使1979年重版时，他对《活人塘》的语言也"只是将某些太难懂的土话和某些不通顺的口头语修改了"，一定程度上改变了初版本"全部采用苏北地方语言"的状况。但要想做到完全"普通话"化，却是"心有余而力不足"。④ 广东作家陈残云对人民文学出版社编辑龙世

---

　　① 高迅莹：《爸爸永远活在我心中》，《永远的纪念：高云览和〈小城春秋〉纪念集》，鹭江出版社1996年版，第80页。

　　② 高京翼：《忆爸爸》，《永远的纪念：高云览和〈小城春秋〉纪念集》，鹭江出版社1996年版，第82页。

　　③ 张楚琨：《亡友高云览和他的遗著》，《永远的纪念：高云览和〈小城春秋〉纪念集》，鹭江出版社1996年版，第8页。

　　④ 陈登科：《活人塘·后记》，《活人塘》，人民文学出版社1979年版，第146页。

辉说过，广东人写东西，脑子里想事用的是广东话，写出来是普通话，要经过一道翻译，所以比别人更艰苦。① 在另一篇文章中，陈残云再次表达了类似看法："广东的作家受了很大的限制，因为我们语言和文字不统一，写出来的文字实际是变相的翻译，是舞台腔，不大能如实地表达人物的个性。"② 尽管如此，陈残云在写作中还是努力使用规范化语言写作，他以农业合作化为题材的长篇小说《香飘四季》在语言方面被评论者认为具有"既明白晓畅，又严谨活泼的特点"。③ 小说中也出现了一些方言土语，但因为经过严格的筛选和适当的规范化，在阅读上基本不存在障碍感，不影响读者的理解。如"长命债长命还，长命功夫长命作""知悭识俭""指缝漏出米""肚里生得出钱""一支针没有两头利""见过鬼怕黑""母猪嚼田螺""做人要有腰骨"等，既新鲜活泼，又表现出一定的地方色彩，并且能更好地展现人物性格。

其实，不仅是南方作家在普通话写作方面存在较大障碍，即使北方方言区作家——甚至是北京本土作家如老舍，在普通话写作方面也有一定的距离。老舍在一篇文章中谈到自己学习语言的经过以及普通话写作的感受：

> 在最近的几年中，我也留神少用专名词。专名词是应该用的。可是，假若我能不用它，而还能够把事情说明白了，我就决定不用它。我是这么想：有些个专名词的含义是还不容易被广大群众完全了解的：那么，我若用了它们，而使大家只听见看见它们的声音与形象，并不明白到底它们是什么意思，岂不就耽误了事？那就不如避免它们，而另用几句普通话，人人能懂的话，说明白了事体。而且，想要这样说明事体，就必须用浅显的，生动的话，说起来自然亲切有味，使人爱听；这就增加了文艺的说服力量。……是的，在最近几年中，我无论是写什么，我总希望能够充分的信赖大白话；即使是去说明比较高深一点的道理，我也不接二连三的用术语与名词。名词是死的，话是活的；用活的语言说明了道理，是比死名词的堆砌更多一些文艺

---

① 龙世辉：《阅稿随记》，《编余漫笔》，广东人民出版社1980年版，第194页。

② 陈残云语，见谭元享《呼唤史识：当代长篇创作的史观研究》，广东高等教育出版社2003年版，第171页。

③ 洁泯：《漫谈〈香飘四季〉》，《作品》1963年第9期。

性的。况且，要用普通话语代替了专名词，同时还能说出专名词的含义，就必须费许多心思，去想如何把普通话调动得和专名词一样的有用，而且比专名词更活泼、亲切。这么一来，可就把运用白话的本事提高了一步，慢慢的就会明白了什么叫作"深入浅出"——用顶通俗的话语去说明很深的道理。①

老舍生长在北京，但在使用普通话方面也不是信手拈来，也需要一个琢磨的过程。与老舍有着类似语言感受的还有作家王林。尽管王林出生于北方方言区的河北，但在普通话写作方面也不是得心应手。他在 1955 年的日记中写道，因为受到孙犁的批评，在遣词用字时比较小心在意，"不敢再图省事用成语旧语汇"，但写作起来更为吃力，而其原因则是用成语套语成了习惯，群众语言渐渐疏远。②

也有些作家对普通话写作表示了批评和质疑。1962 年，欧阳山委婉地批评了所谓的"普通话写作"："我们的普通话（民族共同语），正处在形成过程中，还是不够丰富的。用来说明一般的问题还可以，讲到复杂的问题，讲到跟生活联系比较密切的事物，就显得不够用了。特别是和工农群众交谈，有时候就常常找不到词儿了。我常常感到，和熟朋友在一起，想把话谈得生动活泼，普通话就觉得很不够。"③ 甚至多年之后，欧阳山对普通话写作仍非议颇多：

> 1932 年我们曾搞过广州方言的文学，用广州方言来写文学作品，非常生动，但一变成普通话来写就差得远了。就有点书生气了，离开了现实生活的泥土了。这是文学语言中自身的一个大问题了。70 年来大家都努力在解决这个问题，但都没有解决得好。有些作家，他们都是知识分子喽，用普通话这种语言来写，这是很不够丰富，也不够完备，也不够有趣味，魅力也不够大。但是它是用通用的语言，大家都能够懂，也只好用这种语言了。于是我们在创作时，经常都感觉得到写东西有些不地道。用这种语言描写东西比较粗糙、简单，而很生

---

① 老舍：《我怎样学习语言》，《解放军文艺》第一卷第三期，1951 年 8 月 16 日。
② 王林：《王林日记·文艺十七年》，《新文学史料》2013 年第 2 期。
③ 欧阳山：《欧阳山同志谈语言学习的问题》，《中国当代文学研究资料·欧阳山专集》，福建师范大学出版社 1979 年版，第 94—95 页。

动的、很地道的、深刻的有力度的描写就比较少了。这个语言的限制很大。……普通话就是那个很有限制、词汇也不多、也不够用的通用语言，用这种语言来创作呢，好像大家都能看得懂，这是它的优点；但是并不生动，不具体，不深刻，有很多地方不确切，比较模糊，这是它的缺点。①

与欧阳山一样对普通话不满的是作家克非。克非在 50 年代写过长篇小说《春潮急》（《春潮急》发表于 1974 年，初稿创作于 1956—1959 年）以及一些短篇小说，到了 80 年代初期他开始反思所谓的"普通话写作"，对其表示明确的反对："我主张用方言写小说（当然是全国多数人看得懂的方言），而不大赞成一律用普通话写。用普通话写，好像是普通了，其实并不普通，因为一个作家写一篇小说，总是写某个独特环境内的人物和生活，你怎么去'普通'呢？比如许多上海人，在生活里他明明讲的是'阿拉'、'侬'、'伊'，你写小说就把他换成'我'、'你'、'他'，这怎么传神呢！上海人看了不觉得你是搞了一次翻译吗？"② 作为在新时期开始从事文学创作的阿城对文学创作中普通话存在的合法性也是大加挞伐。他认为，"今年所提的暴力语言，在文学上普通话算一个。普通话是最死板的一种语言，作为通行各地的官方文件，使用普通话无可非议，用到文学上，则像鲁迅说的'湿背心'，穿上还不如不穿上，可是规定要穿。……以生动来讲，方言永远优于普通话，但普通话处于权力地位，对以方言为第一语言的作家来说，普通话有暴力感"③。

其实，就是语言学家内部也有人对普通话一统天下表示过不满。在和周立波论战的文章中，周定一相当激烈地批评过对普通话的教条主义理解："把普通话死死限制在一个狭小的框子里，而且门禁森严，非但不允许任何方言语词进来担当必要的语言职务，而且把那些方言色彩本来已趋淡薄的语词也加以排斥，庸俗地理解'为祖国语言的纯洁和健康而奋斗'这句话的意义。"④ 尽管如此，欧阳山、雪克、周定一的声音还是微乎其

---

①　欧阳山：《关于建设中国新文学语言问题的谈话》，欧阳代娜编著《欧阳山访谈录》，中国文史出版社 2008 年版，第 79—82 页。

②　克非：《关于生活》，《作家谈创作》，花城出版社 1981 年版，第 128—129 页。

③　阿城：《闲话闲说——中国世俗与中国小说》，作家出版社 1998 年版，第 165 页。

④　周定一：《论文艺作品中的方言土语》，《中国语文》1959 年第 5 期。

微，并不能撼动普通话的意识形态地位，作家们逐渐趋向认同普通话写作，文学创作热闹的背后失却了风格的绚丽。

三　汉语规范化与作家语言策略

在"一体化"时代，作家要想从事创作，语言的规范不能不说是面对的头等大事。在汉语规范化语境中，无论有意还是无意，他们都在一定程度上改变了语言策略，以尽可能符合国家层面的语言规训。

在对语言健康、纯洁风格的追求下，新中国成立后的作家们普遍表现出对语言繁缛的反感和鄙弃，这尤其表现在从解放区过来的作家身上。早在 1942 年，康濯就对文学作品中那种"噜嗦、别扭或者'华丽'得要死的语言"提出了严厉的批评："有些写作的同志，在写作时往往故意追寻和枯索'新'字眼、'新词'、'新'语汇；甚至自己还不认识或者不懂得的字和词，只要'华丽''漂亮'，也像宝贝似地抓住，而且再抓住，不放过这些。一般地说，并不能以所谓'洋化的语言'的帽子给概括地戴上，而是一种什么不适当的'新'的文学语言的滥用……"① 1956 年他继续对这种"庸俗的所谓'欧化'"的语言进行批判，为文学作品中朴实优美的语言、风格的丢失而感到惋惜。② 与康濯的观点相类似，吴强也认为诸如"我热爱祖国的壮丽的河山""我是怎样的兴奋和愉快呀"这样"漂亮""光彩"的句子是农民说不出来的，因为农民没有和这一类字句有过接触，不会用这样的语言表达思想感情。这样的语言是作者强迫外加的结果，不符合语言实际。③ 即使是多年之后，马加也以形象化的方式表现出对语言繁缛的反感："我使用语言尽量要求精炼、能少则少。对于那些花里胡哨，拖泥带水，空话连篇的词藻，必须把它砍掉。如同农民锄地一样，不愿意留下一颗乱草。"④

批评家也对语言繁缛现象提出批评。《葛梅》是管桦的一个短篇小说，发表于 1961 年第 21—22 期的《红旗》上，是管桦有较大影响的小说

---

① 康濯：《谈文学的语言》，《康濯研究资料》，湖南人民出版社 1984 年版，第 68 页。

② 康濯：《关于两年来反映当前农村生活的小说——在中国作家协会第二次理事会会议（扩大）上补充报告》《文艺报》1956 年第 5—6 期。

③ 吴强：《注意语言的纯洁和健康》，《文艺生活》，新文艺出版社 1956 年版，第 35 页。

④ 马加：《谈文学的语言》，《中国当代文学研究资料·马加专集》，辽宁民族出版社 1996 年版，第 38 页。

之一。冰心称这篇小说"是从涟漪的春水里升起的一朵莲花,漫天遍地的胶原蓬勃气氛,衬托得它格外挺拔,格外妩媚"①。与冰心的高度肯定相反,茅盾在谈到对这篇小说的阅读感受时,最大的不满就是语言的雕琢华丽:

> 例如"应和着这女子的笑声,从附近的白杨林里,传来布谷鸟和黄莺悠扬的鸣啭",这里,句法倒装,词汇并不新鲜,因而只显得雕琢,并不美。而且,"布谷鸟和黄莺悠扬的鸣啭",一个副词有两个头——布谷鸟和黄莺,可是"悠扬的鸣啭"形容黄莺则可(虽然是用熟的,不见新鲜),而形容布谷鸟则不妥。如果"悠扬的鸣啭"只形容黄莺,则布谷鸟便落空了,在句法上也有毛病。又如"岸边的绿柳和白杨,灵化了似的耸立着……"这里,"灵化了"颇见新奇,但是也觉有伤雕琢。②

50 年代的文学语言不仅繁缛,而且僵化、死板,这从毛泽东对《文艺报》"再批判"特辑文章的批评可见一斑。1958 年,为了配合批判"丁玲、陈企霞反党集团",《文艺报》于 1 月 26 日编发了一个特辑,发表了林默涵、王子野、张光年、马铁丁、严文井、冯至等人的批判文章。这个特辑经过了毛泽东的审定,在校样的一侧,毛泽东写了几行字:"用字太硬,用语太直,形容词太凶,效果反而不大,甚至使人不愿意看下去。宜加注意。"③ 尽管毛泽东所批评的是《再批判》里的具体的几篇文章,但纵观当时的文学作品,无不充斥着"用字太硬,用语太直,形容词太凶"的硬邦邦的语词。对于毛泽东的批评,张光年也承认:"离开'恶毒的诽谤'、'猖狂的进攻'之类的词句,似乎没有别的话可说了。字面上尖锐,实际上没有力量。这说明我们的头脑僵得很,我们还没有从教条主义、党八股的束缚中完全解放出来。因此,需要整风。"④

出于对语言繁缛的反感和禁忌,50 年代作家创作时很大程度上以语

---

① 冰心:《葛梅》,《文艺报》1961 年第 12 期。

② 茅盾:《读书札记》,《茅盾全集》(第 27 卷),人民文学出版社 1996 年版,第 35—36 页。

③ 《再批判》"编者按",见《文艺报》1958 年第 2 期。

④ 阎纲:《回忆 1958 年〈文艺报〉的一次文风研讨》,《党的文献》2009 年第 4 期。

言的简练流畅为美学追求。早在 40 年代，艾芜就认为，选择与琢磨语言的标准，首先是正确，"其次，还要从繁杂的字句中，去寻求简洁的字句。因为艺术的语言除了正确性外，还要求其经济。即是要用很少的语言，写出很多的事情"。他所提供的方法是，在文章里，尽可能地将用几个字来表现的东西，只用一两个字来表现；用一两个长句来描写的地方，只用一个短句来描写。① 有评论者认为刘江的《太行风云》在语言方面的第一个特色就是简练："继承了中国古典小说传统的简练明洁的白描，没有什么雕琢渲染，运用说书讲故事的语调，勾画人物或画面，生动简练，有概括性，有生活气息。"② 其他诸如《踏平东海万顷浪》《风雪儿女》《三千里江山》《玉泉喷绿》等小说在当时也都因语言精练而受到肯定。

　　还有的作家在对自己的作品进行修改时，也以"简练"作为语言标准。50 年代中期，冯至编选出版《冯至诗文选集》时对字词与句子做了一定程度的删改。他给自己定的删改标准中的一条就是对文字冗沓或不甚通顺的地方改得简练一些、舒畅一些。③ 杨沫修改《青春之歌》时，也是将"有些可有可无的'段'、'句'也删了去。我自己觉得好像一棵小树，削去了多余的枝杈那样，那树（文章）就干净、挺拔、秀丽一些了"④。

　　简练是语言风格之一种。但如果过分追求简练，使其极端化、教条化，往往会起到适得其反的效果。马铁丁在 1961 年写过一篇杂文，对文艺创作的过度求简进行了批评："文艺写作有简的一面，也有繁的一面，不作具体分析，把简夸张到绝对化的程度，可以走向文艺取消论。……由简入繁，从某一方面看，也可以是标志着文艺事业的提高与发展。"当然，他也注意到了文章繁与简之间的辩证关系："我的意思，当然并不是说应该走到另一个片面：越繁越好，繁就是好，连带辞肥义瘦，废话连篇，一并加以赞扬。不是这样。我的意思只是说：该繁则繁，该简则简。"⑤

　　与简练相关的是语言的口语化，这也是作家语言努力的方向。丁玲在谈到新中国成立后主流文学作品的语言优点时，将其归因于"口语化"。

---

① 艾芜：《文学手册》，湖南人民出版社 1981 年版，第 58 页。
② 丁耀良：《漫评〈太行风云〉》，《火花》1963 年第 7 期。
③ 见颜同林《〈女神〉版本校释与普通话写作》，《广东社会科学》2012 年第 3 期。
④ 杨沫：《自白：我的日记》（上册），十月文艺出版社 1994 年版，第 283 页。
⑤ 马铁丁：《繁与简》，《戏剧报》1961 年第 21 期。

她认为，赵树理、柳青、杜鹏程等作家"有一个突出的优点，就是他们比较熟悉劳动人民，他们长期同底层的人民生活相处，血肉相连，息息相关。所以他们的作品显得生活底子雄厚，文章也比较口语化，把'五四'以来一些欧化的半文半白的文体改为生动活泼的语言，使我们感到新鲜亲切"①。吕叔湘认为汉语口语蕴藏着无穷潜力，大力倡导文学创作应该发掘这种潜力。② 这个观点得到了叶圣陶的附和，他认为不仅是文学作品，包括文学作品在内的所有文章的语言都应该达到"上口"和"入耳"两个条件，禁得起"说"和"听"的考验。这样做的理由是"情势已经发展到这样地步，文章不光是用眼睛看看就算，需要放到嘴上去说，用耳朵来听的场合太多了"。所以叶圣陶强调，文章当然要加工，"但是要在平常说话习惯的基础上加工，做到比平常说话更好"。"平常是这么说的，习惯这么说的，并不是什么生撰杜造的说法，才决定用上，否则一概不用。果真抓紧这一条，写成的文章就禁得起'说'和'听'的考验。"③以群建议："在文学作品中，原封不动地搬用群众的口语，一般的情况，只有在人物的对话当中才用，那是为了更生动地表现人物的性格和特征（例如籍贯、社会成分、生活习气等），使读者能够通过那些对话，更真切地了解人物的特点。"④

许多作家都在向口语化靠拢。一直以来，艾青就非常认同口语入诗。30 年代后期，艾青表示："最富于自然性的语言是口语。尽可能地用口语写，尽可能地做到'深入浅出'的地步。"⑤ 1943 年他再次表示："我常常努力着使我的诗里尽量地采用口语"，"必须在精炼的、简约的、明确的文字里面，包含着丰富的生活面貌、生活的智慧、生活的气息、生活的真理"，"避免生涩的字眼和词句"。他还认为："语言的应该遵守的最高的规律是：纯朴，自然，和谐，简约与明确。"⑥ 新中国成立后，艾青的

---

① 丁玲：《五代同堂振兴中华》，《丁玲散文》（下集），中国广播电视出版社 2013 年版，第 135 页。

② 吕叔湘：《拼音字母和文风》，《文字改革》1960 年第 3 期。

③ 叶圣陶：《"上口"和"入耳"》，《文字改革》1960 年第 5 期。

④ 以群：《文学的语言》，《谈有关文学特性的几个问题》，上海文艺出版社 1958 年版，第 47 页。

⑤ 艾青：《诗论》，《新诗论》，天下出版社 1952 年版，第 102 页。

⑥ 艾青：《我怎样写诗的》，《诗论》，复旦大学出版社 2005 年版，第 92—94 页。

诗歌创作不仅继续延续着口语化的路子，而且出现了极端如《藏枪记》《女司机》等"这样毫无诗意的大白话"①："杨家有个杨大妈，她的年纪五十八，/长的身材很高大，浓眉长眼阔嘴巴。/身穿粗布鞋衫褂，不带簪来不带钗/，没有说话就先笑，心直口快要数她。"（《藏枪记》）"她在呼和浩特/考上了司机班/回来驾着大卡车/把工业品运到了草原"。（《女司机》）姚雪垠30年代语言比较欧化，新中国成立后大为改变："自从三十年代中期发生了大众语问题讨论和新文字运动以来，我有意识、有目的地重新学习和收集河南的群众口语，其结果表现为《差半车麦秸》和《牛全德与红萝卜》的语言风格。……我从拼音字的提倡悟出了一个改造我的文风的道理，也可以说是我的新探索。我想，如果改用拼音字写文章，必须做到一听就懂，而且要读来顺口，听来顺耳。不用拼音字，仍用汉字，难道不应该向这方面追求么？……概括起来说，我要追求的语言风格是：朴素、生动、流畅。为追求这六个字的美学目的，我必须注意在我的文学作品中排除不必要的欧化词汇和欧化的语法结构，向民族化转移；还要排除生造的词汇，排除故意雕凿或矫揉造作。"②连曹禺这样的老作家也对口语表示了不加节制的赞美："要对人民的语言，生活的语言发生强烈的兴趣，揣摩它，寻味它，看它妙在什么地方，什么地方使人感到它真实，准确，生动，传神，美，有思想，有味道。"③

　　但有些作家对于过度口语化表示出反感。柯灵在1959年写过一篇短文《好语如珠》，批评了对文学语言口语化的狭隘要求："'可是'是好的，'但是'就不好了；或者说：'但是'是好的，'但'就不好了。据说，因为它们不合口语的习惯。"④柯灵认为，要求文字和口语趋向合一是一种很好的理想，但不能将二者等同，且不能相互取代。文字结构比语言结构要致密、复杂、高级，但与伴有音调、手势、表情等辅助手段的口语相比，显得较为平面化。因此，文字只能以准确、鲜明、生动作为表达的手段。文字应当向口语学习，毕竟口语中有许多富于形象和表情的警

---

① 石兴泽：《艾青：在时代要求与个性追求的矛盾冲突中艰难行进》，《淮北煤炭师范学院学报》2003年第3期。

② 姚雪垠：《关于〈春暖花开的时候〉》，姚北桦、贺国璋、俞润生编《姚雪垠研究专集》，黄河文艺出版社1985年版，第243—244页。

③ 曹禺：《语言学习杂感》，《红旗》1962年第14期。

④ 柯灵：《文苑絮语·好语如珠》，《煮字人语》，上海远东出版社1996年版，第9页。

句，但不可学习其简单和粗糙的部分及其表达的随意性。

要做到文学语言的简洁化和口语化，最有效的途径就是向群众学习。语言的丰富和发展来自于对现实生活中群众语言的学习和提炼，这一任务主要由作家来完成。自五四以来，群众语言就是发展民族语言的主要源泉。新中国成立后，向群众学习语言不仅是促使语言自身发展，更多的是一种政治召唤。周扬对当时的文学作品曾经表示出这样的疑惑："为什么从我们的新作品中，感觉不到像《红楼梦》《水浒传》那样亲切的民族色彩呢？问题就在于我们的新作品采用的语言还不是真正的老百姓的语言，用的那些字汇还不是在老百姓中流行的字汇，表现方法也不是老百姓的表现方法。这样就使我们感到不习惯，不合乎中国语言的规律，不能表现民族的色彩。过去学习旧形式只学了些皮毛和渣滓，学了个'欲知后事如何，且听下回分解'，学了个'妈的！''欲知后事如何，且听下回分解'虽然普遍的存在中国文学中，但不是中国文学本质的东西，代表的东西，'妈的！'虽然是工农常说的，但也不是工农本质的东西，代表的东西。对民族的语言，我们也要加以区别，哪些是好的？哪些是不好的？我们应该找的，是合乎人民群众语言习惯的，反映新生活的，能自如的表现人民的情感和思想的那些话，那些字眼。"① 在周扬看来，群众语言是真正的与现实生活紧密相关的语言，随着生活的变化而变化。由此可以看出周扬对语言现状的不满，而他对群众语言的重视也表现出当时作家在语言方面努力的方向。

茹志鹃认为："我认为语言也是特别需要积累的。语言是硬碰硬的。要改造自己的语言。我们常常是知识分子语言比较多，学生语言比较多。我们写工人、农民，要有工人、农民的语言，这个东西是做不了假的，一定要勤快一点，一句一句去记。我曾经在解放战争时期，因为跑的很多，跑山东、安徽、河南，跑每一个地方，都作过一个很笨的工作，收集那里的民歌。这民歌里的语言很好，明明知道不能保持久的，这本子要丢的，但我也把它记下来了。我在生活中注意的语言，不是那些华丽的形容词，而是比较朴素而平常，但又蕴藏着一种哲理的语言。这种语言是群众口头

---

① 周扬：《关于在戏剧上如何继承民族遗产的问题——一九五二年六月十一日对中央戏剧学院的同学和干部的报告（节录）》，《周扬文集》（第2卷），人民文学出版社1985年版，第156—157页。

上的，我们如不注意，常会让它'流'过去。"① 叶文玲对学习群众语言也深有感触："人民的语汇是非常生动的，是表现实际生活的。以后，我就开始注意搜集群众语汇。十几年来日积月累，记了好几本；在记的过程中，我吸收消化，在写作中，我无须去翻本本，它们就会'涌'到笔尖，这样，我在刻画人物时，就能用比较生动的语言描绘出来。"② 马加对群众语言更是赞誉有加："我的语言是向谁学的呢？是向我的老师学的。我的老师就是农民。在家乡，我接触的都是农民，我下乡工作，接触的也是贫下中农。我观察他们的心理、动作，留心他们的语言。我常常惊叹农民的语言是多么生动、形象、新鲜，它是生活的语言，有生命力。"③

但仅仅靠下乡、记录的方式积累群众语言只是流于表面，并不能将群众语言转化为文学语言。老舍对这种走马观花式的体验群众语言的做法进行了否定："只去记几句农民爱说的话。那是没有多少用处的。"他认为："文艺作品里面语言的好坏，不在它是否用了一大堆词汇，是否用了某一行业的话语，而在它的词汇与话语用得是地方不是。比如一本描写工人的小说，其中工厂的术语和工人惯说的话都应有尽有，是不是就算一本好小说呢？未必。描写工人的小说并不是工厂词典与工人语法大全。在文艺作品里，语言的成功，要靠说得正确，合适。怎么才能说得正确合适呢？还是那句话：得明白生活。一个工人发怒的时候，就唱起'怒发冲冠'来，自然不对路；可是，教他气冲冲地说一大串工厂术语，也不合适。必须了解这个发怒的工人的生活，我们才能形容他怎样生气，怎样说气话。生活是语言的最丰富的泉源。"④

梁斌也认为，那种走马观花式的对群众语言的学习如果稍一不慎，便成为词语的堆砌：

> 为了要形成自己使用的一套语言，我作了长期的准备工作，我记录过书上的或群众的口头语言，这很有用处，但也容易形成另一个缺点，形成语言的堆砌。《红旗谱》开头几万字中可以看得出来。我觉

---

① 茹志鹃：《漫谈我的创作经历》，《茹志鹃研究专集》，浙江人民出版社 1982 年版，第 54—55 页。

② 叶文玲：《学艺断想》，《东海》1980 年第 7 期。

③ 马加：《谈文学的语言——答刘榛之同志问》，《鸭绿江》1980 年第 5 期。

④ 老舍：《我怎样学习语言》，《解放军文艺》1951 年第 3 期。

得这也不仅是一个语言问题。如果只是搜集、积累一些书本上的和群众语言，不深刻了解社会生活，不洞悉人民的精神面貌，也很难彻底解决语言问题。语言与生活是紧密相连的。

……

在创作"红旗谱"的语言方面，我注意了农民的语法结构，但也走过一些弯路。也许是记录的语言太多，到时候老想用上去，不自觉地产生堆砌语汇的毛病，写"红旗谱"初稿时就有这样的现象。堆砌语汇，削弱了语言的活力。①

因此，对群众语言的学习必须以对群众生活的熟悉为基础。换句话说，不熟悉群众生活，得到的语言终究是肤浅。那么，学习群众语言的首要任务是体验群众的生活，就像老舍说的那样："没有生活，就没有语言。""从生活中找语言，语言就有了根。"老舍举例说："我能描写大杂院，因为我住过大杂院。我能描写洋车夫，因为我有许多朋友是以拉车为生的。我知道他们怎么活着，所以我能写出他们的语言。"② 据老舍回忆，在写《青年突击队》时，人物所说的语言差不多都是临时从工地上"借来"的："那些话只是话，没有生命的话，没有性格的话。"老舍说："以这种话拼凑成的话剧大概是'话锯'——话是由干木头上锯下来的，而后用以锯听众的耳朵！"但就是用上了这样凭着到过工地两三次借来的语言，便以为自己掌握了群众的语言，也就"越爱卖弄它们"。写出来的作品实在的东西少，而花里胡哨的东西多。老舍指出，"孤立地去搜集语言分明是不大妥当的。这样得到的语言里，不可避免地包含着一些杂质，若不加以提炼，一定有害于语言的纯洁。文字的口语化不等于怎么听来的就怎么使，用不着再加工"③。

50—70 年代的长篇小说多具有亲历性，按说作家对生活乃至于生活中的语言相当熟悉，但写出来的文学语言仍不能令人满意。可见，熟悉生活并不是提高语言能力的唯一途径，在熟悉生活之上，还有一个如何对生活语言选择、提升和艺术转化的问题。

---

① 梁斌：《漫谈〈红旗谱〉的创作》，《人民文学》1959 年第 6 期。

② 老舍：《我怎样学习语言》，《解放军文艺》第 1 卷第 3 期，1951 年 8 月 16 日。

③ 老舍：《戏剧语言》，《新华月报》1962 年第 5 期。

　　群众语言里面，作家认为最值得汲取的是谚语、歇后语、俏皮话等俚语俗语，称它们是"活的语言"。老舍对这些词语有着极高的评价："大众口中有多少俏皮话、歇后语、成语呀，这都是宝贝。不信，让咱们和一位住在大杂院里的妇人拌一回嘴试试，咱们三个也说不过她一个。她能把咱们骂得眼冒金星，而无词以答；赶到咱们大败而归，她独自还在骂，又骂了三个钟头，越来花样越多。"① 鉴于大众语言的生动性和丰富性，老舍提倡应当搜集这些语言，丰富自己的词汇。这样的语言进入到文学作品中，不仅可以使文章生动活泼，而且将群众的生活经验鲜活地带入文学作品中，增加了生活质感。

　　当然，作家们也清醒地认识到，向群众语言学习，并不是对群众语言的照搬照取。群众语言处于自发自为状态，固然新鲜活泼、富有生趣，但同样也有不健康、不规范的表达方式，对于这些语言成分要坚决剔除。吴强认为以下两种群众语言使用现象要值得注意：一是"习惯语""歇后语""俏皮话"用得过多过分，使人感到作者并不是在表达思想感情，而是在做语言文字的游戏，在逗弄读者和观众；二是如果不是为了要表现某个人物的落后、粗鲁、野蛮、没有文化和道德修养，就不应当采用污秽的骂人的语句。② 无独有偶，王林对长篇小说《腹地》中语言的自然主义倾向就做了自我批评："有的同志来信说'撒鸭子就跑'这个语汇，非常容易引起误会。新区读者不会知道发动游击战争初期，因为国民党亲日媚外教育的结果，敌人来到了农民并不坚壁清野打游击；敌人也想用怀柔政策孤立抗日军队。由于敌寇的烧杀和共产党的领导，农民群众才有觉悟和决心和敌人水火不相容。'撒鸭子就跑'是游击区群众的一句口头语，只有极端顽固落后和政治嫌疑分子，敌人来了才不跑开。但是被新区读者看来，就会感到游击区的群众不够英勇。又如企霞同志所指摘出来的'叫驴嗓子'，在农民嘴里并不一定含有侮辱的意思，但是写在文字上，就会成为轻视群众的'大胆而冒险的形容词'！"③

　　但乞灵于群众语言是否能改变语言现状？或者说熟悉群众生活是否就一定能运用好群众语言？也不尽然！事实上，在作家们热情学习群众语言

---

①　老舍：《大众文艺怎样写》，《新建设》1950 年第 3 期。

②　吴强：《注意语言的纯洁和健康》，《文艺月报》1954 年第 5 期。

③　王林：《关于〈腹地〉的两篇检查》，《新文学史料》2008 年第 2 期。

与实际表达效果之间有着巨大落差。仅有对群众语言学习、选择还不够，还有一个如何将群众语言转化为作家个人化语言的过程。但很显然，这种个人化语言势必再次和规范化语言相抵牾。如果两者只能选其一，作家所做的，就只能是牺牲自我语言体验了！

第三节　汉语规范化与作家心态

在发展和规范语言的任务下，处于体制内的作家自然责无旁贷。尽管这是一项崇高的政治使命，但一旦进入创作实践，以语言为媒介传达艺术体验的作家也常常觉得力不从心。在外在政治要求和内在自我改造的双重压力下，作家们在语言使用方面渐渐就有了许多顾忌，而"写不出"和"写不好"的烦恼与焦虑也成为作家挥之不去的心理阴影。

一　"写不出""写不好"与作家语言障碍

新中国成立后，作家们普遍有"写不出""不好写"的感慨和抱怨。最初有这种感受的是一批在二三十年代就开始从事文学创作的老作家。沈从文在新中国成立后尽管从事文物研究工作，但对文学的关注并没有减退，就像他所说的："这个人本来如果会走路，即或因故不良于行时，在梦中或在日常生活中，还是会常常要想起过去一时健步如飞的情形，且乐于在一些新的努力中，试图恢复他的本来。"[①] 在五六十年代给友人家人的信中沈从文多次表达过写作计划，比如写赵树理笔下李有才式的人物，[②] 写以四川内江丘陵区糖房生产为背景的中篇小说，[③] 以张兆和的堂兄张鼎和为原型的反映知识分子革命道路的长篇小说等。他写出了未发表的《老同志》以及以反对打扑克为题材的小说，也发表了《跑龙套》《天安门前》等散文。但这些发表的和未发表的作品差强人意，难与他解放前的作品相比肩。张兆和劝他不要发表反对打扑克的小说，沈虎雏认为

---

① 沈从文：《我怎么就写起小说来》，《从文自传》，中国国际广播出版社 2013 年版，第 149 页。

② 沈从文：《沈龙朱、沈虎雏（1951 年 10 月 28 日）》，《沈从文全集》第 19 卷，北岳文艺出版社 2002 年版，第 126 页。

③ 沈从文：《创作计划》，《沈从文全集》（第 27 卷），北岳文艺出版社 2002 年版，第 509 页。

"遵命作品"《管木料厂的几个青年》"水平很差"。① 亲人的反对及否定表明沈从文的创作才能几近于枯竭。

新中国成立后，曹禺经历过土地改革、文艺整风、"三反五反"以及抗美援朝，但"还是没有写出一点东西"。50 年代初，曹禺到安徽农村体验生活，在治理淮河的水利工地上收集了一大堆材料，但却写不出与此相关的作品。1954 年写作《明朗的天》时，他用了三个月的时间到协和医学院体验生活，搜集的素材有二十多个笔记本，但提起笔来仍有一种力不从心感。"大跃进"时期，陈毅鼓励曹禺出去转一转，可以写一写十三陵水库方面的剧本，但曹禺还是一个字写不出来。无论农村、医院还是工地，都不是曹禺熟悉的领域。不熟悉生活、不熟悉表现这种生活的语言，在写作方面自然就颇多周折。这一点在他修改《雷雨》的过程中也表现出来。曹禺根据周扬 1937 年发表的文章《论〈雷雨〉和〈日出〉》中的政治观点来"伤筋动骨"地对《雷雨》进行大改，以加强阶级性，改变宿命论，强化了人物语言的阶级色彩。对于这次修改，曹禺自陈："改得很费事，所用的精神仅次于另写一个剧本。""要依原来的模样加以增删，使之合情合理，这都有些棘手。"②

李劼人自述写作《大波》时的苦恼："自谓经数年政治教育，思想学习，反观从前，迥异畴昔，构思落墨，固自不同。""《大波》已写出定稿一十三万余字，越写越难，交稿期，恐不能速。"③ 徐迟也有写不出来的困难。1965 年，沙汀在日记中记录了和徐迟的一次见面："当扯到写作时，他忽然深有感慨地说：'现在要写一篇五六千字的文章，也都不容易了。'因为在他看来，要认真反映时代精神是很难的。"④ 艾青 1954 年到海防前线体验生活，但却没有写出一首反映海军生活的诗。田汉想写一部反映抗美援朝的剧本，三个月动不了笔，最后终于未写出来。1957 年，废名打算创作两部长篇小说，其中一部反映的是中国几代知识分子经历的道路，思想主题是"知识分子如果不与工农结合，将一事无成"。另一部是以个人经历为线索，反映江西、湖北从大革命开始，经过抗日战争、解放战争、土改、农业合作化以来的社会面貌的变化。但这两部长篇小说始

---

① 陈徒手：《人有病，天知否》，生活·读书·新知三联书店 2013 年版，第 43 页。

② 梁秉堃：《在曹禺身边》，中国戏剧出版社 1999 年版，第 13 页。

③ 李劼人：《李劼人晚年书信集》，四川大学出版社 2009 年版，第 72、78 页。

④ 沙汀：《沙汀日记选》（1965 年 5—7 月），《新文学史料》1989 年第 3 期。

终没有创作出来。"十七年"期间，巴金创作的短篇小说和散文近 80 万字，但艺术价值不高。巴金对此也有清醒的认识："我觉得作为作家，我没有尽到自己的责任，作为新中国的文艺工作者，我没有好好地运用文艺武器为人民服务。这些年来我不断地叫：全心全意地献身于人民文学事业，写出更好的作品。可是我一直把时间花在各种各样的事情上面，我仍然讲得多，写得少，而且写得很差。"① 巴金有过创作长篇小说的念头，几次填表申请创作《群三部曲》，但因种种原因未能写出来。茅盾对自己在新中国成立后未能写出作品而深感焦虑，1955 年在获得三个月的创作假后，他也只是写了一部反映资本主义工商业改造的长篇小说的部分初稿和小说的大纲。

　　老作家"写不出""不好写"的焦虑在年轻作家那里同样存在。据康濯说，"萧也牧写了不少'山村记事'里的散文以后，曾下功夫写过不少反映农民土地斗争的小说，就在进北京以后，在写'我们夫妇之间'以前，也还好几次努力，企图写作关于土地改革的小说。但是，一提起笔，也总是困难重重，怎样也写不下去"②。据茹志鹃的回忆，刘白羽到大庆体验生活，但是"去了后，到处去看了，他觉得不能写，写不出来"③。杨沫曾经写过一个电影剧本《一张黄色唱片》，因为写不出、写不好而大发感慨："为写电影剧本没有少费力气，可就是写不出来，写不好……"④ 郭小川也有过感慨："现在写东西，的确越来越费力了。每一首诗都是经过相当长时间考虑的（配合紧急任务的例外），写的时候更困难。"⑤

　　造成作家这种"不好写""写不出"状况的，有多种原因。一般研究界认为与政治环境相关，是苛刻的政治环境限制了作家的手脚。作家们认为与没有真正深入生活、工作繁忙有关。但更深层次的原因也许是作家使

---

　　① 巴金：《作家的勇气和责任心——在上海市文学艺术工作者第二次代表大会上的发言》，《上海文学》1962 年第 5 期。

　　② 康濯：《初鸣集》，作家出版社 1959 年版，第 232 页。

　　③ 茹志鹃：《漫谈我的创作经历》（节录），《茹志鹃研究专集》，浙江人民出版社 1982 年版，第 51 页。

　　④ 杨沫：《杨沫日记》（1958 年 1 月 15 日），《杨沫文集》（第 6 卷），北京十月文艺出版社 1994 年版，第 325 页。

　　⑤ 郭小川：《给晓雪同志的信》（1963 年 2 月 12 日），李准等《创作寻踪》，北京十月文艺出版社 1984 年版，第 13 页。

用语言方面的困窘。作家们提笔创作之前，总得想想语言是否符合规范，是否符合人民大众的欣赏习惯。有了这样一层顾虑，下笔自然就有顾左右而言他的掣肘之感。

新中国成立后，沈从文"写不出"的原因除了对所描写、表现的生活不熟悉之外，最主要的是对语言文字感觉的迟钝，即如陈徒手所说："沈从文感到，以前自如的文字没有了，现在滞住了，文字能力受到很大制约，面对的障碍太多。"沈虎雏也有类似的看法："父亲对使用政治术语的表态很低能，一说话就为难，比较反感。当时不少知识分子被陆续安排在报上亮相，发一些检讨文字。他理所当然属于应写的人，但文章发得很晚。他那篇《我的学习》，文字非常生涩。他在革大时就准备写老炊事员，这位老炊事员是劳模，他的画像与马恩列斯像堂而皇之地挂在一起，这是延安传统。父亲去四川参加土改，还多次修改这篇小说，改了不止七稿。实际上没人组织他写这类稿子，他只想找回'用笔'的能力，歌颂朴素的劳动者，写得很吃力，投入很大精力。但写得不成功，不大像小说，文字不好，拿不出去。"几十年后在阅读到这一时期的手稿时，沈虎雏叹息道："他那时费了很大的劲写东西，可是一个工地的通讯员写这类文章比他还顺溜。"[1] 沈从文本人也认识到写作上的阻滞来自于无法越过语言这道障碍，在给家人的信中他清楚地指出这一点："写文章如像给你写信那么无拘束，将多方便，还可写多少好东西给后来人看。"[2]"写作小说却要靠明白人事，组织事件变化，准确描叙背景，长于运用语言表现性格思想，这种种和近十年学的均有矛盾。""文字表现力也已经大半消失。"[3]

老舍的《茶馆》在语言上的成就自不待言，但对于同一时代的其他作品，如紧贴时代主题的《方珍珠》《红大院》《春华秋实》等，老舍还是感觉到"人物的语言存在一些生硬的问题"。《方珍珠》是老舍在新中国成立后的第一个剧本，共分五幕。前三幕写艺人在旧社会受压迫的苦难生活，画龙点睛地刻画了几个人物，人物对话流畅，避免了舞台

①　陈徒手：《人有病，天知否》，生活·读书·新知三联书店2013年版，第31—43页。

②　沈从文：《致张兆和》（1962年1月14日），《沈从文家书》，人民文学出版社2010年版，第242页。

③　沈从文：《致沈云麓》（1960年9月18日），《沈从文全集》（第20卷），北岳文艺出版社2002年版，第465页。

语，少用标语口号，用的是北京话，比较成功。后两幕写艺人解放后翻身做主人的喜悦，用上了一些具有时代性的语汇，在艺术质量方面下滑。老舍话剧界有位朋友毫不留情地批评了这个剧本："描写解放前的情形的三幕比最后两幕（描写解放后的）好得多"。其实，老舍自己也意识到语言方面的问题："虽然力避喊口号，却还有口号。""在对话中增加了点关于思想领导的，与艺人们感激领导的字句。"① 这些时尚性的政治语汇显然逸出了老舍成熟的话语体系之外，显得生疏、生硬。在《红大院》中，剧中人物说出的也都是当时非常"时髦"的革命化语言。如彭四嫂的话："公社就是由社会主义向共产主义的过渡，就是走到共产主义社会的一座大桥。"耿大爷的话："咱们今天的游行就是警告美帝，六亿人民是不好惹的。它要敢来碰一碰，它一定碰个头破血流。"老舍自己也意识到这些话不合适，在给《红大院》导演夏淳的信中建议："四嫂说公社那一段话似乎稍多了些，可以酌减。"当时一些评论者也认为像《春华秋实》这样的作品"不像老舍的戏，他在语言上的特点就没表现出来，而且很拘束"②。正因如此，老舍对自己"十七年"期间的剧作极不认可，在多篇文章中做了自我批评和自我否定。③ 其实，老舍自己也对那种公式化的语言颇为反感："现在许多人被语言管住了，它倒成了主人，一篇文章末了必须'为××而奋斗！'不写奋斗行不行呢？"④ 但他终究违拗不过规范化语言的力量，于是在散文《金黛莱》中出现了他所批评的那种语言模式："我们一齐向美丽的英雄的朝鲜人民致敬吧！"而在《谁抗拒时代　谁注定灭亡》一文中，老舍的个性完全泯灭在政治语言的洪流中："人类历史正在改变面貌：全世界受压迫的民族都在为反对帝国主义，争取民族独立，进行斗争。这是一个极大极大的时代洪流，无可抗拒！谁敢妄想抗拒，谁失败，谁死亡！"这样的语言 50 年代一个略通笔墨的人都可写出，从中很

① 老舍：《暑中写剧记》，《人民戏剧》1950 年第 1 期。

② 1953 年 4 月 24 日《人民日报》召开的《春华秋实》座谈会与会者发言，见陈徒手《人有病，天知否》，生活·读书·新知三联书店 2013 年版，第 74 页。

③ 见《毛主席给了我新的文艺生命》，《人民日报》1952 年 5 月 21 日；《生活，学习，工作》，《北京日报》1954 年 9 月 20 日；《当作家并无捷径》，《中国青年报》1956 年 2 月 1 日；《八年所得》，《新观察》1957 年第 19 期；《生活与读书》，《戏剧报》1962 年 5 月 25 日。

④ 老舍：《文学语言问题》，《新闻与出版》1957 年第 10 期。

难分辨出属于老舍本人的东西。

　　巴金在上海市文学艺术工作者第二次代表大会上的发言颇耐人寻味。发言中，巴金一方面谴责自己新中国成立后的作品写得差、写得少，另一方面"想到自己留下的东西不多，反而有一种放心的感觉"。对此，巴金的解释是"不求有功，但求无过"。在巴金看来，写得越多，"挨棍子"的几率就越多："我有点害怕那些一手拿框框、一手捏棍子到处找毛病的人，固然我不会看见棍子就缩回头，但是棍子挨多了，脑筋会给震坏的。碰上了他们，麻烦就多了。"由作品主题思想，巴金又谈到了文风问题，谈到了汉语规范化下语言的千篇一律：

　　　　为什么我们文学艺术的百花园中还不见红花似海、百鸟朝凤？为什么我们的报刊上许多人喜欢重复用着同样的词汇和字句？全国人民思想的一致是我们可以引以为骄傲的事情，但词汇的相同就不值得夸耀了。要使许多人都用"众所周知"的同样词汇写文章，那才是人力物力的浪费。我们的语言文字也决不贫乏，我们作家的头脑也并不简单。我们的队伍中间也不见得有多少懒汉，为什么大家都习惯于使用那些"众所周知"的同样词汇，不肯多动脑筋想出别人未用过的适当的字句，创造不同的形象，从不同的角度和不同的感受来解释、来阐明一个真理，同一个思想，同一个原则，来描绘、来反映、来歌颂同一个伟大的时代呢？显然我们前进的道路还有障碍，障碍不止一种，我刚才讲过的那些不知从哪里来的框框和棍子，和那些但求无过的怕挨整的顾虑就是最大的障碍。①

　　在这些"不知从哪里来的框框"中，显然就有汉语规范化在内。但和老舍一样，巴金尽管认识到语言的弊病，却也顺应了这种语言，写出了一些新闻报道式的文字。如他在《保卫和平的人们》一书序言中的一段话："不管我走到哪里，我都看见那种'一人吃苦，万人享福'的忘我精神。不管我遇着什么人，我都在他脸上看到对祖国的爱，而且每个人都准备随时随地为这种爱牺牲一切甚至自己的生命。"再如他在《一九五九年

―――――――――

　　① 巴金：《作家的勇气和责任心——在上海市文学艺术工作者第二次代表大会上的发言》，《上海文学》1962 年第 5 期。

元旦试笔》中对"共产风"和"浮夸风"的激动情绪和热烈赞美："人们踊跃地参加义务劳动,好像去吃喜酒一样;公社里吃饭不要钱;在很短的时间里,在基本上扫除了全国的文盲;几千万首诗、几千万幅画在各地方出现;技术革新的花在每个角落都开得鲜艳异常。"

1962 年,沙汀感慨道:"取来解放前两本自己的短篇集,选着翻阅起来。我看下去,逐渐有了一个想法,为什么从前的东西写得那么自然,行文正像流水一样。而许多刻划,语言,竟是那样生动,有趣;甚至我不相信自己现在会想得出来!当然,根本原因,在于我对过去的农村生活是熟悉的。现在呢,则比较生疏。但是,除此以外,就没有别的原因了?我停止了翻阅,想了很多很多;但一时说不清。"① 沙汀的感慨反映出语言转型期知识分子语言选择的困惑和困境。

曲波和杜鹏程尤其感觉到写不出的主要原因来自于语言的困扰。曲波在《林海雪原》后记中说:"自己一来工作忙,二来水平低,特别是文字水平低。初试了三章,感到了两大困难:一是内心的感情笔下表达不出来;二是分不出轻重,平铺直叙,力量使不到刀刃上。一气之下,将它们全部撕毁了,当时深感心有余而力不足之苦,对文字这一关有些心灰胆怯,写与不写,也在内心激烈地斗争起来。"② 杜鹏程创作《在和平的日子里》同样产生语言困惑:"突然某一句话拦住了去路,不能前进,只好想办法,把同样的一句话拟出许多种说法,摆在面前挑选一个最合意的,挑来挑去,费时数日,还找不出一个可用的。"③ 1980 年,马加发表文章谈自己准备新创一部长篇小说的最大障碍:"现在,我正着手写另一部长篇小说,我感到最苦恼的还是语言问题,我写得很吃力,一句一句地写,常常为了寻找一句恰当的语言,搜索枯肠,往往琢磨一两个钟头。"④ 马加所说的"还是语言问题"是否意味着之前的写作也有过类似的状态?生活是一种实实在在的心理或身体的感知,而将其转化为文学形象,则是以语言为材料对其进行逻辑性再现。那么,对生活的感知或是表现最终还是归结到语言问题。如果作家不能自如地使用语言,也就不能表达出个人

---

① 沙汀:《沙汀日记选》(1962 年 4—5 月),《新文学史料》1988 年第 2 期。

② 曲波:《林海雪原·后记》,《林海雪原》,人民文学出版社 2005 年版,第 524 页。

③ 杜鹏程:《〈在和平的日子里〉初版后记》,《杜鹏程研究专集》,福建人民出版社 1983 年版,第 66 页。

④ 马加:《谈文学的语言——答刘臻之同志问》,《鸭绿江》1980 年第 5 期。

性的生活感知和生命感悟。显然，规范化的语言对于作家来说约束过多，"写不出""不好写"也属正常。

二　"写得出"与"写得好"：语言习惯与文学创作

一旦作家回到熟悉的语言领域，他们不仅能够"写得出"，而且能够"写得好"。据康濯的回忆，萧也牧"在写作上那么困难的时候，每天记的日记，却记的很流畅。"写作《我们夫妇之间》《锻炼》这样的以知识分子为主题形象的文学作品时，不仅多产，而且"写得很顺利"。① 杨沫根据自身经历创作的《青春之歌》，"我写它并没有采访多少人，也没有为它跑多少路，可是，写起来并没有这么费劲。"② 20 世纪 80 年代，在编沈从文全集时，家人在一堆残稿中发现了一篇大约写于 1958 年、与土改有关系的小说《财主何人瑞和他的儿子》。虽然用的是阶级斗争的分析方法，但文字俏皮、老练，一些段落甚至展现出沈从文原有的文学作品的风采。沈虎雏找出后给母亲张兆和看，张兆和也异常兴奋地说："不知道还有这种东西……"③ 五六十年代，沈从文准备写作时，一般会向上级或是家人朋友有所透露，但《财主何人瑞和他的儿子》从未向任何人出示过，也许他自己可能觉察到这篇具有三四十年代个性化语言风格的小说在服务工农兵方面不尽如人意吧。艾青到海防前线体验生活没有写出正面反映海军生活的作品，却以在海边听到的一个民间故事写成了《黑鳗》。二十多年之后，当作者重读该诗时还可以"感触到年轻人的心灵的跳动"，毕竟这是一次以民歌的形式所进行的"想象的一次大胆的飞翔"④。老舍的《红大院》《全家福》等剧作今天来看，艺术价值乏善可陈，但他反映旧时代社会生活的《茶馆》和以自身经历为底本写成的《正红旗下》却闪烁着艺术审美的光辉。老舍的《茶馆》在语言上的成就自不待言，《正红旗下》性格化的人物语言和口语化的叙述语言将老舍的语言优势发挥到极致："既保持了老舍的北京味，但又不卖弄土语。它还可以有腔有调地朗诵，这种文字，

---

① 康濯：《初鸣集》，作家出版社 1959 年版，第 231—232 页。

② 杨沫：《杨沫日记》（1958 年 1 月 15 日），《杨沫文集》第 6 卷，北京十月文艺出版社 1994 年版，第 325 页。

③ 陈徒手：《人有病，天知否》，生活·读书·新知三联书店 2013 年版，第 43 页。

④ 艾青：《英译〈黑鳗〉后记》，《读书》1983 年第 1 期。

读起来也算是一种享受。"① 《正红旗下》里有几十个人物,多数人物都有原型可查。对于人物的熟悉使老舍在语言使用方面也得心应手,就像他说的:"剧作者必须知道他的人物的全部生活,才能三言两语便使人物站立起来,闻其声,知其人。"②"只有我们熟悉人物的全部生活,我们才能够形象地、生动地、恰如其分地写出人物在这个小故事里作了什么和怎么做的,说了什么和怎么说的。"③ 有了对生活的熟悉、对人物的熟悉,尽管《正红旗下》写得比较缓慢,在语言方面也颇费周章,但从底稿上看,语言使用却是非常顺畅。④

也有一些作家有着明确地对个性化语言的追求,突破了规范化语言的约束,创作出一批出色的文学作品。梁斌自述:"在写长篇之前,我心里暗暗产生一种期望,想在小说的气魄方面,语言方面,树立自己的风格。"⑤ 欧阳山主张学习语言要采用一个"东南西北中外古今法",也就是同时吸收东南西北各个地区语言的精华,糅合成一种丰富多彩的、使群众喜闻乐见的现代文学语言。茹志鹃写《春暖时节》《同志之间》时,"在文字上,我也有意识地调调花样,换换胃口,一直到现在,我还是这样在做,既学学精致的工笔,也想学学白描,学得好坏,那是另一回事"⑥。茅盾在读书札记中谈到阅读《春暖时节》的体会时说,其中的某些文字"简洁而感人"。⑦ 应该说,《红旗谱》《三家巷》以及茹志鹃短篇小说的成功是与作者对个性语言的追求分不开的。

也有的作家,尽管不能在个性化道路上走得太远,但还是在尽可能地遵循语言规范的同时保持文学语言的独立性,如柳青、李劼人等。据何启治回忆,在准备重印《铜墙铁壁》时,柳青在文字和细节方面进行了一

---

① 胡絜青:《写在〈正红旗下〉前面(代序)》,《散记老舍》,北京十月文艺出版社1986年版,第217页。

② 老舍:《戏剧语言》,《新华月报》1962年第5期。

③ 老舍:《人物不打折扣》,《出口成章》,辽宁人民出版社2011年版,第76页。

④ 胡絜青说:"《正红旗下》写得非常的用心,由稿面上看,全篇字迹非常清晰、整洁,极少涂改,而且,由头到尾始终如一。如此工整的底稿,就是在老舍自己的稿件中,也是上品。"胡絜青:《写在〈正红旗下〉前面(代序)》,《散记老舍》,北京十月文艺出版社1986年版,第215页。

⑤ 梁斌:《漫谈〈红旗谱〉的创作》,《人民文学》1959年第6期。

⑥ 茹志鹃:《今年春天》,《解放日报》1962年5月17日。

⑦ 茅盾:《读书札记》,《茅盾全集》(第27卷),人民文学出版社1996年版,第45页。

定程度的修改。编辑部根据柳青返回的校样认为尚有若干字句"感到还可改进",并将编辑部修改的部分寄给柳青。柳青当天回信,基本上认同编辑部的改动,但有三个地方,他认为不当:

　　(一) 139 页 (按,在第十章末尾,新版书第 121 页):"……他们还牵着敌人的鼻子走,为野战军创造了良好的歼敌战机哩!"(按,这是编辑部的修改意见) 是书本语言,不是生活语言 (口语),出于区委书记金树旺之口,不合适,显得生硬。原文"(毛主席和党中央……)配合行动"与上下文联系起来理解,概念并不含糊,所以还是不改好。所改的意思在小说的后边作者的叙述部分有准确说明,读者会有完整的印象。文学作品不是技术书,不能要求每句话都量尺寸,这样有损于生动性。

　　(二) 189 页 (按,在第十四章,新版书第 162 页):"……大自然的暴风雨顿时阻止了人类的暴风雨。"大自然和人类是对称的名词,合起来是一句柔和的文学语言。把"人类"改成"阶级搏斗"(按,这是编辑部的修改意见),和上边那条一样,虽然概念更准确一些,但语言却生硬起来。还是不改好。原来的意思是清楚的,不会给读者模糊的印象。

　　(三) 231 页 (按,在第十六章,新版书第 199 页):"……解放军从来都不占县城"是概念不清楚,应改为"不争县城",就清楚了。如果改成"一城一地的得失"(按,这也是编辑部的修改意见),不合乎石得富语气,显得不调和。我写小说描写部分尽量不用政论语言。

　　对于柳青的坚持己见,何启治做了恳切的评价。首先是柳青坚持语言本色和生活本色的勇气。何启治认为,编辑部提出以上三条修改意见,在当时不难理解,而柳青在收信当天毫不犹豫地立即答复,并指出所改不当,逐条驳回,还要求"在校样改过来"。不仅如此,柳青"在个人迷信甚嚣尘上的当时,敢于坚持通过小说中的金树旺说:'我们时常喊叫保卫毛主席,保卫党中央。毛主席和党中央留在咱陕北,除不要野战军保卫他们,他们还配合行动哩!'这实在是有点太'出格'了。"何启治说,孤立地看这句话,在那个时候是谁也不敢说通得过的。而柳青却敢于断然地坚持这样做，而且还认为这才是生活语言，这样才不至于损害文学作品的生动性。由此，何启治认为，"我们不难看出，作为一个文学艺术大师，他对于文学要从生活出发，要坚持生活语言和生动性是多么珍视，而在这种执著的坚持中，又包含着多么难能可贵的勇气和胆识！"①

---

　　①　何启治：《〈铜墙铁壁〉的再版和柳青的谈话》，《文学编辑四十年》，人民文学出版社2001年版，第8—10页。

第三章

汉语规范化与"十七年"长篇小说语言实践

"十七年"时期，长篇小说的创作既是文学任务，更是政治任务。作家们无论是有意还是无意，对于正在进行的汉语规范化不能不密切关注，并不能不受其影响。他们在创作实践中身体力行，自觉遵循汉语规范化的要求，使长篇小说成为规范化语言容量最大的载体。

第一节　汉语规范化与"十七年"长篇小说语言规范

汉语规范化具体到语言的运用，包括语词的准确、词汇的规范、语言的口语化以及句式完整、使用简体字、标点符号的正确用法等，这也是文学语言的基本材料。本节重点探讨作家如何自觉遵循以上要求从事创作以及由此带来的文学创作的症候与局限。

一　"准确性"要求与文学表达

用语准确是言语交际活动的基本要求，也是汉语规范化的首要目标。就像当时一篇文章所说："一种语言，它的语音、词汇及语法完全统一了，完全读正确了，才能算是规范化的语言。"[1] 叶圣陶同样认为："准确性这个标准极重要。发言吐语，著书立说，都需要用这个标准来衡量。具有准确性的话才是真话、实话，才值得拿来通知别人，才可以拿来影响别人。"语言准确，说出来或写出来才是真话、实话，"不准确，怎么会'真'和'实'呢？'真'和'实'是注定跟准确连在一起"[2]。因此，

---

[1]　王松茂：《谈谈现代汉语词汇规范化》，通俗读物出版社 1956 年版，第 2 页。

[2]　叶圣陶：《准确、鲜明、生动》，《叶圣陶集》（第 15 卷），江苏教育出版社 2004 年版，第 170—171 页。

"准确"的实质就在于概念的明确、判断的恰当和逻辑清晰、推理有据。语言准确不仅单纯是语言自身问题，还是思想问题、立场问题。语言文字在社会生活中的最大作用就是为广大民众服务，如果文章写得佶屈聱牙、晦涩难懂、旁征博引、使用冷僻词汇，不仅不能将意思正确地表达出来，而且有玩弄文字游戏的嫌疑。这种做法就不单纯是语言文字的问题，而是反映出作者脱离生活实际、脱离群众的思想倾向。有人对这种现象进行了严厉批评："作为一个语言文字工作者，当他下笔的时候，若光想到自己的方便，不设想读者阅读时的效果，只是洋洋洒洒信手写来，这种没有一点责任感的人，正好证明他的思想观念中没有一点群众观点与阶级观点。"[①] 这样的人，在思想意识上表现为个人主义，在政治观点上则是对人民大众的轻视。

　　作家也将用语准确作为语言表达的第一要义。杨朔写作长篇小说《三千里江山》时非常在意字词的准确性，他说："用字一定要明确精炼，使人看到这个字就在脑子里直接唤起一种动作，一种感情，一种思想……拐弯抹角才使人想到你所不能描写的事物是不好的。中国古典的文学作品最会提炼语言，常常是很少的字却包含着非常丰富的内容。……我在用语上所以存在着缺点，就是推敲不够的原因。当然我的意思不是说要雕琢字句，我是说，我们应尽量选择最明确最精炼的语言来表现我们的生活思想。"[②] 老舍在谈论到语言的准确性和生动性时说："运用文字，首先是准确，然后才是出奇。文字修辞、比喻、联想假如并不出奇，用了反而使人感到庸俗。讲究修辞并不是滥用形容词，而是要求语言准确而生动。"[③] "要老老实实先把话写清楚了，然后再求生动。要少用修辞，非到不用不可的时候才用。"[④]

　　李准也许是当代作家中最强调语言准确的一位。他在不同的文章中多次强调："对于语言的运用，我觉得第一是准确，其次才是鲜明和生动。只有在高度准确的基础上，才能产生鲜明和生动。"[⑤] "语言的标

　　① 华东师范大学中文系编：《毛泽东文艺思想讲义》，华东师范大学出版社 1958 年版，第123 页。

　　② 杨朔：《〈三千里江山〉写作漫谈》，《东北文学》1954 年第 4 期。

　　③ 老舍：《人物、语言及其他》，《解放军文艺》1959 年第 6 期。

　　④ 老舍：《福星集》，北京出版社 1958 年版，第 96 页。

　　⑤ 李准：《情节、性格和语言》，河南人民出版社 1963 年版，第 34 页。

准，是'准确、鲜明、生动。'我觉得'准确'太重要了，首先是'准确'，也就是'真实'。准确了，即使'朴实无华'，也会产生一种质朴的美。"①"运用语言首先要准确，还要鲜明、生动。这是毛主席讲的，我自己体会准确是第一，第二还是准确，第三是鲜明，第四是生动。把准确应当强调到这种程度，必须准确。"②秦牧以形象化的语言说明语言准确的重要性："优秀的语言艺术家……总是像卓越的射手似的，要使他的语言的箭精确地射中'意义的靶心'；总是像一具精密的天平似的，能够称出各个意义仿佛相似的词儿细微的区分……"③在秦牧看来，准确性是语言的第一要素。多年之后，他还坚持这一观点："只有在准确性的基础上，去谈流畅，生动，精致，华美，那样的文字加工才是可取的。意思表达得走了样，人们听起来不清不楚，文字的优美又有什么用处呢？"④师陀也谈到过自己的语言经验："从一开始，从我驾驭文字困难时起，所追求的是用简练的文字，准确的把社会和人物塑造出来。"⑤雪克在谈到即将修改的《战斗的青春》时说道："应当在修改中坚决去掉陈词滥调，力求语言准确、朴素、鲜明而有表现力。"⑥而在文学作品中，那些用语准确的句子总是得到批评家的认同。丁耀良在谈到《太行风云》的语言特色时认为："作品大量地使用了流行于太行一带的群众语言，在叙事、写景、塑造人物等方面，用得是那样准确、鲜明、生动……"⑦

"十七年"时期，作家对自己的作品不断修改，在语言方面很大一部分是为了表达的准确。梁斌的《红旗谱》由中国青年出版社于1957年11月初版，第422页有一句话："正说着，士兵走过来，楞眉横眼说：'滚开吧！漫地里教学，管这干吗？'"1959年修订后改由人民文学出版社出版的版本中，上面那句话改为："正说着，一个士兵走过来，楞眉横眼

①　李准：《〈大河奔流〉创作札记》，《十月》1978年第1期。
②　李准：《观察生活和塑造人物——同初学写作的同志谈基本功》，《李准谈创作》，中国文艺联合出版公司1983年版，第32页。
③　秦牧：《在词汇的海洋中》，《作品》1962年第3期。
④　秦牧：《感受语言的灵敏度》，《秦牧全集》（第9卷），广东教育出版社2007年版，第353页。
⑤　师陀：《我的风格》，《师陀作品新编》，人民文学出版社2011年版，第346—347页。
⑥　雪克：《讨论〈战斗的青春〉给我的启发》，《新港》1959年第9期。
⑦　丁耀良：《漫评〈太行风云〉》，《火花》1963年第7期。

说:'滚开吧!漫地里教学,管这干吗?'"在这里加了"一个",从语义上看比中青版更为准确。

但是,如果不是根据上下文的意思而是严格按照语言规范化的要求进行修改,有时会适得其反,不仅不准确,反而会造成语意上的损伤。同样是《红旗谱》中青版第 423 页有句话:"朱老忠着实气愤,心里冷得战栗,睃着眼睛看了一眼,迈开脚步走过去。"人社版中,梁斌将"睃"改为"盯"。"睃"是个文言词汇,但梁斌显然不是因为排除文言词汇的理由对这个字进行修改,因为小说开始在写到朱老忠见到严志和的娘时,还有"老奶奶睃睁起眼睛……"的说法。那么梁斌的修改可能是为了更准确地表现朱老忠对拿着学生的血衣换取物品的反动士兵的愤怒。但"睃"本就表示"瞪眼直视、表示不满"的意思,换为中性化的"盯"之后,反而缓和了朱老忠那种愤怒的情绪。因此,一味地强调准确,有时是以牺牲文意为代价。这就牵涉到对"准确"一词该如何进行实用的和文学的区分。

准确也就是词语在表达过程中不出现歧义,能指和所指之间的关系非常稳固,不允许出现断裂、变异、改造和质疑,达到字典上"名实相符"的释义要求。这就意味着文学作品中所使用的词汇是在其字典义的基础上展开,或者说,是对其字典义的形象化的演绎。这样一来,长篇小说中的词汇已经先在地获得标准意义,而不是在具体语境中凸显出更丰富的语义内涵,词汇与语境之间的张力消解。但词语的使用总是与具体的语境结合在一起,不像字典上那样孤立地出现,尤其是文学作品的语言追求的是一种模糊的、不可确定的艺术审美效果。过于清晰准确的语词会窄化语言艺术带给读者的想象空间,从这一意义而言,文学作品中的词语在一定程度上是对字典意义的反叛和解构。也即是说,文学语言在约定俗成的基础上,又有着独立自足性。但当以语法上的准确来衡量文学语言,文学语言的独立性是否有被取消的可能?

丰富和建构民族共同语是文学作品的应有之义,但不是全部。如果将文学作品看作汉语规范化的载体,则会造成文学主体性的失落。从社会发展的角度自然要求语言规范、健康,但从文学出发,规范性的语言无疑约束了文学自由的本性。比如汉语规范化要求语言的准确,如果语言不能准确地传达出事物的本质,它就失去了应有的价值。但从语言事实而言,"准确"与表达效果并不成正比,并非越准确就越能传达出主观意图。在某种情况下,"模糊"可能会比"准确"更富有表达效果。对此,康德说过:"人类生活中不能没有模糊语言。不可能处处用精确的语言代替模糊语言。模糊观念比清晰观念,更富有表现力。"① 尤其是对文学语言来说,模糊可能更具有艺术表现力,更能表现复杂的精神世界和情感世界,也更有利于表现变化无端的人性。

但迫于汉语规范化的政治压力,作家在创作中还是尽可能地做到语言的准确,最保险的做法就是直接摘抄新闻报道中那种中规中矩的语言和词汇。但这种语言带来的却是文学语言的枯燥无味。有评论者尖锐地指出:"由于作者本身的生活不足,但在理性认识上又认为应当维护新的事物与新的人物,因此,只好借助于政治报告或报刊的社论。就是说,作者在思想感情上,或对于生活的认识上,都还对新人物新事物缺乏真情实感,也缺乏表现的欲望,只是为了写作,不得不从概念出发。这就难怪作者常常以某一'口号'或政治术语来作为作品的唯一的内容。"② 从语言属性来说,用词准确是对社会交际语言的要求,可以带来语言最大程度的透明性。文学诉诸的是人们复杂多变的灵魂,这种透明性应该成为文学作品拒绝的对象。但"十七年"作家将"准确"作为语言的最高标的,这样的作品,尽管在政治上绝对正确,但审美质素荡除殆尽。再有,文学作品本来负有发展语言的任务,但许多反而从报纸上、社论上寻找语言素材,并且进一步强化了这种语言。文学作品不仅未能实现发展语言的初衷,反而不由自主地成了僵化式语言的帮凶。

准确性的基础是正确性——除了词义的正确,最主要的是意识形态意义上的正确。尽管50年代学界认为语言只有全民性,没有阶级性,但具体到语言实践,语言的阶级色彩还是非常明显。1963年,赵燕翼发表文章,否定了"洋布""洋蜡""洋糖""洋戏匣子"这些"不能准确表达事物本质的特殊词汇",因为它们是旧中国殖民统治时期的产物,新中国的建立自然要摒弃淘汰掉这些烙印着西方列强侵略中国的历史屈辱的词语,以表明新中国的自立和自信。除此之外,他还否定了"化学梳子""化学胰子盒""化学牌"等反映出因旧时代文化教育不普及而造成的

① [苏]阿尔森·古留加:《康德传》,贾泽林、侯鸿勋、王炳文译,商务印书馆1991年版,第115页。

② 萧殷:《图解不是艺术方法》,《鳞爪集》,作家出版社1959年版,第47页。

"群众知识贫乏"的词汇。① 即使是字典的编撰，对词义的阐释也并非绝对客观的呈现，更多的也是遵从意识形态的总纲。与民国时期黎锦熙主编的《国语辞典》相比，1953 年人民教育出版社出版的《新华字典》就体现出强烈的阶级色彩。比如对"政府"的释义，《国语辞典》里为"国家统治机关之总称"，《新华字典》为"国家行政机关，是阶级专政的重要工具"。再如动词"当"，《国语辞典》释为"出物质钱"，《新华字典》释为"旧社会里用实物作抵押向当铺借钱。剥削阶级利用开当铺进行残酷的高利贷剥削"。以上比照可以见出《国语辞典》的释义较为中性化，而《新华字典》则激进得多。因此，用词准确的另外一层含义就是政治上的正确。对于文学作品来说，也许传达出政治的正确比字义的准确更为重要。

以"土匪"一词为例说明这一问题。《新华字典》对"土匪"的释义是"在地方上抢劫财物，为非作歹，残害人民的武装匪徒"。"土匪"以"阶级敌人"的形象成为"人民群众"的对立面，那么对其形象的塑造就不单单是艺术审美的问题，而是承载着阶级斗争的政治任务。在官方话语中，"土匪"因其破坏了政治稳定和人民群众的生命财产安全而成为剿灭的对象。受这种政治定性的影响，"十七年"长篇小说中的土匪个个表现得心狠手辣、阴险狡诈。他们集外貌丑、品质劣、行为恶于一身。《林海雪原》全面集中地刻画了形形色色的土匪形象，个个都是残暴、淫荡。这些土匪人物成为对词典定义的形象演绎，对土匪的阶级内涵作了透彻的注解。《林海雪原》对土匪形象的成功塑造不仅使土匪成为艺术上的样板，更主要的是超越了艺术范围，进一步加深了人们对土匪阶级本性的认识。在阶级斗争语境中，仅仅"土匪"这个词语的出现，便足以引起人们的愤怒和痛恨。

考察 20 世纪文学史，"土匪"是一个内涵不断发生变化的词语。在五四新文化运动的启蒙语境中，"土匪"在"人的文学"的激荡下展现了其固有的反抗、追求、自由的生命本性，成为英雄、自我的同义语。从当时文学作品的题目可以见出知识分子对这一形象的推崇，如郭沫若的《匪徒颂》、林语堂的《祝土匪》等。其他还有王统照的《微笑》、郁达

---

① 赵燕翼：《民族形式琐谈——民族化大众化在小说方面的几个问题》，《甘肃文艺》1963年第 11 期。

夫的《给一个文学青年的公开信》等作品中也有对"土匪"形象的正面刻画。三四十年代，在内忧尤其是外患的时代氛围中，作家们借助"土匪"这一形象表达出对民族新生的渴望，作品有萧军的《第三代》、端木蕻良的《遥远的风沙》、艾芜的《山峡中》等，其中的土匪形象有着强韧的生命力或者说是自我人格的写照。新中国成立后，"土匪"一语的内涵明显硬化，曾经丰富多彩、性格复杂的土匪成为《林海雪原》《苦菜花》等小说中所描写的丧失了人性、违背了道德伦理的扁平化形象。而自 20世纪 80 年代莫言的《红高粱》出现之后，"土匪"又重新展现了其立体化的性格特征。

无论是新中国成立前还是 80 年代后，文学作品中的"土匪"一词很明显是对其字典义的反向运用，在词义与语境之间有一种名不"符"实的对应关系，产生了反讽的修辞效果，从而凸显了这一词语内在的审美张力。但新中国成立之后"土匪"一词语义的规范化使这一具有弹性审美空间的人物形象变得僵化、粗糙。作家只能在意识形态范围内遵从阶级语法对其进行不竭余力的丑化，在不断堆积的贬义性同义语下，"土匪"的生命内质层层遮蔽而成为符号化存在，以概念化的方式传达出"恶"与"反动"的本质。文学作品的阶级性明显增强，但艺术审美却大大降低。

对语言"准确"的要求就是要表达出一种真实效果。但在文学作品中，"真实"总是一定语境中的真实，如果脱离开语境而根据某种先在的理念塑造人物，那么这种作者强制性赋予的真实性就会大打折扣。在社会主义现实主义的严格要求下，作家们对现实作了政治化的语词包装，在一定程度上违背了生活真实。

与"土匪"相类似，"富农""特务""恶霸""地主"等也都因其政治语义而被规范为反面人物。相对比反面形象，英雄形象的塑造也是从"英雄"内涵的准确性出发，然后贴上"勇敢""威武""大公无私""大义凛然"等相关词语，构成一个有机的词语群，烘托出英雄的伟大与高尚。在文学作品中，从概念出发进行人物塑造几乎是常态。作者不是让人物在行动中展开性格特征，而是让人物成为诠释某种理念的注脚。马戎在谈到柯岗所著长篇小说《金桥》时详细分析了这种现象：

　　　　作者对另一些人物，却又不是这样，不是从行动中去接触和刻划他们的思想实际，而以抽象的概念去代替具体的艺术描写，以自己的语言去"说明"人物的思想。例如对边世荣、郑纪法、王成安、马医生、贾中等就是这样，甚至连落墨较多的曹团长也未能免除这样的瑕疵。这些人物，一开始就仿佛是定型化了的，以后也再没有什么发展。如边世荣，作者说他刚强、自觉，"在任何情况下的任何缺点，只要李排长提出来，他决不会再重复，马上纠正的一干二净。"他以前是"见了工作就眼红……从来不跟大家心平气和拉一拉……"而以后，他"变了"。可是，我们并不能通过他的具体活动感觉到这一点，特别是他的思想发展过程。又如郑纪法营长，在工程开始，战士们要由步兵变工兵之时，他认为不练兵就用兵是"主观"的，思想上有着很大的障碍，但是作者却仅仅以一种"组织观念"解决了他的问题，因为他"执行党的决议从来不会松的。"这样的自觉的党性，固然是他的特点和可爱处，但是作为一个行动着的人物来看，作者却没有去进一步发掘他的这种思想的根源和本质，没有在他以后的活动中，注视着他的变化。因而，思想问题似乎是解决了，可是性格并没有发展，没有新的东西去充实他，他仍然只能停留在原来的水平上。……生活化、性格化的语言比较的少，读者很难通过人物各自语言的特征去了解他们的风貌，更多的是，作者往往以自己的语言去代替人物的语言。①

"十七年"长篇小说中，绝大多数人物都是像边世荣这样，性格缺少变化。换句话说，所谓人物的性格不过是对某一词汇的形象演绎罢了，词语内涵的板结限制了人物形象在时间和行动中展示性格的可能性。沙丁认为："许多剧本里的人物只是一定阶级的社会本质力量的代表，他们的思想性格也仅仅是'先进'、'落后'、'急躁'、'活泼'等概念的演绎。因此碰到主题相同，题材类似的剧本，其中的某些人物，就很难分清他们的面貌，好像都是'似曾相识'，而他们则非常有'代表性'，既能生活在这个剧本里，又可以生活在另一个剧本里，他们的个性就是他们所代表的阶级阶层的共性，其实也可以说他们是只有共性，而没有个性，有也只是作者临时贴上去的'花絮'而已，并不一定就是他本人独特的性格。由此我想起古典戏曲曾习惯把人物分为生、旦、净、丑几种类型，而不幸在

---

　① 马戎：《我读〈金桥〉》，《红岩》1958 年第 6 期。

现代话剧中也竟然出现了这种'类型化'的人物，以这种简单化的分类代替个性化的艺术描写了。"① 虽然沙丁批评的是剧本中的人物，但放在小说领域一样有效。在评论秦兆阳的《在田野上，前进!》时，敏泽提出一个观点："创造新的正面的英雄人物，应该说，对于我们年青的无产阶级文学来说，是一个特别显得困难的工作，这不能笼统地归咎于作家生活不够，或对旧的了解多，对新的了解少；而且也因为我们在这方面积累的经验还非常之不足。创造正面人物的方法问题，我们也还处在摸索的过程中。"② 敏泽在这里实际上也触及了"十七年"文学作品中人物形象塑造的共性症候——从概念出发，让人物成为意识形态的注脚。胡采也认为："他们不是从生活出发，经过提炼加工，而创造有血有肉的艺术典型；而是从概念出发，照搬现成的生活素材，拿去演义某种抽象道理。"③ 沙汀的质疑更为尖锐："怎么能从顽强呀，勇敢呀，机智呀这一类概念出发来考虑人物的性格呢!?"④

如果说叙述语言体现出规范化特征，人物语言也不例外。秦兆阳曾经批评过这种语言现象。他认为，在写到英雄、模范时，"这些人物口里说的和心里想的，除了生产上和战斗中的一些技术性的名词术语以外，就是滥用庄严的革命的词句。例如：'为祖国争光'，'最可爱的人'，'为了党'等等。作者认为只要多用这些词句，就可以表现英雄模范（就可以说明某人是英雄模范），也就是表现了人物的身份和性格"。秦兆阳进一步分析道：

> "为祖国争光"，"最可爱的人"，"为了党"，有时候在作品里是应该写的，可是，这是一些多么庄严的词句，我们应该多么慎重多么珍惜地去使用它们！然而，任何庄严的词句一到了这些作品中就成为概念的、干枯无味的词句。这些作者把作品的思想性抽象化、庸俗化，把政治标语口号化，用廉价的、肤浅的眼光和感情去看取、去猜测现实生活中人们高尚的感情。

---

① 沙丁：《为什么会公式化概念化》，《文学杂志》1956 年第 9 期。

② 敏泽：《评〈在田野上，前进!〉》，《文艺学习》1956 年第 8 期。

③ 胡采：《从作家的生活创作道路谈起》，《胡采文学评论选》，湖南人民出版社 1983 年版，第 221 页。

④ 沙汀：《沙汀日记选》（1965 年 5—7 月），《新文学史料》1989 年第 3 期。

在秦兆阳看来，之所以出现这种状况是因为作者没有深入生活、没有深切地体验人物思想感情。作者将自己的思想强加给人物，导致了人物语言高度混同。故而他提醒创作者："作品中的人物既然要说话，就不免要说积极的话、落后的话、平常的话。问题是在于说得自然，是人物自己要说话，是形象本身自然的表现，是个性化的语言，而不能是作者强迫他说的千人一腔的话，不是把作者的概念之'魂'，附于作品中人物之'体'。"① 与此有类似看法的批评者不在少数。易征认为："在好的文学作品里，总是什么人说什么话的。可是，有些作者往往忽略了这一点。比较普遍的现象，就是写到人物说话的时候，只考虑达意，而不考虑这话说出来符不符合人物的特定身份和性格。这样的情形只要你留意，是不难发现的。例如：'我们的工作就象滔滔的江水，呼啸着一往无前呵！'（见四月二十日《东风》发表的散文《春》）你以为这是一位诗人在发感慨吗？那么你错了。这是一篇散文中的主人公——农业生产队队长，'激动地'说的一句话。……尽管在作品里这些话是出自农民之口，但是，读者一目了然：这些话实在还是作者自己的，而不是农民的。"② 黄药眠则直接认定："在塑造人物形象问题上，体现出作者无上的权力。"黄药眠以严厉的口吻对作家发出了警告："必须记住：作者所描写的人物，他们本身是有着独立的意志的，他们的行动也有着一定的客观的规律。作者绝没有权利把笔下的人物当做傀儡一样随意地加以驱使。如果作者都把自己所创作的人物当成傀儡，那么他还有什么理由去要求读者们相信他们都是真的人呢？"③

契诃夫在一封通信中，曾经指出一位青年作家小说创作中的一个毛病："您把人物塑造得正确，然而不活。"④ "十七年"长篇小说中人物形象塑造不成功，很大程度上就是契诃夫所批评的不"活"——最起码就英雄形象来说，那些克隆式的人物如同作家操纵的木偶般面目苍白、表情僵化地行走于各文本之间。政治的准确代替了艺术的精确，文学作品的审美性因此而大打折扣。

---

① 秦兆阳：《形象与感受》，《文学探路集》，人民文学出版社 1984 年版，第 39—42 页。

② 易征：《语言的个性》，《文艺茶话》，吉林人民出版社 1962 年版，第 66—67 页。

③ 黄药眠：《谈人物描写》，《批判集》，作家出版社 1957 年版，第 128 页。

④ 契诃夫：《写给叶·米·沙芙罗娃》，《契诃夫论文学》，安徽文艺出版社 1997 年版，第 214 页。

二　词汇规范与文学语言困境

词汇规范是汉语规范化的又一基本要求。作家在创作过程中或是对作品修订时，开始以普通话词汇代替方言土语，语言欧化和文言化现象明显减少。尤其是 1955 年之后，普通话词汇进入文学作品的现象更为明显。如"婆姨、堂客、家小""日头、今日""明朝""火油、火水""自来火、取灯儿""侬""伊、佢"等方言说法开始被"爱人""太阳""今天""明天""煤油""火柴""你""他"等所代替。

词汇的大面积规训在作品的修订中体现更为明显。郭沫若在新中国成立后担任政务院文化教育委员会主任一职，中国文字改革委员会是其下属单位，并且他还担任多项与文字改革相关的不同部门的领导或委员，就汉语规范化问题发表过多篇文章和多次讲话，1955 年出席现代汉语规范问题学术会议开幕式致开幕词。因此，无论从哪个方面而言，对于推广普通话，郭沫若都义不容辞。据学者考证，"郭沫若在建国之后重版的数量庞大的著述，大多数经过了自己校阅、增删与润饰。……落实于文字表述层面的变迁，几乎都有对欧化、古化与方言化的通盘考虑，相应做了枝节性的处理。……1957 年到 1963 年，郭沫若在人民文学出版社出版了《沫若文集》共 17 卷，……大多数则经过了作者的修订、处理。不论是诗歌、话剧，还是文艺性论著，其中增加注释、增补文字、去文言化、去方言化、去欧化比比皆是"①。黄谷柳 50 年代后期将《虾球传》中的广州方言改写为现代汉语，同时也将大量广州方言进行了提炼，能为普通话读者所接受，如"牛腩粉""卖猪仔""照望""马仔""爆仓""捞世界"等。梁斌在写出《红旗谱》后，认识到"有些地方用了过于狭隘的地方语言，使有些地区的读者不大容易读懂"②。1960 年对《红旗谱》进行修改之后，基本上消除了难懂的方言土语。周立波在《山乡巨变》再版时，将一些方言土语改为普通话词汇，比如将"耶耶"改为"爸爸"等。

汉语规范化全面展开之后，对不符合要求的词汇进行了清理和规训。1958 年出版的《汉语拼音词汇（初稿）》，目的是"能够适合汉语规范化

---

① 颜同林：《苏联经验与普通话写作——以郭沫若为中心的考察》，《福建论坛》2013 年第 12 期。

② 梁斌：《漫谈〈红旗谱〉的创作》，《人民文学》1959 年第 6 期。

的要求，……使它最后成为一本切合实用的汉语拼音词汇"。收录词汇二万个左右，其编辑原则是"收录现代汉语普通话一般通用的词，一般不收只适宜在文言或半文半白的文句里用的文言词，也不收不很通行的土话（包括北京土话）"①。这也就人为地摒弃了大部分的方言词汇和文言词汇。等义词也是语言规范的对象。既然语言中存在那么多的等义词，那总是为了表达某种思想的特殊需要。否则凭空造出一个新词，既是语言的浪费，也不会为其他社会成员所接受。这些等义词的出现总是携带有特定的文化基因，有着特定的词义内涵。它们在形象、语体、感情方面总是有着些许细微的差别，可以满足不同群体、不同场合的表达需要。它们之间是一种差异关系而不是绝对的等同，正因为这种差异才体现了汉语词汇的丰富。那么，对这些等义词进行简单的甚至是粗暴的"规范"，既影响到语言表达的准确程度，也是对词汇丰富性特质的破坏。

　　一方面屏蔽了文言词汇，另一方面对方言土语中的同义词进行了清理和规范，再就是外来词有着显著的缩小。这样看来，在语言实践中，可供使用的词汇在量上大为减少。当然，一些具有时代特色的新词不断涌现，但这些词汇在词义的丰富性和表现事物的细腻度方面严重不足。如政治生活中出现的"镇反、三反、总路线、婚姻法、公社化、反右、下放、鸣放、多快好省"等，经济生活中的"生产队、园田化、插秧船、深耕细作、土洋并举"等，文化教育、科学技术、国防交通等领域出现的"五分制、三结合、劳卫制、半导体、喷气式、土霉素、列车化"等，思想道德领域出现的"政治挂帅、兴无灭资"等新成语，以及"我为人人，人人为我""遇事大家细商量，集体赛过诸葛亮"等新谚语。因此，尽管汉语规范化对作家提出了创造新词汇、表现新生活的要求，但由于一系列政治性事件的影响以及语言"规范化"的严格要求，作家们对词汇的选择比较有限。哪些词能用，哪些词不可用，就看其是否符合"共同语"的规律。

　　在受到使用方言、外国语、古语、甚至同行语时不能"无原则的采用"的约束之后，作家们不得不面临词汇匮乏的困境。1949 年，王林在写《红色纪念塔》时说，因为在机关工作，写宣言、计划大纲习惯了使

---

① 中国文字改革委员会词汇小组：《汉语拼音词汇（初稿）·凡例》，文字改革出版社1958 年版，第 1 页。

用成语套语。因为孙犁的批评，在写小说时不敢图省事使用成语旧语汇，但写作起来感觉非常吃力。① 随着汉语规范化的全面展开和进程的加快，词汇的窘迫越来越成为作家创作的短板。当时一篇批评文章指出，《战斗的青春》"来自生活中的活泼新鲜的词汇还不多，有时不得不求助于陈词滥调"②。雪克自己也认为，语汇不丰富的弱点，是短时期内不能解决的问题。③ 即使是位列"三红一创、青山保林"的《青春之歌》，茅盾也批评小说的词汇不够多，句法缺少变化："这就使得某些紧张的场面缺乏应有的热烈和鲜艳，某些抒情的场合调子不够柔和。尤其在描写环境（自然环境和社会环境）方面，作者的办法不多，她通常是从一个角度写，而不是从几个角度写；还只是循序渐进地写，而不是错综交叉地写；还只能作平视而不能作鸟瞰。人物的对话缺乏个性。我们不大能够从不同人物的对话中分辨出他们的不同的身份，不同的教养和不同的性格"④。在阅读1960年的短篇小说时茅盾更进一步指出小说语汇贫乏的问题："语汇贫乏仍然是一个普遍存在的问题；有人指出，现在的一般作品描写大姑娘们的眼睛，只有'黑'、'大'、'亮'三个字，更无新颖的语汇。其实不光是描写眼睛的语汇不够多，描写青年们欢乐活泼的语汇也同样不多。至于党委书记、支部书记等等代表党的人物，他们的语汇就被固定在有限范围内，更觉贫乏；我们常常看到党委书记甲和党委书记乙所用的语汇几乎只是一套——不论在任何场合，都是那一套。有些作品写了不少人物，这些人物的语言，都有个性，惟独党委书记或支部书记的语言没有个性，此中原因之一，就是党委书记等等人物的语言不但有公式化的毛病，而它的语汇亦为某种无形的戒律所束缚，只在一定的圈子里讨生活。"⑤ 1962年，作家林芜斯就词汇贫乏的问题大发牢骚："近年来，我也深为自己的语汇贫乏苦恼，每当工余想着写点什么东西时，一提笔就感到没词了，有时硬着头皮写下去，回头再看，通篇是'应当''必须''基本''而且'，要不就是'伟大''奋斗''辉煌''幸福'以及'热火朝天''轰轰烈烈'……总之就是那么几个词搬来搬去，连自己也的确不能卒读，无奈

---

① 王林：《王林日记·文艺十七年》，《新文学史料》2013年第2期。
② 储松年：《〈战斗的青春〉的成就和缺点》，《文艺月报》1959年第7期。
③ 雪克：《讨论〈战斗的青春〉给我的启发》，《新港》1959年第9期。
④ 茅盾：《怎样评价〈青春之歌〉？》，《读书杂志》1959年第5期。
⑤ 茅盾：《一九六〇年短篇小说漫评》，《新华月报》1961年第7期。

何把它扔到纸篓里了事。"①

　　从"十七年"文学作品的命名也可以看出词汇的贫乏。"十七年"文学作品书名重复或高度近似的情况经常出现。例如《青春的光辉》就有两本，一本是吴强、阮章竞等所作，一本是逯斐所作。还有一些和这类书名相似的长篇小说，如《青春的召唤》（雷加）、《青春的火花》（饶鹏飞）、《新生的光辉》（马加）、《战斗的青春》（雪克）。《风雪之夜》也有两本，一本是王汶石的短篇小说集，一本是万国儒的长篇小说。周立波的《铁水奔流》和凤章的《铁水长流》相似度很高。《万古长青》是辛雷1959年出版的长篇小说，与此题目相近似的还有《松柏长青》（吴南生，报告文学，1958）、《松柏长青》（骆之，报告文学，1958）、《万年长青》（颜一烟，剧本，1958）、《万年长青》（河南省文联，短篇小说集，1958）、《松竹长青》（方昌期，歌剧，1959）、《万古长青》（颜廷瑞等，诗剧，1959）、《翠柏长青》（张逊等，唱词，1961）、《万年长青》（中共大石头林业局委员会局史编委会，报告文学，1962）。

　　唐弢撰文称："如果现在有个认真的读者，也来对我们某些小说作一番统计，算一算作者用了多少词汇，是丰富还是贫乏，是生动还是拙冗，有哪些用得准确，有哪些用得似是而非，开一张清单出来，当然不至于象'基本英语'一样，但那贫乏的程度，恐怕也要使作者自己大吃一惊。"②唐弢文中所说的"基本英语"指的是30年代在上海推行的由 C. K. Ogden 发明的850个英语单词。人们用这850个生字讲话、作文，还可以写小说。但由于词汇数量的有限，在表达时难免左右支绌。如以"眼睛出水"代替"眼泪"、以"让眼睛出水的白色的根"代替"葱"、以"长在脸上的毛"代替"胡须"等。以这些基本英语翻译出的爱伦·坡的《金甲虫》充满了"谜语一样的词汇"。50—70年代的汉语词汇不会如"基本英语"一样的极端，但种种政策性和政治性的约束使作家在选择词汇时慎之又慎，如不然会很容易成为批评的对象。

　　对词汇的贫乏，文学界也进行过思考。老舍以自己为例，指出创作中语汇贫乏的原因有三条：一是读书少，从书本中得来的词汇就少；二

---

① 林芫斯：《寄青年朋友——关于运用语言的问题》，《火花》1962年第8期。

② 唐弢：《杂谈词汇》，《新港》1959年第9期。

是经常写剧本，所用词汇就少；三是生活知识、艺术知识匮乏，下笔枯窘。① 唐弢将词汇贫乏的原因归于作者知识和修养的不足："文学工作者词汇不丰富，不生动，甚至用得似是而非，这中间有文字上——也即词章之学的问题在里面，但在很大一个程度上，还由于本人的历史知识、社会知识、生活知识的不足。没有各方面的知识，就不可能有丰富多彩的词汇。我们读《红楼梦》，别的不说，单是那套排场和摆设，能够一一说得上、写得出吗？我看不一定。我们读《镜花缘》，别的不说，单是那许多国家和草木鸟兽虫鱼的名称，能够一一说得上、写得出吗？我看也不一定。如果说这些是封建时代官僚家庭的生活，《山海经》里稀奇古怪的传说，离我们今天的社会已经很远，说不上和写不出，算不了什么，那么当前的生活呢？当前的生活比《红楼梦》《镜花缘》不知道复杂多少倍，一动笔，就难免碰上许多问题：工业产品、农艺作物、厂房设备、机器零件以及地方风俗习惯的多彩形式，人物精神面貌的复杂变化，能够说，我们的笔头已经畅通无阻，一一说得上，写得出，不至于'眼睛出水'和'脸上无毛'了吗？就我所读过的某些小说来说，是很难作出这样的结论的。作家的知识的贫乏，实际上是造成文学语言——特别是词汇贫乏的一个重要的原因。"② 显然唐弢忽略了汉语规范化对作家使用词汇的潜在影响。邵荃麟则认为口语本身就有词汇贫乏的先天性不足："我以为中国不但文字落后，语汇贫乏，就是人民大众的口语，也是贫乏的。所以我们写文章会遇到两种困难：一种是有口语而没有文字，刚才老聂（按：指聂绀弩先生，他举过这样的例子：水沸腾时满了出来，口语称作'pu'，没有适当的字可写。）和老彭已经举过几个例子；另一种是有文字而没有口语，譬如'胡''须''髯'等字原来各有区别，在外国语中也各有名词，如 moustache，beard，whiskers，但在中国口语上都统称胡子或胡须。其他同样的例子也还有。因此口语的精密性非常不够。口语本来已经贫乏，我们知道的口语又更少，这样写作上就发生困难。"③ 发生这种状况，与汉语规范化无关，而是群众口语中的先天性缺陷，以经济适用为原则，缺少书面

---

① 老舍：《戏剧语言》，《新华月报》1962 年第 5 期。

② 唐弢：《杂谈词汇》，《新港》1959 年第 9 期。

③ 彭燕郊等集体讨论：《文学创作上的语言运用问题》，《文化杂志》1942 年第 1 期。

语的精密。但新中国成立后，文言词汇、外来词汇、方言土语的使用受到一定限制，被认为是规范化词汇来源的口语的这种先天性缺陷则倍加放大，作家"无词可用"也是自然。

种种约束，使作家常常采取变通的方法运用已有词汇。一是"新词旧用"。所谓"新词旧用"是指在革命历史题材小说中，使用了大量革命化、阶级化的比较"现代""时尚"的词汇，对历史事件进行革命化、阶级化重构。翦伯赞在谈论《六十年的变迁》时指出：

> ……如果说这本书还有美中不足之处，那就是在叙述过去的史实和人物的时候，使用了不少现代的词汇，如"自由主义"，"大脑皮质"，"女制服"，"新生力量"，"联系群众"，"领导干部"等等，这些词汇在辛亥革命前后是没有的，应该检查一下把它们去掉，改用当时人习用的词汇。不仅使用了现代词汇，还掺入了现代的意识，例如季交恕对某些事情的看法，好像已经有了马克思主义观点，而这在辛亥革命前后是绝不会有的。也应该检查一下把这些现代意识去掉，改用和当时人可能有的观点来描写当时的史实。把作者现在的意识、观点和言语掺入过去的事变中，这就会失去历史的真实，就会减低史料的价值，而且也会违背历史主义。[1]

吴晗也指出过《李自成》中，个别地方的人物对话带有现代词汇。姚雪垠对此作了检讨："在几十年中，我在日常生活中说的是现代话，听的是现代话，平日写作品也是用的现代话。所以在写《李自成》时虽然有意识地使官僚士大夫的语言和人民群众的语言有所不同，使小说人物的语言尽量不带有现代词儿，但是往往一时注意不到，人物对话中仍会露出来现代词儿。"[2] 革命历史题材表现的是过去的生活场景，人物语言自然要和时代相吻合才能表现自身思想性格。如果以革命化的词汇去描写人物形象，就会出现失真的状况。相比较之下，梁斌在写作《红旗谱》时根据时代特点有意识地使用符合历史生活词汇的做法更有借鉴性。梁斌说：

---

① 翦伯赞：《评〈六十年的变迁〉》，《读书月报》1957 年第 4 期。

② 姚雪垠：《〈李自成〉的出版》，《中国当代出版史料》（第 5 卷），大象出版社 1999 年版，第 467 页。

"我感觉，必须与生活结合起来解决语言问题。我感觉不同的时代，有不同的社会生活，因此有与之相适应的语言特点，只有深刻了解时代的社会生活，才能掌握这个时代的语言特点。社会生活变动，虽然基本词汇不动，但部分词汇却在新陈代谢，它会增加一部分，扬弃一部分。我觉得必须掌握新增加的一部分词汇，掌握新的语法特点才能写出一代新人的精神面貌。根据这个想法，《红旗谱》第一二两部的语言大致上差不多，到了第三部，要开始增加新的语汇，第四部以后，要写敌我斗争和抗日民主根据地的生活，就必须增加抗日民主根据地的流行语言。只有这样才能写出抗日民主根据地的人民生活面貌及精神面貌。"①

　　二是"旧词袭用"，也就是作家沿袭旧的词汇塑造人物、描绘事件。对作家来说，群众语言中最活泼、最富有生机的是歇后语、谚语、熟语、俗语等。这些语言不仅被认为简练、生动、准确，而且富有文学色彩。学习群众语言很大程度上就是对歇后语、谚语、熟语、俗语等的学习。从《暴风骤雨》到《红旗谱》《山乡巨变》的成功，很大程度上得益于这些群众语言的运用。但也有作品因为滥用歇后语、熟语俗语而受到批评。老舍对话剧《春风吹到诺敏河》曾提出严厉批评："每人都说歇后语，好象一个村子都是歇后语专家，那就过火了。"② 在另一篇文章中，老舍继续对这种情况提出批评："歇后语用在合适的地方不无作用，但切忌不管在什么地方，非用上不可。在我们日常生活中，歇后语的确有些用处。因此，适当地用在舞台上，也确是既俏皮又亲切。可是，无论怎么说，歇后语总是借来的，不是我们创造的，用得不适当或太多，反倒露出我们只会抄袭，令人生厌。我看过一出话剧，其中的每个角色都爱说歇后语，倒仿佛是歇后语专家们在开会议。这应加以控制，勿使泛滥成灾。"③ 滥用熟语俗语、歇后语的结果是既不能丰富和发展语言，也不能更好地塑造人物形象，对此，有批评者提出了忠告：

　　　　文学语言，我们不能仅仅看它遣词造句上有无文法错误，还必须看它能否有新鲜活泼的语汇，来不断丰富和加强语言的表现力，而这

　　① 梁斌：《漫谈〈红旗谱〉的创作》，《人民文学》1959 年第 6 期。

　　② 老舍：《出口成章》，作家出版社 1964 年版，第 77 页。

　　③ 老舍：《喜剧的语言》，《文汇报》1961 年第 30 期。

些新鲜活泼的语汇，必须从熟悉群众飞跃前进的新生活中去获得。我所读到的那些干燥乏味的作品的作者，在运用语言上，大半是沿用着他们的旧语汇，老调头，来表现今天光辉灿烂的新人物和新生活，因而损伤了所要表现的题材的光彩是不足为怪的。原因是这些作者既没有真正深入生活，真正熟悉自己所描写的人物的各个方面，也未注意学习群众的语言，并努力运用群众的语言，来反映群众的生活，使自己的语言和所反映的生活相协调，使内容和形式求得统一。（应向古今中外名家名作学习）……所谓积累生活资本，应当同时包括着积累语言的资本问题。①

无论如何，词汇数量的衰减在一定程度上影响到文学表达效果。当然，这只是问题的一个方面。唐弢曾经指出："词汇本身是一个技术问题，然而它所反映的却不只是一个技术问题，这就因为：文学毕竟是语言的艺术。"② 这说明，如果作家有了对生活的独特认识，有了对生命的独特感悟，那么，即使词汇数量有限，也可能会创作出优秀作品。毕竟，文学不仅是语言的艺术，更是一种与生命相关的艺术。

词汇规范化的另外一个重要方面就是对助词、副词、介词、连词等虚词的规范，这也对文学语言产生了直接影响。1956 年，《中国语文》发表了赵恩柱的文章《虚词也应该规范化》，引起了对虚词规范化的重视。赵恩柱认为，谈论汉语规范化的文章，在提到词汇规范化的时候，总是只讲到实词规范化，但很少提到虚词的规范化，其实虚词也应该规范化。在虚词中也有一部分表示同一语法、同一作用的词汇，如"如果""要是""设若""若是""若""假若""假如""假使"等，它们可以互相替换，不会带来语义的丝毫影响。这样的词汇多了，就给学习汉语的人增加不必要的负担，非常不经济。就此，赵恩柱提出两条建议对虚词进行规范化：一是作用完全相同的词儿，原则上只选用一个。选用的标准是出现的次数最多、流行面最广的。二是有些词如果有别的用法，如"不过"，就不要选用，撤销它的兼职。③ 赵恩柱的文章引起刘

---

① 秦江：《作家应该重视学习语言》，《长江文艺》1954 年第 1 期。

② 唐弢：《杂谈词汇》，《新港》1959 年第 9 期。

③ 赵恩柱：《虚词也应该规范化》，《中国语文》1956 年第 9 期。

凯鸣的共鸣，他也认为虚词应该规范化，但在对哪些词进行规范、怎样规范的问题上，有着不同的意见。刘凯鸣认为，首先不能以实词规范化的方法规范虚词，毕竟表示同一语法作用的虚词缺少词义上的明显区别。再就是他不认同赵恩柱的"用好些个不同的词儿来表示同一语法作用非常不经济"的说法，反而认为这是汉语词汇丰富的表现："为作者自由选择虚词开辟了广阔天地，何况有些同义的虚词还有感情色彩、语意轻重的分别呢！"刘凯鸣尤其质疑的就是赵恩柱提出的虚词规范化的两个原则。首先以口语中使用得多的虚词如"可是"代替其他转折词的话，只会造成语言的呆板、干瘪，再者也很难判定哪些词在口语中用得多、流行得广。其次对于常用而又不会发生误会的词如"不过"等又很难撤销其语义兼职。他提出的虚词规范主张是，在规范对象方面，生造的虚词如"但却"之类、已经死去的虚词如"至若、且夫"等、应该配合起来使用却配合错了的如"不但……即使"等应该进行规范。在规范方法方面，应该顺应语言发展的形势，让人们在现有的同义虚词中自由选用，自然淘汰。① 从语言发展来看，刘凯鸣的观点更能切合语言发展实际。但在追求准确、简洁的语言背景下，对虚词的宽容态度很容易被认为是滥用虚词。

50 年代，朱德熙、张志公、王力、吕冀平、高名凯等出版多部著作，就虚词的定义、分类、用法等进行详尽阐述。尽管对虚词规范化的关注不像实词规范化那样声势显著，甚至在语言口语化的驱使下，虚词极易被作家忽略。但作家在创作中还是进行了一定程度的遵循。比如赵树理在谈到写的文章如何为大众所接受时认为："'然而'听不惯，咱就写成'可是'；'所以'生一点，咱就写成'因此'，不给他们换成顺当的字眼儿，他们就不愿意看。"② 虚词的规范在一定程度上使语言更为精练，但影响到语言表达的细腻。

在虚词规范中，对作家创作影响最大的是"的""地""得"用法的严格区分。新中国成立之后，"的""地""得"被规定为定语、状语和补语的标记。1951 年中共中央在《关于纠正电报、报告、指示、决定等

---

① 刘凯鸣：《怎样进行虚词的规范》，《中国语文》1957 年第 7 期。
② 赵树理：《也算经验》，湖南省文学艺术界联合筹委会：《文艺工作者怎样参加土改》，新华书店 1950 年版，第 102 页。

文字缺点的指示》中，专门提到"的""地"两字的用法，要求形容词、副词词尾尽可能分用"的""地"，加以区别。50年代中期的《暂拟汉语教学语法系统》是新中国最早的教学语法系统，吸收了《马氏文通》以来我国语法研究的成果，在普及语法知识、推动中学语法教学方面起了较大的促进作用。《暂拟汉语教学语法系统》将"的""地""得"的使用进一步学理化、规范化，强制性要求使用的规范。作家们也自觉遵循语法书的要求，在创作中中规中矩地使用"的""地""得"。一些作家在修改解放前的作品时，也将"的""地""得"的使用明确区分，如老舍、郭沫若、茅盾、叶圣陶、李劼人、巴金等。老舍解放前的作品不区分"的"和"地"，一律用"的"。但是，《语法修辞讲话》发表以后，他便把这两个汉字分得一清二楚，即"的"用作形容词后缀，"地"用作副词后缀。[①] 巴金晚年自述："我开始写小说的时候，我的文字相当欧化，常常按照英文文法遣词造句。……结果使我的文字越来越欧化。例如一个'的'字有三种用法，用作副词写成'地'，用作形容词，写成'的'，用作所有格紧接名词我就写成'底'。"[②] 在修改《家》时，巴金用"的"字代替了以前常用的"底"字。

"的"作为助词使用最早出现于宋，宋之前写作"底"。在后来的发展过程中又逐渐代替"底""地"等助词，其功能也越来越强大。近代以来，"的"的部分功能出让给"地""得"，到了50年代三者的分工更进一步稳固。应该说这种稳固有利于句法的严密和句意表达的准确、清晰，不至于产生歧义。但从文学的角度来说，却是对语言风格的破坏，后文将对此有所论及。

第二节　语言配置与"十七年"长篇小说人物形象

"配置"一词来自军事领域，指的是作战时，根据任务、敌情、地形，将兵力、兵器布置在适当的位置，后来则指在资源、结构、类型等方面的有效搭配。文学作品中根据人物性格、环境氛围配置语言很有必要，

---

① 刘涌泉：《中文信息处理的难点及其解决途径》，《应用语言学论文集》，中国广播电视出版社2009年版，第182页。

② 巴金：《关于〈海的梦〉》，《巴金专集》（1），江苏人民出版社1981年版，第606页。

就像老舍所说:"在小说中,除了对话,还有描写、叙述等等。这些,也要用适当的语言去配备,而不应信口开河的说下去。一篇作品须有个情调。情调是悲哀的,或是激壮的,我们的语言就须恰好足以配备这悲哀或激壮。比如说,我们若要传达悲情,我们就须选择些色彩不太强烈的字,声音不太响亮的字,造成稍长的句子,使大家读了,因语调的缓慢,文字的暗淡而感到悲哀。反之,我们若要传达慷慨激昂的情感,我们就须用明快强烈的语言。语言像一大堆砖瓦,必须由我们把它们细心地排列组织起来,才能成为一堵墙,或一间屋子。语言不可随便抓来就用上,而是经过我们的组织,使它能与思想感情发生骨肉相连的关系。"① 但"十七年"文学作品中,因为意识形态的关系,作家们在进行人物形象塑造时,往往不是从现实生活出发,而是根据人物的阶级身份去描写人物外貌、心理、行动,让人物说出合乎自身阶级属性的语言。这样的语言配置明显反映出的是作者个人的阶级倾向而非从生活实际出发描绘出的活生生的现实人物,人物形象塑造体现出概念化、公式化、类型化特点。人物性格固然鲜明,但却体现不出独特的个性。

一　叙述语言与人物阶级性生成

叙事性文学作品的核心是塑造出个性鲜明的人物形象。所谓的个性鲜明,按照经典现实主义的解释,也就是人物形象要体现出"独特的这一个"的性格特征。唐弢认为:"要使作品里的人物真实、生动,给人以深刻的印象,关键在于能否写出他的性格,他的内在的精神面貌。动作、姿态、谈吐乃至服饰和外貌,这一切都很重要,都是人物描写上必须注意的问题,但目的仍在于写出性格。"② 但"十七年"长篇小说中,人物形象的共性大于个性——或者说人物形象的个性完全消失,仅成为传递意识形态的符号化存在。这尤其体现在英雄人物、先进人物形象的塑造上。比如如下几段对于人物的外貌描写:

　　是他,高高的个子,红润的脸膛,重眉下衬着一双炯炯发光的眼睛,额上有一块伤疤,穿着一套崭新的黄军装,腰间系着宽皮

---

① 老舍:《我怎样学习语言》,《解放军文艺》1951年第3期。

② 唐弢:《人物创造杂谈》,《谈小说创作》,作家出版社1962年版,第12页。

带，英气勃勃的。（《沸腾的群山·第 1 部》中关于焦昆的外貌描写）

　　参谋长本来就身高体壮，今天又脱掉便衣换了一套褪色的绿军装，所以更显得分外的魁梧、威严。（《敌后武工队》中关于参谋长的外貌描写）

　　老梁穿一身青涩粗布棉衣，腰间系着红色牛皮带，上面斜插着金鸡圆眼大机头的盒子，棉衣瘦得裹身，两个袖口挽得挺紧，加上他那矫健而轻快的步伐，使人感到他是个手脚利索头脑灵活的人，打起仗来准是把好手。（《野火春风斗古城》中关于老梁的描写）

　　张坚仔细地打量着杨叶，见他穿着一身普通的旧便衣：青色旧洋布便袄，黑粗布旧棉裤，还披着一件沾满了油污的黑老羊皮褂子，脚穿蓝色土布双梁鞋，头带古铜色旧毡帽，耳朵跟前还绷着两块带毛的羊羔皮子。他手里还拿着根尺多长的旱烟袋，正在一袋接一袋地抽着旱烟。虽然他坐着，看来个子是高大的。他那白白的长脸，充满了朴实、忠厚和坚毅的神情。从他的仪态和简单而又少的言谈中，已使张坚感到他是一位很好的领导者，看得出他有丰富的战斗经验和对敌斗争的智慧。（《大青山的地下》中关于杨叶的外貌描写）

　　这些正面人物无论年龄还是从事的工作有何不同，他们的共同特征是阳刚威武、充满活力，语言果敢、性格刚毅、衣着朴素。在"红润""炯炯发光""英气勃勃""魁梧""矫健"等词语的背后，散发出的是对一个新的民族国家的迷人想象。就像周扬所指出的："文艺作品所以需要创造正面的英雄人物，是为了以这种人物去做人民的榜样，以这种积极的、先进的力量去和一切阻碍社会前进的反动的和落后的事物作斗争。"[1] 但在这些大同小异的词语修饰下，英雄人物首先在外貌上趋向于模板化，即

① 周扬：《为创造更多的优秀的文学艺术作品而奋斗——在中国文学艺术工作者第二次代表大会上的报告》，《文艺报》1953 年第 19 期。

使是历史题材中的英雄人物也带有类似特征。① 失去了独特性外貌特征的英雄形象区分度明显降低，呈现出千人一面的状况。不仅男性英雄人物、正面人物面目苍白，即使女性英雄人物、正面人物的外貌也有着惊人的相似性：

> 她穿着一身普通的农妇衣裳，模样儿长得比她姐还漂亮，细眉大眼，脸蛋红红的，苗条的身材往锅台跟前一站，熟练地动起手来，那真是个百里挑一的好闺女。（《大青山的地下》中关于三妹子的外貌描写）

> 在一个大村子北面的田地里，走动着一个姑娘，看样子她有十七八岁，圆圆的脸庞显得有些憔悴，两道柳叶似的又细又黑的眉毛下，闪动着一双水汪汪的大眼睛，她穿一身绿地紫花的粗布棉衣，衣服已经破旧，但因当初新做时裁剪的很合身，破处也都缝补的非常整齐，看起来仍显得非常均称。（《风雪儿女》中关于大凤的外貌描写）

> 靠近木桥的相思树下，坐着两位年轻姑娘，一位是粗眉大眼、脸膛饱满、带有男子气的许凤英，一位是玲珑娇小，长了一付瓜子脸儿的许细娇。她们一面洗涤着满是泥巴的腿胫，一面东拉西扯地聊着闲天。（《香飘四季》）

与正面人物、英雄人物相比，关于反面人物、落后人物的描写则充满了猥琐、卑劣、渺小、肮脏等带有否定性色彩的贬义词汇，如《铁道游击队》中的鬼子三掌柜、《红旗谱》中的冯兰池、《高玉宝》中的周长安

---

① 《李自成》中关于李自成的外貌描写："在大旗前面，立着一匹特别高大的、剪短了鬃毛和尾巴的骏马，浑身深灰，带着白色花斑，毛多卷曲，很像龙鳞……骑在它身上的是一位三十一二岁的战士，高个儿，宽肩膀，颧骨隆起，天庭饱满，高鼻子，深眼窝，浓眉毛，一双炯炯有神的、正在向前凝视和深思的大眼睛。这种眼睛常常给人一种坚毅、沉着，而又富于智慧的感觉。他戴着一顶北方农民常戴的白色尖顶旧毡帽，帽尖折了下来。因为阴历十月的高原之夜已经很冷，所以他在铁甲外罩着一件半旧的青布面羊皮长袍。为着在随时会碰到的战斗中脱掉方便，长袍上所有的扣子都松开着，却用一条战带拉腰束紧。他的背上斜背着一张弓，腰里挂着一柄宝剑和一个朱漆描金的牛皮箭囊，里边插着十来支雕翎利箭。在今天人们的眼睛里，这个箭囊的颜色只能引起一种美的想象，不知道它含着坚决反叛朝廷的政治意义。"

等。尤其是《林海雪原》中的群匪形象，阴险而丑陋，有着非人化的身体特征，带给读者一种生理上的反感。比如蝴蝶迷：

> 要论起她的长相，真令人发呕，脸长的有些过分，宽大与长度可不大相称，活像一穗包米大头朝下安在脖子上。她为了掩饰这伤心的缺陷，把前额上的那绺头发梳成了很长的头帘，一直盖到眉毛，就这样也丝毫不能挽救她的难看。还有那满脸雀斑，配在她那干黄的脸皮上，真是黄黑分明。为了这个她就大量地抹粉，有时竟抹得眼皮一眨巴，就向下掉渣渣。牙被大烟熏的焦黄，她索性让它大黄一黄，于是全包上金，张嘴一笑，晶明瓦亮。

即如一位学者所评价的，让人作呕的长相无法挽救的难看，"令人发呕""过分""不大相称""伤心的缺陷""难看"，相比男性匪徒的外貌描写，多了许多挖苦刻薄的意味，并且带着蔑视嘲笑甚至幸灾乐祸的意味。似乎由于她的政治身份，她的女性魅力都完全丧失了。对于女性土匪相貌的描述多了一份对女性性别的丑化和女性特质的抹杀，显然这种过分的丑化并不高明，象足了一个奇丑无比的面具，而看不到一点外貌对于个体内在主体性的反映。在意识形态的权威下，每个文学形象的外表都代表了政治、社会和文化规定的看的方式。被看的蝴蝶迷作为女匪首，失去了正义的品质，但在她的相貌中最为重要的观感却不是男性土匪所有的凶残，而是让人恶心的丑，这里包含着对于女性更深层的身体惩罚。即因为她是敌人，且是女性，不配拥有美丽的乃至正常的外貌，而是用一种惩罚性的嘲讽语言刻薄她只配拥有的无法挽救的丑陋的女性特质。[①]

40 多年之后，在接受姚丹的采访时，曲波描绘的蝴蝶迷却是另一副模样："蝴蝶迷，长得很漂亮。"蝴蝶迷做过中央先遣挺进军滨绥保安司令部下属某团参谋长，和曲波谈判时，"里面穿着丝绒的衣服，带着小手枪，外面披着斗篷；带了八个警卫员……"[②] 曲波的回忆表明蝴蝶迷是个漂亮、气派的女性。但出于政治美学的考虑，曲波极力对其进行丑化，以

---

① 罗维：《匪可貌相——论"十七年"文学中土匪外貌修辞的政治美学意义》，《中国文学研究》2011 年第 3 期。

② 姚丹：《重回林海雪原——曲波访谈录》，《新文学史料》2012 年第 1 期。

激发起人们的阶级仇恨。对于座山雕的原型，也有不同的说法。但就其外貌而言，与小说中那种夸张的丑化描写还是有一定的区别。① 在社会主义现实主义的严格要求下，作家们对现实作了政治化的语词包装，在一定程度上违背了生活真实。人物外貌和人物品德并没有必然的血亲关系，但在词语的修饰下，人物外貌成为政治品质的标签。或者说，因为先在的意识形态规定性，作家们在塑造人物形象时，不得不依据阶级立场为人物配置适当的语词。作为文学修辞，对于现实生活中的人物进行一定程度的夸张或变形有助于达到一种审美效果，但作为意识形态的身体修辞学却将身体形态与思想境界绑定在一起，从而使人物有了一目了然的身体标识。一旦从身份上确定某个人的阶级身份，那么就有一整套相关的语词系统保证人物形象塑造的"真实"及其阶级本性。

人物外貌与人物品格而不是性格关联在一起，作者根据人物的政治属性将褒义词分给正面人物、英雄人物，将贬义词分配给反面人物、落后分子。这是陈思和论述的"战争文化思维"的反映。陈思和指出：

　　……这种由战场上养成的思维习惯支配了文学创作，就产生了二元对立的艺术模式，具体表现在艺术创作里，就形成了两大语言系统："我军"系统和"敌军"系统。"我军"系统是用一系列光明的词汇组成：英雄人物（包括共产党领导下的各种军队和游击队战士，以及苦大仇深的农民），他们通常是出身贫苦，大公无私，英勇善战，不怕牺牲，不会轻易死亡，没有性欲，没有思念，没有精神危机，甚至相貌也有规定：高大威武，眼睛黑而发亮，不肥胖等等；"敌军"系统是用黑暗的词汇组成：反面人物（包括国民党军队、日本侵略军队、汉奸军队的官兵以及土匪恶霸地主特务等等一切"坏人"），他们通常喜欢掠夺财富，贪婪，邪恶，愚蠢，阴险，自私，残忍，有破坏性和动摇性，最终一定失败。长相也规定为恶劣、丑

---

① 一种常见的说法是座山雕原名张乐山，生于晚清，籍贯不详。（韩博、庞嘉林：《"座山雕"病死在监狱》，《文史月刊》2011 年第 1 期。）另有一种说法是座山雕原名崔明远，山东新泰人，两米多的身高，身材魁梧，五大三粗，派头十足。（李义福：《"座山雕"原是新泰人》，《春秋》1997 年第 6 期。另见《"座山雕"家谱小考》，《北京日报》2003 年 4 月 21 日。）但无论如何，不会如《林海雪原》中那种夸张的写法："光秃秃的脑袋，像个大球胆一样，反射着像啤酒瓶子一样的亮光。一个尖尖的鹰嘴鼻子，鼻尖快要触到上嘴唇。"

陋、有生理缺陷……这两大语言系统归根结底可以用"好人一切都好""坏人一切都坏"的模式来概括。①

　　人物道德品格不仅表现在外貌方面，而且延伸到人物所处的自然环境。"十七年"长篇小说重视写自然环境，即如秦兆阳所说："写人物不写环境，不写诗情画意，不给读者以美感，只是把眼光和笔墨局限在一条狭窄的巷道上，则人物就只会成为影子。"② 但"十七年"长篇小说中的自然景物高度阶级化，作者根据人物阶级属性为其配置相应的环境。正面人物所处的环境健康、和谐、匀称，如《李自成》中的一段描写：

　　　　太阳升得更高了。它照着西边的华山。巍峨的五朵奇峰高插入云，多么壮观！多么肃穆！它照着岗头上的闯字大旗。棋枪的银光闪烁，大旗呼啦啦卷着晨风。它照着李自成和他的乌龙驹，他在静静地抬着头向前凝望。乌龙驹在转动着竹叶双耳，听着远处的马蹄声和马嘶声，好像它预感到就要投入战斗，兴奋地喷喷鼻子，发出萧萧长嘶。非常奇怪，它一振鬣长嘶，别的马都叫了。

　　东升的太阳与巍峨的华山呈现出大自然的壮美，闪烁的旗枪与飞舞的大旗透露出的是进取精神。在这种宏大背景下置于画面中心的是李自成和他胯下的乌龙驹，人物的"凝望"姿态和马匹的"兴奋""长嘶"显示出的是战前跃跃欲试的精神状态。这段描写自然景观、人文景观与人物精神交相辉映，展示的是一幅壮丽的画面，充满了阳刚气势，表征的是农民起义军领袖李自成的精神气质和远大理想。再比如《山乡巨变》开头的一段环境描写：

　　　　节令是冬天，资江水落了。平静的河水清得发绿，清得可爱。一只横河划子装满了乘客，艄公左手挽桨，右手用篙子在水肚里一点，把船撑开，掉转船身，往对岸荡去。船头冲着河里的细浪，发出清脆的、激荡的声响，跟柔和的、节奏均匀的桨声相应和。无数木排和竹

---

① 陈思和：《中国当代文学史教程》，复旦大学出版社1999年版，第57页。
② 秦兆阳：《形象与感受》，《文学探路集》，人民文学出版社1984年版，第70页。

筏拥塞在江心，水流缓慢，排筏也好象没有动一样。南岸和北岸湾着千百艘木船，桅杆好象密密麻麻的、落了叶子的树林。水深船少的地方，几艘轻捷的渔船正在撒网。鸬鹚船在水上不停地划动，渔人用篙子把鸬鹚赶到水里去，停了一会，又敲着船舷，叫它们上来，缴纳咀壳衔的俘获物：小鱼和大鱼。

与李自成所处环境的壮美相比，这段景物描写呈现出的是优美的审美格调。这不仅符合南方景物的清秀，更主要的是为即将出场的女主人公邓秀梅作铺垫。邓秀梅一个人到清溪乡指导，看得出性格里面要强的一面，但女性的温柔、羞涩的一面也表现得比较明显。因此，这段景物描写选取了更多诸如"平静""清得可爱""细浪""清脆""柔和""均匀""缓慢"等词语，营造的是一种舒缓明净的环境氛围。

相比较之下，反面人物的环境肮脏、衰败、阴暗。《红旗谱》中冯兰池的宅院：

冯家大院，是一座古老的宅院。村乡里传说：冯家是明朝手里发家的财主，这座宅院也是在明朝时代，用又大又厚的古砖修造起来。经过几百年风雨的淋晒，门窗糟朽了，砖石却还结实。院子里青砖铺地，有瓦房，有过厅，有木厦。飞檐倾塌了，檐瓦也脱落下来，墙山挺厚，门窗挺笨，墙面上长出青色的莓苔。青苔经过腐蚀，贴在墙上，像一片片黑斑。一进冯家大院，你就闻着腐木和青苔的气息。据说，冯家大院里有像猫一样大的老鼠，有一扁担长的花蛇，把那座古老的房舍，钻成一个洞一个洞的。院里有一棵老藤萝，缠在红荆树上，老藤长得挺旺盛，倒把红荆树给缠黄了。老藤的叶子，又密又浓，遮得满院子阴暗。大瓦房的窗格棂挺窄挺密，屋子里黑古隆冬的。

冯家大院尽管是古老的宅院，但除了结实之外，再也没有昔日的辉煌与荣光。糟朽的门窗、倾塌的飞檐、脱落的檐瓦、腐蚀的青苔、荫暗的院子昭示着衰败的迹象，充斥其中的是腐木和青苔的气息，在藤萝叶子的遮蔽下，院子阴暗，房间漆黑。冯兰池生活于其中，习惯了这样的环境，"成天价钻在这大瓦房里，青天白日点起油灯，写账簿、打算盘"。这段环境描写极富有象征意味,其衰败腐朽预示着以冯兰池为代表的反动阶级的没落和崩溃。《林海雪原》中,座山雕的山洞森暗恐怖:"座山雕的大本营,是一个很大很大的圆木垒成的大木房,坐落在五福岭中央那个小山包的脚下。大木房的地板上,铺着几十张黑熊皮缝接的熊皮大地毯,七八盏大碗的野猪油灯,闪耀着晃眼的光亮。"和"座山雕"这个绰号相匹配,这个大木房完全是动物化的布置:"几十张黑熊皮缝接的熊皮大地毯,七八盏大碗的野猪油灯","黑"和"野"两字更是强化了座山雕残忍的兽类本性,而在黑熊皮的大地毯和野猪油灯的光亮这种黑白二色的简单对立中透射出的是人性的单调与苍白。

"十七年"长篇小说中,在描绘反面人物所处的环境时,除了黑白两种颜色,作者很少配置表示艳丽明亮色彩的词汇。如《红岩》中对国民党西南长官公署"慈居"的描写:"如果把特务机关的分布比作一副黑色的蜘蛛网,那么,在这座楼房指挥下的各地特务站、组、台、点,正象密布的蛛丝似的,交织成巨大的恐怖之网,每一根看不见的蛛丝,通向一个秘密的所在。这座阴森的楼房,就是那无数根蛛丝的交点,也是织成毒网的阴暗巢穴。哪怕是一点最小的风吹草动,触及了蛛丝,牵动了蛛网,便会立刻引起这座巨大巢穴里的蜘蛛们的倾巢出动。""黑色""阴森""阴暗"等词强化了特务机关的恐怖,毫无光亮的所在也象征着反动政权的穷途末路。

自然景物有时成为政治力量的直接化身。在评论到张忠运、马令勋的《风雪儿女》中的景物描写时,余福铭认为:"对风景的描写(故事发生在冬天,是风雪的季节),从头到尾,作者通过对狂暴的风雪和严寒的描写,传达出人物的心理状态和感官上的印象,增加了人物愤怒和抑郁的情绪(王寨村人民被困时的心情),衬托出人物坚强的斗争意志,使作品更富有感人的气氛。"①《风雪儿女》中有一段风景描写:"东北风仍在呜呜嘶嘶地狂吼怪叫,漫天鹅毛大雪仍在密密麻麻飘落不住,原野、村庄、树木、房舍、柴草垛、粪堆,高岗下洼,都被这皑皑的白雪掩盖住了。大街上,除了被东北风卷起的雪团在狂飞乱舞以外,连条狗的影子也没有,一切都好像被这狂暴的风雪吞没了。"作者使用"狂吼怪叫""狂暴"等词汇将风雪拟人化,显示出敌对势力的强大,也更能显示出在这种恶劣环境

---

① 余福铭:《〈风雪儿女〉读后》,《解放军文艺》1958 年第 4 期。

中给梁明等送饭的小二庚的坚强。《欧阳海之歌》中，老鸦窝在解放前的样子："乌沉沉的天紧紧扣在山顶上。平地上初冬刚至，老鸦窝早已是严寒逼人了……大雪染白了屋顶，盖满了田塍，遮断了路，白茫茫的老鸦窝除了呼呼的北风外，没有一点声响。"解放后则发生了巨大变化："暖洋洋的太阳挂在天上，老鸦窝的积雪化尽了。周围的群山脱下白皑皑的素装，露出一片苍绿。"自然景物因政治环境的变化而显示出不同的风貌。

"十七年"长篇小说中，自然环境不仅成为人物品质的外延，更成为意识形态的分水岭。浩然的《艳阳天》中，贫下中农和富农、地主被一条水沟人为地分开："东山坞村中间有一条东西方向的大沟，正好把一个村庄分成南北两半。村里马、焦、韩，三姓为大户，沟北边姓马的多，沟南边韩姓和焦姓多，比较富足的农户差不多都住在沟北边。"中国传统虽然有聚族而居的传统，同姓人大多比邻而居，但作者的人为安排意图也很明显，有意让这条水沟成为社会主义的建设者和破坏者的鸿沟。沟北的人都是些像弯弯绕、马大炮一类的"自私鬼"，在麦子成熟前后偷偷开了几次会，一些富裕的中农出来闹事儿，要"少卖点，多分点"。而沟南的人如萧长春想的则是"丰收了，应该多支援国家"。人物的思想境界及政治品格由此可见。与之类似，《创业史》中穷人住在蛤蟆滩，富人住在官渠岸。住在蛤蟆滩的穷人在春荒时节挖荠荠、掏野菜，住在官渠岸的人却在忙着盖瓦房。《风云初记》中长工所住的屋子和地主所住的"恶山"也是连场隔院："左边是住宅，前后三进院子……一色的洋灰灌浆，磨砖对缝，远远望去，就像平地上起了一座恶山。右边是场院，里边是长工屋，牲口棚，磨坊碾坊，猪圈鸡窝。土墙周围，栽种着白杨、垂柳、桃、杏、香椿，堆垛着麦秸、秫秸、高粱茬子。"地主的房屋气派固然是气派，一个"恶山"则点出了主人品行的恶劣；长工住的尽管艰苦，但栽种的树木以及杂物整齐的堆垛显示出长工们的勤劳和干净。如果将居室住所放大来看，一些宗教建筑（庙宇祠堂）多安排为"阶级敌人"作奸犯科的处所，而最崇高的革命场所则被命名为"圣地"；[①] 再放大一些，"城市"意味着资产阶级的大本营，农村才是革命者的安身立命之所。

文学作品中，自然环境描写不是可有可无之物，它既带来一定的审美效果，更重要的是与人物的思想、情绪、心态、命运密切贯通。中国古典

---

① 黄子平：《"灰阑"中的叙述》，上海文艺出版社 2001 年版，第 206 页。

小说中的环境描写就非常重视人物与环境之间的双向互动，也即环境对人物性格、情绪的影响以及人物情感、心理活动在环境中的映射。《水浒传》"风雪山神庙"一节，林冲和差拨来到草料场外："看时，一周遭有些黄土墙，两扇大门；推开看里面时，七八间草屋做着仓廒。四下里都是马草堆，中间两座草厅。"进到草屋里面坐下之后："仰面看那草屋时，四下里崩坏了，又被朔风吹撼，摇振得动。"孤寂、凄冷的周边环境与人物孤独、忧戚的心境相契合，对于人物形象的塑造起到了很好的烘托效果。但"十七年"长篇小说中，自然环境描写不再与人物心境、命运相关，而是与人物政治品格高度吻合，不能违拗。秦兆阳曾经对新中国成立后文学作品中的风景做出过"质"的规定："第一，这些不单是风景；第二，也不光知识分子才爱好自然景色。"他认为，自然景物大都有人的劳动的印记，"虽然是荒山野谷，只要我们去翻越它，我们就在征服它。反转来说，这些自然界的事物也天天在影响我们的生活"。在秦兆阳看来，最主要的还是这些自然景物见证着社会主义建设的劳动成果："当一个人看见遍野新耕过的土地以后，他不因这片大地的图案而高兴吗？这土地与我们的生活有直接关系，而且它很美，我们喜欢它是应该的。""农民们不是每到高山之上或旷野之中就特别爱唱歌唱戏吗？'山歌'多半是在山上唱出来的。如果他们是为自己劳动，自然景色会更增加他们劳动的愉快性。"[①] 因此，就创作主体而言，对于景物的描写体现出的不是传统作者所寄寓的审美情感、审美观念、审美理想，而是政治上的好恶。那么，在语词的择取上，自然也就褒贬分明。

　　语言配置还体现在人物人际关系和内在品质方面。马克思说过，人是复杂的社会关系的综合。能否如实地、艺术地揭示人的复杂社会关系以及在复杂的人际关系网络中立体化地展现人物的精神风貌，便成为一切有成就的艺术家可以追求的目标。但"十七年"长篇小说中的人物性格沉寂于单质化的人际关系中，种种复杂的人与人之间的关系简化为阶级关系，"阶级"成为人际关系配置的总纲。"十七年"作家从阶级视角出发，在截然分明的语言配置中对人际关系做了本质性规定，"物以类聚、人以群分"有了最形象的说明。于是，在"十七年"长篇小说中，看不到作为"工农兵"的好人和作为"地富反坏右"的坏人之间有任何交集的可能。

---

①　秦兆阳：《形象与感受》，《文学探路集》，人民文学出版社 1984 年版，第 70—71 页。

人与人之间的关系既单纯又透明，他们被作者有意地分放在不同的意识形态容器中，阶级对立进一步强化。对于这种写法，有评论者做过深刻的批评：

　　　要写一部作品，首先想到的往往不是自己从深入革命斗争中所积累的生活素材，不是从分析生活中去认识生活，不是在生活的真实中去塑造人物，不是通过人物的符合生活真实性的发展中去揭示生活中的矛盾，从而表现出作品的思想主题，也就是说去创造典型环境中的典型性格，而往往是反转来光有一个概念、一个框子，（象要写工厂中先进与落后的斗争、农业合作化运动中进步与保守思想的斗争、伟大的战略思想、某些具体的党的政策、工作方法等等）把某一种概念和框子先肯定了，再去选择生活素材（应该说这种生活素材也是极其贫乏的、零碎的、表面的），安排各种人物，并给他们强加上一定的、必要的立场、观点、性格，甚至是伪造情节、把艺术的创作过程，变成了概念的图解过程。为什么在我们描写工业建设的作品里许多都是厂长保守、党委书记先进，青年的技术人员进步，老的技术人员落后呢？在我们描写农村生活的作品里许多都是贫农先进、中农保守、青年农民进步、老年农民保守呢？在我们描写干部、党员特别是军事指挥员、政工人员的时候，许多都描写成毫无生气的、四平八稳的、生硬的解释党的政策和作者意图的人呢？原因就在于此，矛盾冲突是主观臆造的，人物不是从具体的生活中抽出来的，而是根据条文想出来硬加到事先安排好的"生活"中间去的，但为了补救人物的空虚，就不得不强加一些表面的、外在的特征上去。实际这并不能解决问题，人物并不能因此而站立起来，顶多只是个纸糊的人而已。①

　　情爱关系是一种重要的人际关系，在阶级话语主导下的情爱书写更能显出规范化语言配置的微妙与复杂。具体来说，"十七年"长篇小说将爱情配置给正面人物尤其是英雄人物，而将性爱配置给坏人。这就是蔡翔所说的，"十七年"文学作品"性的叙述""一直存在着道德主义的干预，

---

① 陈亚丁：《试谈几种有关公式化、概念化问题的有害论点》，《解放军文艺》1957 年第 2 期。

或者，更确切地说，小说一直在进行性和道德的资源分配"①。《红旗谱》中，春兰和运涛、严静和江涛的爱情在革命的平台上展开，革命的圣洁与爱情的纯洁携手同行。春兰听了运涛讲革命道理之后，将"革命"两个字绣在蓝布褂上；因为江涛是革命的，于是爱着江涛的严萍也要求革命。《山乡巨变》中，陈大春之所以答应了盛淑君的爱情，是因为盛淑君入了团，两个人的感情有了共同的革命基础。林道静之所以被卢嘉川吸引是因为第一次遇见卢嘉川时，他侃侃而谈的话语里都是"国家的事"。而在反面人物如姚士杰、冯兰池、宋宝森（《林海雪原》）、马之悦（《艳阳天》）那里，只有赤裸裸的性。将性道德败坏配置给反面人物并进而达到从政治上加以否定，是最经济有效的写法，也是"十七年"文学作品中常用的修辞手法。

于是，在写到正面人物的爱情的时候，"十七年"作家更多的是选择那些与精神活动相关的词汇；而在写到反面人物的性爱时，则更多地进行身体上的描写。在前一种情况，语言高度纯洁化，而在后一种情况，与性爱相关的词汇则突破语言纯洁化的禁忌堂而皇之地出现在文本叙事中。

"十七年"小说里面的语言纯洁化到什么地步呢？1962年，作家滕凤章在《雨花》上发表了一篇小说《彩霞万里》。小说里面有个极其次要的人物小女工张爱珍，作者抓取了她收到恋人来信时的场景：

> ……有一次，小鬼张爱珍，突然在小组会上不大作声了，闭着嘴，老是要发笑，就像有人用鸡毛在她颈子里撩痒一样。碰到啥事情啦？我们问她，她摇摇头："没啥，没啥呀！"可是，还是一副被人在颈子里撩痒的神情。这时，杨梅笑眯眯的，用肩膀碰了小鬼一下，在她身边轻轻说："接到信啦，嗯？"小鬼连耳根也红了："是……嗯……信，他当了先进……"声音轻得像蚊子哼，下面"工作者"三个字，竟化成"噗嗤"一声笑出来，大家也哄笑起来。——是小鬼接到上海男朋友的信了。

这段描写按常理来说，基本没太大的问题。但在思想纯洁化的年代，

---

①　蔡翔：《革命/叙述：中国社会主义文学——文化想象（1949—1966）》，北京大学出版社2010年版，第161页。

有人注意到里面有一个词不合适："男朋友"。作者后来自述："这篇小说在刊物上发表后，一九六五年收在我的一本小说集里。一九七三年集子再版时，出版社最后审稿的负责人，要我把'小鬼接到上海男朋友的信了'这句话里的'男朋友'三个字改掉。"50 年代的语言纯洁化到了 70 年代达至极致。在这种情势下，作者在语言上辗转腾挪的空间极为狭窄：

　　这"男朋友"三个字，我怎么都改不掉。改成张爱珍接到"女朋友"的信？或是"同学"的信？"亲戚"的信？都不行。按张爱珍这个人物的脾性，只有接到正在热恋中的男朋友的信，并得知他当了先进工作者，她才会出现"闭着嘴，老是要发笑，就像有人用鸡毛在她颈子里撩痒一样"的神情，以至于讲到"他当了先进……"，"声音轻得像蚊子哼"，下面"工作者"三个字，竟化成"噗嗤"一笑出来。如果她接到的是别的什么人的信，她怎么能够有这样的神情和语调呢？除非她的神经不正常。我要求不改，但那时不改就是通不过。后来我找了个折中的办法，把"男朋友"改成了"爱人"。"爱人"表示已婚。作品里不准提男朋友，不准谈恋爱，总不能不准妇女有丈夫吧？于是，果然就通过了。然而，就这么稍稍一改，张爱珍这个人物就成了问题。一个已经结了婚的青年妇女，接到自己丈夫来信，她会出现上面所写的那种神情和语调吗？所以七三年再版书中的张爱珍，就显得不真、不像、不那么活了。①

　　而在塑造反面人物的性爱时，作者的顾忌明显减少。比如对反面女性人物的身体描写，不仅极为详尽，而且很富有挑逗性意味。《战斗的青春》中的小美"尖细嫩白的手指"，小鸾"一团火似的眼睛""血红的嘴唇"，水仙花的"两只白胳膊"等。作者使用"血红""嫩白"这样的词汇，极具有视觉冲击力。更有甚者，诸如"乳房""奶头""乳头"等可以安全地出现在文学作品中而不会引起叙事/意识形态上的严重后果。《创业史》中，姚士杰的三妹子在高增福跟前，"身子贴身子紧挨高增福走着。她的一个有弹性的胖奶头，在黑市布棉袄里头跳动，一步一碰高增福的穿破棉袄的臂膀。"描写最大胆的应属丛维熙的《南河春晓》。小说中

　　①　凤章：《要把人物写活》，《凤章文集》，江苏文艺出版社 2005 年版，第 214 页。

的麻玉珍是地主麻老五的女儿，因为这种政治身份，作者从身体上对其进行丑化的暴露性描写："哥俩进屋的时候，麻玉珍正穿鞋下地，刚才奶过孩子的奶头，颤嗦嗦地露在外边……""麻玉珍抬起头，故意掀起褂子擦着脸上的泪露出白白的胸脯子……"在这篇小说的另外一个女性秋霜的描写中，更有着性动作的刻划："满天星长出着气，尽量压抑着心里的恐慌，忽然，满天星闻到一种香气，一扭头看见秋霜正脱光身子，拧着衣裳，他像饿狼扑食似地一把抱住女人后腰，用手紧抓着女人的奶头"，"他抬起贼溜溜的眼睛，看着躺在他身旁的秋霜，两腿微微叉开，两个高高的乳头，从黑绸布褂子里突起来，打了十几年光棍的满天星，突然像只野兽似的爬上去，他撕开她的褂子，用腿把她的裤子蹬下去，女人反倒吃吃地笑了"。有人在评价到《南河春晓》时说过一句话："在《南河春晓》中，从维熙对乳房的描述就频率而言，则冠绝于'十七年'文学。"①

黄子平指出，"将异常的性行为派给反动阶级以便淋漓尽致地描写"源于茅盾。但在茅盾那里，性行为与人的精神活动、社会思考、时代背景纠葛在一起，"'性'也不再是肉麻浅薄的'风流自赏'，而是交织在一幅有机的广阔社会图景之中，每一个局部和细节都因了置身其中而深蕴'时代性'和'社会性'"②。而在"十七年"长篇小说中，"性"作为一种修辞手段，成为反动阶级道德伦理堕落的标记。作家通过语词配置，将性与爱分割清楚，使其运行在一种有秩序的轨道上。

相比较之下，正面女性形象的身体描写就显得抽象、模糊。《山乡巨变》中的盛淑君"像一匹脱缰的野马，欢蹦乱跳，举止轻捷"。《林海雪原》中的白茹"全副武装，精神是那样的饱满，瞪着美丽的大眼睛"。《创业史》中的秀兰有"农家闺女的青春美"，"额颅像她妈，颧骨、嘴唇和鼻梁，都像梁三老汉。"《青春之歌》中的林道静还是学生时，是"一个颀长、俊美的少女。她的脸庞是椭圆的、白皙的、晶莹得好像透明的玉石。眉毛很长、很黑，浓秀地渗入了鬓角。而最漂亮的还是她那双忧郁的嫣然动人的眼睛"。当她坐火车去北戴河找表哥时，"异常的神态，异常

---

① 程小强：《"十七年"文学的"性叙事"——以〈南河春晓〉为中心》，《中国现代文学研究丛刊》2014 年第 3 期。

② 黄子平：《"灰阑"中的叙述》，上海文艺出版社 2001 年版，第 58、52 页。

的俊美"引起乘客的注意，成为"人们闲谈的资料"。在经过农村锻炼和郑瑾也就是林红的启蒙之后，林道静的思想境界急剧升华，其身体也逐渐虚化，那双"悒悒的愁闷的眼睛"也变成了有着更为积极精神气质的"乌黑的眼睛""善良、热情的眼睛"。革命者将自己改造成了无性的身体，语言的高度净化与思想的高度净化相辅相成。即使是写到正面女性的性别体征，作者也以更为书面化的语词表示。丛维熙《南河春晓》中有对朱兰子的身体描写，"显然是由于她从远处跑来，鬓角的头发有被风吹乱的痕迹，胸脯一起一伏……""她是在给满祥做棉袄。黑布面、白布面铺在她丰满的胸前；银亮的小针和长长的白线在她胸前跳动着。"尽管"胸脯"或是"胸"仍然带有性的意味，但与暴露性的"乳头"等词汇相比，它被严密地"包裹"起来，不存在更大的想象空间，依然处在纯洁化语言的底线之上。

　　语言的纯洁化固然保证了正面女性形象政治上的正确，但其代价是艺术审美的丧失。就像有学者论述的那样，"十七年"文学中的正面女性形象在审美方面过于刻板、类型化和抽象。反之，"秋霜、淑花和'蝴蝶迷'等淫荡女性更具女人味，麻玉珍的瘦瘪和愚笨一转而为秋霜的丰满与精明，她们身上散发着'十七年'文学中女性少有的妖娆和妩媚。秋霜与生俱来的'颓加荡'气质接续着中国文学传统中妩媚女性谱系，并成为这一人物谱系在'十七年'文学中的典型存在。她甚至成为'十七年'文学中对淫荡女性审美形象塑造的典范，即在以人物如此淫荡和妩媚感十足来证明女性堕落反动的同时，客观上恰好强化着她的审美印象，审美性超越了历史和阶级政治"[①]。在这些淫荡的女性身上，性爱脱离了意识形态而成为审美的存在，闪露出阶级语境下人性的影子，同时对于"十七年"文化语境下性爱的匮乏也是一种想象性满足。

　　在正面人物的爱情书写里面，女性和男性的爱情想象又表现出差异。比如春兰和运涛在畅想未来时，春兰想的是个体的、世俗的幸福，运涛思考的却是革命斗争、民族命运。春兰想，"革命成功，乡村里的黑暗势力都打倒。那时，她和运涛成了一家人。哪，他们就可自由自在的，在梨园里说着话儿收拾梨树。黎明的时候，两人早早起来，趁着凉爽，听着树上

---

①　程小强：《"十七年"文学的"性叙事"——以〈南河春晓〉为中心》，《中国现代文学研究丛刊》2014 年第 3 期。

鸟叫，弯下腰割麦子……不，那就得在夜晚，灯亮底下，把镰头磨快。她在一边撩着水儿，运涛噌噌磨着。还想到：像今天一样，在小门前头点上瓜，搭个小窝铺，看瓜园……她也想过，当他们生下第一个娃子的时候，两位老母亲和两位老父亲，一定高兴。不，还有忠大叔，他一定抱起胖娃娃，笑着亲个嘴儿"。运涛对未来也有无限的希望——但却不是和春兰的事，"他觉得春兰应该就是他的人儿，别人一定娶不了她去"。他想的是"革命成功了，一家人……不，还有忠大伯，不再受人欺侮。在他的思想上，认为那些贪官污吏、土豪劣绅们，都该杀头，关监狱。不，在判罪以前，一定要算清村公所的账目，算清千里堤上多少年的老账。也想到，像贾湘农说的，工人、农民掌握了政权。那他，也许在村公所里走来走去，在区里、在县上做起工作来。他想，那时就要出现'一片光明'，农民们就可以光明磊落的打赢了官司……""他想"的反复出现，表明运涛的思考中容纳了更为丰富也更具有男性话语特征的历史内容。而关于爱情的遐想在"别人一定娶不了她去"的自信中轻轻一笔带过。在语词的分量和词义的大小对比中，运涛形象的纯洁就突出出来。

也有一部分作品写到正面人物的情爱时，突破了政治化的禁忌，涉足到人情人性的层面，即使是有着较为暴露的描写，但在"爱情"的名目下，也可以进行安全的叙述。陈大春和盛淑君约会时，盛淑君因踩在青苔上要滑倒被陈大春扶住，顺势倒在大春怀里。身体上的接触使陈大春将"男性的庄严"让位给"一种不由自主的火热的放纵"："同全身的气力紧紧贴近自己的围身。他的宽阔的胸口感到她的柔软的胸脯的里面有一个东西在剧烈地蹦跳。她用手臂缠住他颈根，把自己发烧的脸更加挨近他的脸。……在这样时候，言语成了极无光彩，最少生趣，没有力量的多余的长物。一种销魂夺魄的、浓浓密密的、狂情泛滥的接触开始了，这种人类传统的接触，我们的天才的古典小说家英明地、冷静地、正确地描写成为：'做一个吕字。'"从情境氛围而言，陈大春和盛淑君那种本能性的情欲被强烈地激发出来。尽管作者用了"销魂夺魄、浓浓密密、狂情泛滥"这样的词语形容二人情欲的泛滥，但最后一句话"做一个吕字"又将这种非理性化的叙述做了一个冷静的收束。但无论如何，"做一个吕字"的形象化写法带给人们的联想空间更大。与此相类似的是苏鹰的小说《炼》的结尾："志坚一仰脸，正和玉珍打了个照面，她正红着脸，脉脉含情地对他笑。见志坚对着她笑，便伸出手来，为他把额前的那绺头发掠到头上去。志坚觉得自己心里一动，浑身发起热来，胸头涌上甜蜜的幸福感，仿佛这是新婚似的。……"

相比较之下，反面形象的感情流露无论是发乎情还是止乎礼，他们的行为都体现着色情的意味。蔡翔论述到《战斗的青春》中的一个细节：许凤"突然被胡文玉拥抱起来，她吓得挣扎着，拼命推开他。胡文玉狂热地亲她，她急了，恼怒地叫了一声：'胡文玉同志！'一下把胡文玉推开了"。此时胡文玉尚未叛变，还是共产党的区委书记，而且和许凤早已确立了恋爱关系，这样的叙述就显得牵强。但是，考虑到胡文玉今后的叛变，他的"狂热的亲她"就含有了"色情"的意味，而对"色情"的拒绝，便保证了许凤的"纯洁"和"正经"，即使这一描写极有可能破坏叙述的真实性。相反的是，小说快结尾的时候，李铁向许凤表达了自己对她的爱情，许凤"一下扑在李铁怀里，两人紧紧地拥抱起来"，而且"好一会儿两人才离开"，过了一会儿，"他俩又亲热地搂起来"。我们看到的是，即使在这样一种含蓄的"性的叙述"中，小说仍然遵循着严格的道德资源的分配原则。①

二　人物语言配置与类型化人物性格

"言为心声"，人物性格最多还是体现在人物语言中，包括对话、独白、心理活动等。但恰恰在这个塑造人物最关键的地方，却体现出语言的刻板与僵化。就像黄药眠批评的那样："有时作者甚至粗暴地把自己的话装进作品中人物的口中，硬要六十多岁的老太太说出一些作者希望她说而实际上她是不可能说的话。这样一来，就使作品中的人物成为作者自己的化妆表演。"② 作品中的人物说出的话不是合符人物性格的话，而是作者想要说出的话，人物不过成为某种政治属性的形象代言。"十七年"文学分为正面人物、反面人物和中间人物三种形象系列，与这种话语的配置有莫大关系。换言之，正是作者对话语的有意配置而形成了以上三种人物形象系列。

正面人物说出的话里面充满了大量的政治术语，体现出鲜明的党性、

---

① 蔡翔：《革命/叙述：中国社会主义文学——文化想象（1949—1966）》，北京大学出版社2010年版，第162页。

② 黄药眠：《谈人物描写》，《批判集》，作家出版社1957年版，第128页。

阶级性和人民性。柳青《铜墙铁壁》中从县委书记、县长到一般性干部，一张嘴说话，话语中就透露出极强的政策性、政治性和革命性。如区委书记金树旺："县上指示咱们：'选择可靠人员，配备一个强干部去领导……'，是要咱们组织粮站的时候慎重一点，不要马马虎虎，并不是要咱们集中区干部搞。即便县上指示叫区干部搞，咱们实行起来觉着不对，按党章的规定，咱们还可以提意见，何况县上并没这么指示哩？"金树旺的话连区长曹安本都觉得他"动不动引经据典"。① 冯牧批评艾芜《百炼成钢》中的党委书记梁景春："在不少地方，他都只是作为某种正确思想和工作方法的解释者和体现者而出现。"② 在《创业史》中，"人民""党"这些抽象的概念成为梁生宝话语的支撑点。如他担心郭振山沿着富裕中农路线发展下去，下堡乡的工作会受到严重损失："这首先是党和人民的损失！""办不好事情，会失党的威信哩。"③ 柳青也直言《创业史》这部小说"字里行间徘徊着一个巨大的形象——党"④。恋爱中的人物也以"党"作为爱情的基础，林道静在向江华表述自己的幸福感时，是这样说的："我常常在想，我能够有今天，我能够实现了我的理想——做一个共产主义的光荣战士，这都是谁给我的呢？是你——是党。只要我们的事业有开展，只要对党有好处，咱们个人的一切又算什么呢？"而在评论到《红岩》时，阎纲批评了人物语言的僵化"与政治术语的增加相关，生活化的语言越来越少。语言个性化不够是《红岩》显著的弱点。……主要人物缺乏各自不同的说话方式、不同的词汇、不同的语调；甚至在需要幽默的地方不敢大胆使用幽默的语言"⑤。一些历史人物如季交恕（《六十年的变迁》）、李自成等对现代革命话语也不陌生。季交恕在看到何叔衡递给他的马克思的照片时说道："现在整个世界，像墨一般黑暗，皂白不分，是非混淆，最大多数人，过着牛马一样的生活。但当诞生了这位无产阶级的伟大导师马克思，尤其从十月革命以后，马克思主义，给全世界千百万被压迫被剥削的人民，指出一条自由、解放、幸福的道路，这就是

---

① 何启治：《〈铜墙铁壁〉的再版和柳青的谈话》，《文学编辑四十年》，人民文学出版社2001年版，第7页。

② 冯牧：《艾芜创作路程上的新跃进》，《文艺报》1958年第7期。

③ 旷新年：《社会主义现实主义经典〈创业史〉》，《湖南大学学报》2004年第5期。

④ 柳青：《提出几个问题来讨论》，《延河》1963年第8期。

⑤ 阎纲：《悲壮的〈红岩〉》，作家出版社1964年版，第66页。

社会主义、共产主义的道路。"20 年代的季交恕能说出这番话，有些勉强。

　　这种政治化的术语不仅出现在革命同志之间、工作关系中，而且深入到家庭成员之间和日常生活。秦兆阳曾举例说明这个问题："母亲送儿子参军的时候，只是说：'孩子，你去吧！多杀几个鬼子，保卫咱们翻身的生活！'除此以外，就是母亲如何替儿子收拾行装，如何看见全村的人们替儿子戴花而觉得光荣，她满脸通红，笑得合不拢嘴。作者好像认为：那几句送别的话已经把母亲为什么要送儿子参军的原因说尽了，把母亲对于儿子的爱也完全表露了，她是在代表一般母亲说话，而不必要有自己的骨肉之情和特殊的语言，因为她是有了觉悟的新人物。青年情人碰见的时候，一开口就是：'你的挑战条件（两人挑战）忘了没有？实现得怎么样？'对方就答：'你等着瞧吧！'另一方又说：'你要想快点（结婚之意）……'说到这里，她的脸红了。'就得完成挑战条件是不是？'——男的笑着说。女的噗嗤一笑，扭头就走了。"就此，秦兆阳批评道："除了工作、学习、挑战，他们是不说其他的话的。"① 秦兆阳所举的例子固然有些夸张，但并非无穴来风。《山乡巨变》中，陈大春被调往株洲支援工业建设。当他向盛淑君说明情况时，盛淑君也吵着要去。陈大春说了一番话阻止了盛淑君："是团员，就应该遵守纪律，服从调配，叫你留在哪里工作，死也要留在那里。你还是这个自由主义的派头，当初何必入团呢？"陈大春以"团员""遵守纪律""服从调配""工作""自由主义"等政治色调强烈的词汇代替了恋爱男女的私话语，完全是一副公事公办的意思，人性化的东西荡然无存。

　　政治话语对日常生活语言的殖民更为常见。《艳阳天》中焦振茂纠正老伴错误使用了"八路军"一词："现在叫解放军，别总是八路军、八路军的。不打仗了，国界边子也得有人保护着哇。政策条文上说，要巩固国防，防止美帝国主义侵略。要不是咱毛主席有远见，就说美国在朝鲜给咱们来那一下子，说不定又得跑反了。要不就说，不信服政策条文不行。从打开国，政策条文千万种，没一种没实验，你就回头去想想吧。"尽管这段话比较口语化，也尽量做到了通俗化，但意识形态的味道相当浓厚。

　　政治性的"公共语言"不仅大量出现在人物对话中，即使是人物心

---

① 秦兆阳：《论形象与感受》，《论公式化概念化》，人民文学出版社 1953 年版，第 73 页。

理活动也概莫能免。《创业史》第一部的结尾处，改霞在去和梁生宝表明心迹的路上的一段心理活动："妈，我的事儿不要你管罗。我的身子是你养的，我的心是党的。"而在梁生宝那里，内心世界的活动则成为"思想斗争"的另一个主战场。他和改霞一起走在渠岸，一开始"除了改霞考工厂的事情，脑子里一时想不出其他的意思"。当改霞问起他最关心的互助组时，"崇高的爱情，使生宝的贴心疙瘩开始熔炼了！""被爱情的热火融化成水了。生宝浑身上下热烘烘的，好像改霞身体里有一种什么东西，通过她的热情的言词、聪明的表情和那只秀气的手，传到了生宝身体里来了。他感觉到陶醉、浑身舒坦和有生气。"在情感的驱使下，他有一种抱住改霞，"亲她的嘴"的冲动。但"共产党员的理智"使他"克制了人类每每容易放纵感情的弱点"。在他的内心里面，情感和理智在做着剧烈的斗争：

> 他一想：一搂抱、一亲吻，定使两人的关系急趋直转，搞得火热。今生还没真正过过两性生活的生宝，准定一有空子，就渴望着和改霞在一块。要是在冬闲天，夜又很长，甜蜜的两性生活有什么关系？共产党员也是人嘛！但现在眨眼就是夏收和插秧的忙季。他必须拿崇高的精神来控制人类的初级本能和初级感情。知更鸟在每一家草棚院的庭树上，花言巧语地警告："小伙子小伙子贪睡觉！田禾黄了你不知道！"而生宝呢？又不是一般的小伙子。他领导着一个断不了纠纷的常年互助组，白占魁也入组了。考虑到对事业的责任心和党在群众中的威信，他不能使私人生活影响事业。他没有权利任性！他是一个企图改造蛤蟆滩社会的人！

在梁生宝的世界里，以超我形式出现的"崇高的精神""事业的责任心"和"党在群众中的威信"绝对性压倒了本我状态的"人类的初级本能和初级感情""私人生活"，对人性的语词化阉割造就了梁生宝无性的身体和崇高的精神品格，也使他成为"十七年"长篇小说中"社会主义新人"的代表。但恰恰是这样的新人形象，暴露出的是作者对语言的精心调配。柳青的一段话道出了这种调配的秘方："小说选择的是以毛泽东思想为指导思想的一次成功的革命，而不是以任何错误思想指导的一次失败的革命。这样，我在组织主要矛盾冲突和我对主人公性格特征进行细节描写时，就必须有意地排除某些同志所特别欣赏的农民在革命斗争中的盲目性，而把这些东西放在次要人物身上和次要情节里头。"① 无独有偶，梁斌也说过类似的话："由于掌握材料不足，生活基础和斗争经验不足"，书中的人物都是"经过集中、概括、突出和提高了的"②。"排除"也好，"集中、概括、突出"也罢，都是以语言的方式对人物性格的提纯和净化，从而建构起符合意识形态要求的新人形象。

自《小二黑结婚》以来，无产阶级文学作品中"新人"形象的塑造总是差强人意，这不能说与这些排除掉了的"错误思想"没有关系。人是很复杂的动物，既有形而上的精神追求，也有形而下的物质享受；既有社会性的一面，也有自然性的一面；既有人格的自我完善，也有本能性的自我保护；既有舍生取义，也有死亡面前的恐惧；既乐于帮助别人，但涉及利益时更多的是自私。将二者强制性分割必定造成人物形象塑造的失真。

应该说，无论工作还是恋爱，正面人物说出的话以政治标准来衡量，绝对正确，但艺术感染力因此而大大降低。以 50 年代的说法，这种写法叫"加思想油"。所谓的"加思想油"，霍松林认为，"就是把一个故事架子当做一件家具，为了使它好看好卖，在上面加点油漆，即加点'思想性'，实际上就是加一些谁都知道的政治口号或政策条文，这些政治口号或政策条文——即作者所谓'思想'，常常是机械地放在'人物'（纸人儿）的嘴里，有时甚至由作者亲自出来向读者宣布"③。在谈到杨朔的《三千里江山》时，黄药眠也指出过，"在《三千里江山》的作者看，一接触这一部分，假如不生硬地凑上几句政治术语，它所创造的人物就会全盘被损害似的"④。秦兆阳则称"加思想油"就是尽量让作品中的人物多说"积极话"，多说生硬的大道理。他引用法捷耶夫的文章指出这种写法的弊病："登场人物刚开始谈了几句话，就把全部的主题暴露了，使作者无法把主题深化下去。"⑤ 在另一篇文章中，秦兆阳继续对这种以语词的力量拔高人物形象的做法提出批评：

① 柳青：《提出几个问题来讨论》，《延河》1963 年第 8 期。
② 梁斌：《漫谈〈红旗谱〉的创作》，《人民文学》1959 年第 6 期。
③ 霍松林：《文艺学概论》，陕西人民出版社 1957 年版，第 14 页。
④ 黄药眠：《我也来谈谈〈三千里江山〉》，《新建设》1954 年第 2 期。
⑤ 秦兆阳：《再谈概念化公式化》，《文学探路集》，人民文学出版社 1984 年版，第 35 页。

一个受过革命锻炼和有一定觉悟程度的人，先进的思想意识已经是他的生命的一部分（成为第二天性）；既是生命的一部分，那就不是外加的，不是生硬地贴上去的，而是自然的有机的，是既渗透在理智中，又渗透在感情中。这种人碰到某样事情一定会这样那样行动，完全是自然的事；反之，如果他不按照应该做的去做，倒是不自然的，对于他自己是痛苦的事情，因为他违背了革命的良心；但他却不一定经常用庄严的词句对自己进行鼓励或对党和祖国举行宣誓。打一个不很恰当的比方：人们吃饭是为了增进健康和延长生命，但不一定每次吃饭都念念不忘于增进健康和延长生命。总之，滥用庄严的、概念化的词句，是绝对不能写好新英雄人物，它只能算是在一个骨头架子上贴上了一些幌子，这些幌子上写着：他思想进步，他是新人物……①

正如前文所说，"人民性"是语言纯洁、健康与否的根本。在"十七年"的阶级语义中，"人民性"也即工农兵的主体性，语言的"人民性"也就意味着是否站在工农兵的基础上为工农兵写作。用张光年评论曹禺的剧作《明朗的天》中的话来说，就是是否"写出了作者对工人阶级的热爱，对共产党的高度敬爱和信任；满怀热情地歌颂了具有高尚品质的新英雄人物"②。因此，作家提笔创作，首先考虑的是作品的政治效果、教育效果、道德效果，而语言本身的审美效果几乎是忽略不计。

与正面人物语言的"千人一腔"不同，反面人物的语言可辨识性较高一些，或者说，反面人物的语言较具有特色。也因此，与正面人物比起来，反面人物塑造得更为成功一些。早在第一次文代会，周扬在对解放区文学作总结时就指出过："写积极人物（或称正面人物）总不如写消极人物（或称反面人物）写得好。"③ 经过几年的纠偏，这一"缺点"并未克服，正反两极倾向越来越鲜明。周勃在评论秦兆阳的《在田野上，前进》中的人物时认为："作者所描写的正面人物（如张俊）等比起所描写的反面人物（如郑老幌）来，是要逊色的。"④ 正面人物在语言方面只有观点、

① 秦兆阳：《形象与感受》，《文学探路集》，人民文学出版社 1984 年版，第 42 页。
② 光年：《曹禺的创作生活的新进展——评话剧〈明朗的天〉》，《剧本》1955 年第 3 期。
③ 周扬：《新的人民的文艺》，《人民文学》1949 年第 1 期。
④ 周勃：《论现实主义及其在社会主义时代的发展》，《新华半月刊》1957 年第 12 期。

方法、途径的差异，但发出的声音只有一个，那就是集体的声音、党的声音、阶级的声音、国家的声音。而反面人物的语言大体上能反映出身份、地位、修养等方面的不同，在和自己的家人或者是亲近的人这种非公众场合的对话中尤其如此。冯兰池也许具有坏人的共同品性：贪婪、好色，但除此之外，他似乎还有农民的勤俭、自私以及乡绅阶层的保守和固执。小说中有一段他开导儿子冯贵堂的话：

你老辈爷爷都是勤俭治家，向来人能吃的东西不能给牲口，直到如今，我记得结结实实。看，天冷时候，我穿的那件破棉袍子，穿了有十五年，补丁摞补丁，我还穿在身上。人们都说白面肉好吃，我光是爱吃糠糠菜菜。我年幼的时候，也讲究过吃穿，可是人越上了年纪，越觉银钱值重了。你不想，粮食在囤里囤着是粮食，你把他糟蹋了，就不是粮食了。古语说，"一粥一饭，当思来处不易，半丝半缕，恒念物力维艰"哪！过个财主不是容易！

冯兰池说这番话是想告诉冯贵堂，冯家能有今天实属来之不易，全靠"勤俭节约"而来。冯贵堂已经成人，毕竟见识过冯兰池的平时生活。因此，冯兰池所说的这段话真实性比较可靠，是其日常生活的常态。从这段话中反映出的不是一个贪婪狡诈的财主，更多的是作为父亲形象的冯兰池。宋剑华就此论道："如果我们排除冯兰池的地主身份去孤立地看待这段话，其实就是位老农民与年轻后生大谈创业艰难的人生感慨，字里行间都充溢着农民对于土地田产的渴望情绪。"①

冯兰池读过书，言谈相对来说较为书卷气，如"天无宁日""家不富，而国安在哉"等；同时受儿子冯贵堂影响，拆庙盖学堂，所以嘴里时不时会有"男女平等，婚姻自由""鼓吹'民主'""人道主义"等等新词；最主要的是，作为一个乡村读过书的地主，冯兰池对农村生活不仅熟悉，与一般性农民比较起来，更富有知识性。冯贵堂要引进新式水车浇地，他坚决反对："……土地使水一浇，就漏了风，要施很多的粪才行。光使水浇，不施粪，就把庄稼浇成黄蜡皮涨，能长出什么好庄稼？要施粪哪有那么多粪施？"当然，冯兰池的语言还有蛮横与粗俗的一面。小说中

① 宋剑华：《〈红旗谱〉：非农民本色的革命传奇》，《福建论坛》2009 年第 7 期。

冯兰池出场的第一句话就是冲着朱老巩大喝:"谁敢阻拦卖钟,要他把全村的赋税银子都拿出来!"第二句话是"谁他娘裤裆破了,露出你来?"尽管作者这样写是有意识地突出冯兰池的阶级本性,但考虑到此时的冯兰池才三十多岁,说出这样的话也比较符合其气盛的年纪,这就无意中表现了人物的性格特征。而30年后的冯兰池说话就不再是这种语气了。当冯兰池遇到运涛他们带着蒲红鸟笼子路过时,就上前询问:

"嘿!这是什么?"伸手接过笼子。

运涛站住脚说:"这是一只靛颏。"

冯老兰长成了个大高老头子,瘦瘦的坛子脑袋,两绺长胡子。薄嘴唇,说起话来,尖声辣气。穿着黑布大褂,蓝布坎肩。戴着大缎子帽盔,红疙瘩。他问:"去干什么?"

运涛说:"到城里集上去溜溜鸟儿。"

冯老兰问:"什么好鸟,也值得到城里集上去溜溜?"

运涛说:"谁知道,我也没见过这样的鸟儿。"

冯老兰拽过笼子,掀开布罩儿一看,大吃一惊。他把脖子往后一缩,睖睁着黄眼珠子说:"笼子不强,鸟儿不错。这么着吧,甭上集啦,闹半斗小米子吃吃。"当他看到布罩上绣的这只鸟儿,又问:"谁绣的,这么手巧?"

去除掉叙述语言中的"薄嘴唇""尖声辣气""黄眼珠子"等对身体进行丑化描写的词语,冯兰池和运涛的对话很家常。冯兰池主要以问话为主,运涛也是有问必答,两个人的对话在一种自然的氛围中展开,看不出阶级对立情绪的存在。从30年前冯兰池话语的蛮横到30年后冯兰池话语的家常,随着年龄的增长,冯兰池的语气也缓和许多——当然,也可以说冯兰池更为奸诈。但无论如何,反映了冯兰池的话语方式在纵向的时间轴上的变化。总之,错综杂陈的语言使冯兰池成为一个相对立体的人物。

秦兆阳小说《在田野上,前进》中的富农郑老幌也是一个塑造得比较成功的反面人物,很大程度上也来自于其本人语言的生动和丰富。通过作者的叙述我们得知,郑老幌"这一辈子是真不容易":"从年轻的时候他就死了爹娘,就靠着十几亩地的一个小家当,单人匹马地干起来,发誓

要挣起一份大家业来。"为了挣起这份大家业,郑老幌"起早睡晚,象疯了一样干活"。土改时,郑老幌被划为富农,但他也很委屈:

> 富农,富农是我的错处吗?我一辈子是吃过多少苦,花过多少心力!还不是为了把日子过好吗?要是想过好日子也有罪,要是会想进钱的道儿也有罪,天底下那些懒货,那些没用的人,倒是有了功了。

郑老幌的这番话不能说没有道理。新中国成立之后,随着土改运动的完成,"发家致富"很快成为席卷农村的社会经济思潮,农村群众自发地将"发家致富"作为经济目标。"发家致富"既契合了传统小农经济自耕自足的心理情绪,也蕴含了建设社会主义的时代精神,极大地调动了群众自发生产的积极性。群众中既有一般刚获得土地的贫农,也包括一批土改积极分子和农民干部,对"发家致富",他们也是积极响应。1951年《新湖南报》展开了关于"李四喜思想"的讨论,从中也许可以窥见土改积极分子和农民干部以及一般群众发家致富的真实心理。李四喜是一个贫雇农,做了十多年长工,解放后娶妻生子。在土地改革中,李四喜成为积极分子,并被选为青年团支部书记。但在土改完成后,李四喜不愿再工作,只想回家专门搞生产。当干部前去劝说时,李四喜急得哭起来:"我一生受苦没得田,现在分了田,我已经心满意足了,还要干革命干什么?"① 像李四喜这样的农民干部在当时应不在少数。柳青也记载过一个互助组长的思想状况:"镐河南岸四村的中农董廷义原来是受过丰产奖励的互助组长,他从县上回来把奖状压在箱底,不给任何人知道。土地复查后觉得又敢买地了,他就宣布不当组长了,而且说他的马有驹,不能给别人下水耕稻地;他地多,现在又只能开工资,没空给别人做活了。"② 像李四喜、董廷义这样的农民干部、积极分子尚且热衷于个人的发家致富,郑老幌又为何不可呢?无论积极也好、消极也罢,这种做法既在国家政策的许可范围之内,也是对国家政策的积极响应。如此来看,郑老幌的言语就不能仅仅理解为是阶级仇恨的发泄,还带有更多的抱怨和不满。而这一点,在下

---

① 章正发:《批判李四喜思想,加强干部思想教育》,《新湖南报》1951年8月25日。
② 柳青:《灯塔,照耀着我们吧!》,《柳青文集》(第4卷),人民文学出版社2005年版,第115页。

面这段话中表现得更为明显：

> "是我破坏你们，还是你们破坏我？"他对着黑暗的旷野恨恨地问。"是你们不让我伸胳膊伸腿！是你们不让我走道儿！是好汉就凭本事比个高低吧，干吗要拿富农的大帽子压人？……你们手段好毒啊！"

如果说一般群众走"发家致富"的道路情有可原，但土改积极分子和农民干部也热衷于发家致富就不能不令领导者担忧："埋头生产，不问政治，只顾自己的局部利益，不顾国家的整体利益，'对阶级敌人丧失了警惕性，对革命的远大前途迷失了方向'，总之，是一种松懈麻痹思想，是一种个人主义思想，是一种只看到眼前利益看不到长远利益的思想。"①但这种从国家利益出发的批评并不一定能把握住土改积极分子和农民干部的心理，更不可能给予郑老幌们以较为公正的理解和同情。当郑老幌在"黑暗的狂野恨恨地问"的时候，那种被集体话语压抑的个人的声音传达出的也许是一种人性的真实与现实的复杂。

在正面人物的对话和独白中，语言的高度纯洁使人物性格一目了然，很少有人性的复杂和犹豫之处。但反面人物因为政治的落后和道德的堕落却获得了规范化语言的豁免。梁斌在谈到《红旗谱》中反面形象的形象塑造时认为："旧的人物好写，新的人物不好写；反面人物好写，正面人物不好写。旧的人物好写，因为他毕竟经历了一段旧的社会生活，在性格上比较定型。而新的人物还在发展着，有待于你去创造和肯定，写起来就比较困难了。写反面人物容易落笔生花，作者爱给他打什么花脸就给他打什么花脸。"②赵树理也有类似的感慨："对旧人旧事了解得深，对新人新事了解得浅，所以写旧人旧事容易生活化，而写新人新事有些免不了概念化。"③创作《平原枪声》的李晓明也认为写反面人物比正面人物容易些。④从文学史来看，反面人物比正面人物好写是文学的惯例。聂绀弩就

---

① 《长江日报》社论：《〈新湖南报〉关于李四喜思想的讨论说明了什么》，《长江日报》1951年10月11日。

② 梁斌：《漫谈〈红旗谱〉的创作》，《人民文学》1959年第6期。

③ 赵树理：《〈三里湾〉写作前后》，《文艺报》1955年第19期。

④ 李晓明：《写〈平原枪声〉的经过与体会》，《长江文艺》1959年第10期。

曾认为，刘备、关羽、宋江写得很失败，而曹操写得就非常生动，"比起刘、关、宋江这些人物不知高出多少倍。读《三国》会觉得作者把曹操写成了一个真英雄，而刘备却是个土偶人，老拖着眼泪鼻涕的可怜虫，'天下英雄唯使君与操耳'这句话简直与刘备毫不相称"①。这也许意味着在塑造反面人物时，作者有了更为自由阔大的语言空间，从而能表现出性格的丰富和复杂。

但并非所有的作者都能有意识地利用好这个空间。事实上，除了个别作家作品——比如以"三红一创、青山保林"为代表的"红色经典"之外，"十七年"大部分长篇小说在塑造反面人物形象时，同样摆脱不开类型化、脸谱化的弊端。比如小说中的土匪形象，一般都是脏话、大话、狠话连篇。不仅仅同一文本中土匪的言语大同小异，即使不同文本中的土匪说出来的话相似度也非常高。尤其是随着语言规范化的展开，这种类型化、脸谱化的倾向有逐渐强化的趋势。

当然，反面人物语言缺乏个性与文本空间比重的配置也相关。即是说，在文学作品中，正面人物的话语所占的比重大，而反面人物的话语所占的比重小。据有人统计，"在《保卫延安》中，小说直接引用的人物对话达二千四百多处，其中正面英雄人物的对话达两千多处，反面人物只有一百多处，而且像英雄人物那样动辄五十字以上的大段说话是不存在的。《红岩》中敌人的对话已算较多，与正面人物的对话比例近半，但他们能说的大都简短而单一，而主流人物一次性超过五十字以上的说话多达一百多处"。这种比例也从一定程度上限制了反面人物更好地表达自己的观点："反面人物除了审问被逮捕的革命英雄人物是否是共产党，是否知道党的秘密时那几声概念化的呵斥，他们几乎从来没有机会说出带有政治意味的，表明自己政治立场或者选择政治道路的理性的言语。"②

反面人物的文本空间是意识形态有意配置的结果。毛泽东《在延安文艺座谈会上的讲话》已经为反面人物预设了文本空间："苏联在社会主义建设时期的文学就是以写光明为主。他们也写工作中的缺点，也写反面

---

① 寓真：《被举报的材料：聂绀弩关于"写中间人物"的一些言论》，《新文学史料》2007年第3期。

② 李永春：《论"十七年"小说脸谱化叙事中的反面人物形象》，《文学教育》（下），2014年第5期

人物,但是这种描写只能成为整个光明的陪衬;并不是所谓'一半对一半'。"① 1953 年,周扬在第二次文代会上做了《为创造更多的优秀的文学艺术作品而奋斗》的主题报告,再次强调了正反人物占据文本空间的比重:"决不可以把在作品中表现反面人物和表现正面人物两者放在同等的地位。"② 意识形态的询唤很快在作家那里得到自觉的回应。梁斌在写作《红旗谱》第三部时,方明提意见说:"你要注意反面人物,要是从头至尾压倒正面人物的话,就要成问题了。"梁斌也意识到这个问题的严重性,于是进行了修改,将正面人物和反面人物的空间比重作了调整:"第一是让他篇幅占得少,第二是尽可能写得集中。"梁斌认为,压缩了反面人物的阵地,正面人物的阵地就越多,那么正面人物的性格形象就越容易展开。如果反面人物的篇幅占得多,正面人物必然写得少,甚至有被反面人物压倒的危险。③ 人物语言表现空间的逼仄,自然也就限制了人物性格的展开。

作为小说中人物的一种,反面人物同样承担着叙事任务,成功的反面人物形象也是文学审美的有机成分。《平原枪声》的作者李晓明认为,写好反面人物很有必要——只有成功的表现出反面人物的"丑恶",才可以"告诫反面人物及早悔悟"。尽管李晓明将反面人物定性为警戒意义,但他还是认识到反面人物在其个体性方面的复杂之处:"敌人虽然有共同性,但又有不同的性格","敌人不是一个模子里铸出来的,而各有自己的特性,……掌握各个反面人物的个性,才能把他们的丑恶活现出来"。他还指出了作家在塑造反面人物时容易犯两个毛病:"一是把敌人写得太愚蠢,好象是很容易被打倒的,这就会给英雄人物的形象无形中给减了成色,不能衬托出英雄人物的英勇机智;第二个犯过的毛病是千篇一律的性格。"④

但无论如何,反面人物是政治上的失败者,但因为语言上容易溢出规范化的框架,却取得了美学的胜利。从人物塑造的角度来说,较之正面人物,反面人物刻画得更为生动逼真。

---

① 毛泽东:《在延安文艺座谈会上的讲话》,《毛泽东选集》第 3 卷,人民出版社 1962 年版,第 873 页。

② 周扬:《为创造更多的优秀的文学艺术作品而奋斗》,《文艺报》1953 年第 19 号。

③ 梁斌:《漫谈〈红旗谱〉的创作》,《人民文学》1959 年第 6 期。

④ 李晓明:《写〈平原枪声〉的经过与体会》,《长江文艺》1959 年第 10 期。

"十七年"长篇小说中的人物大致可分为正面人物、反面人物和中间人物。就艺术审美而言，给人留下印象深刻的是中间人物。处于正反两极脸谱化人物的中间地带，中间人物具有不可复制性，表现出独特的"这一个"的审美特性。60 年代，严家炎就认为梁三老汉比梁生宝形象塑造成功。新时期以来，评论家认为中间人物的艺术概括是对新中国成立以来文学创作以及人物塑造"公式化""概念化""脸谱化"写作时弊的反拨，而中间人物形象塑造的真实性问题、蕴含的人性因素及其对文本叙事的参与和控制也越来越引起评论者更大的兴趣。

中间人物形象塑造的成功，与他们丰富的生活经验、多重矛盾的思想、人性因素的复杂等多种因素相关，而这些因素最主要地体现于他们的日常语言和心理活动之中。

中间人物的"中间"可以有多重理解：从数量上看，占社会人群的大多数；从年龄上看，处于中年以上；从身份上看，以农民——大部分是贫农，也有部分是中农——为多。因此，中间人物代表着一种常态化、稳定化的生活状态，他们的语言带有更多的日常性和生活色彩。《山乡巨变》中的盛佑亭之所以外号叫"亭面糊"，就是因为说话啰嗦、态度不明。小说开始，有一段他对邓秀梅讲的话：

> 记得头一回，刚交红运，我的脚烂了，大崽又得个伤寒，一病不起。两场病，一场空，收的谷子用的精打光，人丢了，钱橱也罄空，家里又回复到老样子了，衣无领，裤无裆，三餐光只喝米汤。二回，搭帮一位本家借了我一笔本钱，叫我挑点零米卖，一日三，三日九，总多多少少，赚得一点。婆婆一年喂起两栏猪，也落得几个。几年过去，聚少成多，滴水成河，手里又有几块花边了，不料我婆婆一连病了三个月，花边都长了翅膀，栏里的猪也走人家了……

盛佑亭的这段话无关革命、生产、阶级、斗争等宏大话语，只是他个人生活的缩影，啰里啰嗦，很好地表现了人物"面糊"的性格。章学诚说过："文人固能文矣，文人所书之人，不必尽能文也。叙事之文，作者之言也，为文为质，惟其所欲，期如其事而已矣，记言之文，则非作者之言也，为文为质，期于适如其人之言，则非作者所能自主也。"① 章学诚所指出的实质上是人物语言的个性化问题，或者说是人物语言的真实性问题。人的身份、职业、性情、气质乃至说话时的心情不同，说出来的话自然也就不同，作者最大的本事就是"期于适如其人之言"，让人物说出他所能够说出的话，而不能越俎代庖，让人物成为自己思想的代言者。就此而言，盛佑亭形象的成功，与他个性化、本色化的语言密不可分。其他如梁三老汉的自私、落后、固执、胆小同时又善良、纯朴、勤劳、节俭的矛盾性格，李月辉（《山乡巨变》）既婆婆妈妈又有些倔强的性格除了叙述语言的介绍，大部分是通过人物语言表现出来。再有像一些无伤大雅骂人的话以及大量俗语、谚语、歇后语的使用也都是生活语言的本色体现，为中间人物形象的生动性增辉甚多。

中间人物的话语里——尤其是心理活动描写，还体现出"十七年"文学作品中在正面人物和反面人物那里所没有的人情味和人性因素。童养媳妇死后，梁三老汉代表梁生宝去上坟。在坟前他"想起过去的凄惶日子"留下了泪水，最后竟哭出声音："我那可怜娃呀！唉嘿嘿嘿……"童养媳妇在《创业史》中属于"在场的缺席"状态。在宏大的创业叙事中，她仅仅是作为一个符号而存在，但在梁三老汉的生命中，却有着不同寻常的意义。童养媳妇是梁三老汉拿小闺女定亲的彩礼买下来的，尽管瘦小、多病，但梁三老汉却把她当作闺女对待："在梁生宝钻终南山的那几年，在严寒的冬天，在汤河边上的烂浆稻地结冰的那些日子里，梁三老汉和老婆、闺女、童养媳妇，四个人盖一块破被儿。是他衰老的身上的体温，暖和着那个孱弱的小女孩的。她不把他当阿公，而当做亲爹。"童养媳妇死的时候，梁三老汉"趴在炕边号啕大哭，哭得连旁人都伤了心，背过脸用指头抹眼泪。"梁生宝也流过泪，是在入党仪式上念过宣誓词后说了"几句很动感情的话"："毛主席！我是讨吃娃出身！十冬腊月，我跟俺妈到这蛤蟆滩落脚。我是光着屁股来的。我长大了，为私有财产拼过命，也没算啥！我这时要加入你这光荣的党了，我啥也不谋。穷庄稼人都有办法，我就有办法！我决不辱没党的名誉……"梁生宝在"庄严"地说着的时候，"落了泪"。同样是落泪，梁生宝说的这段话显然不能与梁三老

---

① 章学诚：《古文十弊》，叶瑛校注《文史通义校注》卷5，中华书局1985年版，第508页。

汉说的"我那可怜娃呀"相比。梁生宝的哭是激动情绪下的"喜极而泣",而梁三老汉的哭包含了同情和伤心,虽然哭出来的仅仅六个字,却包含了复杂的人生况味——梁三老汉既是哭童养媳妇,更是在哭自己一辈子创业的艰难,"言外之意"要丰富得多。小说里面,梁三老汉为童养媳妇的这次流泪,不仅赋予童养媳妇以生命的意义,更揭开了紧张的阶级斗争语境中人性温情的一角。

《山乡巨变》中,李月辉的一段心理活动也体现了这个人物身上蕴含的浓郁的人情味儿。菊咬金的堂客因为担塘泥累得晕倒,消息传到李月辉这里,"使他做了种种的考虑":

> 和谢庆元一样,他也很看重堂客,但他是把堂客当做平等的至亲的人,当作自己的帮手看待的,体贴中间包含了尊重。当时他想,如果晕倒的是自己的爱人,他会作何感想呢? 推己及人,将心比心,由于想着自己堂客的事,他念及了所有的妇女:"她们是有特殊情况的,要生儿育女,每个月还有几天照例的阻碍,叫她们和男子一样地霸蛮是不行的。"

在农业合作化这样的大场面中,李月辉的这"种种考虑"溢出了既定的叙事框架,也难怪当他向中心乡党委书记朱明汇报时,朱明批评他婆婆妈妈:"这样的小事也值得操心?"但就是这样的"小事"却弥足珍贵地闪现了"十七年"文学作品中少有的女性关怀和人性关怀的光辉。就像李月辉所辩解的那样:"这事不小啊,这是关系妇女健康的大事。"李月辉不仅体贴、尊重自己的堂客,而且能够考虑到女性生理的特殊情况,这既是日常生活中自发性的夫妻之间的相处之道,也是传统人伦主义的再现。但"中间人物"人性、人情的一面在 60 年代没有被肯定,反而被认为是资产阶级文艺理论的体现。[①]

在中间人物的语言里,也经常出现一些政治术语。但这些政治术语不像在正面人物、英雄人物那里一样,成为他们思想意识的反映,而是以"异己"的状态存在。《创业史》中,在梁三老汉的话语里,也出现过

---

① 张羽、李辉凡:《"写中间人物"的资产阶级文学主张必须批判》,《文学评论》1964 年第 5 期。

"党"这个词。但梁三老汉将其当作一个自己生活中出现的新生事物对待，并不像梁生宝一样去理解这个词汇所蕴含的光辉与圣洁。换句话说，在梁三老汉这里，"党"的形象在不断发生变化。当"党"能给梁三老汉带来生活的好处时，梁三老汉对"党"是敬佩、认同的。当梁生宝告诉梁三老汉，下堡村杨大剥皮和吕二细鬼的土地要被分掉时，梁三老汉感慨万分："呵！共产党这么厉害？还敢惹他两个……"而当梁生宝淡漠了发家、对公家的号召着了迷时，梁三老汉劝说梁生宝退党："哎，宝娃，咱入它那个做啥？咱种庄稼的人，入它那个做啥嘛？咱又不谋着吃官饭！拿开会当营生哩？有空儿把自家的牲口饲弄肥壮，把农具拾掇齐备，才是正事啊。"因为"党"拉走了梁生宝，妨碍了自己的创业梦想，梁三老汉对"党"有抵触情绪，以至于在语言上有意屏蔽"党"这个词，而以"它"来代之。梁三老汉对"党"的多样化理解解构了规范语言的稳定框架，在一定程度上弱化了"党"的意识形态内涵。

弯弯绕（《艳阳天》）是富裕中农，自私自利，贪占便宜。脑袋里只想着个人的"发家致富"，明里暗里抵触合作化，不时发泄对党和社会主义的不满情绪。但他又有拥护党和社会主义的一面——马小辫、马斋在党的面前一败涂地，这就使他在发家致富的路途上再无竞争对手，从而对党有了信服的成分。他的这种复杂的心理表现在他和妹夫的一段对话中：

> 弯弯绕继续说："要我说，这天下，还是由共产党来掌管才好……"
>
> 妹夫奇怪地叫一声："哟嗬，看样子，你对共产党还有点情份啊？"
>
> 弯弯绕像自言自语地说："你说情份吗？唉，这真难说。想想打鬼子，打顽军，保护老百姓的事儿；想想不用怕挨坏人打，挨坏人骂，挨土匪'绑票儿'、强盗杀脑袋；想想修汽车路，盖医院，发放救济粮……这个那个的，唉，怎么说呢？只要共产党不搞合作化，不搞统购统销，我还是拥护共产党，不拥护别的什么党……"

弯弯绕既不像梁三老汉那样以"它"来代替"党"，也不像梁生宝那样以"党"这样一个字来表示亲切和投入，而是以"共产党"这个较为全面的称呼，这就与党保持了一种距离，也表现出一种阶级上的生分。

中间人物还可以因其身份上的中立而对意识形态提出质疑,而这种质疑在某种程度上与文本的政治主题形成了一种潜在的对话关系。如陈先晋与老伴的谈话:

> "事到如今,我只得由得他们了。不过,说来说去,我还是舍不得那块土。你不晓得,开荒斩草,挖树蔸,掘竹根,好费力啊,我跟老驾,把手磨得起血泡!"
>
> "不要光念这些了,要想开一些。靠这几块土,我们也没发个财,做的田,都是人家的。倒是共产党一来,我们就分了田了。"
>
> "分了,又有什么用?还没做得熟,又要交了。"

对于刚刚分到田地的农民来说,再把田收上去成立农业社确实是他们不能理解的事情。无论政策上宣传的农业社有多好,总没有眼前实实在在的田地的吸引力大,所以才会有陈先晋"还没做得熟,又要交了"的抱怨。如果说接下来陈先晋勉强听从了老伴的安慰后不再作声,那么梁三老汉对合作道路则就"无论如何想不通"了:"你们把种地的机器拿来,再闹腾嘛!离社会主义还有几十年,空吹做啥?"正面人物如卢明昌、梁生宝等不会对合作化产生丝毫的怀疑,反面人物如姚士杰对合作化的反对是暗地里的消极抵制,只有像梁三老汉这样处于新旧之间"有待改造"的人才可以合法地对合作化提出质疑和批评并且不会触及阶级叙事的政治底线。与此相类似,梁三老汉还从民间伦理的角度对阶级伦理发出挑战。在童养媳妇的坟前,梁三老汉"鄙弃"梁生宝:"不管怎么,总算夫妻了一回嘛!一日夫妻,百日恩情嘛!给死人烧纸插香,固然是感情上需要;有时候,为了给世人看得过去,也得做做样子吧!你共产党员不迷信,汤河两岸的庄稼人迷信嘛!哼!"相对于梁生宝对童养媳妇的不关注和冷漠,梁三老汉的指责包含着强大的民间道德感和伦理关怀,同时也暴露了阶级伦理对血缘和人性排斥的缺陷。

人物语言的成功与否在某种程度上与作家对这类人物的熟悉程度密不可分。在日常生活中,作家接触最多的还是这些"中间人物",也就是黄秋耘所说的"不好不坏,亦好亦坏,中不溜儿的芸芸众生"①。对人物熟

悉也就自然能以最恰当的语言对其进行形象塑造，这种从生活中得来的语言感觉有着后天有意的学习所不能比拟的优势，在语言表达上也就能游刃有余。就像浩然所说："《艳阳天》写了那么多中农，只是想把农村各阶层解剖一下，生活面宽一些，我自己也熟悉他们，写得很细。"① 从语言"规范化"的角度来看，中间人物的语言最符合要求：真实、本色、简洁、形象，做到了口语化、群众化、日常化，是"从群众中来"的语言。但悖论的是，中间人物的语言又对语言"纯洁化"构成冒犯——反反复复地、小心翼翼地试探着意识形态精心构建的话语禁忌。一方面是作者掌握中间人物语言的得心应手，另一方面是对中间人物语言使用的顾忌，这种语言上的两难也许是中间人物复杂多样的原因之一。

在一定程度上，作者面对中间人物时弱化了在文本中至高无上的任意言说的权力，而是遵循中间人物的语言逻辑表现人物性格。中间人物形象美学上的成功是生活逻辑和语言逻辑相统一的结果，语言的丰富使中间人物成为一个像唐弢所说的"社会人""一个凫泳于生活大海里的活生生的人。"唐弢曾经认为，"十七年"文学作品中人物形象塑造不成功与作者词汇贫乏所致："艺术的中心是人，作家需要通过环境和关系来描写人，因而对环境和关系就得有渊博的知识，有准确地表达这种知识的词汇，否则的话，由于作家知识贫乏所引起的词汇上的限制，势必缩小人物的活动范围，减少人物的社会接触，使一切足以刻划精神面貌的物质条件一般化，简单化，这样，艺术形象又怎么能够凭空丰满起来呢？客观现实又怎么能够得到深刻反映呢？"② 作家词汇上的限制就在于他对人物及人物生活环境的不熟悉。比如说对正面人物和反面人物的塑造，作者大多从观念出发，在词汇的推演中勾勒出人物的精神轮廓。语言成为人物思想的外衣，在语言下面，人物性格模糊不清。当时有一位批评者指出："把生活简单化、抽象化的作品，多是由于作家自己不踏实地深入生活，或者尽是坐在书斋看看报纸，用填框子似的构思方式进行写作的结果。"③ 而中间人物依据自身坚实的生活基础避免了依据概念和法则演绎人物的公式化、概念化的弊端，使自己成为独特的"这一个"，这不能不说是现实主义美

---

①　浩然：《要勇敢地前进》，《人民日报》1974 年 8 月 9 日。

②　唐弢：《杂谈词汇》，《新港》1959 年第 9 期。

③　陶然、庐湘：《谈公式化概念化的根源》，《长春文学月刊》1957 年第 12 期。

学的胜利。

第三节　汉语规范化与"十七年"长篇小说的修改

修改是新中国成立后长篇小说创作比较常见的现象。就修改主体来看，既有年轻作家不断修改自己的作品，也有像叶圣陶、老舍、巴金等对解放前的作品修改后再版，还有编辑参与到文本生成过程中的修改；就修改内容来看，有对语句、语法错误的修改，有语言的纯净化修改，也有称谓、地名、标点符号的修改；就修改效果而言，在思想主题上趋向于意识形态，而在艺术方面则是毁誉参半。无论何种层面的修改，最终要落实到语言的物质基础上来。在这一过程中，可以更明显看出汉语规范化对文学语言的有力影响及语言和思想变迁的痕迹。

一　新中国成立前的长篇小说语言规范化修改

据金宏宇的考察，中国现代长篇小说的修改，1950 年是个分界线。1950 年之后，20—40 年代的长篇小说名作几乎都进行了跨历史语境的修改，出现了众多的修改本。修改密集出现在三个时段：50 年代初期、50年代后期至 60 年代初期和 70 年代末 80 年代初。其中有两个时段是在"十七年"期间，涉及解放前国统区作品《倪焕之》《家》《春》《秋》《蚀》《子夜》《山雨》《骆驼祥子》《离婚》《八月的乡村》《死水微澜》《暴风雨前》《山野》《虾球传》等，解放区作品《太阳照在桑干河上》《暴风骤雨》《吕梁英雄传》等。作品修改不仅涉及数量多，而且修改频率也非常高。《骆驼祥子》修改三次（三个修改本），《家》修改两次（两个修改本）。如此高密度、大面积的修改大多直接或间接与汉语规范化相关，而作品本身也在这种语言规范化的修改中在思想和艺术方面发生或多或少的变化。

叶圣陶、巴金、老舍、李劼人等二三十年代就从事创作的作家修改自己的旧作大多是直接出于汉语规范化的考虑（为行文方便，将新中国成立前从事长篇小说创作且写出成名作的称为新中国成立前作家，而从 40年代开始从事创作但代表作发表于新中国成立后的称为新中国成立后作家）。《倪焕之》《家》《骆驼祥子》等在"十七年"大多经过两次以上的修改，修改行为也大多在 1955 年汉语规范化之前和之后。如下表所示：

作者	作品	第一次修改出版时间	第二次修改出版时间
叶圣陶	《倪焕之》	1953 年 9 月人文删节本	1958 年 10 月人文文集本
巴金	《家》	1953 年 6 月人文初印本	1958 年 5 月人文文集本
茅盾	《子夜》	1954 年 4 月人文修订本	1958 年 5 月人文文集本
老舍	《骆驼祥子》	1952 年 1 月晨光改订本	1955 年 1 月人文修订本

这里更值得注意的是第一次的作品修改中，有些作家已经多多少少考虑到语言规范化问题。茅盾 1954 年修订《子夜》时，改换了一些不规范的词汇，如将"气分"改为"气氛""刮刮而谈"改为"夸夸而谈""气壮"改为"气派"等；以 50 年代的词汇代替 30 年代的惯用语，如以"麻将"代"马将""女护士"代"看护妇""司机"代"开车人"和"汽车夫"等。金宏宇等在论述到 1954 年萧军修订《八月的乡村》的情况时指出，《八月的乡村》的语言修改就是为了更为规范化。1955 年之前作家对语言的自觉规范化一方面是因为有的作家一直重视语言规范，另一方面这些作家本身就是新中国成立初期就开始酝酿的语言规范化的推动者。老舍 50 年代发表过多篇文章宣传介绍汉语规范化，无论是创作还是对以前作品的修改都遵循汉语规范化的要求。新中国成立后叶圣陶担任出版总署署长和教育部副部长，为"推行标准语"[①] 做了大量工作。1957年，在为《叶圣陶文集》第一卷作序时，叶圣陶表示了对"旧作所用语言的"不满：一是文言成分太多，二是语言别扭，"不上口，不顺耳"。他认为，"在应该积极推广普通话的今天，如果照原样重印，我觉得很不对"。于是他利用业余时间以普通话语汇将所选短篇小说重改一遍。[②] 叶圣陶不仅自己严格要求语言的规范化，对他人语言不规范的地方也多有指正。50 年代中期，听说萧乾翻译捷克的讽刺小说《好兵帅克》及英国 18世纪古典作品《大伟人江奈生·魏尔德传》，主动要来近四十万字的译稿，"并从规范化（特别是'同'、'和'及'跟'用法）角度大力予以斧正"[③]。

---

① 叶圣陶：《叶圣陶未刊日记（1955 年·续三）》，《出版史料》2012 年第 1 期。

② 叶圣陶：《〈叶圣陶文集〉第一卷前记》，刘增人、冯光廉编《叶圣陶研究资料》（上），知识产权出版社 2010 年版，第 216 页。

③ 萧乾：《万世师表叶圣陶》，《忆旧》，北方文艺出版社 2013 年版，第 153 页。

作家对旧作的修改并没有带来整体内容框架的变化——并且他们也不以内容的修改为重点。1953 年巴金自我批评《家》"有许多的缺点"，"今天看起来缺点更多而且更明显"，"缺少冷静的思考和周密的构思"。他认为应该"更明确地给年轻的读者指一条路而且也有责任这样做"，但在人民文学出版社准备重印时，还是保留了"它底本来的面目"。① 1954 年，茅盾修改《蚀》三部曲时，"把这三本旧作，字句上作了或多或少的修改，而对于作品的思想内容，则根本不动。……三本书原来的思想内容，都没有改变，这是可以和旧印本对证的"。其实茅盾在"改与不改"之间也很矛盾："……不改呢，读者将说我还在把'谬种流传'，改呢，那就失去了本来面目，那就不是一九二七—二八年我的作品，而成为一九五四年我的'新作'了。"② 早在 1945 年，老舍就认识到《骆驼祥子》的收尾太仓促，应该"多写两三段才能从容不迫的刹住。"③ 1955 年在出修订本时，老舍尽管非常惭愧未能给"劳苦人民"找到出路，却没有按照意识形态的叙事给作品一个光明的结尾，只是在《后记》中赋予重印以一种新的涵义："不忘旧社会的阴森可怕，才更能感到今日的幸福光明的可贵，大家应誓死不许反革命复辟，一齐以最大的决心保卫革命的胜利!"④ 显然，这是新的语境下老舍对《骆驼祥子》文本的一种意义附加，而作品本身并没有发生明显变化。1958 年叶圣陶校改文集本《倪焕之》时，听从几位朋友的建议，在内容方面基本上保存了初版本的"面目"。他说："内容如果改动很大，那就是新作而不是旧作了。即使改动不大，也多少要变更写作当时的思想感情。"因此，《倪焕之》的"改动不在内容方面，只在语言方面"⑤。

在学者李城希看来，因为种种原因，新中国成立前作家对于修改旧作并不积极，甚至持抗拒的态度。当无法拒绝修改要求之后，他们采取了一

---

① 巴金：《〈家〉后记》，《巴金专集》(1)，江苏人民出版社 1981 年版，第 383 页。

② 茅盾：《写在〈蚀〉的新版的后面》，孙中田、查国华编《茅盾研究资料》(上)，知识产权出版社 2010 年版，第 452 页。

③ 老舍：《我怎样写〈骆驼祥子〉》，《老舍全集》(第 17 卷)，人民文学出版社 2013 年版，第 467 页。

④ 老舍：《骆驼祥子·后记》，《老舍全集》第 17 卷，人民文学出版社 2013 年版，第 668 页。

⑤ 叶圣陶：《〈叶圣陶文集〉第一卷前记》，刘增人、冯光廉编《叶圣陶研究资料》(上)，知识产权出版社 2010 年版，第 216 页。

种"执中"的方法——在字句上作或多或少的修改，而在作品思想内容方面根本不动。李城希认为，1955 年的汉语规范化为中国现代作家"执中"的修改方法的施行提供了机遇和出路："他们现在仅仅'在语言文字上下功夫'就能满足或应付修改的要求，从而尽量避免因硬性修改伤及作品的思想内容。"① 由此可以看出，新中国成立前作家对作品的修改主要集中在语言文字的规范化层面。

1955 年 10 月，全国现代汉语规范化问题学术会议的召开以及《人民日报》发表社论号召作家们注意语言的规范之后，新中国成立前作家以修改作品使其语言规范化的方式作为响应会议精神和社论号召的实际行动。叶圣陶对《倪焕之》几乎做了逐字逐句的修改。据金宏宇的统计，与初版本相比，1958 年收入《叶圣陶文集》的《倪焕之》改动的地方有4200 多处。所有的修改大都在词语和句子方面，其中主要的是词语的修改。老舍的《骆驼祥子》的语言比较欧化，但最主要的是北京土话比较多。1955 年人民文学出版社出版的《骆驼祥子》修订本有 90 多处文字修改，其中有 60 多处是出于修辞方面或汉语规范化方面的考虑。巴金的《家》在五六十年代出过四次修改本，改动较多的是 1958 年收入《巴金文集》的一次。金宏宇认为，从《家》1933 年的初版本到 1986 年版的全集本"可以说是从语言上来了一个全面的翻新。如果考虑到全集本是对1958 年版本的少许改动，那么可以认为初版本和全集本完全是两个具有不同时代语言风格的版本。"②

汉语规范化是要清除文言、欧化语言和方言土语的影响，新中国成立前作家对作品语言的修改主要集中在前两个方面。这批作家早年上过私塾，旧语言根底非常扎实，文学作品中出现文言自属寻常。像叶圣陶1914 年开始创作时，发表过数篇文言小说，老舍 1919 年发表过文言散文、五言律诗及七言律诗等数篇作品，茅盾以文言翻译过威尔斯的科幻小说《三百年后孵化之卵》。尽管他们后来习作白话文，但在作品中，文言成分多多少少还存在，这自然和汉语规范化相抵触。叶圣陶对此有清醒的认识："人民文学出版社送来整理过之《倪焕之》一本，于不甚

---

① 李城希：《1949 年之后中国现代长篇小说修改的困境及影响——以茅盾及〈子夜〉的修改为中心》，《文学评论》2013 年第 3 期。

② 金宏宇：《中国现代长篇小说名著版本校评》，人民文学出版社 2004 年版，第 42—104 页。

妥适之语句，故意用古写之字体，皆提出意见，嘱余自己定之。余十之八九从之。以今日视二十馀年前之旧作，实觉粗陋草率，细改亦殊为难，只得仍之。送回时附一短书，谓重翻一过，复感愧恧。务希尽量少印，聊资点缀即可矣。"① 在修改《倪焕之》时，叶圣陶将文言词语或古白话词语改换成现代口语词语，如"颇"改为"很""欲"改为"要""若"改为"如果""杯箸"改为"杯筷""闻说"改为"听说"等；将文言单音节词改成相应的普通话中的双音节词，如"还是我的相合了他的意"中的"相"改为"相貌"；将文言句式改为普通话句式，如"又会饮在同一的河上"改为"又在同一的河面上喝酒"，等等。吴组缃修改《山洪》中的文言词汇也比较多，如将"如此"改为"这样""此刻"改为"现在""极"改为"很""未曾"改为"没有"等。在巴金的《家》、萧军的《八月的乡村》、茅盾的《子夜》等作品中也多有对文言词句、古白话和近代白话词句的修改。修改之后，语言更为口语化，也流畅许多。

汉语欧化大致起始于鸦片战争前后，在五四时期"加速变化"。② 从这种语言环境出来的作家无论如何都携带上欧化语言的基因，就像王力所说："受西文影响颇深的人，往往不知不觉地，或故意地，采用了一些西洋语言的结构方式。"③ 巴金是"五四"一代作家中小说语言欧化倾向最为突出的一位。他自陈："有一个时期我的文字欧化得厉害，我翻译过几本外国书，没有把外国文变成很好的中国话，倒学会了用中国字写外国文。……在翻译上用惯了，自然会影响写作。"以"底"代替不区分的"的""地"是欧化句子的惯常做法，巴金也不例外。但50年代，巴金认识到这种写法"只能给读者带来混乱"，于是在1957—1962年编辑《巴金文集》时，"在过去的作品中找到不少欧化的句子。我自然要把它们修改或者删去。……"④ "被"字句是比较典型的语言欧化现象。巴金《家》中有多处对"被"字句的修改。有学者做过统计，在1931年版的

---

① 叶至善、叶至美、叶至诚编：《叶圣陶集·第二十二卷·日记·四》（1953年6月2日），江苏教育出版社2004年版，第456页。

② 朱自清：《中国语的特征在哪里——序王力〈中国现代语法〉》，《朱自清大全集》，新世界出版社2012年版，第283页。

③ 王力：《中国现代语法》，商务印书馆1985年版，第341页。

④ 巴金：《谈我的散文》，《中外名作家谈写作》（下），锦州日报社1980年版，第411页。

《家》中出现了 272 次，而在 1957 年版中删除或修改了其中的 116 处。①

对欧化语言的修改主要是句式的规范化。李劼人《死水微澜》语言的非欧化倾向被刘再复认为是中国现代小说史上的"奇观"。② 但细究《死水微澜》，其语言并非绝对的"非欧化"，还是有部分句子体现出欧化因素，只不过为方言或口语化的语言所掩而不明显。1955 年作家出版社的修订本中，李劼人做了一定程度的修改：

……一般古董家却说是南宋贾士道府中的薰炉，因为有一只羊体上有一颗红梅阁记的印章，不过何时流入四川而到青羊宫正殿上来冒充神羊，则无人说得出。（1936 年中华书局版）

……一般古董家却说这一只独角羊原本是南宋朝官廷中的薰炉，……不过古董家的考据，总不如道士的神话动人。（1955 年作家出版社版）

他忽然想到他昨日接到的口袋里那篇主张打教堂文章，说得很透彻，管她听得懂听不懂，从头到尾念一遍给她听，免得她再来啰嗦。想到这样，他一壁用手到口袋里去摸两张纸头，一壁对蔡大嫂说：……（1936 年中华书局版）

他想起昨天接到的那篇白头帖子，说得很透彻，管她懂不懂，念一遍给她听，免得再来啰嗦。他遂从衣袋里摸出两张写满字的纸，眨了眨眼对蔡大嫂说：……（1955 年作家出版社版）

蔡大嫂听完了，而眉宇之间，仍然有些不了然的样子。一面解开胸襟，去喂金娃子的奶，一面仰头把罗歪嘴眙着说："我真不懂，为啥子我们这样怕洋鬼子？说起来，他们人数既不多，不过巧一点，但我们也有火枪呀！……"（1936 年中华书局版）

蔡大嫂眉宇之间，仍然有些不了然的样子。一面解开胸襟，去喂金娃子的奶，一面仰头把罗歪嘴眙着说："说得真对！我虽然不完全听得懂，道理总明白了。教民就是依仗着洋鬼子的势力，我们只要把洋鬼子整治了，还怕他啥子教民不教民。唉！说起来真丑！那样坏的

---

① 史佳林：《二十世纪四十年代小说语言研究》，博士学位论文，复旦大学，2012 年，第 111 页。

② 刘再复：《百年诺贝尔文学奖和中国作家的缺席》，《北京文学》1999 年第 8 期。

人，我们偏偏要还怕他……"（1955 年作家出版社版）

　　第一例"不过何时……"是个欧化的宾语前置句，"说得出"的宾语是"不过何时流入四川而到青羊宫正殿上来冒充神羊"。汉语的语序应是谓语在前，宾语在后。因此修改后的句子虽然在语义重心上发生变化，但在句式上符合汉语的表达习惯；第二例中有两句话。第一句话中主语重复，第二个"他"引导的是一个宾语从句，第三个"她"是"再来啰嗦"的主语，句式完整，是英语的表达方式。但从汉语表达习惯看，主语可以在说话人和听话人都知道谓语所指对象明确的时候省略。因此修改后的句子省略掉这两处主语，更为简洁明了，却不影响句意的表达。第三例也是两句话。第一句"而眉宇之间"作为插入语，打断了句子的正常语序。第二句蔡大嫂说的"说起来，他们人数既不多，不过巧一点，但我们也有火枪呀！"是一个多重复合句，包含有递进、转折等多重逻辑关系。这两个地方修改之后，句式更为凝练、流畅。

　　这批作家的作品地域特色不太明显，方言土语不像 40 年代之后的文学作品那样密集。而且即使有方言土语的出现，也不影响阅读效果。尽管如此，作家们还是对文学作品中使用了方言土语做了自我批判。如吴组缃所言："原稿用山乡土话过多。我过去总想从对话的言辞语调和神情意态多多表现人物内心性格以及生活气氛；所以放手摹拟说话人的声口。其实过了限度，就碍眼难懂。我们常说艺术是提炼过的生活；这里面应该也包括语言的运用。笔下用语不能脱离口语，但又不能照录口语。它也经过洗拣，才可以有较好的表达能力。"① 对方言土语的修改一般有两种方式。

　　一是以普通话词汇代替。黄谷柳的《虾球传》1947 年连载于香港《华商报》副刊，通篇是地道的广州方言。1957 年作者将其中构成阅读障碍的大部分方言改为普通话。李劼人《死水微澜》1955 年作家出版社的修订本，将大量成都官话与方言换成普通书面语。其他《子夜》《倪焕之》《骆驼祥子》等小说中也有多少不同的方言土语的修改。

　　二是进行注释。如老舍在 1955 年《骆驼祥子》人文版修订本中加了 72 条脚注对作品中的一些方言、俗语、人名等作简要的说明解释。李劼人的《死水微澜》对注释的处理比较特殊。《死水微澜》初版本有注，

---

① 吴组缃：《山洪·后记》，《中国小说研究论集》，北京大学出版社 1998 年版，第 402 页。

1955 年修订时，有的地方将注释删减掉：

> 顾天成虽是个粮户，虽是常常在省里混，虽是有做官的亲戚，虽进出过衙门，虽自己也有做官的心肠，虽自己也常想闹点官派，无如彻头彻脚，周身土气，成都人所挖苦的<u>苕气</u>（初版本注为：成都俗语，讥乡下人与外县人之土头土脑，曰带苕气，或曰土苕样子，意为乡下人都是赖红苕为生的，米麦乃是城里人之食品。）

修订后将括号中内容删去，"苕气"改为"红苕气"。还有一种情况是对原注做了修改。如下三例：

> 烊和
>
> 袍哥术语，大方乱用银钱曰烊和。（初版本第 132 页）
>
> 这也是四川哥老会的术语。烊和，就是大吃大喝，胡乱花费的意思。（《选集》第一卷第 132 页）
>
> 装盲吃象
>
> 成都土语，装盲吃象谓假作痴呆也，盲音蟒字之平声，谓憨而横之人曰盲子。（初版本第 203 页）
>
> "装盲吃象"是假装糊涂的意思。两者都是当时成都市井语，是不是从四川哥老会的术语而来，未曾考究。（《选集》第一卷第 198 页）
>
> 吃相饭
>
> 成都方言，以男作女曰晏子，晏音鸡，又曰当相公，当是当像姑之讹。吃相饭者，吃相公饭之简称。（初版本第 203 页）
>
> 吃相饭即吃相公饭，已见第二部分第三节"晏"字注。不过相公有人又写作象姑二字。兹仍从俗，还是写作相公。（《选集》第一卷第 198 页）

原注使用的是书面语言，如"之""曰""者"等，比较文雅；再者涉嫌重复。修改后的注释简单通俗、清楚明白，并且非常口语化。这种副文本的修改也体现出追求规范化语言的努力。

新中国成立前作家在修改旧作的过程中，也有对不符合普通话要求的地方不修改、"逆修改"的情况。首先是因为种种原因没有对违背规范化的语言进行修改。茅盾修改《子夜》时，将"看护妇"改为"女护士"。但几乎同一时期修改《蚀》时，仍沿用"看护妇"的说法。李劼人修改《大波》，对其中的日期没有按照公历进行修改："也因为《大波》叙说的是真事，那时还未改用公历，所有其中月日，依然按照当时通行的太阴历写下来。虽然对现在的读者不大方便，但为了'存真'，我想问题并不太大。"1962 年在给记者、编辑张蓬舟的信中，他谈到了《大波》（三）中有一些应该修改但却没改的地方："有个别地方虽错，可以不改，如'家屋事'之与'家务事'，'不可锭纱'之与'不可徒阿'也。有几处却不算错，如'锅魁'本是'锅块'，《大波》（一）或（二），有注注明。又如'魁梧其伟'、'发踪指示'，都是汉四史上的成语，只是'踪'应写作'蹤'，因两字通用，终可不改。又如张培爵确是列五，不是烈五；杨庶勘，有时可写为戡，其后渠自己方改为堪，但在辛亥年，确乎是勘字。又制服并非制伏之误。'跟'未应写作'给'，但此二字在口头常常互用，可改可不改。至若至公堂，确系至而非致，在科举时代，中国各省贡院中，都有一个至公堂，为主考衡文写情之所，故名至公。"①

老舍是一个不断追求语言通俗化、口语化的作家，但《骆驼祥子》中语言欧化现象也不在少数。有学者统计了小说第 13、14 章直接引语中说话人的位置，认为说话人出现于句首的 32 处，句中的 20 处，句末的 22 处，无明确说话人的 9 处。据此得出结论："有 38.5% 的对话符合古代汉语的句式，而 61.5% 的对话受到了英语的影响。"② 但在 1955 年修订时，作者并没有对此进行修改。老舍的"不修改"大致出于三方面原因，一是某些欧化特征非常明显的句子，已经删除掉——尽管这样的删除是出于思想主题方面的考虑，但客观上消除了语言欧化的痕迹。如小说的结尾：

> 体面的，要强的，好梦想的，利己的，个人的，健壮的，伟大的，祥子，不知陪着人家送了多少回殡；不知道何时何地会埋起他自

---

① 李劼人：《致张蓬舟》（1962 年 9 月 24 日），《李劼人晚年书信集》，四川大学出版社 2009 年版，第 122 页。

② 侯静、张庆艳：《〈骆驼祥子〉中欧化汉语句式解读》，《语文学刊》2010 年第 2 期。

己来，埋起这堕落的，自私的，不幸的，社会病胎里的产儿，个人主义的末路鬼！

连续并列的修饰语、绵长的插入语、多个宾语以及庞大的联合结构、一气呵成的排比使句子复杂拗口，这样的句式在以口语化为特色的《骆驼祥子》中显得比较突兀。这句话在 1951 年开明书店节录本和 1955 年人民文学出版社文集本中被删去。老舍删去是出于思想主题方面的考虑，但这样佶屈聱牙的句子，如果保留的话，老舍应该会依照新中国成立后的语言追求将其修改。但改了之后，能否传达出原句中包含的激愤与控诉的情感，则又是个问题。二是经过几十年的语言发展，所谓的欧化已经内化为汉语的有机成分，很难泾渭分明地说哪些是欧化用法，哪些是汉语用法，也就不可能将其去除殆尽。比如复音词、语序的变化、插入语的位置、状语及状语从句的位置乃至于标点符号等成为现代汉语的常见形态。《骆驼祥子》写作的时代，欧化语言与民族语言更为有机地融合在一起。因此，老舍未进行大规模的修改，但也不会使读者感觉出早期欧化的那种生涩与别扭。三是老舍本人也不是教条式地模仿欧化语言，而是在借鉴的基础上灵活发挥。尤其是他在句式上更多受康拉德、但丁、狄更斯、笛福、斯威夫特等作家作品的影响，追求语言的简洁洗练，再加上所使用的多是北京话中的方言土语，在一定程度上也掩盖了语言的欧化风格。

其次，还有"逆修改"现象的存在，也就是初版本语言比较规范化，但修改本却变得文言化、欧化、书面化。如王统照《山雨》：

……可是由尊重自己与保守自己而生的反抗性日渐减少。经验是个教训的印板，没曾经过的哀乐难以打动自己的灵魂。（1933 年开明书店版）

……可是由尊重自己与保守自己而来的反抗性并没有减少，只是不易触发罢了。（1955 年人民文学出版社版）

修改后的"并没有减少"显然比"日渐减少"口语化，但增添的一句"只是不易触发罢了"文言色彩就比较浓郁。

巴金的《家》，初版本有"……并且哀求他把她从不幸中拯救出来"，修改时在"不幸"后面加上"的遭遇"三个字，句子成为"……并且哀求他把她从不幸的遭遇中拯救出来"。修改后的句子在意思表达方面固然更为准确,但不如原句更为口语化,显得较为累赘。与此相类似的还有如下两句:

> 脸长长的,带了一层暗黑色,唇边生了几根胡须,<u>头顶秃了一些,但头发并未完全变白</u>。(《初版本》)
> 长脸上带了一层暗黄色。嘴唇上有两撇花白的八字胡。<u>头顶光秃,只有少许花白头发</u>。(《全集本》)

在词汇方面巴金也有将普通话改为方言的地方,如将"学校"改为"学堂""知道"改为"晓得"等。这样的逆修改在李劼人修改的《死水微澜》和《暴风雨前》中更为常见。《死水微澜》初版本有"经张献忠与群寇的一番努力清洗……",新中国成立后在修改时将此句改为"经张献忠与起义农民的一番<u>兵燹</u>……";"上莲池,在夏天多雨时候,确是……",新中国成立后改为"<u>下</u>莲池是千年以前一条河床的<u>余迹</u>,在夏天多雨时候,确是……"《暴风雨前》中有"那还能鼓动人民吗?",新中国成立后将词句改为"那还能<u>鼓舞大众</u>吗?";"林氏弟兄起于福建……",新中国成立后改为"林氏弟兄<u>崛</u>起于福建……";"而尤铁民却本于他在日本闹女人的心得……",新中国成立后改为"而尤铁民却本于他在日本<u>常和女人接触的经验</u>……"

此外,还有一种情况是"换汤不换药"的改法。比如茅盾的《子夜》初版本有句话:

> 被这意外的攻击所惊悸,那妇人只是哑口地抗拒着……

修订本改为:

> 这意外的攻击,使那妇人惊悸得像个死人……

这两句话在意思上发生了一定的变化,但在语法方面都属于欧化句式:一个是被字句,一个是介词的使动用法。尽管第二句修改之后加深了"惊悸"的程度,但欧化色彩并没有减弱。出现这种情况,也许就像叶圣陶自谦的那样:"改了之后不见得就是规范的普通话。"①

二 新中国成立后的长篇小说语言规范化修改

"十七年"期间创作出来的长篇小说,其修改次数和修改程度并不亚于新中国成立前作家的长篇小说。新中国成立后作家不仅在初版/刊前对作品进行多次重写、修改,而且在初版/刊后不久即进行修改。相比较新中国成立前作家修改作品的被动,新中国成立后作家在修改作品方面更为积极主动。吴强说:"文章是不怕改,改了还要改的。"② 梁斌也说:"一部长篇很难没有缺点,社会生活是多方面的,作者不能都那么熟悉。不过经过几个年头,多次修改,有的地方加以回避,会达到较高的水平。"③高云览对《小城春秋》的改动前后达到数十遍:"再三再四的考虑着那些热情帮助我的同志和朋友的意见,改写了一遍又一遍,里面也有好几章是改写了十几遍的,至于全部前后的修改,那就不计其数。"④ 1956 年春,在作家出版社决定出版之前,高云览还抱病做了最后一遍修改。周立波更是站在意识形态的高度指出修改的重要性:"文章要写好,得改一遍二遍以至五六遍。文章不改,就送出去,只图发表,这是对党、对读者不负责任的态度,到头也害了自己。"⑤

新中国成立后作家修改作品更多受到读者、批评家、编辑等外界因素的影响。《吕梁英雄传》《红旗谱》《青春之歌》等是根据读者的意见进行的修改。比如《青春之歌》的修改是因为 1959 年北京电子管厂工人郭开在《中国青年》上发表《略谈对林道静的描写中的缺点》一文,引发了对《青春之歌》全国性的大讨论。杨沫根据这次讨论的意见用了三个月时间对小说进行了修改。《金沙洲》修改的直接动因则来自于文学批评界,1961 年前后,广东文学界在《文艺报》《羊城晚报》等报刊展开长

---

① 叶圣陶:《〈叶圣陶文集〉第一卷前记》,刘增人、冯光廉编《叶圣陶研究资料》(上),知识产权出版社 2010 年版,第 216 页。

② 吴强:《〈红日〉修订本序言》,《〈红日〉研究专集》,上海师范大学出版社 1979 年版,第 16 页。

③ 梁斌:《播火记》,百花文艺出版社 1963 年版,第 868 页。

④ 高云览:《〈小城春秋〉的写作经过》,《小城春秋》,作家出版社 1956 年版,第 302 页。

⑤ 周立波:《〈暴风骤雨〉是怎样写的?》,《周立波作品选》,湘潭大学出版社 2009 年版,第 485 页。

达半年的讨论，然后于逢对《金沙洲》进行修改。雪克回忆《战斗的青春》的修改时说："为了帮助修改这本书，几十位同志写了评论文章或书面意见，更多的同志参加了座谈……"①

编辑的指导性意见甚至是直接的修改在一定程度上对作品思想主题的改变和艺术水平的提高起到关键性作用，如萧也牧、张羽指导梁斌修改《红旗谱》、巴人修改《王大成翻身记》、龙世辉修改《林海雪原》、刘金修改《战斗的青春》、阿英指导修改《小城春秋》等。直接参与《红岩》组稿、联系、审读、讨论到定稿的有中国青年出版社社长、总编辑、编辑室主任、编辑、助理编辑、编务达 10 人。很多书名都是在编辑建议下进行改为现名，如刘金建议雪克改《凤姐》为《战斗的青春》、巴人建议于胜白将《东海风波》改名为《王大成翻身记》、张羽等和罗广斌议定将《禁锢的世界》改名为《红岩》、在陈斐琴的启发下冯德英将《母亲》改为《苦菜花》等。

编辑对文学作品的大面积介入与作家自身文化素质有关。前文说过，新中国成立后成长起来的一批作家文化水平普遍偏低，有些连一般的文字表达能力都成问题。因此，作品中出现句子、句式、词汇方面的常识性错误比较多见。这种情况，在作家手稿中比较突出。如《保卫延安》"陇东高原"一章有句子："他割完稻，坐在水渠边背靠树干……"手稿中将"树干"写作"树杆"，用斜线将"杆"划去改为"幹"。1954 年版印做"幹"，1956 年版改为"干"。（DG010102—1—BY403）类似这样不规范的写法还有"了解"的"了"改为"瞭"（DG010102—1—BY386）、"彭付总司令"的"付"为"副"的别字（DG010102—1—BY099）、"背着手"写作"揹着手"（DG010102—1—BY099）。手稿中还有许多异体字和生造字。如将"尽"写作"侭"（DG010103—1—BY422）、"拿"写作"舒"（DG010102—1—BY355），"佱我去择仇"（DG010107—BY099）中的"佱"是"袋"的异体字，"择"是"报"的俗讹字，如此等等。② 这样的情况多出现在汉语规范化之前，1955 年后大为好转，但并不是一点儿没有，如柳青《创业史》第二部下卷，有将"咀"改为"嘴""付主

---

① 雪克：《〈战斗的青春〉作了哪些修改》，《读书杂志》1960 年第 13 期。

② 《保卫延安》手稿存中国现代文学馆。本书所引手稿资料均出自此处。括号中字母及数字表示该页代码。

席"改为"副主席"的地方;《红旗谱》对同样的词汇使用前后不一致,如"上排户"和"上牌户"表达同一意思,但未加修正。同样的还有张雷《山河志》中"合议"与"和议"不分、杨茂林的《新生社》中"勾"和"拘"不分。

手稿中使用不规范的还有助词"的""地""得",大都以"的"代替"地"和"得"。标点符号及句法的不规范也比较常见。《保卫延安》手稿 DG010102—1—BY333 中有一句删去的话:"你呢。读书的兴趣还不高?"此处的句号和问号用法错误;再如 DG010102—1—BY355:

> ……在开七大时我也参加了,毛主席在他的告诉中说:"在艰苦的战斗中,我们共产党人跌倒了又爬起来,我们掩埋了同志的尸体,开区身上的血迹,挥着眼泪又前进了!"(划横线部分在初版中删去)在战斗中这是常有的事。他把书本猛的摔到床上说(此处改为:好一阵杨政委和王团长都不说话。杨政委仿佛仇恨和悲痛在他们心中燃烧起来,产生了一种巨大的力气。这种力量流遍全身。杨政委突然有力的抖着右臂说)"王文礼同志只有我们共产人这样慷慨地(加上:不求任何代价)为人民事业把自得生命舍出来!"

句式的混乱、句子成分的缺漏非常明显,造成句意表达的含混不清,如"毛主席在他的告诉中说……""开区身上的血迹,挥着眼泪又前进了!""王文礼同志只有我们共产人这样慷慨地……为人民事业把自得生命舍出来!"等。即使是修改之后,也疏漏了好多明显的错误,没有完全做到句式的通畅。

很显然,这样的作品不适合照实印发。那么,编辑的介入不仅必须,而且很有必要。新中国成立后作家作品大多是因为题材符合时代需要而被出版社或编辑相中,而在艺术方面则乏善可陈。曲波在对《林海雪原》修改数月之后,表示自己只读过 6 年书,恐怕难以达到出版社的要求,委托编辑部全权处理。① 面对《战斗的青春》的初稿,刘金说:"初稿……

---

① 黄伊:《燃烧了自己照亮了别人——介绍老编辑龙世辉》,《20 世纪中国著名编辑出版家研究资料汇辑》(10),河南大学出版社 2005 年版,第 420—421 页。

文字比较粗疏。"① 张羽在审读《红旗谱》的意见书中写道："从结构上说，有些章节，缺乏很好的剪裁，叙事和对话有些冗长。有些地方是前边章节已经讲明的，又重复了一遍。因为时间跳动得快，有的地方又写得很粗糙，松懈。"②

从语言层面看，编辑的修改符合汉语规范化的要求。《林海雪原》原稿比较欧化，如长句、被动句式、虚词、抽象名词的使用等。经秦兆阳删改发表后，被权威批评家"表扬"深具"民族风格"。③ 据姚丹的分析，秦兆阳对《林海雪原》语言欧化的修改主要从以下几方面进行：一是修改原稿中的被动句。如将"两个人的疲惫完全被驱逐了"改为"两个人立时忘了疲倦。"二是虚词的修改。"着"的使用是欧化的一种表现，表示继续的意思。曲波对"着"的使用比较频繁，如"剑波在盼望着他的成功；也在担心着他的饥饿和安全""欢欣着他的新发现""窥视着这个家伙的秘密"等，秦兆阳将这三句话中的"着"全部删去。三是将冗长、啰嗦或者逻辑不通的句子删改。原稿第1—3页，有五个自然段是何政委的讲话，比较啰嗦重复，秦兆阳将其删掉一半。再有原稿第4页：

> 田副司令，一个具有标准军人风度的魁梧体姿和那干脆果断的作风。……

这句话成分残缺（缺少谓语）、宾语搭配不当（"体姿"和"作风"与"田副司令"不属于同一范畴）、词语不规范（"体姿"）等，秦兆阳修改后为：

> 田副司令，是个体态魁梧作风果断的军人，……

除此之外，手稿中还有"耸他那俊俏的眉毛""兴奋的心中，增加着光荣在身的沉重""这一段好像有点规律。在这点规律的线索中……""直到祸不单行，仇还没有报，杨子荣又遭到残害"，等等，秦兆阳对它们或删

---

① 刘金：《〈战斗的青春〉初版的前前后后》，《编辑学刊》1987年第4期。

② 张羽：《〈红旗谱〉审读意见》，《编辑之友》1985年第1期。

③ 见姚丹《"革命中国"的通俗表征与主体建构——〈林海雪原〉及其衍生文本考察》，北京大学出版社2011年版，第41页。本书所引《林海雪原》手稿文字，均见此书。

或改，顺畅许多。

但也有编辑过于注重思想主题的改动而忽略了字词的修改。龙世辉修改《林海雪原》时，用了三个多月的时间对作品加工润色，"由于他一门心思在作品的宏观把握上，注意力放在情节的推敲，形象的刻划，语句的润饰方面，因而顾此失彼，对错别字放松了。发稿后，校对科的陈新同志在书稿上挑出 100 多处错误"。后来在再版《林海雪原》时，龙世辉吸取了这一教训，认真修改，"改正了 120 多处别字和标点错误"①。

相比较之下，那些文化水平较高的作家，他们的手稿基础更好一些，改动也更少。即使有少许改动，也属于语法、修辞上的润色。欧阳凡海在审读《青春之歌》的意见书上写道："此稿用字简练，结构活泼而紧张。读去没有呆腻之感。"② 并且因为文化水平较高，作家们在出版之前已经对手稿进行了自我修改和自我完善，体现出艺术的自觉。王林曾在青岛大学外文系读书，他的《腹地》出版时，基本以本来面目印行。丁玲在给王林的信中也认为，作品的想法和语言"都觉得好"。③

无论是编辑的修改还是作家的自我修改，除了别字、病句之外，没有在语言的口语化方面花费更多的工夫。从 30 年代语言大众化讨论语境中走出来的作家，他们的语言本身就携带有口语化、群众化、民族化的基因，他们的语言习惯和汉语规范化之间基本没有太大距离，而在文学创作时也有意的以口语化、群众化、民族化为语言追求。吴强创作《红日》时，在语言方面的打算是："企图使人物的说话，能够适合人物的身份、水平、性格，运用生活里通行的语言，剔除其中的糟粕部分，求得既能表达思想感情，又能保持语言的纯洁、健康。"④ 梁斌也说《红旗谱》的语言是群众化、口语化的语言："又一次参加土改，看到有一个农民出身的游击队大队长，向农民讲解土改法，使用的词汇、语言、语调完全是农民群众的一套语言，讲起来非常生动。我写《红旗谱》很受这种语言的影

---

① 李频：《龙世辉的编辑生涯——从〈林海雪原〉到〈芙蓉镇〉的编审历程》，河南大学出版社 1992 年版，第 15 页。

② 见张羽《〈青春之歌〉出版之前》，《新文学史料》2007 年第 1 期。

③ 王端阳：《王林和他的〈腹地〉》，《新文学史料》2008 年第 2 期。

④ 吴强：《写作〈红日〉的几点感受》，《创作经验漫谈》，人民文学出版社 1979 年版，第 88 页。

响。"① 杜鹏程在创作《保卫延安》时，就亮明了自己的语言态度："语言还比较质朴，用了群众喜闻乐见的语言，如果用洋腔洋调就砸锅了。作品以陕北群众的口语为主，适当地作了加工。所以，西北人读去还感到亲切，别的地方的人也大体读得懂。关于陕北老乡的语言，我作过积累、记录、整理与研究，老乡说话很少用连接词、虚词。"② 但"群众喜闻乐见的语言"不可避免会裹挟有方言土语。作家们或是受方言母语的影响，或是有意识的追求，初版本方言土语过多。受汉语规范化的影响，作家们在再版之前修改作品时，将难懂的方言土语改为普通话语汇，如马烽、西戎对《吕梁英雄传》的修改、梁斌对《红旗谱》的修改。

但不加修改、保留方言土语的现象也有。孙犁《铁木前传》中有对小满儿的描写，其中有一句："但是干部可以从她扭转过去的脸上看出，她是如何的不高兴。她抱柴做饭，坐在灶前烧火，不住地用眼角溜撒着，干部一直站在门口。""溜撒"是保定方言词，表示用眼角的余光不停地、迅速地观察。用在这里，表现了小满儿内心的紧张不安，也反映了她性格的狡黠。③ 孙犁选择这个词汇原因也许有三：一是"溜撒"虽然是个方言词，但并不晦涩难懂，"溜"和"撒"组合在一起，本身就有四周移动的意思。二是"溜撒"在江淮一带也是方言词，在古典文学作品中比较常见，表示动作敏捷的意思。如《西游记》："那猴子好不溜撒，把那宝贝一口吸在肚里。""我想你有些溜撒，去那院子里偷几个来尝尝如何？"此外《荡寇志》《水浒传》《禅真逸史》、"三言二拍"以及一些近代作品如《邹永成回忆录》中也都出现过，并不生僻。三是没有更好的词能够代替"溜撒"在此处所表达的意思。白云霜等分析认为，"小满儿"年轻漂亮、热情直爽，但在言行举止上有些轻浮。而在她大胆违俗的表情方式背后，下乡干部却看到了天真无邪。于是，这位干部想方设法教育她、引导她，要她去参加团员学习会，希望早日把这个女孩改造成好青年。可是，小满儿并不理解干部的好意，她担心到了学习会上要被其他青年人"斗争"，所以一边烧火做饭一边想方设法要摆脱看着她的干部。也许，用"扫""瞄""瞅"都没有"溜撒"更好地表现小满儿的性格以及她此时的心

① 梁斌：《谈创作准备》，《梁斌研究专集》，海峡文艺出版社1986年版，第56页。
② 杜鹏程、赵俊贤：《〈保卫延安〉创作答问录》，《新文学史料》2001年第1期。
③ 白云霜、杨立琴：《保定作家群作品中的方言词语之价值初探》，《保定学院学报》2012年第5期。

情。除此之外，孙犁《风云初记》中的"满街腿""瞎蹁子勾当"，梁斌《红旗谱》中使用的"曲连""活跳跳""咭咭嘴"等保留下来，于逢《金沙洲》也保留了更多的广东方言，原因也大致如此。

　　和新中国成立前作家一样，新中国成立后作家也将欧化看作不符合汉语规范化的地方进行修改。但同样是修改得不彻底，多多少少还残存着欧化的影子。这一方面是因为修改者精力集中在思想主题层面，相对放松了对欧化语言的警惕；最主要的原因如前文所说，经过几十年的融合，欧化语言成为现代汉语的有机成分。对此，张卫中有过更深入的解释："与现代文学相比，新中国成立后文学中，过分欧化的情况明显减少了。虽然，像《创业史》《青春之歌》《红岩》等作品中还保留了翻译体语言的繁复、曲折、严密与精确，但那种蹩脚的搭配、聱牙的句子基本上没有了。这种语言更像是汉语与印欧语的一种结合或妥协，汉语接受了西文的严谨与丰富，但是也保证了汉语最基本的言说习惯不被破坏。"①

　　自五四以来，小说语言构建的最大问题是欧化和方言土语，文言句法一般在比较短小的散文中时有出现。经过 30 年代语言大众化和 40 年代文学民族化的讨论，文言在小说中除了某些特殊语境——比如历史小说的人物语言以及古文、诗词的引用等方面出现，很少会如欧化尤其是方言土语那样在某一个时期成为规范化语言提防的劲敌。再者，在口语化、群众化语言风格的追求下，也很难有作家能够沉下心来对词语进行精心锤炼。因此，新中国成立前作家对作品中的文言化语汇和句法修改较多，但新中国成立后作家则很少存在这方面的问题。

三　长篇小说的语言规范化修改及其艺术效果

　　古今中外的文人修改自己的作品是常事，谁也不能肯定自己的作品尽善尽美。就像曹植所说："世人著述，不能无病"。文学作品就是在修改中不断接近完美。曹雪芹对《红楼梦》"批阅十载，增删五次"，托尔斯泰七年中将《战争与和平》前后修改七次，海明威的《永别了，武器》仅仅最后一页就修改了三十几遍。正是作家们精益求精的态度和对艺术追求的执着，《红楼梦》《战争与和平》《永别了，武器》等作品才能够成为艺术精品。叶圣陶、老舍、巴金等新中国成立前作家对《倪焕之》《骆

---

① 张卫中：《"语言规范化"对当代文学语言的影响》，《北方论丛》2008 年第 1 期。

驼祥子》《家》的修改情况似乎与曹雪芹等人追求艺术完美性的修改又有所不同，除极少数在局部修改成功的作品外，大多数在艺术方面不但未有精进，甚至在一定程度上还有所衰竭。

茅盾的《子夜》1933 年由开明书店出初版本，1954 年经作者修订后重排出版，1958 年收入《茅盾文集》时再次经作者校阅。就这三个版本而言，最有艺术价值的还是初版本。《骆驼祥子》初版于 1939 年，1955 年在"删去些不太洁净的语言和枝冗的叙述"后，由人民文学出版社出版修订本。就这两个版本而言，老舍最满意的还是初版本，尤其是在语言方面，老舍最为欣赏文字的平易。在一篇文章中，他回忆起当初写作《骆驼祥子》时的情形："既决定了不利用幽默，也就自然的决定了文字要极平易，澄清如无波的湖水。因为要求平易，我就注意到如何在平易中而不死板。恰好，在这时候，好友顾石君先生供给了我许多北平口语中的字和词。在平日，我总以为这些词汇是有音无字的，所以往往因写不出而割爱。现在，有了顾先生的帮助，我的笔下就丰富了许多，而可以从容调动口语，给平易的文字添上些亲切，新鲜，恰当，活泼的味儿。因此，《祥子》可以朗诵，它的言语是活的。"而修订本的修改是做了 70 多处字词的调换，在整体上未做大的变动，很难说在艺术上有改进的地方。老舍之所以被称作语言艺术大师，与其语言浓郁的京味儿是分不开的。以规范化的语言代替新鲜活泼的北京口语，自然是以风格的丧失为代价。尽管老舍说《骆驼祥子》是"最使我自己满意的作品"，他还说"我对已发表的作品是不愿再加修改的"[1]。但他最终还是对《骆驼祥子》进行了不止一次的修订，反映出新的时代语境压力下作家对艺术个性的放弃。

巴金是一个对自己的作品不断修改以使其思想和艺术臻于完美的作家，他曾说自己的创作态度是"写到死，改到死"。[2]《家》的修改就是如此。从 1933 年的初版本到 1938 年的十版改订本，"《家》已有了一个艺术上相对完美、校勘上相对精良的版本了"[3]。1953 年人民文学出

---

① 老舍：《我怎样写〈骆驼祥子〉》，《老舍全集》（第 17 卷），人民文学出版社 2013 年版，第 467—468 页。

② 巴金：《谈〈秋〉》，《收获》1958 年第 3 期。

③ 金宏宇：《中国现代长篇小说名著版本校评》，人民文学出版社 2004 年版，第 91—92 页。

版社出版的《家》是再次修改的结果，不过这一次是字词上的局部改动。作者自述："我改的只是那些用字不妥当的地方，同时我也删去一些累赘的字句。"① 这些修改主要集中在称谓和名称的转换，如叙述语言中的三叔、四叔、五叔分别被克明、克安、克定等具体名字替代；再就是书面语的称谓改得更为口语化，如"父亲""祖父""姑母"被"爹""爷爷""姑妈"等替代；其他改动的还有如将"什么地方"改为"哪儿""少女"代替"女儿"等。② 这样的改动到了 1958 年人文版的《巴金文集》中更是有增无减。自然，这样的修改如果说有其作用的话，那就是使语言更为流畅，于艺术方面的提升，则极为有限——甚至是倒退。以克明、克安、克定代替三叔、四叔、五叔，明显有一种"划清界限"的敌我意味，没有了称谓中包含的亲情因素。同样，以"爹""爷爷""姑妈"代替"父亲""祖父""姑母"既失去了地域风格，也失去了时代风格。

被茅盾赞为五四以来长篇小说"扛鼎"之作的《倪焕之》，在修改方面与《家》的情况类似。在 1953 年人民文学出版社重印的删节本中，以删除初版本第 20 章和第 24 章之后七章的方式处理文本艺术构成中的不和谐问题。直到 1958 年人民文学出版社出版的文集本，叶圣陶对《倪焕之》在语言方面进行了锤炼加工，"通过调换音节、增删辞汇、修整句子等使语言变得更洗练更精当更和谐更流畅，也使那些缺乏表现力的词句变得更具体更生动"③。尽管作品语言看上去比修改之前更为流畅、通顺，但却失去了特定时代的历史感。就像孙中田评论《子夜》时所说："任何语言都是一定社会历史的产物。有些词汇可能具有较长的生命力。有些却在悄悄地粘合社会、历史变迁的印迹"，如果对这样的语言进行修改，就"会使作品失去历史的风貌"④。

但新中国成立后作家的作品修改在艺术方面则是完善和提高。梁斌修改《播火记》就是孜孜于艺术上的提升：

———————————

① 巴金：《〈家〉后记》，《家》，人民文学出版社 1953 年版，第 349 页。

② 周立民：《〈家〉手稿释读——巴金手稿研究系列之一》，《现代中文学刊》2015 年第 3 期。

③ 金宏宇：《〈倪焕之〉的版本变迁》，《武汉大学学报》2002 年第 6 期。

④ 孙中田：《〈子夜〉的艺术世界》，上海文艺出版社 1990 年版，第 230 页。

　　第二次修改时，有些章节继续加以调动，没有写上去的章节，继续加以补充，好的苗头，要加以扩充，根据需要补充上一些细节和场景。陆续想起的典型语言，好的语汇，补充上去。不合乎人物性格的语言，把它性格化。不需要的东西，继续删削。……也有时，有些好的语汇，有概括性的语言，要搁在手上掂掂，要用在哪个人物身上更有力，对全书说来更有意义，这些事在初稿中很难想得周到，要在修改过程中逐次调动。对人物性格掌握的劲头要稳当、准确，要掌握一定的口径。否则，牵一发而动全身，这次这样掌握，那次那样掌握，会使你增加烦恼。在我的修改过程中，文章的词句和标点符号，几乎每次都有所改动，即便是局部的添上几句，或抹去几句，整个文章的色彩就会逐步起着变化。几句景物的描写，几句议论，几句比喻，初稿时固然要写，有好多是在修改时才补充上去的。①

　　编辑对作品的修改更是大大提高了原稿的艺术水平。巴人对《王大成翻身记》进行了大量的修改，"原稿是用钢笔写的，巴人则用毛笔细加修饰，有的部分几乎把原稿的空白处全填满了"②。如下面一段：

　　第二个任务，在西河套里竖着一棵四五丈高的大杆子，杆子头上扎着一个像窗户大小的方框框，那就是手榴弹打靶场，你每天白天要抽两个钟头的时间去练习扔手榴弹，等你什么时候把这假手榴弹，练得很准确了，什么时候就发给你一个真的。以上这两个任务，若能完成的很好，我保你会做个文武双全的革命战士！怎么样可以么？

　　这段话开头一句是一个长状语"在西河套里竖着一棵四五丈高的大杆子，杆子头上扎着一个像窗户大小的方框框"，使整个句子头重脚轻，不适合口语表达；"打靶场"显然不是这个状语所描述的对象，属于用词不当；"你每天白天要抽两个钟头的时间去练习扔手榴弹"，表达不简洁、拗口；"怎么样可以么？"属于语义重复。巴人对其修改后，文字上更为

---

① 梁斌：《播火记·后记》，《梁斌研究专集》，海峡文艺出版社1986年版，第65页。

② 江秉祥：《巴人在人民文学出版社》，《怀念集》，人民文学出版社2011年版，第93页。

顺畅连贯，语意表达也更清晰，最主要的是很口语化：

> 第二个任务，西河套有个手榴弹打靶场，那里竖着一棵四五丈高大杆子，杆子头上扎着一个像窗户大小的方框框，是手榴弹的靶子。你每天白天要抽两个钟头，拿这个木头手榴弹去掷这个靶子，等你这么的练习一个时期，投出去可以拿准了，那时候我们的武器也就该补充下来了，再发给你一个真手榴弹。你看怎么样？

1985 年，张羽撰文回忆了和罗广斌修改《红岩》时的状况：

> 他写了"浓烟和火舌不断卷来"，我给他补上"冲进鼻孔，烫着皮肉"，他写了"一排子弹，穿透了丁长发的身体"，我又补上一句："丁长发踉跄了一下，咬着牙，一手捂着胸膛，一手举着铁镣，朝特务的脑门，狠狠地〔他把"狠狠地"三字改为"奋力猛"〕砸下去，咔嚓一响，特务闷叫一声，脑花飞溅，象一只软绵绵的布袋，软绵绵地〔他又写上'倒在丁长发的脚下'。〕"（感谢画家为这段描写绘制了精采的插图）
>
> 他写了"余新江正想夺取特务丢下的冲锋枪"，我给他补上："在他前面，一只敏捷熟练的手，又把枪拣了起来，还没有看见他的面孔，只见他把枪抱在怀里，略一瞄准，就扫射起来。……子弹跟着敌人的屁股和后脑勺，发出清脆的音响。"[1]

罗广斌的文字只是在叙述层面滑动，张羽补充的更多是描写性文字。补充后，文字形象更为鲜明，"冲进鼻孔，烫着皮肉"能起到使阅读者感同身受的效果；用词更为准确，"穿透"表明子弹威力之大以及丁长发所承受的痛苦；画面感强烈，丁长发中弹之后能给特务以反击，从听觉和视觉两方面营造了紧张的搏斗氛围。相比较罗广斌粗枝大叶的叙述，张羽补充的内容更为丰富、细腻。

柳青尽管文化素养较高，但在修改《创业史》时，也是字斟句酌：

---

① 张羽：《格子上的铭文——回忆和罗广斌共同修改红岩的日子》，《编辑之友》1988 年第 1 期。

"他的稿子写完了初稿，把它放起来，用他的说法叫'冷冻'起来。过一段时间拿出来，就会发现问题，再细心地斟字酌句，反复推敲，直到满意为止。"在给责任编辑王维玲的信中，他也希望编辑部能将小说中"不恰当的词汇，难解的句子，还可以改善的地方，一一标出，等小说在《延河》上全部发表完了以后，一次交给我，……供我修改时参考"①。冯德英的《苦菜花》初版于1958年1月，第二年他重新进行了修改，虽然他认为修改"仅是枝节和文字上的"，② 但这细枝末节的修改在艺术表达上更为完美。龚奎林对《苦菜花》版本考证后认为，1959年冯德英"对情感心理、字词句修改以及艺术完善角度的修改使小说内容变得更加合理而真实"③。《保卫延安》手写稿第二遍修改之后，杜鹏程觉得："眼前的这部长篇报告文学稿子，虽说也有闪光发亮的片断，但它远不能满足我内心愿望。又何况从整体来看，它又显得冗长、杂乱而枯燥。"经过"反复增添删削何止数百次"后，1954年印刷出版。冯雪峰发表论文，对《保卫延安》进行了整体评价，在谈到其语言时，冯雪峰认为："语言，总的说来，是能够适应所要表现的内容和全书的思想情绪以及气氛的要求的。因此，全书的语言也显得生动、有力、有深刻性、有节奏、有时富有诗意，使我们觉得这书中的语言已具有和作品所要表现的内容及精神相一致的性格。"④ 李英儒自己认为，《野火春风斗古城》在修改后，"面貌……比原本有了进展"⑤。

无论如何，语言变动在一定程度上带来作品文体风格的变化，尤其是对新中国成立前作品来说，更多的是艺术风格的损害。1937年，郭沫若在日本读到《死水微澜》《暴风雨前》及《大波》的上卷，在日记中写道，《大波》"表现法虽旧式，但颇亲切有味。中用四川土语，尤倍觉亲切"⑥。曹聚仁也高度评价了"三部曲"的地方风格："其中对话，掺用

---

① 王传斌：《"为有源头活水来"——记柳青的生活与创作》，《中国当代文坛群星》，北岳文艺出版社1987年版，第409页。

② 冯德英：《我怎样写出了〈苦菜花〉》，《长篇小说研究专集》（中册），山东大学出版社1990年版，第297页。

③ 龚奎林：《论〈苦菜花〉的文本生产与版本传播》，《新文学史料》2010年第2期。

④ 冯雪峰：《论〈保卫延安〉》，《冯雪峰选集·论文编》，人民文学出版社2003年版，第452页。

⑤ 李英儒：《关于〈野火春风斗古城〉》，《人民文学》1960年7月号。

⑥ 郭沫若：《中国左拉之待望》，《中国文艺》1937年第2期。

了成都的方言，使人听了，十分真切……"① 但新中国成立后修改"三部曲"时，李劼人对具有巴蜀地域风情的方言土语进行了修改，失去了原作的风味。有论者谈到改版后的《大波》的阅读感受："……五十年代后李劼人的思想认识似乎有所提高，而在艺术趣味上却少了个人化的'真情实感'。新版是写历史，人物不过是小说家演绎历史的活道具。而旧版是写人，透过楚用和黄表姊惊世骇俗、如火如荼的乱伦奇恋，折射了辛亥革命前后外省的乡土人情和时代风云。"该论者认为，"李劼人的艺术本源，存在于成都的乡音和乡土之中"②。确乎如此，修改后的《大波》在艺术风貌上由自然主义的生活描绘滑向革命现实主义的阶级叙事。如改写前后的小说开头：

> 依据太阴历算来，是五月中旬的一天。成都的平原气候，向来是有次序的，春夏秋冬，从不紊乱。只管有这句成语"吃了五月粽，才把棉衣送"，而往往在吃粽这天，已够穿绸衫的了。何况现又在送棉衣之后十来天，挥扇看戏，岂非当然？（初版本《大波》上卷第1页）

> 蜀通轮船正顶着长江洪流，一尺一寸地挣扎而上。浑黄的水是那么湍激，丢一件浮得起的东西下去，等不得你看清楚，早就被水带到你看不见的远处去了。（《选集》第二卷上册第3页）

初版的开头是对地方风俗的描写，"太阴历"和"成都的平原"指向的是一个民间的、乡土的叙事时空；"吃了五月粽，才把棉衣送"这句谚语传递出的是一种地方性知识经验，而"挥扇看戏，岂非当然？"一句相当文言的话凝练地表现了日常生活的悠闲自在。语言的斑驳对应着日常生活的丰富充实。接下来描写一个具体的生活空间——东玉龙街的清音戏院，从其产生的背景、道具的制作、戏台的布局、观众的构成、演员的特点、演出的效果等娓娓叙来，以点概面写出了成都人的生活方式、生活习

---

① 曹聚仁：《写实主义的小说》，《李劼人研究：2007》，四川出版集团、巴蜀书社2008年版，第453页。

② 何大草：《李劼人——外省的意义》，《李劼人的人品与文品》，四川大学出版社2001年版，第381页。

惯和生活态度。在这种氤氲的日常生活气息中引出黄澜生及其对时局的关注，保路风潮这个时代性的话题掩映在自然主义的风情画卷中，和民俗风情一起构成了作品的叙述内容。重写的《大波》以对"蜀通轮船"的介绍开始，引出周宏道、尹委员、葛寰中三人对铁路的讨论。在对"蜀通轮船"的介绍中，有着很强的隐喻色彩。轮船是现代机械，有着强劲的动力装置："它那刀刃般的尖船头斫进直冲下来的大浪，把浪劈成两片，让它怒吼着从船舷溜到船尾，汇合上被推进器搅将起来像野兽打滚的浪花，吵吵闹闹，一翻一滚，分向两边悬崖脚下碰去。"船的行进预示着一种快节奏的现代生活的开始。船的空间狭窄，只容得下工作人员，一百多位乘客挤在两层仓船中间。这和清音戏院空间的开放构成对比，表明人的生活方式的逼仄，同时也表明现实生活紧锣密鼓的开始。时间和空间的设置为即将爆发的保路风潮起到很好的氛围暗示的效果。因此，修改前和修改后是两种完全不同的艺术风格。《骆驼祥子》1951年的节录本，词语的修改也影响到风格的变化，比如将"麻将"称为"麻雀"，形象、生动且有几分幽默，改为"麻将"之后，也就是一个普通名词，那种文化的东西荡然无存。金宏宇还认为，在对语言大量删减后，《骆驼祥子》"文本的悲剧意义也已经淡化了①"。

新中国成立后产生的长篇小说也有类似情况。龚奎林认为，于逢的《金沙洲》"经过文本修改、意义提纯和语言洁化之后，《金沙洲》原有的田园风情消失了，政治斗争成了故事的中心内容；原有的日常世俗生活的喜怒哀乐让渡给无产阶级专政下的对异己分子的斗争；原有的文本内外、形象描写的矛盾与复杂被日益抽象化和高度纯洁化，成为了一种简单对立的阶级矛盾关系；原有的世俗爱情也被改造成为无产阶级同志间同甘共苦、共同努力保卫革命果实的崇高使命的奖励"②。还有《山乡巨变》中，邓秀梅批评李月辉"你真是个婆婆子"，再版改为"你真是有点右倾"，将"婆婆子"改为"右倾"，民间话语被政治话语所代替，那种幽默感也随之而去。

词汇和句式的细微修改尽管没有改变故事流脉，但在表达效果、人物

---

① 金宏宇：《中国现代长篇小说名著版本校评》，人民文学出版社2004年版，第161页。
② 龚奎林：《论〈金沙洲〉的版本修改及意义阐释》，《湛江师范学院学报》2008年第5期。

性格或思想主题方面带来有时候是截然相反的变化。比如，欧化语言的删改，削弱了心理刻画的深度及情感抒发的力度。《家》的初版本中有段话：

> 但他对于祖父依然保持着从前的敬爱，因为这敬爱在他底脑里根深蒂固了。儿子应该敬爱父亲，幼辈应该敬爱长辈——他自小就受着这样的教育，印象太深了，很难摆脱，况且有许多人告诉他：全靠他底祖父当初赤手空拳造就了这一份家业，他们如今才得过着舒服的日子；饮水思源，他就不得不感激他底祖父。因此他对于祖父便只是敬爱着，或者更恰当一点说，只是敬畏着，虽然在他底脑里，常常浮出种种不满意祖父底行为的思想。

从这段话可以看出觉慧对祖父的"敬爱及感恩心理",[①] 从而反映出觉慧对祖父怀有的天然的血缘亲情的一面。但人文初印本将其删去。初版本中还有一段文字，写觉慧在祖父临死时所产生的对"一个喜欢他的祖父"的悲伤和惋惜之情，人文初印本也将其删去，在一定程度上影响到艺术表达效果。五四时期人们认识到了汉语句法的不精密、缺乏逻辑性和情感表达效果，理想中的文字应是逻辑的、哲学的、美术的，也就是表达要有条理、表达精密的思想和人的情感。[②] 要达到这种理想化的文字状态就是引进"欧化的文法"，以救中国语言空疏之病，即如鲁迅所说："中国的文或话，法子实在太不精密"，因此"主张中国语法上有加些欧化的必要"[③]。欧化语言表达严密、细腻、准确，在表达效果方面有汉语所不及之处，尤其是在人物心理深度的开掘方面显示出其优势所在。句式的加长能够蕴蓄更多的精神情感，也更能表现出人物内心世界的幽微深邃。觉慧不是一个完全意义上的新人，在他的性格中，旧的东西并不比新的东西少。在他的内心深处，新与旧进行着微妙的调和与冲突。对这种复杂的心

---

① 金宏宇：《中国现代长篇小说名著版本校评》，人民文学出版社 2004 年版，第 74—75 页。

② 傅斯年：《怎样做白话文》，《回读百年：20 世纪中国社会人文论争》（第一卷），大象出版社 1999 年版，第 507 页。

③ 鲁迅：《关于翻译的通信·瞿秋白的来信》，《鲁迅全集》（第四卷），人民文学出版社 2005 年版，第 391 页。

理活动，也许只有那些复杂而精密的欧化了的白话才能淋漓尽致地表现。以上两段文字欧化色彩非常明显，表现出觉慧对祖父的依恋和审视。但它们却在人文初印本中被删去——尽管删去的原因并非出于纯语言的考虑，但删去后固然使觉慧更符合阶级叙事的要求，但却是对人性真实的损害。

　　语言的改动有时能带来人物性格的变化，尤其是性话语的删改。前文说过，语言的洁化不仅是技术层面的使用规范，也有思想方面与意识形态保持一致的要求。因此，对性话语的删改既是叙事的洁化，也是语言的洁化。对"性话语"的删改一般从四个方面进行，一是对性场景描写的删削。如《子夜》初版本写玛金和苏伦的一段文字：

　　　　突然玛金怒叫了一声，猛力一个挣扎，将苏伦推下，赶快跳离床，睁圆了眼睛怒瞅着苏伦，敞开了衣襟的一对乳峰像活东西似的在那里跳。苏伦也跳了起来，又向玛金身上扑。玛金闪过，就往房外跑，却又蓦地站住，对苏伦厉声斥道：
　　　　"你敢，你和取消派一鼻孔出气，你是我的敌人了！"

修订本将这一段改为：

　　　　突然玛金叫了一声，猛力将苏伦推开，睁圆了眼睛怒瞅着苏伦，跳起来，厉声斥责道：
　　　　"哼！什么话！你露出尾巴来了！你和取消派一鼻孔出气！"

小说第十八章还有一段近乎于自然主义的描写：

　　　　她的嘴唇被吮住，发热的微抖的又是迫切无礼的手触到她的乳房，她的肚皮，她的脐下，而且她像醉了似的，任凭拨弄着！

修改后为"像醉了似的"。
　　二是对有关性的词语或者可能引起性联想的语句的删削。《家》中这样的语句比较多：

　　　　至于无爱的结婚，变相的卖淫，精神上的苦痛，……

> 一种羞辱侵袭了她底全身，她觉得自己仿佛是被剥了衣服光赤着身子在街上走着，展览给那般色情狂的男子看。
>
> 难道女子只是人家底玩物，只是人家底发泄兽欲的工具吗？
>
> 要他把她从那淫欲的冯乐山底爪下救出来。
>
> 明晚上在那淫纵的拥抱里，她会哀哀地哭着她底被摧残了的青春，……

这类语句并非有必要使用"卖淫""色情狂""发泄兽欲""淫欲"等词汇，删去后不仅不影响人物形象塑造，反而使语言更为凝练紧凑。但也有的地方因为能够反映出人物性格或者说是思想状态，那么出现一些性方面的语汇也是可以允许的。巴金曾经谈到过这个问题："许倩如在课堂中写给琴的字条上有这样的一句话：'你便抛弃你所爱的人，给人家做发泄兽欲的工具吗？'我现在删去了它，因为有人认为这不像一个少女的口气。其实当时有些少女不仅说话连行动也非常开通。只为了表示女人是跟男人'完全'一样的人。许倩如写出那样的话也是很寻常的事情。"①

三是关于性器官修辞的删削。《子夜》和《骆驼祥子》中在写到女性性别体征时，往往使用的是一些口语、俚语用法，如"高耸的乳房""露出了肉感的上半个胸脯""你的奶……""那两个大奶……""异常的大乳房"等以及一些与性相关的描写如"雪白的肉体""一声荡笑""风骚的微笑""风骚的曲线和肉味"以及"骚情的"笑容、"贪馋的"眼光等，均删去。新中国成立后作家对性器官的删削因人物阶级属性的不同或删或不删，《创业史》1960年初版本第十五章写到改霞对镜梳妆：

> 她对着镜子，精心地编着二十一岁大闺女乌黑油亮的粗辫子。她低下头，乐滋滋地睨着过了乳峰，达到腰间的两个辫梢，带着女性共有的"画眉深浅入时无"的天赋心情，揣摩生宝看见她这身打扮的心理。

这段话在1977年再版本中删去，而描写李翠娥的"柔软的臀部"、描写

---

①　巴金：《谈〈秋〉》，《收获》1958年第3期。

姚士杰三妹子的"有弹性的胖奶头"等则被保留下来。

四是对表示性动作的词汇如"爱抚""发泄""摧残""亲一个嘴""搂抱""亲吻""抚摸"等或删或改。

另外，一些性描写比较含蓄的文字也在删改之列。如祥子和虎妞第一次性爱时关于星空和风景的描写：

> 屋内灭了灯。天上很黑。不时有一两个星刺入了银河，或划进黑暗中，带着发红或发白的光尾，轻飘的或硬挺的，直坠或横扫着，有时也点动着，颤抖着，给天上一些光热的动荡，给黑暗一些闪烁的爆裂。有时一两个星，有时好几个星，同时飞落，使静寂的秋空微颤，使万星一时迷乱起来。有时一个单独的巨星横刺入天角，光尾极长，放射着星花；红，渐黄；在最后的挺进，忽然狂悦似的把天角照白了一条，好像刺开万重的黑暗，透进并逗留一乳白的光。余光散尽，黑暗似的晃动了几下，又包合起来，静静的懒懒的群星又复了原位，在秋风上微笑。地上飞着些寻求情侣的秋萤，也作着星样的游戏。

离开上下文孤零零来看，找不出任何性爱的痕迹。即使联系语境能够看出性的意味，但因为写的是祥子和虎妞第一次性爱的欢悦，并且以隐喻的方式写出，文字典雅清新，并没有触及意识形态的忌讳，老舍还是在节录本中将其删去。

文学是人学，写人不可避免要写到性，这是塑造人物形象的内在要求。就像茅盾在一篇文章中所说："自然派作者对于一桩人生，完全用客观的冷静头脑去看，丝毫不搀入主观的心理；他们也描写性欲，但是他们对于性欲的看法，简直和孝悌义行一样看待，不以为秽亵；亦不涉轻薄，使读者只见一件悲哀的人生，忘了他描写的是性欲。"[①] 因此，作家们都是带着严肃的态度写"性"，而"性"也承载了更多的文化内涵。"性"在《子夜》初版本中显示出丰富的社会人生意蕴，在《骆驼祥子》初版本中是祥子堕落的重要条件，对《死水微澜》初版本来说，性则具有反礼教反封建的意义，"然而在这些名作的50年代初的修改本中都被作者

---

① 茅盾：《自然主义与中国现代小说》，《民国文论精选》，西泠出版社2014年版，第85页。

尽力删削"①。

也有在修改时未加删改原封不动保留下来的地方。1959 年，发表在《延河》的《创业史》初刊本中，素芳在和姚士杰有了私情之后，有一段文字写她的心理感受：

> 没有乐趣和把两性生活完全当做生娃子的机械行为，使女人素芳感到多么委屈啊。女人素芳渴望着享受男人使劲搂抱和亲切抚摸的"幸福"。她觉得这是她当一回女人的权利。但在生宝教训她以后，时刻准备向命运低头的素芳终于收住了心。想不到堂姑父在四合院偏院把她按倒以后，她的心重新野起来了。靠她自己，她拢不住她的心了。
> 生理上是男人而精神上是阳性动物，姚士杰给女人素芳多大的满足！老老实实爱劳动的栓栓，什么时候那么亲昵地抱过她呢？什么时候那么热烈地亲过她呢？世界上还有不卑视她，而对她好的人啊！不打她，不骂她，不给她脸色看，而喜爱她，搂她，亲她，她的心怎能不顺着堂姑父呢？素芳惊奇堂姑父拿得稳，有计划。她像回想起来惊险的事情一样，胆战心惊地回想堂姑父套磨子的时候怎样侦察她的心性，怎样喊叫她把偏门闩起来。……素芳的高贵精神在童年的时候已经被娘埋葬了，她的机体结构——一个生理上的女性，深深地敬佩堂姑父作假的本领！……

从女性主义角度看，这段文字写了素芳作为一个女人内心深处对爱与性的渴盼，突出了人物的主体性。姚士杰是一个被阶级叙事规定了的反面形象，但在素芳眼里，他是一个能给自己带来"幸福"、满足和爱的人。是姚士杰再次激发了自己的生命活力，让自己的"心重新野起来了"。姚士杰不仅从身体上给素芳以满足，也从精神上"不卑视她"，身体和精神的复苏让她有了"当一回女人的权利"的机会。作品对人物身体与心理感受的描写使素芳还原成为一个自然状态的女人，"一个生理上的女性"，也使她不再承载阶级叙事的任务从而成为一个游离于阶级叙事之外的具有审美意义的人物。1960 年初版本中强化了素芳与姚士杰之间的阶级对立，但对这段素芳心理感受的描写并未删改。初版本后不久，姚文元批评作者

---

① 金宏宇：《中国现代长篇小说名著校评》，人民文学出版社 2004 年版，第 22 页。

"过分强调了生理的因素而忽略了起决定作用的社会的因素……对姚士杰的阶级本质的揭露并没有帮助"①。于是在 1977 年的再版本中，柳青删去了如下句子：

> 女人素芳渴望着享受男人使劲搂抱和亲切抚摸的"幸福"。她觉得这是她当一回女人的权利。
> 她的心重新野起来了。靠她自己，她拢不住她的心了。
> 生理上是男人而精神上是阳性动物，姚士杰给女人素芳多大的满足！
> 什么时候那么热烈地亲过她呢？

删去的还有"搂她，亲她""一个生理上的女性"等语句。这些都是素芳对性的主观感受的句子。删去之后，素芳内心的丰富被简化，在和姚士杰的交往中显得很被动，突出的是姚士杰的道德堕落。

同样未加删改的还有《苦菜花》中纪铁功搂抱未婚妻赵星梅的场景："纪铁功紧紧地搂抱着她那窈窕而健壮的腰肢。他感到她的脸腮热得烤人。她那丰满的富有弹性的胸脯，紧挤在他的坚实的胸脯上。"这段性意味非常强烈的文字出现在 1959 年，显得非常突兀。但也因为这段人性化的文字描写，增强了人物的真实感，在"无性"的文化空间有一种性启蒙的效果。莫言对此评价道："《苦菜花》对残酷战争环境下的两性关系的描写卓有建树，其成就远远超过了同时代的作家。他确实把装模作样的纱幕戳出了一个窟窿。由于有了这些不同凡响的爱情描写，《苦菜花》才成为反映抗日战争最优秀的长篇小说。"②"文化大革命"后再版本中，这句话改为："纪铁功紧紧地扶着她那健壮的肩膀。他感到她的脸腮热得烤人。"修改之后的文字逊色了许多艺术感染力。

对于性话语的修改，还捎带着有对爱情的洁化叙事处理。《红日》再版本删去华静和梁波的爱情生活、《烈火金刚》再版本删除了丁尚武与武丽以及肖飞和志茹的爱情描写、《青春之歌》再版本删去了人物关于爱情

---

① 姚文元：《中国农村的社会主义革命史——读〈创业史〉》，《文艺报》1960 年第 17 期。
② 莫言：《我看"十七年"文学》，《莫言研究资料》，天津人民出版社 2005 年版，第40 页。

感受的文字。进一步的，这种修改延伸到人情人性领域，以使文本更符合纯粹的无产阶级意识形态叙事。《清江壮歌》是马识途以找到散失达20年之久的女儿的真实事件为蓝本写成的长篇小说。小说出版后，四川省作协组织的讨论会认为这部作品"不仅歌颂了革命英雄主义，而且着力表现了'父子之情、夫妻之情、母女之情'，很有人情味，令人感动"。但就在小说即将付梓前夕，文学界开始批判人性论，于是作者仍痛割爱，删去了描写流泪的字样。①《清江壮歌》连载时，有一封柳一清写给任远的诀别信，其中有一段：

> 现在我们隔着生和死的门限，可是我总觉得你就在身边。我晚上睡下，好像仍然听到你的鼾声和梦话，我想推醒你，一伸手，却只摸到冰冷的床板。亲爱的，你现在在哪里呢？我再也不能来问寒问暖了，你要好好保重自己。我希望你抛弃陈腐的道德观念，找到比我更好的女同志和你并肩前进，照顾你，并且和你战斗到胜利。

这段文字表现了柳一清对爱人的思念和对革命的忠贞，情真意切。但这种很私密化的语言显然有违于主流叙事，1966年修改本中将此段删去。秦兆阳删去了《林海雪原》中诸如"焕发、悦耳、欢悦、称赞"等表示少剑波激昂欢快的词语，"修改者的用意很清楚，新人形象，不能和旧式情调相关，要考虑的是道德的洁净和思想的无暇"②。《金沙洲》删减了日常世俗生活场景，在一定程度上遮蔽了社会现实的真实。

既非艺术上的提高，又不是内容上的改进，并且还花费了较多时间对旧作进行校阅再版。作家们这样做的原因值得深思。已有论者从多个角度对此进行了较为合理的解释——或者是审美创造力衰退之后的替代，或者是修改旧作以适应新时代的文学规范，或者是因为对旧作的不满，使作家纷纷对自己的旧作进行修改。③ 也有人认为是中外文艺的修改传统以及意识形态、审查制度、传播方式、政治主体、读者批评等外部环境的影响，

①　马识途：《清江壮歌·后记》，《清江壮歌》，人民文学出版社1979年版，第445—449页。

②　孙郁：《转折还是终点？——评姚丹〈"革命中国"的通俗表征与主体建构——《林海雪原》及其衍生文本考察〉》，《中国现代文学研究丛刊》2012年第3期。

③　金宏宇：《论中国现代长篇小说的修改本》，《文学评论》2003年第5期。

"作者与编者一起完成了'十七年'小说的'修改'"①。应该说，这些解释都有其效用，但又似乎过于宏观，相对地忽略了语言规范化对作家修改作品的直接影响。

毛泽东《在延安文艺座谈会上的讲话》提出文艺要为工农兵服务，实现的方式就是文艺大众化。文艺大众化关切到的是作家的思想立场问题，就像何其芳所说："工农兵方向并不仅仅是一个写工农兵的问题，而是整个改造文学艺术、改造文学艺术队伍的问题，也就是文学艺术的群众化和文学艺术工作者的无产阶级化问题。"② 就文学作品来说，文艺大众化首先是让大众看得懂、听得懂。因此，无论效果如何，建国后长篇小说的语言修改是作家们践行《讲话》精神及文艺大众化切实的表现，而删改行为本身也反映了作家思想嬗变的症候。

---

① 龚奎林、黄梅：《"十七年"小说版本修改的原因考察》，《井冈山大学学报》2010 年第
1 期。

② 何其芳：《毛泽东文艺思想是中国革命文艺运动的指南》，《何其芳集》，中国社会科学
出版社 2004 年版，第 336 页。

第四章

汉语规范化与"十七年"长篇小说诗学问题

随着哲学的语言学转向,诗学也转向对文学语言的研究。雅各布逊说:"诗学的主要对象是语言艺术与其他艺术及其他语言行为之间的特殊性质。"① 他还认为:"诗学研究言语结构的问题,就像美术理论研究绘画的结构。因为语言学是研究各种言语结构的一般学科,所以可以把诗学看作是语言学的一个组成部分。"② 文学的风貌固然受到时代主题、政治背景、作家思想、意识形态等的影响,但归根结底要以语言的形式展现,受整个语言体系的制约。语言构成了文学创作的基本材料,是小说的直接现实。就像巴赫金所说:"作为一种文类,小说的特征并非人物形象本身,而正是语言形象。"③ 因此,要探究"十七年"长篇小说的文体、风格、叙事等,不能不从汉语规范化这样的特殊背景说起。

第一节　汉语规范化与"十七年"长篇小说文体问题

文体是一个较难定义的概念。罗杰·福勒认为,"文体"是文学批评中历史最悠久然而却屡遭曲解的术语之一。④ 在对其内涵的诸多阐释中,文体既指向文本形式,也指向文学作品所表达的内容;既指向文学样式,也包含文学作品的风格和气质;既指向话语秩序,也隐含着创作主体的心智结构;既有动态的内涵变化,也有静止的范畴描述。对于文体的内涵众

---

① 见赵毅衡《文学与符号学》,中国文联出版公司1990年版,第101页。

② [俄] 罗曼·雅各布逊:《语言学与诗学》,佟景韩译,《结构—符号学文艺学——方法论体系和论争》,文化艺术出版社1994年版,第172—173页。

③ 见王一川《汉语形象及其基本地位》,《诗探索》1998年第4期。

④ [美] 罗杰·福勒:《现代西方文学批语术语词典》,袁德成译,四川人民出版社1987年版,第269页。

说纷纭，而对其如何使用则更是歧义迭出。但无论对于概念的界定如何分歧，文体是语言的表达方式是批评界共同承认的文体的基本特征。文体实质上就是语言问题，是作家如何组织语言言说的问题。对此，王一川认为："文体不应被简单地视为意义的外在修饰，而是使意义组织起来的语言形态。换言之，文体是意义在语言中的组织形态。文体不等于语言，而是语言的具体组织状况。"① 语言形态决定了文体范式，而语言变化也带来文体的相应变化，文体变化的背后是语言变迁的潜流。

一　语言规范与"十七年"长篇小说文体生成

汉语规范化是一场全社会性的语言运动，其目标是造就能够准确交通信息的全民共同语，而文学只不过是被征召参与到这场运动中作为推广和普及规范化语言的工具。如果说"毛文体"在新中国成立后长篇小说文体建构中起着支配性作用的话，那么汉语规范化则从技术层面进一步强化了这种文体特征，形成了学者所说的"共同文体"或是"革命文体"。

按照现代语言学观点，对书面语构建有直接影响的是字词和语法，而语音的影响几乎可以忽略不计。巴赫金指出，在语言要素中，语音远离于语言中多变的社会因素、意义因素。② 苏联语言学家阿瓦涅索夫也认为："在多数情况下，书面语的规范首先是涉及语法结构和词汇，在较大或较小的程度上不理会语音系统，因为语音系统实质上在文学语言的书面形式里不存在。"③ 也许阿瓦涅索夫下结论时主要是从表音文字出发，没有考虑到表意文字——比如汉语既表音又表义的特殊性。但从小说文体性质来看，也比较合乎实际。因此，"十七年"长篇小说文体的生成首先与词汇的规范和语法的规范密不可分。

巴赫金在论述长篇小说的文体时说过："小说语言中每一个分解出来的因素，都是在极大程度上受这一因素直接从属的那个修辞统一体所左右。……这个关系最近的修辞统一体，决定着每一因素（词汇、语义、句法等因素）的语言和修辞面貌。与此同时，这一因素又同自己最亲近

---

① 王一川：《我看九十年代长篇小说新趋势》，《当代作家评论》2001 年第 5 期。

② ［苏］巴赫金：《长篇小说的话语》，白春仁、晓河译，《巴赫金全集》（第 3 卷），白春仁、晓河译，河北教育出版社 1998 年版，第 53 页。

③ ［苏］阿瓦涅索夫：《文学语言对全民语言体系的关系》，陈鹏译，吕叔湘校，《中国语文》1956 年第 8 期。

的修辞统一体一起，参加到整体的风格中，本身带有该整体的色调，又参与形成和揭示整体统一的文意。"① 词汇是构成语言的基本单位。作为整体性修辞的一部分，词汇的规范会影响到整个语义系统和修辞系统的标准化表达。在这方面，黄侃的表述比巴赫金的说法更有逻辑性。黄侃说："夫缀字为句，缀句为章，字、句、章三者其实相等。盖未有一字而不合一句之义，一句而不合一章之义者。"② 因此，词汇的变化会影响到文体形态。作为日常交流的工具，词汇规范化有其必要，因为日常交流需要词语意义的明确和稳定。但日常交流中的词汇进入文学作品，其意义会随着语境和位置的不同而出现意义增殖或种种功能的变化，从而形成不同的文体。但当日常词汇进入文学作品中不受语境的制约而按其本义出现的话，就会影响到作品的表达效果。比如，等义词的规范、词汇褒贬色彩的固定、词汇意义的固定乃至于汉字简化都会影响到文学表达的细腻程度、人物形象的塑造、情感抒发的直接和直白、文学审美张力的消失以至文本意蕴的缺失。

　　汉语规范化在词汇方面最主要的就是清除和规训文言、外来词和方言土语，这些词汇按照巴赫金的说法，"无不散发着职业、体裁、流派、党派、特定作品、特定人物、某一代人、某种年龄、某日某时等等的气味。每一个词都散发着它那紧张的社会生活所处的语境的气味；所有的词语和形式，全充满了各种意向"③。在文言词汇、外来词和方言土语的背后，散发着的是来自传统、现代和民间的"气味"，而由这些词汇结构成的作品则表现出不同的文体特征，如文言文体的典雅、欧化文体的严谨和民间文学文体的活泼。尽管规范化的语言也向这些词汇敞开，并且认为它们也是构成规范化语言的有机成分，但在规范化语言内部，它们始终处于一种被压抑的状态，不可能和政治话语构成巴赫金所说的那种平等、民主的对话关系。

　　对文言、外来词、方言土语的清除和规训在文体方面的影响就是不可能达到巴赫金所说的那种"杂语"的状态。巴赫金说过："长篇小说作为

　　① ［苏］巴赫金：《长篇小说的话语》，《小说理论》，白春仁、晓河译，河北教育出版社1998年版，第40页。

　　② 黄侃：《文字声韵训诂笔记》，上海古籍出版社1983年版，第181页。

　　③ ［苏］巴赫金：《长篇小说的话语》，《小说理论》，白春仁、晓河译，河北教育出版社1998年版，第74页。

一个整体，是一个多语体、杂语类和多声部的现象。"① 这说明长篇小说的语言是一个开放的系统，诸如科学语言、乡土俗语、哲学语言、历史语言、宗教语言、道德语言等都可以自由进入长篇小说的文本中，形成杂语修辞。通过这些语言，文本和社会生活之间建立起隐性联系，社会生活的全景映射在文本话语的驳杂中。巴赫金认为，现实生活中的语言和语言学研究的语言不一样，后者是统一的、规范的，而前者是多样的、芜杂的。现实生活中的语言是社会生活和历史变化的结果，在语义意义和价值取向方面代表了不同的思想意识。巴赫金将现实生活语言称为"社会杂语"，不同职业、不同时代、不同个人的话语以及官方语言、文学语言和政治语言共同构成了杂语，体现出现实社会思想意识的复杂多变，表明观察世界和体验世界的多样性和独特性。与杂语相适应的文体是多种表现体式的综合，如口语和书面语、标准语和方言、独白与对话等。② 话语的多样性表明长篇小说的文体富有弹性，也因此会有书信体小说、日记小说、意识流小说以及诗化小说、抒情化小说等新文体的不断出现。

当然，巴赫金也认识到，在"统一的语言"也就是规范化语言中，杂语并不具有独立意义：

> "统一的语言"这一范畴，是语言的组合和集中的历史过程在理论上的表现；是语言的向心力的表现。统一的语言不是现成得到的，实际上倒向来是预设而应得的；而且在语言生活的每一环节上，它都同实际中的杂语现象相矛盾。但与此同时，统一的语言又是克服杂语现象的力量，是限定其范围的力量，是保证起码的相互理解的力量；它结晶为一个实际存在的统一体（尽管是相对的统一），这便是居主导地位的口头语言（生活语言）和标准语即"纯正的语言"两者的统一。
>
> 通用的统一的语言，是由各种语言规范构成的体系。但这些规范并不是抽象的规则，而是语言生活的创造力量，它克服杂语现象，把语言和观念的思维组合起来集中起来，在混杂的民族语当中创造一个

---

① ［苏］巴赫金：《长篇小说的话语》，《小说理论》，白春仁、晓河译，河北教育出版社1998年版，第39页。

② 王一川：《汉语形象与现代性情结》，首都师范大学出版社2001年版，第124页。

坚固稳定的语言核心——即得到正式承认的规范语,或者维护已经形成的这样一个规范语,使其免受不断发展的杂语现象的冲击。①

应该说,语言的统一规范是主流,但在其内部却始终有杂语的存在。两者之间构成一种博弈关系,但规范语言对杂语保持一种压抑态势。由此来看,汉语规范化对文言、外来词和方言土语进行排除和规训,也就是对传统话语、现代话语和民间话语的压抑、排除和规训。尤其是没有意识形态和权力机制做保障,杂语基本上失去了对规范语的冲击力量。其结果就是,承载意识形态的革命话语不仅排除了杂语进入文学作品以构成对话的可能性,也统摄了文学作品内部种种杂语生成的可能。于是革命生活成为"十七年"长篇小说中唯一的生活方式,现实生活世界的丰富和广阔被有意屏蔽。

在论述到杂语如何进入文学作品时,巴赫金认为:"作者语言、叙述人语言、穿插的文体、人物语言——这都只不过是杂语藉以进入小说的一些基本的布局结构统一体。其中每一个统一体都允许有多种社会的声音,而不同社会声音之间会有多种联系和关系(总是在某种程度上构成对话的联系和关系)。不同话语和不同语言之间存在这类特殊的联系和关系,主题通过不同语言和话语得以展开,主题可分解为社会杂语的涓涓细流,主题的对话化——这些便是小说修辞的基本特点。"② 但"十七年"长篇小说中作者语言、叙述语言、人物语言达到了高度的统一——或者说,"十七年"长篇小说中只有一个声音,那就是官方的声音。借助于意识形态的威权,这种声音掌控、裁决着人物性格、命运和故事情节的发展。在失去了杂语对话的可能性后,独语的话语造就的是文体的单一和单调。

"十七年"时期,也有人认识到文学语言的独特性:"文学作品所用的语言和其他书面语言有所不同,它的范围比较广泛。""通常在文学作品中,可以看到许多方言、外国语、古语,甚至同行语的词汇。作家用这些语言来丰富自己,构成作家的特殊风格。"因此号召作家"要掌握语言

---

① [苏]巴赫金:《长篇小说的话语》,《小说理论》,白春仁、晓河译,河北教育出版社1998年版,第48—49页。

② 同上书,第41页。

的丰富性和多样性，克服语言的贫乏和单调"。但该论者随后强调："但这并不等于无原则的采用。原则只有一条——要人人能看得懂，合于共同语的规律。作家不能自己生造词，也不可滥用词。否则就违反共同语的习惯。……作家在作品中必须运用共同语言，必须学习和掌握共同语言，因为作家的创作是他的阶级意识的表现，思想感情的流露，用这种阶级意识、思想情感来感染人。必须用全民语言，一切人们能懂得的语言。"①所谓的"全民语言"也就是"共同语"，这种语言以工农兵能看得懂甚至是听得懂为价值基准。那么，统一于这种价值基准下的"丰富"和"多样"的语言与巴赫金所说的"杂语"也就不是一个概念，倒更像是意识形态独语更为修辞化的表达。

以携带着国家意识形态的普通话写作的"十七年"长篇小说体现出一种颂体的文体特征，甚至从巴赫金的观点来看的话，毋宁说更接近于"政治抒情诗"的文体内涵。巴赫金认为，在官方的上层社会和思想界里，诗歌承担着实现语言和思想世界在文化、民族、政治上的集中化任务，而诗人所遵循的思想，是只有一个统一的又是唯一的语言，只有一种统一的独白式封闭的话语。这种统一的封闭的话语是一个"统一的意向整体"，而诗人与这个"意向整体"之间，不存在任何距离。于是，在诗歌词语的背后，感觉不出各种题材、各种职业、各种流派（除诗人自己的流派）、各种世界观（除诗人自己那统一的和唯一的世界观）所具有的典型的和客体的形象，"所有进入作品的一切，都必须完全淹没在里面，忘记过去在他人语境中的生活；语言只能记得自己在诗歌语境中的生活"②。无论是英雄形象的塑造还是意境的营构，亦或是语言、结构，"十七年"长篇小说就其精神实质来说表现出一种浪漫的诗意追求。比如杜鹏程的《保卫延安》被多个评论家认为充满了诗情，将其放在诗的高度加以肯定："我们说，杜鹏程同志的作品是富有诗意的。诗意在哪里？就在于他是站在革命斗争行列中间，恨战士之所恨，爱战士之所爱。爱得深，恨得深，揭示得也深。深就新颖，深就真实，深就感人，深就美。这深与作者强烈地爱憎语言相结合，就成了烁烁闪光的诗篇。"③"读杜鹏程

① 贺凯：《文艺作品中的语言问题》，《火花》1959 年第 9 期。

② ［苏］巴赫金：《长篇小说的话语》，《小说理论》，白春仁、晓河译，河北教育出版社 1998 年版，第 51—78 页。

③ 思基：《论杜鹏程的艺术独创性》，《社会科学战线》1980 年第 2 期。

小说常常会有这样的感受：他的小说是无韵的诗，他是用小说的形式来写诗的。然而，他又不仅仅是诗。……他是用文学语言、艺术形象——或者更确切地说是诗的语言、诗的形象表达了对生活哲理的理解的。"①

"十七年"长篇小说遵循的是社会主义现实主义的创作原则，也就是通过小说的形式再现外部世界的真实。在小说和外部世界之间，是一种反映和被反映的关系，小说构建的世界就是外部世界的投射。"十七年"是一种政治化了的社会生活，意识形态已先在地叙述了新中国成立的历史合法性，小说只不过是以形象化的方式对这一本质性规律进行艺术阐释。按照文体学者的说法，文体并不单单是语言的问题，它还要与社会时代氛围相契合。那么，面对不可动摇、不容置疑的社会现实，也许只有这种由意义框架稳固的词汇构成的文体才最适合表现，如镜子般准确地映射出社会的全貌。如果词汇因其能指与所指之间的张力而造就了含糊其词、模棱两可的意图表达，那么由此构成的文体也就会留下巨大的不确定的意义空间，以这种方式来反映社会现实，其危险性不言而喻。就此意义而言，词汇的规范化并非是对"十七年"长篇小说文体的绝对损害。

但小说文体的建构不仅在于文字表面的组合链接，更在于文字内在心理机制的因果关系和逻辑层次的关联上，也即作为深层结构的语法方面。热奈特认为，"叙事作品归根结底是语言的产物，任何一部复杂离奇、卷帙浩繁的叙事作品其实仅仅是一个动词的膨胀：'我走了，皮埃尔来了'，在我看来都是叙事作品的最低级形式。相反《奥德修纪》或《追忆逝水年华》只不过是在某种方式上扩充了（修辞意义上讲）尤利西斯回到了伊大嘉岛，或马塞尔成了作家这两个陈述句罢了"②。从结构主义的角度来看，长篇小说的文体与语法有着一种深层次的对应关系。

50 年代对汉语语法的重视达到空前的程度，有人总结认为："当时对语法规范的讨论在学习生活中成为了最重要的任务之一。这段时间的语法规范影响了整整一代人，50 年代学生大都有在语言生活中自觉注意用语格式规范的习惯。"③ 叶圣陶曾以文艺工作者的身份要求作家必须注意语法：

①　潘旭澜：《论杜鹏程的小说创作》，《文学评论》1980 年第 1 期。
②　热奈特语，见谭君强《叙事学导论》，高等教育出版社 2008 年版，第 17 页。
③　吕建军：《回顾与思考建国以来的汉语语法规范研究》，《成都师范学院学报》2014 年第 4 期。

　　掌握语法可以说是人人生活里的必要事项，咱们文艺作者当然不是例外。不做文艺作者也得掌握语法，难道做了文艺作者，专搞以语言为手段的文艺，反而可以不管语法了？咱们中间有极少数的几位曾经说过这样意思的话：管它语法不语法，我爱怎么写就怎么写。这个话就有点儿争取不按语法的自由的意味了。其实说这个话的朋友们大体上还是按语法的，真正不按语法，又怎么写得成作品呢？万一写成了，又给谁去读呢？不过他们并不要求自觉地合乎语法，那是显然可见的。希望他们想一想，人家期望文艺作者在使用语言上起示范作用，这种期望不容辜负。再希望他们想一想，文艺写作不是单方面的事，不能不顾到读者，读者按语法读文艺作品，作者就得完全按语法写作，不然就不免在作品和读者之间起一道或厚或薄的墙。这样想了以后，他们该会要求自觉地合乎语法吧。总之一句话，咱们文艺作者不必兼做语法的研究者，可是，跟所有的人一样，必须是语法的实践者。①

　　对语法的重视在作家那里得到回应。杨沫多次修改《青春之歌》，其中有一次重点放在"修辞"方面。在杨沫看来，"文学作品句子不通，这是不能容忍的"。为了将句子改得通顺，"故而还翻了翻《语法修辞学》"②。

　　作为思想交流的载体，语言应该而且必须遵循语法规范，这样才能避免交流双方的歧义。文学语言是语言的一种特殊类型，不可能完全挣脱语法的锁链。否则的话，文学语言也就不能实现自身，而成为凌空虚蹈的存在。但作为艺术化的语言，文学语言还是有自己的特殊性。在一定程度上，文学语言会超越或违背语法规则才能给读者带来一种"陌生化"的艺术效果。就像耿占春所说："诗的语言所采取的策略，在于将语词从逻辑与语法的缩减下解放出来，诗化语言缩减的不是词语的意义关联域或其多义性，从而把一个词限指限义定时定位，而是缩减语法和逻辑关系，因而增加了语词自身的存在。"③　语词存在的自我显现也就是文学本体性的

　　①　叶圣陶：《文艺作者怎样看待现代汉语规范化问题》，《叶圣陶论创作》，上海文艺出版社 1982 年版，第 229 页。

　　②　杨沫：《自白：我的日记》（上册），北京十月文艺出版社 1994 年版，第 283 页。

　　③　耿占春：《隐喻》，河南大学出版社 2007 年版，第 143 页。

展现。钱锺书从语法的角度区分过文学语言与常规语言的不同:"在常语为'文理欠通'或'不妥不适'者,在诗文则为'奇妙'而'通'或'妥适'之至。"① 钱锺书所说的"'奇妙'而'通'或'妥适'之至"实际上就是常规语言的变异,也就是对标准语法的打破,使描写对象从常规语言的遮蔽中浮现出来,使自身成为什克洛夫斯基所说的"可观可见之物"。其实这也就是经常说的语言的"陌生化"。什克洛夫斯基在论述到这一点时指出:"艺术的手法是将事物'奇异化'的手法,是把形式艰深化,从而增加感受的难度和时间手法,因为在艺术中感受过程本身就是目的,应该使之延长。艺术是对事物的制作进行体验的一种方式,而已制成之物在艺术之中并不重要。"② 因此,与严格遵循语法规范的科学语言和随意违拗语法规范的日常语言相比,文学语言与语法规范之间是一种若即若离的关系。也许布拉格学派的代表人物穆卡洛夫斯基的一段话更能表明这种关系:

> 对诗歌来说,标准语是一个背景,是诗作出于美学目的借以表现其对语言构成的有意扭曲,亦即对标准语的规范的有意触犯的背景……正是对标准语的规范的有意触犯,使对语言的诗意运用成为可能。没有这种可能,也就没有诗。③

从反面来看,如果没有"对标准语言的规范的有意触犯",那么"语言的诗意"也就无从产生的可能,文学语言等同于社论讲话、新闻报道式的社会语言,文学文体的独立品性也就会自动取消。

"十七年"长篇小说的作者文化水平普遍不高,作品中出现语法错误的较多,那么对作家提出讲究语法的要求有其必要。但由于对汉语规范化的教条化理解,对语法的规范难免出现矫枉过正的情况。就像一位论者对语法规范提出的质疑那样:"近来有些讲语法的人,在鉴别一个句子的正误时,往往拿语法上的某些公式或法则套在句子上:合则留,不合则倍加

---

① 钱锺书:《谈艺录》,中华书局 1984 年版,第 532 页。
② [苏] 维克多·什克洛夫斯基:《散文理论》,刘宗次译,百花洲文艺出版社 2010 年版,第 11 页。
③ [捷克] 穆卡洛夫斯基:《标准语言与诗的语言》,《西方文艺理论名著选编》(下卷),北京大学出版社 1987 年版,第 417 页。

指摘。"① 赵树理也对语法规范过于严苛提出批评:"学文法主要是检查语言是否有错误,话说得通不通。写文章就不一定按照文法一个一个想了才写。先有话,后才有文法。……文法就是语法。外国有外国的,中国有中国的。"② 80 年代曲波回忆,在《林海雪原》发表后不久,就有语言学者批评《林海雪原》中有六十多处违背语法修辞的错误。为此他向老舍请教。老舍说:"写文学不是写社论,更不是写条约。如果套上语法修辞的严格规范来写文学作品,那就势必千人万人一个腔调。……我们当然要讲语法修辞,要'法'得通顺,流畅,'修'得辞美逼真,要有浓厚的音乐感,读起来朗朗上口,听起来扣人心弦。绝不能修得一句中扭好几道弯,读起来辣嗓子。"③ 但无论如何,无论有意还是无意,作家们使用语言时会以语法标准衡量语言规范与否,严格地将语言固定在语法的轨道上,文学语言等同于常规语言,艺术审美也就无从得之。

由于汉语及其组合不受形态成分的制约,其语词单位的大小和性质往往随语境而变化,运用比较灵活自由。吕叔湘指出,汉语句法的灵活性体现在三个方面:"第一是移位,就是一个成分离开它平常的位置,出现在另外的位置上。第二是省略,就是意思里边有这个成分,可是话语里不出现。第三是动补结构的多义性,这是一种结构多种功能的例子。"④ 因为这种语言的灵活自由,传统叙事文学体现出一种空灵的诗性特征。⑤ 申小龙从语法体现的文化精神进一步认为:"汉语语法正是以能动、发散的基本单位为主体作创造性的发挥的。"申小龙非常肯定地认为,"汉语语法学史也表明,任何先验、坚硬的框架,都框不住汉语语法。"⑥ 也许申小龙忽略了"十七年"期间对语法规范的空前重视,汉语言的自由和灵活被规范的语法严格地框定在各自的位置和功能方面,由此而成的文体难免

---

① 郑秀鹤:《不要扼杀语言》,《语文知识月刊》1953 年第 8 期。

② 赵树理:《生活、主题、人物、语言》,《赵树理论创作》,上海文艺出版社 1985 年版,第 222 页。

③ 曲波:《清水流香》,《中国现代文学研究丛刊》1985 年第 2 期。

④ 吕叔湘:《汉语句法的灵活性》,《语文近著》,上海教育出版社 1987 年版,第 77—78 页。

⑤ 张卫中:《母语的魔障——从中西语言的差异看中西文学的差异》,安徽大学出版社 1998 年版,第 166—176 页。

⑥ 申小龙:《流块建构——中国语言的文化形态》,《反思:传统与价值》,上海文艺出版社 1991 年版,第 212 页。

僵化呆板。这尤其体现在"十七年"长篇小说的时间结构方面。

人类的历史、文化及其行为必定在时间和空间中生成、展开和延续，而人类对历史、文化和自身行为的理解与表达也是通过自己的语言系统得以实现，"因此，时空观念文化与民族语言结构有着深层的关联。也就是说，一个民族的时空观念文化深深地埋藏在该民族的语言结构之中，与其语言结构有着内在的、深层的对应关系"①。克洛德·拉尔更明确地指出，"中国人的时间概念体现在语言和生活方式中"②。再具体点说，时间与语法之间相互对应的关系更为密切。语言学家通过研究发现，"两个句法单位的相对次序决定于它们所表示的概念领域里的状态的时间顺序"。比如，当两个汉语句子由时间连接词（"再""就""才"）连接起来时，第一个句子中事件发生的时间总是在第二个句子之前。这一规律同样适用在词与词之间（动词与动词、副词与动词、名词与动词等）以及比较结构的句型中。汉语语序的展开与自然时间完全合拍，也就是时间顺序决定了词汇的位置，而词汇也依循时间上的先后而前后衔接。因此可以认为，语言的结构直接反映了现实的时间结构。③

巴赫金指出过时间之于文体的意义："时空体在文学中有着重大的体裁意义。可以直截了当地说，体裁和体裁类别恰是由时空体决定的；而且在文学中，时空体里的主导因素是时间。"④ 时间是决定长篇小说内在结构的基本因素之一，对时间的理解和表现是长篇小说文体创新的关键。有学者在论述到这一点时指出，20 世纪西方文坛上几乎所有文学大师都首先是一个时间艺术家，像普鲁斯特、乔伊斯、福克纳对心理时间的探讨，博尔赫斯、罗伯·格里耶、米歇尔·布托尔对迷宫时间的实验以及许多拉美作家对圆周时间的思考等。20 世纪现代小说史就是一部作家不断突破线性一维时间，探讨和拓展多种时间形式的历史。他们在文本中通过对叙事时间的改造、变形、扭曲和重新拼接不断进行着时间的实验。小说在结

---

① 王远新：《时空观念的语言学探索——以突厥语族语言为例》，《中央民族大学学报》2003 年第 1 期。

② ［法］克洛德·拉尔：《中国人思维中的时间经验知觉和历史观》，《文化与时间》，郑乐平、胡建平译，浙江人民出版社 1988 年版，第 31 页。

③ 戴浩一：《时间顺序和汉语的语序》，《国外语言学》1988 年第 1 期。

④ ［苏］巴赫金：《小说的时间形式和时空体形式——历史诗学概述》，《巴赫金全集》（第 3 卷），白春仁、晓河译，河北教育出版社 1998 年版，第 275 页。

构上的每一点变化几乎同时都包含了时间上的变化。①

但在"十七年"长篇小说中,几乎没有对时间艺术的丰富而多样的探索和表现。"十七年"长篇小说表现出对自然时间的严格遵循,基本上按照自然时序描述事件的进展,未能冲破线性时间的牵制,叙事的主观时间与故事的客观时间几乎完全重叠。时间尽管存在,但因其未能与人物性格的发展变化结合起来,从而使意义仅仅锚定在对历史事件的标识中。自五四以来小说中对时间进行扭曲、变形、颠倒以及意识流、联想、内心独白等方法以扩张时间容量的艺术化的处理方式在"十七年"长篇小说中销声匿迹,更谈不上整体结构上的情绪化时间或是心理时间的呈现,随之消失或萎缩的则是人物的精神空间与心理空间。"十七年"长篇小说这种有序的时空有利于因果叙事结构的有序和清晰、故事讲述的连贯统一和第三人称的全知叙事,尤其是时空的秩序感容易营造出史诗式的精神气质。这种文体也就是王一川所说的"经典叙述体",其文体效果是"力求向读者证明他们能够从小说中了解到世界的真相"②。清晰的时间秩序和稳固的空间框架意味着对外部经验的接受,也意味着对现实社会的强烈认同。但时空的完整和秩序状态也暴露出其难以弥补的负面效果:"这种以时间尺度为基准的文体形式令我们相信,作家以确切的叙述展示了一幅个人生活的图画,它既存在于一个历史过程的更广阔的全景图之中,又存在于作家对时间的全方位掌控之中,从而便于在一定的时间内演绎人物的人生经验……但相对于作家而言,由于特定的外部时间的经验定位,他们在写作中的主观意志越来越强,控制了小说的故事时间与叙事时间,并使它们趋于合二为一,这在一定层面上限制了作家的虚构能力与想象力。"③ 与其说作家以强烈的主观意志控制了小说的故事时间与叙事时间,不如说是在物质层面对规范语法亦步亦趋的结果。

除了词汇、语法的规范对"十七年"长篇小说文体有直接影响,语言的口语化、民族化、大众化也对"十七年"长篇小说文体起着潜在的但却更具有根本性的制约作用。

口语化、大众化、民族化既是汉语规范化的建设目标,也是文学语言

---

①　张卫中:《余华小说的时间艺术》,《三峡大学学报》2005 年第 3 期。

②　王一川:《汉语形象美学引论》,广东人民出版社 1999 年版,第 138 页。

③　王素霞:《20 世纪 90 年代长篇小说文体论》,光明日报出版社 2006 年版,第 5 页。

生活化的体现。五四以来的语言变革都暗含着口语化、大众化的冲动，清末民初主张"言文为一"、五四时期追求"言文一致"、30 年代提倡"言文合一"，无论哪一种，其最终目的是"文"向"言"的靠拢，是文学向生活的贴近。但从实际效果来看，文学作品真正口语化的实现还是在 40 年代以赵树理为代表的解放区文学创作，小说开始大量使用农民语言，尤其是方言土语，语言因此具有了口语化、大众化尤其是民族化的特色。赵树理的小说语言是口语化、大众化、民族化的典范，他认为："写进作品里的语言应该尽量跟口头上的语言一样，口头上说，使群众听得懂，写成文字，使有一定文化水平的群众看得懂，这样才能达到写作是为人民服务的目的。"① 新中国成立之后，口语化语言仍然是作家的有意追求。1950年，郭沫若从语言规范化的角度指出，文字改革的首要条件，是使文艺作品口语化，减少文字拼音化的困难。② 老舍从文学的角度提倡写大白话："大白话就是口语。用口语写出来的东西容易生动活泼，因为它是活言语。活言语必须念起来顺口，听起来好懂，使人感到亲切有味。"③

文学语言的口语化也带来了文体的相应变化。古代汉语的书面语体是文言文，随着宋元话本小说的兴起，语言的口语化程度越来越高，白话成为小说的常用语体。在此基础上，形成了在语言、叙事和结构方面非常模式化的章回体小说。五四虽然也将文学语言的口语化提到极其重要的地位，但因为还仅仅停留在理论倡导层面，所以文学作品所使用的是欧化了的白话，在文体方面表现出不同于传统小说也即章回体小说的特色，如人物的性格化塑造、静止的心理剖析、风景的细腻描绘、横截面式的故事讲述以及种种错综复杂的结构，等等。30 年代文艺大众化，在形式方面阳翰笙认为："现在我们来创作大众文艺的时候，不仅言语要大众的言语，体裁也得要为大众所爱好和习尚的体裁。"阳翰笙所说的这种"为大众所爱好和习尚的体裁"其实也就是章回体的形式，只不过去掉"却说""某生某地人也"等一些"旧花样"。④ 将文艺大众化落到实处的是 40 年代的解放区，因为鼓舞民众抗战的需要，通俗故事开始兴起。关于通俗故事的

---

① 赵树理：《当前创作中的几个问题》，《火花》1959 年第 6 期。

② 郭沫若：《在春天抢着来播种——在第一次全国少年儿童工作干部大会上的讲话》，《中国青年》1956 年第 40 期。

③ 老舍：《和工人同志们谈写作》，工人出版社 1956 年版，第 6 页。

④ 寒生（阳翰笙）：《文艺大众化与大众文艺》，《北斗》1932 年第 2 卷第 3、4 期合刊。

文体特征，赵树理有过不太成系统的表述：口语化的语言、情节化的故事、有头有尾的结构形式、传统叙事的艺术技巧，等等。尽管赵树理吸收了现代小说的叙事技巧，也具有现代意识和审美情趣，但由《小二黑结婚》开始的通俗故事始终有拂之不去的评书体的影子。赵树理自己承认："我写的东西，大部分是想写给农村中的识字人读，并且想通过他们介绍给不识字人听的，所以在写法上对传统的那一套照顾得多一些。"①

新中国成立后，"十七年"长篇小说在某种程度上呈现出向章回体回归的趋势。究其缘由，既有作家主体为大众服务的政治冲动，还有读者阅读期待的牵引。

梁斌在创作《红旗谱》时说过："我时常在想着，怎样才能使这部小说成为'喜闻乐见'的艺术创作。我选择了古典文学中的传统手法，在章法结构上，不脱离民族形式。语法结构上不脱离现实，尽可能写得通俗易懂。"②知侠在《铁道游击队·后记》中说："为了使这部作品能为中国的广大读者所喜闻乐见，事先我剖析了一遍《水浒传》，在写作上尽可能注意以中国民族文学的特点来刻画人物，避免一些欧化的词句和过于离奇的布局和穿插，把它写得有头有尾，故事线索鲜明，使每一个章节都有一个小高点。"③《烈火金刚》的初稿是新体小说，考虑到传播对象及接受效果，刘流将其进行了根本性修改，最终成为"评书"形式的章回体小说。④陆地的长篇小说《美丽的南方》在章法结构上"继承了中国古典小说和民间文艺的传统结构：以中心人物的生涯作主线，展开波澜起伏、迂回曲折的故事情节；在揭示中心人物与其他人物之间的复杂关系的过程中，把当时社会生活的各个角落展现在读者的面前，让读者透过种种社会现象去认识社会的本质"⑤。雪克写作《战斗的青春》，因为未能向传统靠拢而检讨："作品的结构上也没有达到像中国传统文学那样巧妙和引人入胜，极尽曲折穿插之能事，而又前后衔接得天衣无缝。……章节之间读起

---

①　赵树理：《〈三里湾〉写作前后》，《文艺报》1955年第19期。

②　梁斌：《我怎样创作了〈红旗谱〉》，《春朝集》，上海文艺出版社1980年版，第9页。

③　知侠：《〈铁道游击队〉创作经过》，《新文学史料》1987年第1期。

④　刘丽华：《铁马冰河入梦来——我的父亲刘流的革命生涯和创作道路》，《新文学史料》2005年第4期。

⑤　韦秋桐：《南国风光　壮乡情调　谈陆地长篇小说的地方色彩》，《广西民族学院学报》1984年第2期。

来还是有些突然，转得生硬，这是外国作品的影响。"①

那些接受过现代文体洗礼的作家对章回体也不同程度地进行了借鉴、袭用，如马识途、周立波、柳青等。马识途1935年开始发表作品，40年代初在西南联大中文系学习，"接受过一些文学大师们的科班训练"，"中文外文根基雄厚，'科班'出身，毕业于名校，博览群书，才高识广，传统经典、中西文化、史学哲学、马列主义……属于融贯、通释之士，不是一般作家望其项背者"②。尽管如此，文学对于从事地下革命工作的马识途来说仅是一种"副业"。换句话说，他进行文学创作是革命工作的需要，将所写的作品称为"革命文学作品"："想用我的一支拙笔，从一个侧面来反映中国人民的革命斗争生活，表现他们在外受列强侵略，内遭专制压迫的极其困难恶劣的环境中，仍能保持中国民族精神，前仆后继，英勇斗争的革命事迹"。为了实现这一目标，马识途明言："我就是要追求民族的形式、生动的形象、跌宕的情节、通俗的语言，以便凡夫俗子、引车卖浆者流也可以从中得到一点艺术享受，受到一点启发。"③ 从这里可以看出，"接受过一些文学大师们的科班训练"的马识途对传统文体的服膺。赵树理在写作《三里湾》时，也是出于对接受对象的考虑而向传统靠拢。当然，赵树理对于传统的借鉴更为宽泛一些。他说："我虽出身于农村，但究竟还不是农业生产者而是知识分子，我在文艺方面所学习和继承的也还有非中国民间传统而属于世界进步文学影响的一面，而且使我能够成为职业写作者的条件主要还得自这一面——中国民间传统文艺的缺陷是要靠这一面来补充的。"④

向传统体式的回归也是一种语言上的回归，章回体小说的那种程式化的叙述形式、模式化的描写语言以及塑造英雄形象的主题、人物形象的类型化等是"十七年"长篇小说最容易模仿的地方。西方学者在研究口传叙事史诗时认为，"程式"是口头诗学的核心。在以口语为主的文学作品中，词语—主题—故事—文体等不同层面都表现出程式化特征。在词语层面，帕里认为："程式是在相同的格律条件下为表达某一特定意义而经常

---

① 雪克：《我写〈战斗的青春〉感到的几个问题》，《新港》1959年第1期。

② 王火：《瞻焉在前，仰之弥高——〈马识途文集〉序》，《清江壮歌》，四川文艺出版社2005年版，第2页。

③ 马识途：《清江壮歌·自序》，《清江壮歌》，四川文艺出版社2005年版，第4页。

④ 赵树理：《〈三里湾〉写作前后》，《文艺报》1955年第19期。

使用的一组词。"① 在主题层面,帕里的学生洛德认为主题是"在传统诗歌中,以程式化的形式讲述故事时,有规律地使用的一组意义"。在故事层面,洛德和美国学者弗里认为口传文学的故事也具有程式化特征:"在口头传统中存在着诸多叙事范型,无论围绕着它们而建构的故事有着多大程度的变化,它们作为具有重要功能并充满着巨大活力的组织要素,存在于口头故事文本的创作和传播之中。"② 也就是说,同一种故事可以被不同的人通过不同的方式讲述,但其基本组织要素并未改变。词语、主题、故事的程式化自然会形成文体的程式化,如中国古典白话小说在结构方面包括题目、篇首、入话、头回、正话、结尾六个部分,在叙事方面采用发生、发展、高潮、结局的直线叙述方式,故事有头有尾,前后衔接连贯等等。加拿大学者弗莱特别重视程式的意义和作用,并且有将程式绝对化的意味。在他看来:"创作都有一定程式。诗人按照这一传统写作了一段时间后,根据自己对文学技巧的理解,渐渐形成自己独特的形式感。他不是无中生有地创作的。无论他想抒发什么东西,他只能以公认的文学形式表达出来。"③ 也因此,当文学语言以口语化为主、文学内容以塑造英雄形象为主、文学对象以听故事为主时,自小便受传统小说和民间故事影响的"十七年"作家自然会在潜意识中转向前现代以口语为基础的中国传统章回体小说,如刘流所说:"许多同志很关心评书这种文学形式,我也是因为喜欢这种形式,并且感觉到群众需要这种形式的作品,才开始练习着写。我认为:这是我们民族形式的一种,这种形式在民间流传甚为广泛,它和口头文学相近,象讲故事一样,局限性小,写起来比较容易,谁都可以写,能讲故事就能写。"④ 相比较之下,五四以来以书面语写就的长篇小说文体因其强烈的个人化表达和对读者的远离而很少被作家关注,更谈不上借鉴。当然还有一个原因就是构成现代文体基础的欧化语言在汉语规范化中合法性的丧失。

　　"十七年"长篇小说中,也有突破传统框架而表现出西方现代小说结

---

① 帕里语,见尹虎彬《口头文学研究中的程式概念》,《民间文学论坛》1996 年第 3 期。

② [美] 约翰·迈尔斯·弗里:《口头诗学:帕里 – 洛德理论》,朝戈金译,社会科学文献出版社 2000 年版,第 109 页。

③ 诺思洛普·弗莱:《弗莱文论三种》,内蒙古大学出版社 2003 年版,第 34 页。

④ 刘流:《〈烈火金刚〉写作中的几点情况和问题》,《作家谈创作经验》,中国青年出版社 1959 年版,第 140 页。

构的作品，如哈华的《浅野三郎》。哈华说："关于本书的形式，我原拟采用民族形式和全部民间语言，但试了试，结果很失望。有许多是日本朋友提供日文材料直译过来的，为了真实性，难于用民间语言去修改它。同时，用更多的民间语言去叙写日本人的内心活动和人物活动，或给日本人的对话使用许多中国思想感情的民间语言，我觉得情调不对而且滑稽，因此决定采取另一种形式，才成了今天这样有点像翻译的外国小说。"在文体上，"也可以说是一本政论性的抒情散文"①。尽管在形式上不太成熟，但毕竟做出了文体实验的努力。从哈华的话中也可以看出，文体的选择和语言之间有密不可分的关系。

　　当然，以口语为基础生成的文体并不是一无是处，口语化能够使文体灵活、明快、简洁、质朴，能够务实地表现当下生活，适合于表现雄健的文体风格。因为口语是活的语言、流动的语言，在不同作家那里也可以形成不同的文体。即使是借鉴于传统体式，也会有不同变异。再者，方言在口语化的标签下得以合法地进入规范化语言体系中，从而在一定程度上保留了政治环境中地方的、民间的生活风貌。尤其是方言土语在一定程度上化解了普通话语境中"语言流行病的侵蚀"，② 成为"十七年"长篇小说单调、枯燥的文学语言的"美学脱身术"。但口语化的语言对于文体的负面影响也很明显："延安文学以来倡导的新的'民间大众话语'则是被政治话语渗透、过滤、提纯的民间语言，其平易通俗的口语化也有着政治所要求的一统性、形式性。以这样一种话语方式表现出来的全知叙事视角力图最大限度发挥文学的教育载道功能，但又会使文学功能窄化甚至失落。这种叙事视角具有不可抗拒的'时代性'，即使是一些优秀小说也难以避免。"③ 同样，口语化文体在表达思想和文化的细微方面也难如人意。陈平原认为，早期比较讲求文体美的翻译家、小说家埋怨白话难以传神达意，于是转用文言。这也许可以看作与文言文体相比，白话文体的不足和劣势。

　　另外，"十七年"长篇小说在很大程度上表现出一种"报告文学"实

---

① 哈华：《浅野三郎·前言》，《浅野三郎》，上海文艺出版社 1981 年版，第 1—5 页。

② 李锐：《春色何必看邻家——从长篇小说的文体变化浅议当代汉语的主体性》，《当代作家评论》2002 年第 2 期。

③ 黄万华、黄一：《写什么和怎样写："十七年"小说的生存限度》，《扬州大学学报》2014 年第 6 期。

录性的文体特征（后文将对此有所论及），这也与语言的口语化有关。李玮在研究报告文学文体的发生时，提出过这样一种规律："'报告文学'的兴盛也与'文学语言'的整体面貌有很大关系。当一个时代的'文学语言'整体上'口语化'时，如抗战时期、50 年代，'报告文学'以及同类的文体就会兴起；而当一个时代的'文学语言'强调'修辞性'时，如 90 年代初期，'报告文学'则会面临文体消解。"李玮进一步指出："这种规律也适用于作家，当作家的语言较为'口语化'时，即使作家本身并没有创造报告文学的文体自觉，创作也容易'报告文学化'。"① 因此，汉语规范化的口语化追求决定了"十七年"长篇小说的文体边界。

二　语言主体规训与"十七年"长篇小说文体

文体是内容和形式的统一，也是主观和客观的统一。客观方面指的是社会情境和语言素材的制约，包括词汇、语音、语法、语义等各种手段。所谓的主观，也就是作家的思想意识、情趣爱好、语言修养、写作观念等，对文体生成也起到根本性作用。现代语言学认为，语言不仅建构了世界，也建构了人自身。就像有人所说的那样："一套语言体系是一双整体把握世界的巨掌，以自己的隐喻和词语内涵执掌世界。因此世界观和思维方式变化的深层实质还是语义变迁，语言是包括思维方式在内的生活方式，它规范了人们的思想，从而也塑造了人们生活其中的世界。"② 那么，文体生成的主观因素，也就是作家的思想意识、情趣爱好等就不能不受汉语规范化的影响和制约。

关于语言和思想之间的关系有多种说法，有人认为思想先于语言而存在，语言是思想的现实；也有人认为语言先于思想而存在，语言以概念的形式建构了思想；还有人认为思想和语言二者是相互依赖的关系，二者不存在优先关系。应该说，语言和思想不可分割是经验事实。五四新文化运动的思想革命是从废除文言文、改用白话文开始，三四十年代的语言大众化是传播革命思想的需要。在《思想革命》一文中，周作人阐述了反对古文的因由："我们反对古文，大半原是为他晦涩难解，养成国民笼统的

① 李玮：《论 20 世纪 30 年代文学语言"大众化"与"报告文学"文体的发生》，《文学评论》2011 年第 6 期。

② 纪树立：《理性与心性之间》，江苏人民出版社 2004 年版，第 160 页。

心思，使得表现力与理解力都不发达，但另一方面，实又因为他内中的思想荒谬，于人有害的缘故。这宗儒道合成的不自然的思想，寄寓在古文中间，几千年来，根深蒂固，没有经过廓清，所以这荒谬的思想与晦涩的古文，几乎已融合为一，不能分离。我们随手翻开古文一看，大抵总有一种荒谬思想出现。便是现代的人做一篇古文，既然免不了用几个古典熟语，那种荒谬思想已经渗进了文字里面去了，自然也随处出现。"① 反对晦涩的古文，即是反对荒谬的思想；只要有古文出现的地方，便有荒谬思想的显现。由此可见语言和思想之间的本质性关联。

反对一种思想，要从反对承载该思想的语言开始。那么规范一种语言，也就是对一种思想规范的开始，新中国成立初期的汉语规范化即是如此。叶圣陶就文学语言与思想意识之间的关系有过比较详细的论述，他认为："作者给读者的，仅仅是这些写在纸面上的语言，以外再没别的。读者认识作者所反映的生活的实际，了解作者的哲学——作者的世界观和人生观，也仅仅靠这些写在纸面上的语言，以外再没别的。因此，这些写在纸面上的语言是作者读者心心相通的唯一的桥梁。读者不能脱离了作品的语言理解作品，要是那样，势必是胡思乱想。作者也不能要求读者理解没提到的东西，搞清楚没说清楚的东西，要是那样，就不免宽容了自己，苛待了读者。"② 叶圣陶的论述，实际上涉及语言的本体问题，也即语言是思想的直接现实。

思想成为作家文学表现的最大规范，只要思想正确，至于如何表达几乎可以忽略不计。在奔往思想的朝圣途中，"十七年"长篇小说的作者几乎没有自觉的文体意识。赵树理曾经明确认为："我对运用语言方面的看法，一向不包括在写法中。我以为这只是个说话的习惯，而每一个国家或民族，在说话时候都有他们的特殊习惯，但每一种特殊习惯中也有艺术的部分，也有不艺术的部分。写文艺作品应该要求语言艺术化，是在每一种不同语言的习惯下的共同要求，而我只是想在能达到这个共同要求的条件下又不违背中国劳动人民特有的习惯，结果在'艺术化'方面只是能'化'多少'化'了多少（根据我的能力），而在保持习惯方面做得多一

---

① 周作人：《思想革命》，《苦雨斋文丛》，辽宁人民出版社 2009 年版，第 8 页。
② 叶圣陶：《关于使用语言》，《人民文学》1956 年第 3 期。

点而已。"① 也因此，赵树理的小说表现出全知视角、散点叙事、人物类型化、情节故事化等文体特征。相对于五四以来开放的、发展的文体来说，是一种封闭和停滞。但赵树理毕竟还受过精英文化的影响，在文体方面有传统也有现代的一面。其余大部分作家则是在无意识层面接受了传统文体的影响，造成了文学作品的"千人一面"。甚至有的作家在写小说之前就不懂得小说的写法，比如罗广斌、杨益言、曲波、知侠等，都是在回忆或者是回忆录的基础上逐渐加工演变为小说，有的小说几乎可以看作是人物传记。知侠创作《铁道游击队》一开始是想"用传记或报告文学的形式来写"，② 杜鹏程的《保卫延安》"开始准备写成报告文学，认为这样的文学作品有价值"，写完之后"觉得零乱、肤浅，缺乏感染力"，经过一段学习之后才认识到，写小说"和报告文学，和真人真事最大的不同在于，艺术创作必须虚构，通过虚构走向艺术真实，走向思想深刻"。杜鹏程感慨修改过程的困难："初稿是报告文学的底子，要把它改变成小说，困难真是不曾想到的。"③ 刘流没有因为缺乏艺术上的自信而放弃创作《烈火金刚》，他认为："即便我写不成书，我把这一部分材料整理起来，请别人帮助来完成，进行艺术加工，这对国家和人民也是有益的。"④ 张孟良明言："《儿女风尘记》是以真人实事为基础写成的传记小说，它记载了我的家庭的悲惨遭遇和我的童少年的苦难经历。"⑤

　　《红岩》的文体生成过程也许能更清晰地说明这一问题。《红岩》起步于罗广斌、杨益言、刘德彬等参加的对重庆集中营里的革命烈士斗争事迹的宣讲活动，后又写成回忆录《在烈火中永生》。这个时候，他们"未想到写小说"，"没有敢想用文艺形式，自己拿起笔来表现这一斗争"。当团中央动员他们将《烈火中永生》写成小说时，他们"很为难"。尽管对题材涉及的历史人物、事件已经"成百次地想过、讲过，但要当成小说来写，这个学习任务对于我们这样从未写过长篇小说的人来讲，自然得一

---

① 赵树理：《〈三里湾〉写作前后》，《文艺报》1955 年第 19 期。

② 知侠：《我怎样写〈铁道游击队〉的》，《读书月报》1955 年第 3 期。

③ 赵俊贤、杜鹏程：《〈保卫延安〉创作答问录》，《新文学史料》2001 年第 1 期。

④ 刘流：《〈烈火金刚〉写作中的几点情况和问题》，《作家谈创作经验》，中国青年出版社 1959 年版，第 129 页。

⑤ 张孟良：《〈儿女风尘记〉写作经过》，《作家谈创作经验》，中国青年出版社 1959 年版，第 151 页。

切从头开始"。经过不断地学习、提炼和修改,《铟禁的世界》(《红岩》第一稿)在 1957 年初完成。中国青年出版社文学编辑室主任江晓天知道三人写作长篇小说的情况后,指派吴小武与作者联系约稿。他尤其叮嘱吴小武向罗广斌等问清楚,这本书"是长篇小说还是长篇革命斗争回忆录"。江晓天这样安排就是想确定《铟禁的世界》的文体问题,以便安排相应的编辑室接管。在《铟禁的世界》第二稿完成之后,中青社邀请罗广斌等到北京继续修改,"一起研究作品的故事梗概、主题思想、主要人物、结构布局的安排方案等等"①。这说明《铟禁的世界》此时在文体方面距小说甚远。1961 年 3 月 8 日,责任编辑张羽根据小说的现状谈了七条具体的修改意见,其中第一条就是关于文体方面的改动:

> 这部小说是写解放战争末期、重庆解放前夕,美蒋匪帮在面临覆灭之际,大肆屠杀重庆集中营的革命志士,革命者在狱里狱外奋起反抗并取得胜利的作品。小说的时空范围都较大。革命者在中共南方局领导下,以重庆为中心,活动范围涉及四川以至西南广大地区;时间从抗战胜利到重庆解放;既写了狱中斗争,又写了狱外的解放战争。这样巨大的场面和错综复杂的形势,在作品中如何有计划地展开,就要通体考虑到小说的结构和布局。②

张羽推荐了两本小说给作者,供其写作时参考。一本是苏联小说《青年近卫军》,学习小说怎样写人物、怎样写人物之间的关系;一本是《三国演义》,学习民族形式、民族风格、如何写人和事、如何结构布局等。但即使经过不断的修改和调整,小说在出版之前送《人民文学》《延河》等刊物希望能够被刊用,却被认为"文学性"不够而拒载。时隔多年,"中青社的一些老编辑还是认为《红岩》从文学上讲不是一部成熟的作品"③。无论如何,即使有江晓天、陈碧芳、王维玲以及张羽等编辑的介入,《红岩》先天的实录性始终使其"文学性"处于一种未完成状态,其文体特征彰显不明。

---

① 见钱振文《中国青年出版社与〈红岩〉的生产》,《河北学刊》2005 年第 6 期。
② 张羽、罗广斌:《关于〈红岩〉书稿的修改》,《编辑之友》1987 年第 1 期。
③ 钱振文:《中国青年出版社与〈红岩〉的生产》,《河北学刊》2005 年第 6 期。

　　这种报告文学或是回忆录的写法，实际上是混淆了小说语言与生活语言的差异。回忆录或是报告文学对应的是外部的可验证的现实世界，如果语言虚夸，"经不起事实的检验，将被视为说谎和胡编乱造"。而小说建构的是一个虚拟世界，"一个独立的、自足的艺术世界，我们只须看小说语言是否合乎故事和性格的逻辑，无须经过外部客观事实的检验"①。因此，胶着于客观现实在很大程度上牵制了语言的自我指涉。

　　事实上，"十七年"长篇小说都具有一种实录性。在很大程度上，"十七年"作家对文学的热爱更多是政治激情的驱使，或者说是对生活的思想提炼而不是对文学的艺术追求激励着作家走上创作道路。"十七年"作家所写的大多是自己亲身经历的事情，对创作有一种神圣的使命感和责任感。高云览说："今天我要写的已经不是那个劫狱的史料，而是通过这些史料来写人，写那些死在国民党刀下而活在我心灵里的人。截止到今天，我已经写了三年又三个月。我天天用九小时的劳动来坚持这个工作。使我有这个信心和勇气的，首先是党的真理召唤了我，其次是那些已经成为烈士的早年的同志和朋友，他们的影子一直没有离开我的回忆。我不再考虑我写的能不能成器，因为我已经抑制不住自己，我的笔变成了鞭策自己的思想感情的鞭子了。当我构思的时候，那些不朽的英魂，自然而然就钻进我的脑子里来，要求发声。"② 曲波谈到写作《林海雪原》的原因："在这场斗争中，有不少党和祖国的好儿女贡献出了自己的生命，创造了光辉的业绩，我有什么理由不把他们更广泛地公之于世呢？是的！应当让杨子荣等同志的事迹永垂不朽，传给劳动人民，传给子孙万代。"③ 吴强也是因为生活激发了创作热情："我是这一段生活的参与者，我熟悉它，它激动过我，它深深地刻印在我的脑子里和我的心上。它引起了我的强烈的创作冲动。"④ 乌兰巴干的创作完全被思想的洪流所驱使："在战斗生活中，我在党的教育和汉族老干部的帮助下，提高了觉悟，阶级仇恨燃烧着我的心，我一想起那些可恨的鬼子、王爷、国民党反动派，使我有时一宿

① 童庆炳：《文体与文体的创造》，云南人民出版社 1999 年版，第 135—136 页。

② 高云览：《〈小城春秋〉的写作经过》，《长篇小说研究专集》（上册），山东大学出版社1990 年版，第 475—476 页。

③ 曲波：《关于〈林海雪原〉》，《北京日报》1957 年 11 月 9 日。

④ 吴强：《谈〈红日〉的创作体会》，《长篇小说创作经验谈》，湖南人民出版社 1981 年版，第 77 页。

一宿不能安睡，后来我就用讲故事的方法给战士们讲起许多科尔沁草原上的蒙汉人民在党的领导下进行革命斗争的英雄事迹，来抒发我对敌人强烈的仇恨。"① 杨沫在写作中也有因写不好情绪低落的时候，"可是，一想到那些革命同志前仆后继百折不挠的精神与毅力，我又振作起来"②。《燃烧的土地》的作者韶华说："我写的不是普通的题材，我写的是伟大的抗美援朝战争。中国人民志愿军的英勇战斗，不仅将以烫金字体印在朝鲜战争的历史上，而且它也将以烫金的字体印在中国以至世界人民的历史上。想起这一点，想起那些牺牲的、负伤残废的以及那些仍在战斗着熟悉的英雄，我就安定不下来。写这样一本东西对于我虽然是困难的；但由于受到那些英雄的鼓励，我仍然坚持写下来了。我不敢说它是文学作品；我只能说它是这段伟大历史中片段生活的记录。我要求小说中所描写的首先是真实的；其次才是艺术上的事。"③ 韶华的观点是 40 年代以来"政治标准第一、艺术标准第二"文学观念的反映。

有的作家为了创作进行了多年的准备工作，有的甚至"重返现场"去再次进行身临其境的生活体验。知侠在写《铁道游击队》之前，到故事的发生地鲁南寻访，以唤起"原有的创作激情和冲动"④。周立波和柳青则干脆安家在农村，以便近距离地贴近生活、观察生活、体验生活。在他们看来，生活高于一切，而生活体验才是最真实的文学价值。李英儒认为："按说文艺作品应该比普通的实际生活更高更强烈更集中、更典型也更理想；但是拿我这本小说与实际生活作一比较，则前者赶不上后者的万一。"⑤ 作家们这样做也无可厚非，毕竟文学创作的前提条件是对生活的熟悉程度。但作家们将生活真实当做目标，而将艺术真实仅作为手段，写起来难免碍手碍脚。"深入生活"说明"写什么"也即题材是第一位的，而"怎么写"诸如叙述、修辞、语义上的考虑则在其次。由于多从生活

---

① 乌兰巴干：《写作〈草原烽火〉的几点感想》，《作家谈创作经验》，中国青年出版社1959年版，第148页。

② 杨沫：《〈青春之歌〉创作漫谈》，《长篇小说创作经验谈》，湖南人民出版社1981年版，第61页。

③ 韶华：《燃烧的土地·后记》，《燃烧的土地》，中国青年出版社1956年版，第296—297页。

④ 知侠：《我怎样写〈铁道游击队〉的》，《读书月报》1955年第3期。

⑤ 李英儒：《关于〈野火春风斗古城〉》，《长篇小说创作经验谈》，湖南人民出版社1981年版，第155页。

体验出发，缺乏在生命层面对题材进行深度的开拓与掘进，他们对"工农兵"生活的描绘就大多只能停留在表面现象之上。于是，"同一故事"，如工人先进与保守思想的斗争，农民入社与不入社的较量，军旅中我军与敌对势力的搏斗被反复地叙说。在这些文本一片一片的叫好声中，老舍发出感慨："大家的写法都差不多，看来都像报纸上的通讯报道。甚至于写一篇讲演稿子，也不说自己的话，看不出是谁说的。"① 混淆了生活与文学的界限后，对于作家来说，"表达生活"比"表现生活"更为重要。

作为反证的是，一旦摆脱客观现实的约束，语言的主体性也就随之显现。一旦与生活拉开一定距离进入到虚构和想象的境界，部分作品的某些片段就会焕发出艺术的灵光。在"十七年"长篇小说中，写得具有艺术价值的，往往是在现实生活基础上虚构的地方。杜鹏程谈到创作《保卫延安》时的虚构情况：

> 第五章写了 5 万多字，打仗写得很充分。但这一章基本上是虚构的。生活原型是，在榆林战役中，有一个排掉了队，人们原以为被敌人消灭了，岂知几天后回来了。本来情节很简单，而在小说中加以铺排、渲染，形成了相当精彩的一章。它写了伏击、奔袭，写了突围，对战争写得较为丰富，这是五、六稿以后才形成的。这么艺术化处理，西北战场的指战员可以接受，他们觉得这样的事当时有可能发生。这和报告文学不一样，不要要求实有其人其事。②

梁斌也说过："写得最顺利的地方，也是文章最好的部分，生活体会最深刻的地方。有时需要虚构，那就需要很好的安排。"③ 可惜，这样的片断在"十七年"长篇小说中凤毛麟角。

李锐曾经注意到 20 世纪中国文学文体方面一个较有悖论的现象："如果不仅从体裁、样式，更主要的从语体、语言风格的定义来谈文体，那么，我们可以看到一个意味深长的现象：以彻底反传统和全盘西化为主调的新文化运动，却产生了一大批汉语特色极浓的文体大家，从早期的鲁

---

① 老舍：《关于文学的语言问题》，《文艺月报》1955 年第 7 期。
② 赵俊贤、杜鹏程：《〈保卫延安〉创作答问录》，《新文学史料》2001 年第 1 期。
③ 梁斌：《〈播火记〉后记》，《梁斌文集》（第 7 卷），人民文学出版社 2005 年版，第 210 页。

迅、周作人，到后来的沈从文、老舍、张爱玲，无不光彩照人。反而到了'要发扬继承民族优秀传统'的新中国，汉语文学的文体意识越来越被高压政治扭曲，越来越麻木僵死，闹到最后，只剩下'样板语言'，只剩下万人一面的毛文体。"①造成这种现象的原因有很多，但归根结底仍是语言的问题，更进一步说，也就是语言规范化的问题。毕竟从时间上看，汉语规范化是中国现代文学文体由兴盛到衰退的分水岭。从晚清、五四到40年代，语言也是朝向规范化的方向发展，但这一时期的语言规范处于自发阶段，尤其是因为没有唯一的意识形态的介入和强有力的官方机构的主导，从而表现出强大的兼容性，诸如文言、欧化语言和方言土语都曾被不同时期、不同地域的作家所倚重。但新中国成立后情形发生了改变，在规范化的语言前，作家只能被动地、别无选择地加以使用。杨沫完成《青春之歌》后感慨："怎么，这本书是我写的吗？我怎么可能写得出来呢？……"②李杨据此认为，像《青春之歌》《红旗谱》这样的作品，的确不应该仅仅视为作家个人的创作："不是我在说话，而是'话'在'说'我。"③多数"十七年"长篇小说卷首印有毛主席语录，如果按照李杨的说法，作家所做的工作不过是以形象的方式对毛主席语录进行诠释罢了。这样做的后果，就是文学本体性的丧失。就像王一川所论："文学语言的极端官方化所导致的明显后果，是现代汉语失去了固有的想象、传神能力，变得似乎只能机械地复述官方语言，或从审美上证明官方语言的权威。"④

从文学史来看，文学在语言面前不但保持着自己的独立性，而且在一定程度上通过对语言进行种种修辞运作从而"改变人们的言语活动的词语系统和语义系统，并进一步影响、改变人们的思考方式乃至深层心理的可能性。实际上，自有文学以来，文学作品从来都是一方面通过艺术形象所蕴含的意义和具体的读者发生联系，一方面又通过不断破坏语言的实用性、常规性而进行的语言创造活动和一般的人（不论是不是读者）发生

---

① 李锐：《春色何必看邻家——从长篇小说的文体变化浅议当代汉语的主体性》，《当代作家评论》2002 年第 2 期。

② 杨沫：《自白：我的日记》，《杨沫文集》（第 6 卷），北京十月文艺出版社 1994 年版，第 503 页。

③ 李杨：《50—70 年代中国文学经典再解读》，山东教育出版社 2003 年版，第 135 页。

④ 王一川：《汉语形象美学引论》，广东人民出版社 1999 年版，第 39 页。

联系——这种联系对人类至关重要，因为语言的更新归根结底意味着世界的更新"①。语言的更新意味着主体自我的更新，而语言的规范化也表明主体的被规训。这样做的后果，就是文学文体性的丧失，也是文学本体性的丧失。

第二节　汉语规范化与"十七年"长篇小说风格问题

文学风格体现在作品的思想主题、题材生活、艺术形象、情节结构、表现方法等各个方面。历来对风格的定义有多种，但不管怎样，从孔子、柏拉图到刘勰、亚里士多德再到司空图、朱光潜、朗基努斯、歌德等，将语言看作风格的第一要素，语言始终是风格生成、展现、流变的物质基础。这样说并不表明语言之于风格具有原生意义，毕竟风格的形成是主观的、客观的、社会的、时代的、民族的、流派等多重因素合力作用的结果。但当这些因素融化于文本内部使作品成为一个有机整体时，语言的编织过程则是这一整体实现的唯一路径。因此有学者断言："风格效果的根源必然存在于语言的结构组织之中。"② 新中国成立初期的语言学家也有此认识："文风的好坏不完全决定于语言的使用，应该说是根本上决定于思想方法的正确与否。但是思想要用语言来表达，文风就不能不与语言有密切的关系。"③ 由此来看，"十七年"长篇小说的风格形成及其表现与汉语规范化这一语言规划运动之间同样有着不可分割的关联。

一　汉语规范化与"十七年"长篇小说史诗品格

就整个"十七年"文学来看，"缺乏独特的风格"几乎是一种普遍现象。但"缺乏独特的风格"并不表明"十七年"文学没有风格。"十七年"长篇小说在风格方面表现出某些趋同特征，其中史诗性品格及民族化风格是最为突出的共性因素。

"十七年"长篇小说大都具有史诗性特征。史诗在文体方面的首要标志就是"长"。"十七年"长篇小说不仅篇幅长，还出现了多部多卷本，

---

① 李陀:《雪崩何处?》,《文学报》1989 年 6 月 5 日。

② 刘玉麟:《论风格（下）——从中西古典文论到结构文体学和统计文体学》,《外国语（上海外国语学院学报）》1986 年第 6 期。

③ 吕叔湘:《十年来的汉语研究》,《新华半月刊》1959 年第 24 期。

反映出作家建构史诗的形式自觉。二是时间跨度长，展现了中国近现代史的宏阔社会风貌。三是题材重大，从清末保路运动到新中国成立后的土改运动、合作化，近半个世纪以来对中国社会历史进程起关键作用的历史事件都是作家的选材对象。四是英雄人物的塑造。英雄形象是史诗性作品必不可少的基本要素，英雄的存在支撑起史诗性作品的整个框架。最主要的是，"十七年"长篇小说的史诗性还体现出史诗的基本功能——关于"创世"的叙事，也即共产党领导人民走出黑暗混乱的旧时代从而建立起一个秩序化的新中国。通过对这一神圣起源的追溯及英雄谱系的构建，"十七年"长篇小说演绎了历史的必然、权力的合法和现实的合理。就像洪子诚所说：

> 以对历史"本质"的规范化叙述，为新的社会、新的政权的真理性作出证明，以具象的方式，推动对历史既定叙述的合法化，也为处于社会转折期中的民众，提供生活、思想的意识形态规范——是这些小说的主要目的。①

具有史诗性质的长篇小说集中规模的出现，是一个值得探讨的现象。关于其生成原因有很多，如题材的重大、结构的宏伟、英雄群像的塑造、对历史走向的本质性把握等，表现了社会历史的沧桑巨变。但语言规范化不能不是其中的原因之一。或者说，规范化的口语为史诗的成规模出现奠定了语言基础。考察中国史诗和规范化口语之间的关系，这一共生流变的特征非常明显。

首先，史诗表现出庄严崇高的文体风格，与这种文体风格相适应，在语言方面也体现出规范、严谨的特征。《诗经》中的《雅》诗是朝廷的正乐，内容包括民族历史、国家大事和政教得失。郭绍虞认为，《诗经》中的《雅》诗近于史诗，是由土风谣歌中的语言质素发展而来。② 据学者考证，《雅》诗的语言来自于西周前期的主流文学语言——殷商诰颂卜铭语言，主要用在祭祀、誓师、公诰、册命、封赏、纪勋、占卜等重大典礼场合。周朝人之所以继承选择这种语言，是因为运用殷商诰颂卜铭语言意味

---

① 洪子诚：《中国当代文学史》，北京大学出版社 2007 年版，第 95 页。

② 郭绍虞：《照隅室语言文字论集》，上海古籍出版社 1985 年版，第 15 页。

着正规、隆重、典雅、尊贵。① 那么沿袭这种语言而来的《雅》诗在句子方面整饬规范、词语方面典雅工致，表现出庄严、雄伟的艺术风格。比如，与《风》诗相比，《雅》诗很少使用发泄情绪的感叹词，而是以"理智"的实词客观完整地阐述叙述对象。② 《雅》诗的语言因其规范性而成为民族文学语言的典范，同时也铸就了史诗的艺术风格。

其次，史诗来自于民间口传，其语言非常口语化。在分析《雅》诗的史诗性时，叶舒宪认为，最初的仪式唱诵者由瞽矇这一类有着卓越的听觉感受和记忆能力的原始神职人员担任，他们既是诗的传人，又是史的传人，依靠口耳传递和记述信息。《大雅》中有六首诗记叙的是周族祖先开国创业的历程，也是盲乐人在重要场合集体唱诵的作品。那么，《大雅》在语言方面自然就具备了口语化的一些特征，如简洁明快、合辙押韵等。但从西方史诗理论来看，《大雅》仅具有史诗的胚胎，却没有完全发育成熟，达到严格意义上的史诗的程度和境界。这与盲人乐师身为王室御用者的身份相关，他们服务于国家礼仪或官方教育，"仪式上的合乐演唱与无乐朗诵都严格按照程式规定的要求，这就根本限制了个人想象力和创造力的发挥余地，使作品始终保持在完整而封闭的整齐划一状态，不会由枝蔓的叙述和粘连的插话（这些特征在印度两大史诗和我国少数民族史诗中表现得十分明显）而扩展开来"③。当文字普遍应用后，这种口语化的语言因不适合出现在祭祀的庄重场合而被贵族文人加工改编后成为典雅的书面化语言。但无论如何，史诗语言的口语化基因并没有完全消除殆尽，并且遗传到后来的史诗型长篇小说中。

综上所述，也许可以认为，《雅》诗语言是规范化了的口语。章太炎说过："大小疋者，其初秦声乌乌。"（《大疋小疋说》下篇）"疋"即"雅"也。"雅"是乐器名，模拟乐器所发声音。据章太炎的考证，"雅""乌"在古代同声。所以，"雅"就是方言正音，雅言也成为周人通用的官话。这一特征使《雅》诗的语言既有别于《风》诗形象通俗、自然活泼的文学语言，也有别于《颂》诗舒缓典重、肃穆板正的宗庙颂词，更有别于《尚书》艰涩古奥、佶屈聱牙的公文语言。尽管对《雅》诗是否

---

① 陈桐生：《论商周文学语言传承之原因》，《学术研究》2014 年第 2 期。

② 闻一多：《歌与诗》，《神话与诗》，北京联合出版公司 2013 年版，第 169 页。

③ 叶舒宪对此做出过充分论证，见叶舒宪《记诵、史诗、诗世——中国"史诗"的特殊性问题》，《诗经的文化阐释》，山西人民出版社 2005 年版，第 268 页。

史诗在学界仍聚讼不已，但其表现出的对重大历史事件的记述、对祖先功德伟绩的追怀、长篇铺叙的结构等，呈现出史诗所具备的典型特征。后世诗歌汲取了《雅》诗写历史、讽时事的传统，如屈原、曹操、杜甫、李白、白居易等以至于晚清的咏史诗，其源头当来自《雅》诗的《生民》《公刘》《绵》《大明》《皇矣》等篇。在语言方面，咏史诗表现出质朴端庄、言简意赅、长于议论说理的特点，既可以看作《雅》诗语言的延续，也表明史诗有了比较稳定的语言风格。

考察具有史诗性的长篇小说的语言，这一风格特征更为明显。就史诗发展脉络来说，《史记》上承《诗经》，下启史诗性的长篇历史小说，是中国史诗关键的一环。《史记》在语言方面可以说是雅俗结合。首先叙述语言典雅严谨。一是对先秦散文体句式的使用。吴见思在论到《五帝本纪》的语言时指出："纯用庄重整练，隐其神奇，故排句学《国语》，而秀句用子书。《尧》《舜》二纪，又采《尚书》古奥，觉另是一种笔墨。盖因作五帝之纪，遂成五帝之文，亦有纯气守中也。"论到《万石张叔列传》时指出："《史记》每于英雄侠烈之士，写得奇肆磊落、慷慨纵横，而独于此传，遇醇谨人，遂还他一篇醇谨文字。"① 二是以当时通用的书面语言翻译古代汉语，在提炼、简化、修改、润色之后通俗易懂、清晰明白、灵活生动。三是吸收了诗赋的语言特点，辞藻华美、音调和谐、铺陈排比、形式均齐。四是直接引用古书古语中的警句名言，增强了说理的权威性。五是虚词使用较多，使句式更为规范严谨，并且能起到一种意在言外的修辞效果。其次，人物语言口语化、性格化，并且使用大量俗语、谚语、成语以及民间歌谣。如郦食其回答田广的指责："举大事不细谨，盛德不辞让，而公不为若更言！"这句话就表现了郦食其性格的狂放不羁。（《郦生陆贾列传》）刘邦在放走往骊山服劳役的民工时所言："公等皆去，吾亦从此逝矣！"表现出刘邦性格的豪迈磊落。同是刘邦，性格中还有通情达理、无赖奸猾、谦卑尊上的多样化表现，如宽赦常山守尉的话："是力不足也。"面对项羽要以烹太公的威胁："……吾翁即若翁，必欲烹而翁，则幸分我一杯羹。"鸿门宴对项羽所说的话："臣与将军戮力而攻秦，将军战河北，臣战河南，然不自意能先入关，破秦，得复见将军于此。"如此等等。（《高祖本纪》）《史记》的成就得益于其语言上的巨大魅力，

---

① 吴见思语，见杨树增《〈史记〉语言的艺术特征》，《东北师大学报》1988 年第 5 期。

有学者指出，《史记》的叙述语言"对于形成汉语刚健、朴实、活泼、精当地反映丰富多样的社会生活和表达缜密思想的语言特性，有重大深刻的影响"①。

《史记》之后最有代表性的史诗性作品是《三国演义》。《三国演义》成书之前有平话讲三国故事，但时人批评道："前代尝以野史作评话，令瞽者演说，其间言词鄙谬，又失之于野，士君子多厌之"。②"鄙谬"的言词难以撑托起史诗的崇高和宏伟，故而三国故事虽多，却缺乏史诗的气质。罗贯中在平话基础上创作的《三国志通俗演义》一改语言的鄙谬，"据正史，采小说，证文辞，通好尚，非俗非虚，易观易入，非史氏苍古之文，去瞽传诙谐之气"，③ 有"史之文，理微义奥"。由此可见，《三国演义》既有口语化倾向，但又不鄙俗粗糙；既有"史笔"的凝重沉实，又不晦涩含蓄过深。蒋大器称之为"文不甚深，言不甚俗，事纪其实，亦庶几乎史。盖欲读诵者，人人得而知之，若《诗》所谓里巷歌谣之义也"④。白话的自由与文言的典范有机结合在一起，使小说可读可诵，这也就是前面所说的"规范化的口语"。有学者认为，《三国演义》以古白话为基础掺杂部分文言成分的语言形式可称为"历史演义体语言"，之后出现的如《列国志传》《隋唐演义》等历史小说对此语言均有不同程度的仿用。

为何"规范化口语"适合史诗叙述呢？究其原因，一方面因为题材的重大、思想的深刻、场面的宏伟、英雄的气质等"史"性需要雅正的语言和严谨的句式；另一方面人物形象的塑造、情节结构的安排、故事的讲述等"诗"性需要语言的灵活和自由。语言的规范与灵活、庄重与活泼使"史"与"诗"相互依存、相得益彰。再者来说，未经规范的口语与史诗性作品的艺术规范相矛盾，而绝对的去口语化会削弱史诗的叙事功能。可以作为反例的是，魏晋南北朝小说不具备史诗的品格，尽管它们小

---

①　毛金霞：《史记叙事研究》，陕西人民教育出版社 2006 年版，第 315—316 页。

②　蒋大器：《〈三国志通俗演义〉序》，《明清小说资料选编》（上），南开大学出版社 2006 年版，第 58 页。

③　高儒：《百川书志》卷六"史部·野史"，《明清小说资料选编》（上），南开大学出版社 2006 年版，第 15 页。

④　蒋大器：《〈三国志通俗演义〉序》，《明清小说资料选编》（上），南开大学出版社 2006 年版，第 58 页。

说因素不发达，需寄生历史而存在。其原因固然有多种，然而在语言层面则是要么华丽、要么流俗，各各走向极端。以《世说新语》为代表的志人小说语言华丽，胡应麟称其语言"简约玄澹"，鲁迅认为是"玄远冷峻"，这样的语言丰美华瞻，言约旨远，胜在修辞。要达到这样的艺术效果，语言的文学性非常强，而文学性的语言则又是对规范化语言的极端偏离；以《搜神记》为代表的志怪小说语言走向流俗。魏晋南北朝清谈盛行，讲故事也是以戏谑为主，"滑稽多智，辞说无端。尤善浅俗委巷之语"，"说民间细事，欢谑无所不为"，"说外间世事可笑乐者，凡所话谈，每多会旨，帝每狎弄之"。这些"民间细事""委巷"之事、"外间世事"广经流布，被文人汇集成书，其中尤以鬼神怪异之事为多。① 志怪小说"辞趣过诞"导致"意旨迂阔"，语言的戏谑、滑稽自然不能承担起史诗叙事的重任。与此相类似的还有唐传奇和宋话本。唐传奇出自文人雅士之手，在语言方面以散体文言为主，并杂有骈句诗歌，散韵结合，诗文相间，铺陈藻饰，"文辞华艳"（鲁迅语），体现出刻意为文的美学倾向。以讲史为主的宋元话本，产生于民间说书艺人，面向的是市井百姓，一改唐传奇语言的含蓄雅正，自然活泼，通俗浅显，口语化程度非常高。但雅正也好，通俗也罢，唐传奇和宋话本皆不具有史诗性。

现代以来被批评家称为史诗的小说，如《子夜》《死水微澜》《科尔沁旗草原》《第三代》《财主底儿女们》《四世同堂》等，在语言方面也具有"规范化口语"的语言特征。和传统史诗相比，现代史诗在继承传统史诗全景式表现社会生活、主题的深邃、题材的重大之外，又有了新的质素。就产生根由来说，由源于民间传说转为时代情绪和个人体验的表现；就社会功能来说，由对过去的理想化描绘转为对现实的批判；就作家主体精神来说，由自由想象转为被社会时代所规约。题材方面由表现民族庄严的过去转为叙写当下变动的现实，人物方面由表现具有民族气质的英雄转为塑造性格突出的强人、新人，叙事方面由客观转为主观，风格方面由宏伟转向崇高。在语言方面，三四十年代是现代汉语走向成熟的阶段，古今中外的语言质素均衡地调适在一起，既摆脱了早期欧化语言的晦涩拗口，又保留了其精密化和逻辑化的表达方式；既汲取了口语叙述描绘的实用功能，又去除了其浅陋直白。因此，这一时期的语言说理功能强化，叙

---

① 笛鸣：《略论魏晋南北朝志怪小说繁荣原因》，《固原师专学报》1992 年第 2 期。

事更为清晰，适宜表现大容量的社会生活，并能对社会现实及人生诸问题进行严肃的理性思考。但这一时期的语言成分比较驳杂，古白话、日常白话、文言、方言、欧化语言等都被白话文体系不同程度地吸纳。作家们的艺术个性在对语言的自由挥洒中得以极大地张扬，而以这种驳杂的白话写成的史诗，在风格上也就异彩纷呈，如《子夜》的浑厚冷峻、《死水微澜》的沉实细密、《科尔沁旗草原》的宏阔迤逦、《第三代》的深沉哀婉、《财主底儿女们》的热烈强劲、《四世同堂》的雄健悲苍。综上所述，规范化口语构成了史诗作品的语言基础。

新中国成立后的口语规范化为此时期长篇小说史诗风格的生成准备了语言条件，而对新中国成立后史诗作品语言有直接影响的，则是毛泽东的政论文。毛泽东的政论文是现代汉语成熟期的典范作品，语言形象、长于说理，既规范纯正、严谨缜密，又新鲜活泼、通俗易懂，表现出恢宏遒劲、庄重严肃、典雅高致、气势浑厚的语言风格——其诗词语言也是如此。1951年6月6日《人民日报》社论《正确地使用祖国的语言，为语言的纯洁和健康而斗争!》称毛泽东和鲁迅是使用"活泼、丰富、优美"的现代汉语的模范，他们的作品表现了现代汉语"最熟练和最精确的用法"。毛泽东的政论文章及诗词作品从40年代开始大量印发，影响到社会各个阶层。新中国成立后从事创作的作家，程度不同受到毛泽东语言的熏陶。杜鹏程谈到对《讲话》的学习情况："不是一般学习，而是结合检查自己的思想意识，我大受震动，……我在《讲话》精神指导下，认真研究生活和读书学习，这是我一生的转折点。"[1] 梁斌在写作《红旗谱》之前，"反复学习毛主席的《湖南农民运动考察报告》《中国革命战争的战略问题》《新民主主义论》《论持久战》《论联合政府》等著作"[2]。这种学习既是思想的，也是语言的。

毛泽东的语言对"十七年"长篇小说史诗性风格生成的影响表现在如下几方面：

首先，毛泽东作品中常用的词汇被"十七年"长篇小说袭用。有学者在论及毛泽东语言词汇时认为："因为毛泽东文学方面的高深造诣，许

① 杜鹏程：《致段国超》（1983年9月20日），《杜鹏程文集》（第3卷），陕西人民出版社1993年版，第544页。

② 梁斌：《谈创作准备》，《春潮集》，上海文艺出版社1980年版，第64页。

多典故和成语,在很大程度上是由于毛泽东使用过,才得以广为流传和普及。"① 如"星星之火,可以燎原""实事求是""笑里藏刀""阴险毒辣""虚伪狡猾""尔诈我虞""贪得无厌""敲诈勒索""不打自招""作鸟兽散""土崩瓦解""自食其果""众叛亲离""一鼓作气""逼上梁山""四面楚歌""前车之鉴"等。他也创造了一些新的成语,如"寸土必争""四马分肥""公私合营""长期共存,互相监督""一穷二白""土洋并举""大破大立""厚今薄古""又红又专""吃苦在前,享受在后""有反必肃,有错必纠""坦白从宽,抗拒从严"等。"实事求是"最早见于《汉书·河间献王传》,宋儒书中常见,但没有流传广泛。1941 年毛泽东对其使用后,成为新中国使用最频繁的一个词。② 《林海雪原》中栾超家就说出了"我老栾向来是实事求是,不想那些不可能的事"。尽管出现在栾超家口中有些文绉绉,但对其意思的理解还是比较准确。在《李自成》第三卷"燕山楚水"一节,叙述语言连续两次出现"实事求是"。《青春之歌》中林道静向戴愉汇报定县的工作时,也使用了"星星之火,可以燎原"一语。最主要的是有些词一经毛泽东的使用,就注入了丰富的思想和文化内涵,如"东风""长征"等。"东风"出自民谚"不是东风压倒西风,就是西风压倒东风"。毛泽东将其从自然现象逐步提升为阶级路线、民族主义、意识形态的高度,于是"东风"就成为褒义词,除了表示"春天""温暖"义之外,还有了"正确""积极""新生"等政治含义。《李自成》第四卷"招降失败"一节中,吴三桂手下杨坤称前来劝降的唐通和张若麒"带来的这一阵东风……""劝降的东风",就是在政治意义上使用"东风"。其他还有《红岩》《创业史》对"长征"一词的隐喻用法,《林海雪原》中的"百花齐放"、《青春之歌》中的"雨后春笋",以及《红岩》《青春之歌》《创业史》中的"自力更生""艰苦奋斗",《李自成》中多处出现"阴险毒辣""贪得无厌""敲诈勒索""作鸟兽散"等,都是经毛泽东点化、创造或引申后而为社会所习用的词汇。这些词汇体现出帕里所说的程式特征:"一组在相同的韵律条件下被经常使用以表达一个特定的基本观念的词汇。"美国口头程式理论专家弗里阐

---

① 杨琳、覃承华:《〈毛泽东选集〉及毛泽东诗词中之战斗性语言英译分析》,《长春理工大学学报》2010 年第 3 期。

② 胡松涛:《与毛泽东有关的流行词语》,《书屋》2013 年第 12 期。

释了史诗中程式词语的价值和意义："'词'并不止简单地在演唱过程中协助构造意群（blocks），而同时是一种负载着深层的复杂的涵意的符号。……它与整个相关联的事物共振，它与出场人物的某些特殊信息相呼应，与动作将要发生的环境产生联系，如此等等。所有这些信息被压缩在一个短小的片语之中，一个'词'之中。"① 这样的程式词语用法固定、意义精确。因此，当作家袭用这些毛泽东文章中的常用词时，就会起到更经济直观的表达效果，同时也会在读者心中激起类似于原型的情感体验。

其次，毛泽东诗词中的意象被"十七年"长篇小说所借鉴。毛泽东诗词中经常出现的是壮美崇高的意象，如自然界的山、河、天、日、云、风、雪、霞等，植物如菊、松、梅、柳等，动物如鹏、鹤、鹰等，人文景观如大坝、关卡、铁索、船帆等，军旅场景如长缨、战地、鼓角、烽烟、红旗等。其余还有时间与空间的辽阔久远，如苍茫大地、茫茫九派、沉沉一线、参天万木、万里长空、往事越千年、坐地日行八万里等。即使同一意象，在与不同词语的搭配组合中也有不同的风貌。如"山"的呈现方式：苍山如海、万山红遍、山舞银蛇、万水千山、江山如画等，其余还有形容山之高、大、险的诗句如"刺破青天锷未残""天欲堕，赖以拄其间""惊回首，离天三尺三""奔腾急，万马战犹酣"等。"十七年"长篇小说对毛泽东诗词意象或是沿用，或是化用，或是模仿，强化了史诗的崇高风格。如下面几段景物描写的文字来自几部史诗气质鲜明的长篇小说的开头，是对"山"和"水"的描写，体现出雄伟和壮观的特点，具有典型的毛泽东意象风格：

> 黄河两岸耸立着万丈高山。战士们站在河畔仰起头看，天像一条摆动的长带子。人要站在河两岸的山尖上，说不定云彩就从耳边飞过，伸手也能摸着冰凉的青天。山峡中，浑黄的河水卷着大冰块，冲撞峻峭的山崖，发出轰轰的吼声。黄河喷出雾一样的冷气，逼得人喘不上气，透进了骨缝，钻进了血管。难怪扳船的老艄公说，这里的人六月暑天还穿皮袄哩！——《保卫延安》

---

① ［美］约翰·迈尔斯·弗里：《口头程式理论：口头传统研究概述》，朝戈金译，《民族文学研究》1997 年第 1 期。

　　眼前这条河,是滹沱河。滹沱河打太行山上流下来,象一匹烈性的马。它在峡谷里,要腾空飞蹿,到了平原上,就满地奔驰。夏秋季节,涌起吓人的浪头。到了冬天,在茸厚的积雪下,汩汩细流。——《红旗谱》

　　这下堡村倒好!在渭河以南,是沿着秦岭山脚几百里产稻区的一个村庄。面对着黑压压的终南山,下堡村坐落在黄土高原的崖底下。大约八百户人家的草棚和瓦房,节节排排地摆在绿水的汤河北岸上。……——《创业史》

　　有些"十七年"长篇小说的书名也与毛泽东诗词意象高度契合,如《红旗谱》《烽烟图》《寨上烽烟》《山乡巨变》《林海雪原》《红日》《艳阳天》《风雷》《沸腾的群山》《风云初记》《碧海红霞》《大波》《大甸风云》《南岛风云》《绿竹村风云》《太行风云》《小清河上的风云》《汾水长流》《红旗插上大门岛》《战火中成长》等,恢宏的题目本身就是崇高风格的昭示。

　　在毛泽东的意象系列中,最具有独创性和表现力的是"红旗"意象。如"刀枪林立、红旗遍地""红旗跃过汀江,直下龙岩上杭""山上山下,风展红旗如画""头上高山,风卷红旗过大关""同心干,不周山下红旗乱""六盘山上高峰,红旗漫卷西风""壁上红旗飘落,西风漫卷孤城""红旗卷起农奴戟、黑手高悬霸主鞭"等,与此相类似的还有"旌旗""战旗"。"红旗"使用如此之多,以至于有的学者将毛泽东称作"红旗诗人"。[①]从1927年的《西江月·秋收起义》到1966年的《七律·有所思》,"红旗"意象贯穿其中,见证了中国革命的起步、发展、壮大、成功以及社会主义建设的全过程。中国文化中有红色崇拜情结,太阳、火焰与血液代表着生存与生命,这是先民直觉上对红色的亲近。后来在民间又衍生出温暖、热情、幸福、喜庆、希望、神圣、庄严、正义等多重象征义。三四十年代,红色政权的建立又赋予"红色"以革命、理想、光明、激情、团结等更具有时代性的内涵。新中国成立后,红色更是上升到政治

---

　　① 蒲度戎:《红旗诗人毛泽东——评毛泽东诗词中的"红旗"意象》,《重庆大学学报》2005年第5期。

美学的高度被大肆渲染，从天安门、国旗到毛泽东本人，都是红色崇拜的具象化。"文化大革命"期间，"全国山河一片红"，红色构成了整个国家的底色而被涂抹到社会的各个角落。作为物质存在，红旗的颜色及其动态给人以视觉上的强烈冲击，成为无产阶级革命的精神符号和意识形态的表征。也许可以这样认为，毛泽东诗词中的"红旗"意象演化为民众的心理情结，成为新中国的精神"图腾"。

"十七年"长篇小说中，"红旗"意象频繁出现。以"三红一创、青山保林"为例：

《红岩》	《红日》	《保卫延安》	《创业史》	《红旗谱》	《青春之歌》	《山乡巨变》	《林海雪原》
47 次	18 次	9 次	7 次	5 次	2 次	1 次	2 次

《红岩》中的红旗出现达 47 次。小说中的"红旗"既是实有之物，如江姐等在监狱中绣的五星红旗和政治犯表演节目时手里拿的纸做的红旗；也是虚拟之物，如江姐在朝天门码头附近对广阔原野上招展的无数红旗的想象以及龙光华、齐晓轩牺牲之际对红旗的幻觉；也有几处出现在歌词中，如"解放的红旗呀""一杆红旗哗啦啦地飘"。无论是哪一种形式，"红旗"都以其色彩的鲜艳瓦解了中美合作所的阴森和渣滓洞的阴暗，是江姐等人革命精神和坚定意志的源泉。有了"红旗"的支撑，政治犯们在逆境中显示出人格的伟大和精神的高贵。《红日》中的"红旗"意象密集地出现在小说的结尾处，象征着胜利的到来：

> 杨军从牺牲了的张华峰的手里，拿起了红旗，秦守本、洪东才从自己腰里扯出了红旗。
>
> 红旗在孟良崮高峰上飘扬起来。
>
> 红旗说话了，红旗，召唤着高峰下面的战士们奔涌上来。
>
> 红旗，宣告着人民解放军的英雄战士们登上了最高峰，正在消灭着最后的敌人。
>
> ……
>
> 鲜艳的红旗，高擎在登上孟良崮高峰的英雄战士们的手上，在夏天的山风里招展飘荡，在红日的万丈光芒的照耀下面，焕发着骄傲的炫目的光辉。
>
> 胜利的军号声，在孟良崮的高峰上，嘹亮地长啸起来，响彻了绵

延的山野和一片晴空。

军长沈振新、军政治委员丁元善他们，望见了高峰上的红旗，听见了高峰上胜利的号音，离开了他们的指挥阵地，和浪涛一般的队伍一起，走过张灵甫死处的小山洞，登上了孟良崮高峰。

《保卫延安》中，"红旗"是战场的中心，凡是红旗出现的地方，总是战斗最激烈的地方。经过战火的洗礼后，"红旗"透露出的是冲锋陷阵、勇往直前的豪迈气势。《创业史》中，"红旗"为和平时期建设社会主义的人们提供源源不断的精神力量。《红旗谱》《青春之歌》中的"红旗"意象较少，但也承担着意识形态的叙述任务，在江涛、林道静的眼里，"红旗"就是党的化身。

《林海雪原》中的红旗出现过两次，一次是作为联络信号，一次是在小说的结尾："广场的周围，站满了汉、朝、蒙、鄂各族及士农工商各界欢送的人群，他们怀抱鲜花，手摇红旗，在欢送他们心爱的子弟兵。群众的行列里，有蘑菇老人爷爷，赶来看他的孙女小白鸽。"但如果考虑到小分队剿匪的隐蔽性，那么，红旗就不宜大规模集中出现。《山乡巨变》中旗子倒是出现过多次，但"红旗"只有一次，且只有"几面"，形不成足够的气势。不仅如此，作者还有意淡化或回避象征着意识形态的"红色"。对于出现多次的旗子，周立波一般将其泛称为"旗子""各种颜色的旗子"。即使是红色，周立波也在"红"与"旗"之间加上修饰语，拉大了两者之间的距离，如"红艳艳的、轻巧的绸旗""红绸黄穗的锦旗"。有的地方，则以"国旗"称之。从风格上看，《山乡巨变》偏向于阴柔。那么，对表征阳刚气质的"红旗"意象的拒绝也许是《山乡巨变》阴柔风格的原因之一。

再次，毛泽东的语言被"十七年"长篇小说摘引作为题记，或出现在人物语言中，成为思想主题的总纲和说事辩理的论据。《创业史》《铜墙铁壁》《铁道游击队》《太行风云》《白浪河上》《白求恩大夫》《高粱红了·乌云密布》《高粱红了·战鼓催春》《桦树沟》《淮上人家》《人民在战斗》《为着祖国的解放》《在瓦解敌人的战线上》《站起来的人民》等在卷首引用了毛泽东不同时期著作中的句子或段落。作为题记的毛泽东语言一方面规范了小说的主题思想，使其能够正确、安全地对意识形态进行形象化阐释。如萧玉的《高粱红了·乌云密布》写的是1946年10月南满解放区的一个连队如何在极端困难的条件下开展敌后游击战争。这一事件和小说题目本身难免有一种低沉的格调,但小说题记引用了毛泽东写于 1947 年 12 月的《目前形势和我们的任务》中的话:"当着天空中出现乌云的时候,我们就指出:这不过是暂时的现象,黑暗即将过去,曙光即在前头。"这句话等于是预告了小说最终会有一个光明的结局,也可以使作者放开手脚对连队行军过程艰难险阻进行充分表现。另外题记也规范了小说的情节发展、人物模式和结构形式,如柳青的《创业史》。《创业史》引用的是 1955 年 9 月毛泽东为《他们坚决选择了合作化的道路》一文所写的按语:"社会主义这样一个新事物,它的出生,是要经过同旧事物的严重斗争才能实现的。社会上一部分人,在一个时期内,是那样顽固地要走他们的老路。在另一个时期内,这些同样的人又可以改变态度表示赞成新事物。"柳青只是引用了按语中的一部分,后面还有如下文字:"富裕中农的大多数,在一九五五年上半年,对于合作化还是反对的,下半年就有一部分人改变了态度,表示要入合作社,虽然其中有一些人的目的是为了想要取得合作社的领导权而入社的。另一部分人表现了极大的动摇,口里讲要加入,心里还是不大愿意。第三部分人则是顽固地还要等着看。在这个问题上,农村的党组织对于这个阶层要有等待的耐心。为了建立贫农和新下中农在领导方面的优势,某些富裕中农迟一点加入合作社反而是有利的。"程文超在评论到这个题记时认为,这段话的内容及其象征意义在于,阶级话语才是作品真正的叙述者。尽管柳青是《创业史》的叙述者,但他本身也在被叙述着。程文超由此得出一个结论:"革命叙事时期的长篇大部分都有一个隐藏叙述者。阶级,才是革命叙事的真正叙事人,作家只是一个被抽空了'我'的被叙述者。"① 纵观"十七年"长篇小说,此言不虚。只不过在卷首有"题记"的长篇小说中,这个隐藏的叙述者从幕后来到了台前,其强烈的介入意识显而易见。

作为题记的毛泽东语言既精炼逻辑,富有哲思,体现了一种绝对化的价值观念,先在地奠定了小说庄重严肃的文体风格;又生动活泼,文学气息浓郁。如下面几段话:

---

① 程文超:《共和国文学范式的嬗变——现实主义长篇小说叙事 50 年》,《中山大学学报》1999 年第 6 期。

人民，只有人民，才是创造世界历史的动力。

战争教育了人民，人民将赢得战争，赢得和平，又赢得进步。——《人民在战斗》

一切事实都证明：我们的人民民主专政的制度，较之资本主义国家的政治制度具有极大的优越性。在这种制度的基础上，我国人民能够发挥其无穷无尽的力量，这种力量，是任何敌人所不能战胜的。——《淮上人家》

同志们，真正的铜墙铁壁是什么？是群众，是千百万真心实意地拥护革命的群众。这是真正的铜墙铁壁，什么力量也打不破的，完全打不破的。反革命打不破我们，我们却要打破反革命。在革命政府的周围团结起千百万群众来，发展我们的革命战争，我们就能消灭一切反革命，我们就能夺取全中国。——《铜墙铁壁》

战争的伟力之最深厚的根源，存在于民众之中。日本敢于欺负我们，主要的原因在于中国民众的无组织状态。克服了这一缺点，就把日本侵略者置于我们数万万站起来了的人民之前，使它像一匹野牛冲入火阵，我们一声唤也要把它吓一大跳，这匹野牛就非烧死不可。——《站起来的人民》

"十七年"长篇小说中的人物语言乃至叙述语言引用或转述毛泽东的观点作为自我看法或文本主旨的理论支撑，也强化了小说庄严的风格。《青春之歌》中，卢嘉川批评戴愉时说："毛泽东同志在《中国社会各阶级的分析》里，首先就叫我们闹清谁是我们的朋友，谁是我们的敌人。他就说小资产阶级是我们最接近的朋友；甚至中产阶级的左翼都可能是我们的朋友……"《红岩》《山乡巨变》等也都直接或间接地引述了毛泽东话语。引用最多的，是柳青的《创业史》。杨书记在和区委书记对话时多次出现毛泽东所说的话，如关于教育农民的问题、农民阶级性问题、工农联盟问题等，甚至还直接读出了《毛选》上关于矛盾的论述。小说的结尾引了三段1953年毛泽东审阅全国财经工作会议的批语和一段毛泽东在第三次农业互助合作会议上的讲话。适当地引用，可以增强小说的气势，但大段大段的摘引，未免使作品显得沉闷、呆板。

毛泽东的语言还构成了"十七年"长篇小说议论说理的基础。毛泽东写文章是要分析问题并解决问题，极富有思辨性，在语气方面体现出不容置喙的绝对性、令人信服崇拜的权威性以及逻辑上的清晰。有学者以《讲话》为例分析了毛泽东的话语风貌："好用绝对性语词，非此即彼的两极表述成为话语常态；充斥战争话语，具有鲜明的话语暴力色彩；大量采用设问、反问句式，喜用表示命令意味的词语和语气等。"①"十七年"长篇小说的语言大多也具有这种语言特征，说明议论的句子比较多，叙述者或主人公常常以自信的口吻裁决着事件的真相和本质，而作为基本艺术手法的描写被放逐到文学之外。如《创业史》第一部中："我梁生宝有啥了不起？梁三老汉他儿。你忘了我是共产党员吗？实话说，要不是党和政府的话，我梁生宝和俺爹种上十来亩稻地，畅畅过日子，过几年狠狠地剥削你任老四！叫你给我家做活！何必为互助组跑来跑去呢？"在描写人物心理活动时，也表现出逻辑上的清晰："私有财产——一切罪恶的源泉！使继父和他别扭，使这两弟兄不相亲，使有能力的郭振山没有积极性，使蛤蟆滩的土地不能尽量发挥作用。快！快！快！尽快地革掉这私有财产制度的命吧！共产党人是世界上最有人类自尊心的人，生宝要把这当做崇高的责任。"有时候作者直接干预叙述，在叙述对象前加上明晰的、失去艺术张力的修饰语，以对其进行定性处理。如"梁生宝是个朴实的庄稼人""窝囊受气一辈子的梁三老汉""拉拢干部、收买群众、破坏土改的不法富农姚士杰"等，语词的明晰为人物性格划定了僵硬的边界，性格也就此失去了发展变化的可能。

到了《创业史》第二部，有些叙述语言基本上越出了文学的边界，和政论文相差无几：

> 事实很快地表明了中共渭源县委副书记杨国华的设想是实事求是的。不是因为梁生宝和高增福特别热心，也不是因为这二十几户社员生产特别困难，更不是因为中共黄堡区委书记王佐民坚持，而是人类社会最大的一次革命，要在终南山下汤河流域这个偏僻的角落试点。因陋就简，毫不铺张，可以说完全是农民方式的灯塔社成立大会，把

---

① 黄擎：《时代铭纹深重的话语风貌》，《文学评论》2010 年第 6 期。

一种崭新的生活十分逼真地摆在消息闭塞的几万庄稼人面前了。请选
择你走哪条生活道路！

　　第一句话中，"事实""表明""实事求是"极为透明地发出语言信
息，意义自我显现，没有给读者留下任何可供思考的空间和时间。第二句
话中，"不是……也不是……更不是……而是"构成了内容上的层层递进
和转折，在排除所有原因后，"而是"后面自然就是唯一正确的答案。第
三句话，"完全是"紧随"可以说"之后，消解了后者语气的委婉，表现
出肯定、果敢的语用效果。第四句话本身是一个反问句式，走什么样的道
路不难回答。但也许作者觉得反问毕竟还得有个"答"，思维上还是绕得
远了一点，于是干脆将反问句的问号也给省略掉，直接以感叹号收束，从
而起到一种不言自喻、斩钉截铁的效果。

　　总的来看，"十七年"长篇小说史诗品格的生成有多种原因，毛泽东
规范严谨而又质朴简洁的语言风格渗透进文本中，构成了"十七年"长
篇小说的基调。即如茅盾在论到梁斌《红旗谱》的史诗风格所说的那样：
"从《红旗谱》看来，梁斌有浑厚之气而笔势健举，有浓郁的地方色彩而
不求助于方言。一般说来，《红旗谱》的笔墨是简练的，但为了创造气
氛，在个别场合也放手渲染；渗透在残酷而复杂的阶级斗争场面中的，始
终是革命乐观主义的高亢嘹亮的调子，这就使得全书有了浑厚而豪放的风
格。"① 但风格具有独创性，毛泽东的语言体现了他的个人风格。当"十
七年"长篇小说作家大面积模仿毛泽东的语言风格时，文学作品难免会
"史"有余而"诗"不足。这也许是"十七年"长篇小说艺术审美不尽
如人意的又一根本性原因。

二　汉语规范化与"十七年"长篇小说民族风格

　　"十七年"时期，民族风格是文学创作的自觉追求，在内容表现、人
物塑造、文本结构以及语言风貌等方面，都体现出浓郁的民族色彩。对民
族风格的追求，既是作家如何为工农兵服务的态度问题，也是践行毛泽东
提出的"中国作风、中国气派"的文艺要求。

---

① 茅盾：《反映社会主义跃进的时代，推动社会主义时代的跃进!》，《人民文学》1960 年
第 8 期。

在形成民族风格的要素中，语言至关重要。语言学家认为，语言民族风格的物质标志，体现在语音、词汇、语法、句式、修辞、篇章等各个层面。如语音方面元音响亮，与声调结合后造成抑扬顿挫的变化，音韵谐和、平仄交错，还有双声、迭韵、迭音等，这是汉语独有的语言风格。词汇方面叠音词、四音节词较多，而以双音节词为主，使语言均衡整齐、节奏感强烈。语法方面以语序和虚词为表达手段，以意合为主。汉语量词非常丰富，也是汉语语法的主要表达手段。句式方面以短句为主，结构简单、表意明快。修辞方面的对仗、顶真、回环、双关、委婉、化形析字等与汉字单字单音、以形表意、一字多义、搭配自由的特性密不可分。在篇章方面，章回小说最具有民族风格，开头的"话说"如何如何，结尾的"且听下回分解"反映出民众偏爱讲故事的民族心理。

"十七年"作家也认为文学的民族风格在于语言。老舍肯定性地指出："我们常常谈到民族风格。我认为民族风格主要表现在语言上。除了语言，还有什么别的地方可以表现它呢？你说短文章是我们的民族风格吗？外国也有。你说长文章是我们民族风格吗？外国也有。主要是表现在语言上，外国人不说中国话。用我们自己的语言表现的东西有民族风格，一本中国书译成外文就变了样，只能把内容翻译出来，语言的神情很难全盘译出。民族风格主要表现在语言文字上。"① "语言是构成民族风格的最重要的成分。"② 茅盾也认为文学的民族风格建立于语言之上："文学的民族形式包含两个因素，一是语言（文学语言，按'文学语言'一词，就其广义而言，指哲学、文学、科学、政治、经济等著作所用的语言，专指文学作品所用的语言，有'艺术语言'一名，但是通常谈文学形式时常用的'文学语言'即指'艺术语言'而不指广义的'文学语言'，此从之。）这是主要的，起决定作用的。二是表现方式（即体裁），这是次要的，只起辅助作用。"③ 李希凡认为："每一个民族各有它的生活方式、语言习惯和艺术趣味，而在民族文化生活中最能表现民族特点的则是文学艺术的语言、形式和风格。"④ 周扬则直截了当地指出："语言是文艺作品的

---

① 老舍：《关于文学的语言问题》，《文艺月报》1955 年第 7 期。

② 老舍：《民间文艺的语言》，《中国语文》1952 年第 7 期。

③ 茅盾：《漫谈文学的民族形式》，《茅盾评论文集》，人民文学出版社 1978 年版，第 285 页。

④ 李希凡：《读〈王大成翻身记〉》，《读书杂志》1959 年第 5 期。

第一个因素，也是民族形式的第一个标帜。"①

从现代文学发展来看，语言的民族风格处于摸索之中，文学作品的民族风格问题一直没能得到很好解决，而这一阶段也是文学语言"去民族化"的过程。五四文学在一定程度上表现出"去民族化"的艺术风格，如对现代生活的关注、对主体性的表现、个人体验的传达、人物心理的静态描写、情绪化结构、悲剧意识的显现、象征化修辞、重视自然环境描写等。在语言方面则以翻译式语言也就是欧化语言为主，复音词代替了单音词、修饰语的增多、句式的绵长细密、标点符号的完备使用等。由此可见，五四文学是一种不同于传统文学的现代文学。在拒绝和传统对话的过程中，偏离了民族风格。30 年代普罗文学提倡文艺大众化和民族化，但从文学实践来看，民族风格并不显明。尽管民族主义文学在理论上倡导民族主义，但没有在语言方面提出变革性主张，很难谈得上民族风格。总之，普罗文学也好，民族主义文学也罢，宏大的国际视野遮蔽了对"民族形式"或者说"民族风格"的理论探讨，而在东北作家群、京派作家以及老舍、沈从文那里，"民族风格"的表现还没有上升到意识自觉的高度。

解放区文学是三四十年代民族形式理论探讨的结果。解放区文学吸纳民间口语摆脱了五四以来欧化语言的束缚和影响，表现出"本土"的、"民族"的文学特征，如突出故事情节、健康明快的审美追求、白描的艺术手法等。当然，这一时期具有民族风格的作品多出现于解放区，而国统区和沦陷区的文学作品在风格方面有多种表现。新中国成立后，随着政治的收编和规训，这些成熟的或者说正在形成的风格失去了存在的空间。解放区文学被无限放大，成为新中国文坛的正宗，对民族风格的追求成为作家普遍努力的方向，而整体意义上的文学的民族风格也逐渐显现。

新中国成立后，作家们延续了解放区文学民族化的传统，在生活内容、人物塑造、叙事技巧等方面表现出浓郁的民族文化意蕴。他们也认识到民族风格的产生来自于语言，于是在创作的时候更为自觉地追求语言的大众化、口语化、民族化。梁斌创作《红旗谱》时，有意识地追求语言的民族韵味。他说："同时我还想到，我个人生活领域是这样窄，读的书

---

① 周扬：《新的人民的文艺》，《人民文学》1949 年第 1 期。

这样少，怎样创作出有民族气魄的东西来？后来我体会到《水浒》是用山东话写成，并概括了中国北方一带人民的生活风习。《红楼梦》是用北京话写成，并深入地写了居住在北京的中国贵族的生活风习。此外，还有一些古典文学作品也都是如此，但并不妨害他们成为具有强烈的民族气魄的东西。"① 曲波说："在写作的时候，我曾力求在结构上，语言上，故事的组织上，人物的表现手法上，情与景的结合上都能接近于民族风格，我这样做，就目的性来讲，是为了要使更多的工农兵看到小分队的事迹。"②

　　对于解放区作家来说，他们的语言本就具备民族化特征。解放区之外的作家即使他们已经养成自己的语言个性和语言风格，但在新的语言环境中也必须将语言个性和语言风格放弃或隐匿才有写作和发表的可能性。当然，这种放弃或隐匿并非完全来自于政治压力，更大程度上是作家主动选择的结果。姚雪垠的语言转变比较有代表性。

　　姚雪垠早期作品如《山上》《两个孤坟》等在语言上避免不了欧化倾向。他曾经对此做过自我批评："我在才学写小说的几年中，也是为故意求美，故意要造成自己的特殊风格，反而忽略了口语文学的美的本质，写出了一些叫我现在想起来就会脸红的作品。"在 30 年代中期的"大众语文学"讨论中，姚雪垠认识到口语所包含的文学美："那美是在它所具有的现实的深刻性，趣味性，以及它的恰当，真切，素朴与生动。……这些口语里渗透着无数的无名天才的心血，这里也包括有宝贵的启示，启示一个文学家应该怎样去创造语言，形容事物。"③ 这段时间，姚雪垠因生病回到老家南阳，开始收集口语中的词语。但要将这些词语运用到文学作品中，还需要一个过程，所以姚雪垠这一时期创作的《阴影里》《野祭》等小说还多多少少有欧化语言的影子。姚雪垠语言出现大的变化是在抗战期间，《差半车麦秸》和《牛全德与红萝卜》有意识、有选择地吸收群众口语。说"有意识"是因为这一时期姚雪垠的语言探索更为自觉，发表了《大众的话儿与文学》《论大众文学的风格》等文章从理论的高度把握口语的价值功能；说"有选择"是因为这一时期他不仅以"活的口语"创作了《差半车麦秸》《牛全德与红萝卜》等作品，还创作了《春暖花开的

---

① 梁斌：《漫谈〈红旗谱〉的创作》，《人民文学》1959 年第 6 期。

② 曲波：《关于〈林海雪原〉》，《北京日报》1957 年 11 月 9 日。

③ 姚雪垠：《我怎样学习文学语言》，《中原文化》1941 年第 1 期。

时候》《戎马恋》等"不用河南群众口语"而采用"知识分子的白话"
的作品。如果说采用口语能够表现出民族风格,那么,这种"知识分子
的白话"也是对民族风格的有意追求:"在这些段落中,文笔洗练,没有
芜句,没有废字,读起来十分流畅,如行云流水,甚至音节铿锵,充分发
挥了中国语言的散文美,击破了盲目歌颂西洋语言而对汉民族语言十分无
知的荒唐意见。"①

　　从《长夜》开始,姚雪垠尝试将以《差半车麦秸》为代表的语言
和以《春暖花开的时候》为代表的语言融合到一处,以朴质自然、清
新活泼的"河南大众口语"为主,又兼有"知识分子的白话"的音韵
和谐、洗练严密。对此,姚雪垠是这样认识的:"文学的口语化,我以
为应该是以知识分子运用的白话为基础,克服不必要的欧化语法,肃清
不良的文言残渣,提炼民众的土语俗语而使它的语汇无限的丰富起
来。"② 因此,《长夜》的民族化风格非常明显。到了写《李自成》时,
语言色彩更为复杂,既有上层士大夫的语言,也有一般小市民和农民群
众的语言;有江湖语言,也有流氓阶层的语言。除此之外,还有诗、
词、对联、灯谜、书简、文告、诏书、上谕、祭文等。姚雪垠说:"我
运用如此多种多样的语言手段,当然第一是为了表现不同阶层和不同职
业行当的历史人物,其次是使语言丰富多彩,而最后一个目的是使《李
自成》达到中国气派"③。

　　由此可见,尽管汉语规范化注重保留和发挥语言的民族性,但早在
此之前,姚雪垠就开始了长期的探索,在民族风格的道路上树立了典
范。汉语规范化之后,姚雪垠更为自觉地实践语言的民族化。在《我对
于民族风格的认识和追求》一文中,姚雪垠总结了自己对民族风格追求
的理解和追求。他说:"用什么语言写作是追求'中国气派'的至关重
要的问题。"在梳理了五四以来语言不规范的现象后,姚雪垠认为,五
四之后语法和词汇欧化现象泛滥,在古代比如说曹雪芹那里没有这种语
文现象。第一代作家古典文学修养根基较深,作品中文法不通和用词不
当的现象极少。但到了第二代、第三代、第四代作家那里,既不能从群

---

　　① 姚雪垠:《我对于民族风格的认识和追求》,《河南大学学报》1985 年第 5 期。

　　② 见刘增杰《在语言民族化的道路上不懈追求——姚雪垠文学语言略论》,《河南大学学
报》1985 年第 5 期。

　　③ 姚雪垠:《我对于民族风格的认识和追求》,《河南大学学报》1985 年第 5 期。

众生活口语中找到适当语词，也不能从古典文学借鉴，还不愿用心推敲，于是便生编硬造，不但词汇不通，语法和修辞的毛病也多起来。这种语文现象在古代也不会出现。就此，姚雪垠指出："对以上两种现象都应该抵制，应该斗争，维护民族语言的纯洁性。不然如何达到民族的风格化?"①

语言的变化带来的是作品风格的变化。在祛除外来的欧化语言的影响后，文学作品的民族风格自然恢复。从高云览的《小城春秋》的生成演变可以看出这一变化。1931 年，高云览以厦门劫狱事件为背景写成了五万多字的中篇小说《前夜》。20 年之后，高云览对劫狱事件进行了重写，以"补完那个二十多年以来一直悬着没有完成的任务"，②于是就有了长篇小说《小城春秋》。从《前夜》到《小城春秋》，发生了如下变化：(1)《前夜》采用的是日记体，写的是劫狱背景下主人公碧苇的所见所闻所想。《小城春秋》是叙事体，讲述了围绕劫狱发生的种种事件。(2)《前夜》以小知识分子为主，写出了大革命失败后小知识分子的苦闷彷徨和病态心理；《小城春秋》则塑造了以小知识分子为主、各色人等纷呈出现的人物群像。小知识分子不再苦闷彷徨，而具有英雄主义色彩。其他如江湖化的人物吴七塑造得比较成功。吴七虽是一个社会底层人物，但同时又是一个"一拳打死一个逼租的狗腿子逃亡来厦门"的"山地好汉"、武林帮会的掌门人。在他身上蕴蓄着民间的侠义精神，匡扶正义、疾恶如仇，最后在何剑平、吴坚的影响下走上革命道路。(3)《前夜》着重于小知识分子精神气质的刻绘，《小城春秋》富有传奇性和民间趣味。(4)《前夜》是第一人称有限视角，《小城春秋》是第三人称全知视角。(5)《前夜》情节散漫、以心理情绪表现为主；《小城春秋》以劫狱为中心，故事完整，并且有章回小说设置悬念、扣子、营造高潮的痕迹。(6)《前夜》生活范围描写狭窄，《小城春秋》注重民风民俗的刻画。总而言之，《前夜》摆脱不开 30 年代"革命＋恋爱"的小说模式，《小城春秋》民族性色彩更为突出。

之所以有这些明显的不同，起关键作用的还是作为物质材料的语言的变化。《前夜》的语言混溶在 30 年代文学语言的背景中，有着浓郁的

---

①　姚雪垠：《我对于民族风格的认识和追求》，《河南大学学报》1985 年第 5 期。

②　高云览：《〈小城春秋〉的写作经过》，人民文学出版社 1956 年版，第 301 页。

欧化色调，生涩、抽象，而《小城春秋》的语言则活泼、流畅得多。比较《前夜》和《小城春秋》结尾处的几段文字可以更清晰地看出这一区别：

　　在那边，城市的晓雾还弥蒙未开，悄沉沉的如一座死城，电线在雾气中纵横着，正如交织在一片眠梦之中。

　　我的精神忽然又振奋起来：

　　死城哟，以前我曾如何热恋的向你奔来，现在，我又要从你离去，以后我得重来时，我要向你投一把火种！——（《前夜》）

　　汽车爬过一个又一个山岗子。山岗子背后是无穷无尽的村子。赶牛的老乡们退在路旁让汽车过去，大约老乡们都以为这是一辆普通客车呢。

　　西下的太阳又红又圆，远山一片浓紫，小河闪着刺眼的橘红的水影。……——《小城春秋》

《前夜》结尾处的语言不仅欧化严重，且句式和词汇也极不规范，如"悄沉沉""眠梦""从你离去""以后我得重来时"等。错乱的语句给黎明前的黑夜造成一种迷蒙的效果。《小城春秋》语句顺畅轻快，表示色彩的词语丰富多变，如"红""浓紫""橘红"等。景物空间富有层次感，从无穷无尽的村子到远山、从西下的太阳再到眼前的水影，而行驶的汽车行走于其中，给这个辽阔的空间带来一种流动感。如果说《前夜》的结尾似一幅色彩灰暗沉重的西洋油画，那么不妨说《小城春秋》的结尾像一幅线条流畅、色彩丰富的中国水墨山水画。

　　张楚琨在他的回忆文章中说过，高云览非常推崇中国小说的民族风格，"极力尝试要通过对话、动作和情节，而不是通过主观介绍和冗长的心理描写"刻画人物形象。[1] 可见《小城春秋》不仅是对《前夜》的改写扩充，更是一种风格上的变化，而这一变化就发生在汉语规范化前后。

---

① 张楚琨：《〈小城春秋〉的时代背景和主题思想——再版序》，《永远的纪念——高云览和〈小城春秋〉纪念集》，鹭江出版社1996年版，第202页。

　　高云览 1937 年离开厦门到新加坡，1950 年 2 月回国定居天津。这一时期高云览在语言方面不太可能受到作为新中国成立后文学"前语言"的解放区文学语言的影响，语言风格与前期欧化色彩相比，没有太大变化。1952 年 1 月，高云览拟出《小城春秋》的创作提纲，同时在语言上开始有意识的转变。这种转变明显受到当时语言规范讨论语境的影响。这一年的 7 月 30 日，他在《进步日报》发表评论《写得短些，写得精粹些》，是对当时提倡文章短小、文风精练的语言风格讨论的应和。在文中，高云览呼吁："请写得短些，写得精粹些吧！""请用洗练过的、精选过的、组织过的大众口语和我们说话吧！""请让我们咀嚼你的作品时，当做一种享受，不当做一种负担；因为享受会教人口馋，负担却只能教人胃呆呢！"① 创作《小城春秋》期间，正是汉语规范化从酝酿、发酵到高峰的时候，高云览不能不考虑《小城春秋》的语言问题，以尽量规范的语言写作。张楚琨回忆，创作《小城春秋》的过程中，高云览"不断请教同志、朋友和群众，一句不苟，一词不苟，一字不苟。尽管还有若干文字不够干净，若干用语仍然免不了生硬，别扭，总算冲过了技巧上的最大难关。蕴冬的绝命书不同于秀苇就义前的禀父书，四敏的说理不同于李悦的说理，赵雄的咒骂不同于金鳄的咒骂，岂是偶然的？不，这是费尽苦心的成果！"② 1953—1956 年，高云览对《小城春秋》改写六遍，全部手稿达数百万字。修改过程中，多次请别人阅读提意见，"从总体构思以至每一句、每个词汇都要你提"，"云览和我们探讨最多的，就是力避'公式化'、'概念化'"。③ 正因为高云览对普通话的努力学习、对规范化语言的不懈追求，《小城春秋》在语言方面取得了成功，民族风格在其中自然生成。

　　像《小城春秋》这样，同一题材在不同时代因语言的不同呈现出不同风格的还有梁斌的《红旗谱》、李六如的《六十年的变迁》。梁斌 1933 年创作的短篇小说《农村的骚动》、1935 年创作的短篇小说《夜之交流》

---

　　① 高云览：《写得短些，写得精粹些——通俗化写作问题之一》，《高云览选集》（下），海峡文艺出版社 2000 年版，第 199—200 页。

　　② 张楚琨：《〈小城春秋〉的时代背景和主题思想——再版序》，《永远的纪念——高云览和〈小城春秋〉纪念集》，鹭江出版社 1996 年版，第 203 页。

　　③ 龚家宝：《高云览和〈小城春秋〉》，《永远的纪念：高云览和〈小城春秋〉纪念集》，鹭江出版社 1996 年版，第 33、36 页。

是《红旗谱》的原型。① 但这一时期梁斌的语言非常欧化。据他回忆，写作《夜之交流》时，"还不懂得'深入生活'，文章写得生分，是洋味的，连语言都是洋味的"②。而到了《红旗谱》时，在题材选取、形象塑造、生活场景等内容方面以及艺术手法、情节安排、章法结构以及语言等形式方面体现出鲜明的民族风格。《六十年的变迁》脱胎于李六如40年代以自己数十年经历为素材写成的三个小册子《由黑暗到光明之路》《五十年见闻记》《波浪的人生》。小册子是用诘屈聱牙的文言写成的，如《由黑暗到光明之路》中有一段话："列强环伺。深感危亡。此贡生可为痛哭流涕者三。矧甲午庚子，辱国丧师。印度、高丽，深堪殷鉴。苟不急起直追，力图振奋。四万万同胞，其将有礁类乎。……"而到了《六十年的变迁》，语言则非常口语化，被严文井、刘白羽肯定为具有民族传统的形式、民族风格、中国气派。

上述例子表明，民族风格的生成与汉语规范化之间有着实实在在的内在关联。下面试从语音规范的角度进一步说明这个问题。

学者泓峻指出，汉语语音具有良好的形成音乐性的内在潜质，古典诗歌与散文在此基础上形成了自身独特的语音音乐性传统。泓峻认为："存在于汉语古典文学中的声韵传统，不仅是一套语音修辞规则，它还联系着中国人思想深处的哲学观、审美观，像汉民族文化的基因一样，不可替代。"③ 但由于现代汉语词汇成分的变化、语法的欧化、现代文学的欣赏方式与古代文学之间的差异，以及现代作家与古代作家在知识背景与文学兴趣上的差异，汉语的音乐性潜质在现代汉语散文中没有很好实现。④ 应该说早在30年代中期周作人就提出过这一问题。访日期间，在和日本学者长濑成作谈论时周作人认为，中国现代白话文学正在过渡期："用语猥杂生硬，缺乏洗练"，可见周作人对当时文学语言的不满。⑤ 这样的语言

---

① 除了以上两个短篇，40年代的短篇小说《三个布尔什维克的爸爸》、剧本《千里堤》、中篇小说《爸爸》同样出现了后来《红旗谱》中的人物和事件。

② 梁斌：《我在深入生活》，《文艺报》1987年第16期。

③ 泓峻：《以"声音"为核心的汉语文学观及其在"新文学"中的命运》，《广东社会科学》2012年第6期。

④ 泓峻：《汉语的音乐性潜质及其在现代文学语言中的失落》，《内蒙古社会科学》2006年第3期。

⑤ ［日］长濑诚作：《中国文学与用语》，朱自清译，《朱自清大全集》，新世界出版社2012年版，第284页。

也就谈不上音乐性，或者说音韵调的和谐搭配。

　　汉语规范化的主要环节是语音的标准化。经过讨论和论证，北京音作为汉语的标准音被确定下来。北京音作为普通话的标准音，既有政治环境、文学传统方面的因素，与其自身的语音优势也有关。50 年代，徐世荣指出北京语音有三方面特点：一是音系简单，学习起来比较容易。二是"听感上比较明朗、高扬，但一方面却又舒缓、柔和……听起来比较爽朗"。三是"有重音、轻音和'儿化韵'等变化，使语言表达意思的作用更加丰富而准确。……比较地说来，北京语音的特点就是简单、清楚、表达力较强"①。其实，新中国成立前也有人认识到北京语音的语感丰富。1924 年，国语统一筹备会就"决定以漂亮的北京语音为标准音"②。在规范化之后，北京音在丰富的基础上更为精细。比如儿化是北京音的特点，相较于新中国成立前文学作品，规范化之后语言中儿化现象明显增多。以老舍的《正红旗下》和《骆驼祥子》为例，新中国成立前写成的《骆驼祥子》儿化音约5‰，而新中国成立后《正红旗下》则达到6‰。因为作者文化素养、语言背景以及作品思想内容的不同，"十七年"长篇小说在儿化方面也各有特点。《红旗谱》里许多方言土语加上了儿化，地方色彩比较突出。如"说话答理儿""小墩子鼓儿""小打扮儿""搪扭儿""醒醒儿""犄角芽儿""桌子档儿""响舌儿""转花儿""扭嘴儿""翅膀管儿""小跑溜丢儿""背晦理儿""笤系儿"等。《青春之歌》中是一些自然景物加上儿化，表现了小知识分子的浪漫想象。如："云儿""鸟儿""星儿""麦穗儿"等。《创业史》中，一些革命词汇加上儿化，显示出柳青在融合革命话语和民间话语之间的努力。如"重要性儿""团结性儿""可能性儿""思想儿""主动性儿""积极性儿""问题儿""剥削名儿""坚决性儿"等。

　　"十七年"长篇小说作家最注重语音修辞的是老舍，而最能表现语音修辞效果的是他创作于 60 年代初的《正红旗下》。与《四世同堂》或是《骆驼祥子》比，《正红旗下》的语言更为规范，方言味儿或者说是"京味儿"有所变淡。有学者做过统计，《骆驼祥子》中北京方言的词频是0.296%，《正红旗下》中北京方言的词频为 0.167%，明显低于前者。但

① 徐世荣：《普通话语音讲话》，文字改革出版社 1958 年版，第 4—5 页。
② 见周一民《普通话和北京语音》，《北京社会科学》2007 年第 1 期。

《正红旗下》的民族风格并不因此减弱，很大程度上与语音修辞有关。胡絜青认为《正红旗下》具有"可读性"的特点："可以有腔有调地朗诵，这种文字，读起来也算是一种享受。"据胡絜青的回忆，老舍自己曾经"偷偷地念过全文"，并且还向朋友朗诵过："老舍由广州回来之后，经常邀请一些老朋友到家里来，包括一些在广州会议上被平反的老朋友，很兴奋地和他们一起畅谈，老舍还给他们朗诵过《正红旗下》，请他们提意见。"① 老舍这种请人提意见的方式与其他作家请别人阅读文稿以征求意见大不一样，说明《正红旗下》具有可朗诵性，是"悦耳"的作品。例如，小说刚开始有段话写到自己出生那天夜里正是小年夜，街上的热闹场景：

> 大街上有多少卖糖瓜与关东糖的呀，天一黑，他们便点上灯笼，把摊子或车子照得亮堂堂的。天越黑，他们吆喝的越起劲，洪亮而急切……就凭这一片卖糖的声音，那么洪亮，那么急切，胆子最大的鬼也不敢轻易出来，……再听吧，从五六点钟起，已有稀疏的爆竹声。到了酉时左右，连铺户带人家一齐放起鞭炮……花炮的光亮冲破了黑暗的天空，一闪一闪，能够使人看到远处的树梢儿。每家院子里都亮那么一阵：把灶王请到院中来，燃起高香与栢枝，灶王就急忙吃点关东糖，化为灰烬，飞上天宫。

这段话中在声母方面送气音特别密集，如"车""冲""吃""天""糖""摊""堂堂""听""凭""炮""铺""破""切""轻""起""齐""请""看""切"等。送气音发音时呼出的气流比较强，声道处于打开状态，发出的声音敞亮、奔放、迅疾，就像一位学者所说："以它们为声母的一些字多含有爆发性或跳跃、猛烈的意味。"在韵母方面江阳辙和中东辙的音比较多，如"糖""东""灯笼""亮堂堂""洪亮""听""冲""空""宫"等，均带后鼻韵尾 ng，开口度大，声音洪亮，因而音韵宽广、雄浑响亮，体现一种阳刚之美，"含有这些韵的一些字往往也含有昂扬、悲慨、奔放的意味，适合抒发崇高、悲壮、豪放的感情"②。

---

① 胡絜青：《写在〈正红旗下〉前面》，《新文学史料》1980 年第 1 期。
② 罗昕如：《语音表现的文学价值》，《娄底师专学报》1991 年第 3 期。

　　小年之夜，街上热闹非凡。作者没有过多纠缠于场面的详细描绘，而是紧扣住声音来写，从小贩的叫卖声到鞭炮的爆炸声，由轻到高、由缓到急、由稀到密。老舍没有沿袭他在早前作品如《赵子曰》中以拟声词的方式来模仿各种声音的做法，而是让语言自身来完成各种声音的独特与交织在一起的嘈杂。小贩的叫卖声达到极处是"洪亮而急切"，中东辙的"洪"、江阳辙的"亮"、送气音的"切"聚在一起，表现出小贩叫卖的"起劲"。

　　放鞭炮的声音最为密集，也是小年夜各种声音的高潮部分，老舍写了一句："花炮的光亮冲破了黑暗的天空"。这句话中，"花炮""光亮""冲破""天空"四个词联袂而出，写出了鞭炮齐鸣的激越，表现出人们放鞭炮时心情的愉快。这种意义与情感的传达很大程度上依靠语音自身完成。"花炮"一词，"花"的结尾是元音"a"，它在元音中开口度最大，气流无阻碍，声音洪亮，抒发情感欢快活泼、自由跳跃。"炮"的声母是送气音"p"，韵母是前响复元音"ao"，两者结合在一起，语音干脆响亮、热烈饱满，体现出一种爆发性效果，恰好形容出鞭炮爆炸时的声音和性状。但这四个词词性过于阳刚，如果前后相继出现，语音缺少变化，可能会带来节奏上的呆板、沉闷。"黑暗"一词的加入，无论在语义还是语音上，起到了很好的缓冲效果，为整个句子增添了一种音乐的回旋感和强烈的画面感。"黑"的韵母是双元音"ei"，属于灰堆韵。灰堆韵的字一般来说沉郁阴柔、消极压抑，如"悲""惫""垂""废""非""霉""泪""累"等。因此，"黑"在语音上的凝滞抑郁为鞭炮的欢快画上一个休止符，带来一种"蝉噪林愈静，鸟鸣山更幽"的声音效果。随后"暗"字将"黑"带来的低沉猛然拉高，经过"的"的轻声过渡之后，在由送气音和言前韵合成的"天"那里豁然炸开，境界开朗，最后以声调轻柔和缓的"空"字收尾，余音袅袅。总的来看，这个句子语音响亮宽广，声调短促峻急，拟写出鞭炮的声音，表达了欢快热烈的情绪。中间杂以"的""了""黑""的"等轻声和平声字，造成一种鞭炮此起彼伏、错落有致的效果。轻声和平声中和了密集的上声带来的嘈杂，使得整个句子轻重搭配、缓急有序、平仄相间，具有音乐的和声之美，表现出"乐而不淫"的欢快而又节制的民族风格。同时，也很好地传达出形象意义——从视觉上看，在"黑暗"的衬托下，花炮的爆炸更为醒目、绚丽。

《正红旗下》的语言在音节节奏、语气词等方面也表现出鲜明的民族特色。四音节格式是汉语独有的句法结构。《正红旗下》大量使用了四音节格式的成语和词语，句式工整，有着鲜明的节奏感。据统计，《正红旗下》运用成语和四字格共达三百五十多次，在某些段落密集出现，乐感强劲：

> 姑母和大姐的婆婆若在这种场合相遇，她们就必须出奇制胜，各显其能，用各种笔法，旁敲侧击，打败对手，传为美谈。办理婚丧大事的主妇也必须眼观六路，耳听八方，随时随地使这种可能产生严重后果的耍弄与讽刺大事化小，小事化无。

有学者指出，老舍在使用四字格的时候，十分注意音韵的铿锵悦耳。有两组末尾押韵的，如"出奇制胜，各显其能"；"一统江山，亿斯万年"，"金银元宝，珍珠玛瑙"。有双声叠韵混合的，如"气象峥嵘，吉祥如意"；"出将入相"，"英雄气概，威风凛凛"，"从容收腿，挺胸敛腰"。还有不少四字格是采用连音迭字格式，如"规规矩矩""冒冒失失""晃晃悠悠""慌慌张张"等，富于节奏和韵味。①

小说在使用语气词方面也有一种音乐效果，语气词较强的表情达意功能加强了作品的可朗诵性：

> 玩票是出风头的事，姑母为什么不敢公开承认呢？她也许真是个职业的伶人吧？可又不大对头，那年月，尽管酝酿着革新与政变，堂堂的旗人而去以唱戏为业，不是有开除旗藉的危险么？那么，姑父是汉人？也不对呀！他要是汉人，怎么在他死后，我姑母按月去领好几份儿钱粮呢？

老舍对语音的关注或研究开始于 20 年代。在伦敦东方学院中文部教汉语时，他和外国人合作编写了世界上最早的汉语留声机唱片教材《言语声片》，在唱片教材的第一章"语音"部分详细介绍了汉语声韵调系统，采用国际音标严氏标音法和威妥玛拼音方案对汉字注音，同时对变

---

① 郑月蓉著：《〈正红旗下〉的风格和语言》，《郑州大学学报》1983 年第 3 期。

调、儿化、弱化等语音现象进行了注解。写作《二马》时，他试图"做出一种简单的，有力的，可读的，而且美好的文章"。① 新中国成立后，老舍对文学作品的语音效果更是从理论的高度加以把握关注。50 年代初期，老舍认为，民间文艺的语言不仅要"悦目"，而且要"悦耳"："经过耳朵的考验，我们才除了注意文字的意义而外，还注意文字的声音与音节。这就发挥了语言的声韵之美。我们不要叫文字老爬在纸上，也须叫文字的声响传到空中。耳朵不像眼睛那么有耐性儿，听到一个不受听的字，或一个不易懂的话，马上就不耐烦。所以我们必须写得嘹亮干脆，不能拖泥带水地拉不断扯不断。"②

在写作《正红旗下》前后，老舍发表多篇文章更为集中地探讨语音的价值和意义，尤其强调写作者应注意声调的平仄："像北京话，现在至少有四声，这就有关于我们的语言之美。为什么不该把平仄调配的好一些呢?"③ "在汉语中，字分平仄。调动平仄，在我们的诗词形式发展上起过不小的作用。我们今天既用散文写戏，自然就容易忽略了这一端，只顾写话，而忘了注意声调之美。其实，即使是散文，平仄的排列也还该考究。"④ "我写文章不仅要考虑每个字的意义，还要考虑到每个字的声音。不仅写文章是这样，写报告也是这样。我总希望我的报告可以一字不改地拿来念，大家都能听得明白。""……比方我的报告当中，上句末一个字用了一个仄声字，如'他去了'。下句我就要用个平声字。如'你也去吗?'让句子念起来叮当地响。"⑤ "诗不是讲究精心安排平仄吗? 我写对话也多少取用此法。这是使音调美好，既顺口，又悦耳。"⑥ 由字音的讲究也就应该注意字眼的选择，"字虽同义，而声音不同，我们就必须用那个音义俱美的"⑦。老舍这一时期对语音不仅从理论角度表现出浓厚的兴趣，即使日常生活中对与语音相关的问题也特别敏感。如他在一篇散文中回忆 1961 年游大兴安岭时对"大兴安岭"这个词的语音阐发："这说的

---

① 老舍:《我怎样写〈二马〉》,《宇宙风》1935 年第 1 期。

② 老舍:《民间文艺的语言》,《中国语文》1952 年第 7 期。

③ 老舍:《关于文学的语言问题》,《文艺月报》1955 年第 7 期。

④ 老舍:《对话浅论》,《电影艺术》1961 年第 1 期。

⑤ 老舍:《关于文学的语言问题》,《文艺月报》1955 年第 7 期。

⑥ 老舍:《情文并茂》,《剧本》1960 年第 6 期。

⑦ 老舍:《对话浅论》,《电影艺术》1961 年第 1 期。

是大兴安岭。自幼就在地理课本上见到过这个山名,并且记住了它,或者是因为'大兴安岭'四个字的声音既响亮,又含有兴国安邦的意思吧。是的,这个悦耳的名字使我感到亲切、舒服。"①

王力曾经有一个判断:"声音和意义的自然联系事实上是不存在的。"② 但从《正红旗下》来看,判断不确。《正红旗下》民族风格的鲜明在很大程度上就得益于语音修辞。当然,"十七年"长篇小说并非都能使语音参与意义构建的过程,这既有作家个人艺术修养的约束,也与作家对语音修辞自觉意识的程度相关,还有过度口语化下对语音相对忽略的原因。但根本性原因,还在于古代文学语言音韵传统的失落。换句话说,五四知识分子在对文言文激烈抨击的同时也放弃了古代语言的音乐美。对汉语读音的修复是在汉语规范化过程中,学者研究、词典编纂、广播讲座、广播播音员的示范等多种途径普及了语音常识,起到了很好的正音效果。当然,汉语规范化在文字改革方面最终目标是以拉丁字母代替汉字,这是文字工具论的狭隘思维。但当时倡导者们相信,无论文字如何改变,都不能破坏语言的民族性。"文字的内容一定是民族的,文字的形式就不一定是民族的,可能是国际的。"③ "艺术的'民族形式'表现在艺术的内容上,而不表现在艺术的工具上。"④ "如果不否认中国人的言语是比方块字更其民族的,那末,一种直接建立中国人的言语上的拉丁化文字就应该是包含了比方块字更丰富的民族内容。"⑤

由此可见,"民族性"是文字变革论者不可逾越的底线和追求的目标。更进一步来说,当文字发生改变后,语言的意义仍在,这意义就存在于声音之中。因此,无论是文字改革、汉字简化还是推广普通话,突出的是汉语言的声音形象。文字可以废除,但作为民族标志的语言仍在。语言体系不变,民族风格自然也就不会改变。

---

① 老舍:《内蒙风光》,《老舍全集》(第 16 卷),人民文学出版社 2013 年版,第 577 页。

② 王力:《中国语言学史》,山西人民出版社 1981 年版,第 51 页。

③ Boxan:《关于文字改革的两个问题的商榷》,《一九五〇年中国语文问题论文辑要》,大众书店 1952 年版,第 162 页。

④ 周有光:《新文字与民族形式》,《一九五〇年中国语文问题论文辑要》,大众书店 1952 年版,第 169 页。

⑤ 张鸣镛:《把科学方块化呢?还是把文字拉丁化?》,《一九五〇年中国语文问题论文辑要》,大众书店 1952 年版,第 173—174 页。

总而言之，作为民族风格的物质基础，汉语形态从根本上决定了民族风格，那么建国之后民族风格的突出就不能不受到汉语规范化的影响。民族共同语的基础如语音、词汇、句法等早已存在，但是不统一、不规范。汉语规范化所做的工作就是使其语音同一、词汇丰富、句法严密，是在既有基础上的完备，而不是改变汉语这种语言体系。所谓的汉语规范化，就是民族语的共同化，同时也使共同语更为民族化。

三　汉语规范化与"十七年"长篇小说个性风格的消失

"十七年"文学批评者中，茅盾是最为关注风格的一位。1953 年，茅盾在第二次文代会的报告中指出："我们现在的许多作品可说是缺乏独特的风格。张三的作品如果换上李四的名字，也认不出到底是谁写的。这就说明了我们在作品的形式方面多么缺乏创造力。"[1] 1956 年，茅盾认为许多青年作者"缺乏独创性和独特的风格……还不能熟练地运用语言"[2]。茅盾曾就《青春之歌》的风格做出过批评："《青春之歌》的文学语言不能说它不鲜明，但色采单调；不能说它不流利，但很少锋利、泼辣的味儿，也缺少节奏感；不能说它不能应付不同场合的情调，但有时是气魄不够，有时是文采不足。全书的文学语言缺乏个性，也就是说，作者还没有形成她个人的风格。"[3] 通过他对新中国成立后文学风格的判断，可以认定"十七年"长篇小说共性风格突出，但个性风格却受到压抑。即使是关注个性风格的茅盾也强调个人风格"必须站在民族化、群众化的基础上。……离开了民族化、群众化的大路而追求所谓个人风格，猎奇矜异，自我陶醉，那就必然要走进形式主义的死胡同"[4]。大部分长篇小说流于模式化，千篇一律、千人一面，就像沈从文所批评的那样："一些作家写作差不多，永远在写，永远写不出丝毫精彩过人之处。"[5] 那些今天看来

---

① 茅盾：《新的现实和新的任务——一九五三年九月二十五日在中国文学工作者第二次代表大会上的报告》，《人民文学》1953 年第 11 期。

② 茅盾：《培养新生力量，扩大文学队伍》，《中国作家协会第二次理事会会议（扩大）报告发言集》，人民文学出版社 1956 年版，第 42 页。

③ 茅盾：《怎样评价〈青春之歌〉》，《读书杂志》1959 年第 5 期。

④ 茅盾：《反映社会主义跃进的时代，推动社会主义时代的跃进》，《人民文学》1960 年第 8 期。

⑤ 沈从文：《复沈云麓》（195 年 3 月 12 日），《沈从文全集·书信》（第 20 卷），北岳文艺出版社 2009 年版，第 296 页。

表现出个人风格的作品,如《山乡巨变》《创业史》《三里湾》等,也仅仅是对时代风格、民族风格局部的、个别的突破。50 年代对风格的探讨集中于 1958 年,在"大跃进"的热烈氛围下,"共产主义风格""革命风格"不仅仅用来指称社会精神和时代气息,也延伸为文学作品的风格标杆,个性风格也难再有展现的空间。

工农兵文学本身就包含有风格多样化的内涵,只有风格的多样化才能更好地服务于工农兵。就像侯金镜所说,风格多样化既受生活面貌多样性的决定,也被人民群众多方面的需要所决定,同时也受作家、艺术家多种多样的个性、才能和风格所决定,"如果无视作家个性、才能和风格的多样化,那么,生活的丰富面貌的多方面的反映,群众需要的多方面的满足,也要受到很大限制"。侯金镜肯定了作家的个性差异,认为即使作家在生活经历、政治与文化素养、写作经验完全一样,但在处理同一素材时,作品不会相同,风格也有差异,"这种差异或许大或许小,但不会没有。有创造性的作家们写出的作品都是千人一面,这不可想象"。因此,侯金镜建议:"评价一个作家和向他提出希望和建议,就不能不考虑这一点。我们当然有共同的评价作品的政治标准,同时也得在这前提下,对不同的作家做具体分析,研究他的所长和所短,然后才能准确地指出它的不足。……忽略了作家个人的风格特点、所长和所短,而用了为列宁所批评过的'标准化'的方法来要求,也会使作家手足失措,一片好心反变成一种限制。"①

风格体现在语言上,语言的个人性是作品风格独特性的基础,语言的多样性也才会产生风格的多样性。如果按照同一种语言模式写作,语言的"同一性"也就抹杀了创作主体的差异性。于逢的《金沙洲》初版于1959 年,小说出版后不久,广东文学批评界围绕思想主题展开了激烈的讨论,出现了"基本肯定"和"基本否定"两种截然相反的意见。于逢参考了论争各方的观点,尤其是考虑到"当时农村问题还未完全明确,直至整风整社运动展开后才有定论",② 将作品修订后于 1963 年再版。修订本主要是强化了阶级斗争路线,这一意图体现在语言的删改上。《金沙洲》初版本在语言方面不能说完全达到个性化,当时就有批评者指出小

---

① 侯金镜:《创作个性和艺术特色——读茹志鹃小说有感》,《文艺报》1961 年第 3 期。
② 于逢:《〈金沙洲〉再版后记》,《金沙洲》,作家出版社 1963 年 8 月第 2 版,第 550 页。

说语言议论性文字多、会议演说词过长、人物缺乏行动性的对话等不足，但还是表现出一定程度的个性语言特色，有评论者就此给予了肯定："语言上，感情色彩浓厚，通俗流畅，并能适当用方言；人物语言基本上达到了个性化。"① 龚奎林在比较了《金沙洲》的两个版本之后认为，初版本中那些灵性的抒情语言再版时被删除，而代之以政治化豪情语言。能够表现日常生活真实的语言也被修改为向政治话语靠拢，如梁甜女儿凤娥因吃不饱而偷吃别人家饭被发现后，婆婆为孙女打圆场："她去偷吃，也是因为在家吃不饱。每顿只吃那么一碗半干饭，就算大人也熬不了，何况是小孩！"这就暴露了社会现实缺陷的一面。但为了表现出社会主义的优越性，作者对这一细节进行了修改：凤娥到隔壁郭细九家玩小汽车玩具，对方认为是偷了。梁甜狠狠打女儿并向对方道歉："要是弄坏了，有空我到镇上另买一只新的给兴仔吧！"龚奎林认为，修改之后，那种社会悲剧的凝重气氛被快乐化的游戏气息所取代。小说初版本还有对人物爱情心理的复杂描写以及大量的方言，这些在修订本中也多多少少受到压抑。于逢对生活不可谓不熟悉，对文学不可谓不了解，并且创作时也能进入一种全身心投入的状态，就像他自己所说："一个人创作进入了境界，就像鬼上了身，怎么也摆脱不开。"② 但当从属于作者本人的个性化语言滑落之后，《金沙洲》在表现农业合作化的小说中既显示不出思想主题的独特之处，也谈不上风格的独特性。

也许在规范化语言和个人化风格之间存在着天然的矛盾。从理论上来说，规范化语言是文学语言的基础，文学语言只有遵循规范语言的词汇、语法才具有交流表达的可能性，很难想象会有脱离语言规范的文学语言的单独存在。但文学语言的独特之处就是对语言规范法则的不断触犯和反抗，在对规范语言"故意的充满美感的扭曲"中③，文学达到了创造、表达和审美的自由。福楼拜说："对于最伟大的作家，我们不该指望从他们那里找到只有二流作家才会有的那种一本正经的规范。"④ 规范化的语言永远只有一种面目，而文学家则以自由的主体精神赋予刻板的语言以灵性

---

① 黄冠芳：《生活的波涛永远向前——评〈金沙洲〉》，《典型、批评方法及其他——关于小说〈金沙洲〉的讨论》，广东人民出版社1962年版，第7页。

② 于逢：《〈金沙洲〉遭遇记》，《文艺理论与批评》1993年第4期。

③ 王德春主编：《外国现代修辞学概况》，福建人民出版社1986年版，第61页。

④ 见鲁枢元《超越语言——文学言语学刍议》，中国社会科学出版社1990年版，第63页。

的光彩。在那些反常、偏离、切分、颠倒、省略的文学语言背后，是作品个性风格的闪现。鲁枢元对此认为："不管是写作还是阅读，对于一个创造性的活跃着的心灵来说，文学言语只能是个体一次性使用的。你可以反复阅读一部作品，但真正的文学性阅读，每次都不雷同。文学语言注定是一种主体性的、个体性的言语，它没有风格的零点，它也不需要这样的零点，文学言语注定要和文学家的独特的心灵相沟通，注定要和文学家的血肉之躯紧密相连。"①

但在"十七年"板结化的规范语境内，作家和语言的自由个性被双双压抑。"十七年"语言建构的出发点是其实用性，"准确、简练、流畅"是"十七年"时期对语言最基本也是最高的要求。可以这样说，规范化语言从一开始就不是为文学准备的语言，它是意识形态主导下为社会交际而作，而文学只不过是规范化语言推广和普及的工具。在规范化的语言前，作家只能被动地、别无选择地加以使用。文学语言和社会语言趋向于同质化，这样做的后果，就是文学本体性的丧失，也是作家自我的丧失。

布封关于风格有句名言："风格即人"。有个性风格的作家，其在语言使用方面要遵循内心世界和表达内容的要求。孙犁说："重视语言，就是重视内容了。一个写作的人，为自己的语言努力，也是为了自己的故事内容。他用尽力量追求那些语言，它们能完全而又美丽地传达出这个故事，传达出作者所要抒发的感情。"② 因此，文学语言的使用总是服从于自我表达的自由，在对语言的自由驱遣中，实现主体自我。换句话说，表现出个性风格的作家，总有一套成熟的话语体系和稳定的用词习惯。如现当代作家对语气词的运用各具特色，老舍喜欢用"呢"，巴金好用"嘞"，孙犁喜欢用"哩"，杨沫喜欢用"噘"，柳青喜欢用"啊"等。③ 当作家违拗自己的用语习惯，就可能导致个人风格的消失。沈从文就是一个明显例子。

在1958年《文艺报》组织的文风座谈会上，臧克家以沈从文为例再次批评编辑任意改稿对风格带来的破坏："有些编辑同志喜欢给人改稿，改好的有，改坏的也有。有时虽然是一字之差却大有关系。譬如沈从文的

---

① 见鲁枢元《超越语言——文学言语学刍议》，中国社会科学出版社1990年版，第65页。

② 孙犁：《文艺学习——给〈冀中一日〉的作者们》，作家出版社1964年版，第71页。

③ 吴振邦：《语气词的妙用》，《语言教学与研究》1984年第2期。

文章很少用'的'字,你如果给加上一些'的'字,以为更合文法些,殊不知那样就不成其为沈从文的风格了。"①

臧克家所言并非空穴来风。马来西亚作家温梓川曾以诗一样的语言描述沈从文作品的风格特征:"他的文字之所以会那么有光彩富血肉,就是爬在那个上面。他的风格,行文那么奇突,那么诡谲,用语又是那么高雅,那么典丽。简练处,表现了谨严;精密处,显示出繁丰。像橄榄那样耐人咀嚼,耐人寻味。"温梓川也注意到"沈从文的文章轻易不用'的'字"②。苏雪林30年代就这一点早已指出,这也许是其文体"短峭简练,富有单纯的美"的一个原因。③ 如《长河》中的一段文字:

> 既有两三百水手一大堆钱在松动,河下一条长街到了晚上,自然更见得活泼热闹起来。到处感情都在发酵,笑语和嚷骂混成一片。茶馆中更嘈杂万状,有退伍兵士和水手,坐在临街长条凳上玩月琴,用竹拨子弄得四条弦绷琮绷琮响,还风流自赏提高喉咙学女人嗓子唱小曲花月逢春,四季相思,万喜良孟姜女长城边会面,一面唱曲子,一面使将眼角瞟觑对街黑腰门(门里正有个大黑眼长辫子船主黄花女儿),妄想凤求凰,从琴声入手。

句子中多处地方省略了"的",显得行文紧凑、干净洗练。如果加上,则不免拖沓无力。

其实早在30年代萧乾就指出,形容字下面加"的"字,是文法家的说法,"是给守法尚不甚谨的人预备的"。这是作文的人必须经过的阶段。但"如果想文字有光彩,富血肉,得爬在那个上面,搬运,调遣,熔铸,酿造,为了完成一个更严肃的工作"。在萧乾看来,"这个'的'字实在是欧化文的致命伤。它好像一粒粒的沙子,搅在玉米粥里,破坏文章的流畅。一个成人当然不常朗声阅读,但我们却无法制止听觉在神经里潜伏的活动。小时候常因为文章'不顺'挨老师瞪的,那不顺就正是内在的听觉不答应了。惹恼了它,什么欣赏也不易进行。然而有些'欧化'的诗,

---

① 老舍等:《反对八股腔,文风要解放》,《文艺报》1958年第4期。

② 温梓川:《沈从文像小商人》,《山之魂 海之韵:天南地北山大人》,山东大学出版社2005年版,第163—164页。

③ 苏雪林:《沈从文论》,《文学》1934年第3期。

特别是风行一时的豆腐块，为了弥补缺口，竟还掺满了这最破坏音节，截断旋律统一的沙子"①。沈从文文学语言的文白杂糅、清新纯朴、流畅自然得益于湘西口语和古白话，富有田园风情的特色与对"沙子"般的"的"字的拒绝不无干系。但"十七年"语法书对"的"的用法规定非常严格，尤其是书面语中，该出现"的"字的地方几乎必不可少，这样才符合"规范化"的用法。② 沈从文也许因此感受到文字的困惑："我最大困难还是头脑已不甚得用，文字表现力也已经大半消失，许多事能记忆，可再不能通过文字组织来重现，真是无可如何。"③

沈从文对自己的语言天赋非常自信——即使新中国成立之后，他还是颇为自负。赵树理和老舍新中国成立后被誉为"语言大师"，但在沈从文眼里，大有不服之意："如赵树理写农村，农村干部不要看，学生更不希望看。有三分之一是乡村合作诸名词，累人得很！""我每晚看《三里湾》，也看看《湘行散记》，觉得《湘行散记》作者究竟还是一个会写文章的作者。"④ 70 年代，他继续批评文坛语言的粗糙："事实新提的文学'过三关'的文字技术关，先前几个被奉为'语言大师'的熟人，都可说并不认真过了的。有的文字充满北方小市民油腔滑调，极其庸俗。有的又近于译文。有的语汇还十分贫瘠，既不懂壮丽，又不会素朴，把这些人抬成'语言大师'，要人去学，真是害人不浅。"⑤ 沈从文有着非常强烈的风格意识，他说："一切作品都需要个性，都必须浸透作者人格和感情。想达到这个目的，写作时要独断，要彻底地独断。"⑥ 但无论如何，处于规范化语境中的沈从文再也找不回那种自由驱遣文字的感觉，也不可能"彻底地独断"，无论是公开发表的《老同志》还是残稿《来的是谁?》，

---

① 萧乾：《废邮存底——答辞》，《萧乾文集》（第 8 卷），浙江文艺出版社 1998 年版，第 125—126 页。

② 黎锦熙、刘世儒：《汉语语法教材》（第一编），商务印书馆 1957 年版，第 346 页。

③ 沈从文：《致沈云麓》（1960 年 9 月 18 日），《沈从文全集》（第 20 卷），北岳文艺出版社 2009 年版，第 465—466 页。

④ 沈从文：《致张兆和》（1956 年 12 月 10 日），《沈从文家书》（上），江苏教育出版社 2005 年版，第 269 页。

⑤ 沈从文：《致张兆和双溪》（1970 年 9 月 24 日），《沈从文全集》（第 22 卷），北岳文艺出版社 2009 年版，第 388 页。

⑥ 沈从文：《习作集代序》，《沈从文选集》（第 5 卷），四川人民出版社 1983 年版，第 228 页。

文字干瘪、索然无味。尤其是频频使用符合语法规范的"的"字，在偏离个性风格的路途上愈行愈远：

> 老同志的日常工作，就是照着这个标语指示的最高原则，用一个新国家主人翁态度，长年不变的为在改造中的知识分子学习示范。——（《老同志》）

> 学校的分段学习制，且随时总结过程，检查得失，使得各部门工作都保持一定程度联系。厨房中的工作情况，自然也应分算在知识分子改造教育计划内。厨房中的膳食民主制和群众路线制，虽在民主学习上，对每个人都有极多启发，可是教育长的演说，在学习过程中，却始终成为一个问题，悬在共同思想上。——（《老同志》）

> 这种印象大致是那个破旧的皮领子大衣和那顶旧式油灰灰的皮耳帽形成的。肩上扛了个旧式印花布做成小而旧却又似乎相当沉重的包袱，谁也不知道里面装的是什么"法宝"。——（《来的是谁？》）

> 老头子受了个突然冲击，向前蹭了三四步，稳住身后，才明白站的不是地方，挡了青壮的路。就急忙走开，口里还照北京旧礼貌，不住地说："对不起，对不起！"可是本应当表示歉意的壮士，像是个来京办事的，带了不少特产的新来客，朝气中不免稍微夹点"官气"，倒反而狠狠瞪了"小老头子"一眼，用个更偏北的口音，"哼，什么对得起对不起，废话。"回答得干干脆脆，毫不理会的走向地下铁去了。——（《来的是谁？》）

> 过不多久，到了个看来原本十分相熟，却又久已陌生的干干净净的小胡同转角处，小小旧门边站了一会儿，又望望新装置的门牌式样……——（《来的是谁？》）

当然，并不是说规范化的语言不能产生个人风格，如朱自清与叶圣陶的文章用语规范醇正，两者都表现出一种朴素的风格美，却又有温和敦厚和凝练隽永的差别。当然这只是就作家与作家之间的相对比较而言，毕竟在作家所处的时代，朴素的风格只是整体风格的一种。当一个时期的文学风格整体上表现出明显的共性特征时，那可能就是语言出了问题。

"十七年"文学作品中，能够表现出个性风格的地方，在语言方面多携带着个人精神气质的烙印，在一定程度上突破和偏离了规范化语言的约束。《创业史》的题叙曾被曹文轩赞为"是一个即便是在今天看来仍然是很精彩的'题叙'"①。题叙之所以精彩，不仅仅因为它表现了柳青丰富而透彻的生活经验和人生经验，有着很出色的叙事能力及超出同时代人掌握理性的能力，而且因为这个"题叙"与正文比起来，在用语方面是从内容本身出发，选取合适的语言形式，故而显现为和正文不同的风格。

为了细腻地表现出外乡女人的愁苦，柳青使用了带有更多修饰语的欧化语言："大约是由于饥饿和痛苦的摧残吧，那忧郁的、蜡黄的瘦长脸上，暂时还不能反映出快活来。""两只瘦骨嶙嶙的长手，亲昵地抚摩着她身前寸步不离娘的宝娃的头，王氏妇人的眼光，带着善良、贤慧和坚定的神情，落在梁三刮过不久的有了皱痕的脸上。"人物语言中更多方言土语、俗语俚语："怕啥？水鸟不伤人的，傻瓜！""啊，是个好屋里家哩！""娘家爹妈都是这回灾荒了饿翻的，哥嫂子都各顾逃生了。婆家这头，男人一死，贴近的人再没了，自己带着娃子，从渭北爬蜒到这南山根儿来。""瞎拍嘴！""天星全了，快动手吧！"另外，柳青主观抒情、长于议论的语言风格也时有表现："别了！亲爱的终南山啊！""……十四岁的少年人，有信心地投入了生活……"这些都说明柳青语言文字表达能力的深厚。

最主要的是在题叙中，民间话语占据了文本中心位置，阶级斗争话语并不突出，更为接近生活的本然状态。财主的儿子朝宝娃的碗里撒脏土，宝娃回到家呜呜直哭。梁三老汉听说后"脸色气得铁青"，但在听说财主教训了儿子几句之后，愤怒的情绪平静下来："既然饭倒给猪吃了，财东又说了自家的娃几句，也就拉倒算啦。给人家干活，端着人家的碗，只要能过去就过去了。"一场最能表现地主阶级丑恶的冲突就这样"过去了"，这既有被剥削者的谅解，也有地主阶级本身行为的"道德性"——毕竟财主知道错在自家孩子并且教训了他。正因为这件事情本身起源于财主孩子的恶作剧或者说淘气——这也是日常生活经常出现的事情，作者也就没有像《高玉宝》或《白毛女》那样，大肆渲染财主的狠毒和罪恶。在某

---

① 曹文轩：《二十世纪末中国文学现象研究》，作家出版社2003年版，第313页。

种程度上，这样的措词违背了汉语规范化对思想纯洁性的要求，也就是作者的阶级立场出现了问题——没有站在"人民"这一方去严厉地谴责阶级敌人，而是对其进行了政治的豁免。对这一情节的处理，表明柳青对生活经验和人生经验有着丰富的感性，他从民间立场出发而不是依据阶级理念写出了"十七年"作品中日常生活的另一面。接下来，母亲教育宝娃的话更具有民间色彩："你不懂事哎！咱穷人家，低人一等着哩。要得不受人家气，就得创家立业，自家喂牛，种自家地……"梁三老汉也在旁边附和宝娃母亲所说的话。父母所言给宝娃"上了庄稼人生活哲学的第一课"，那就是作为一个庄稼人要想不受欺负，就得"创业"。从梁三老汉的父亲"抱着儿子梁三可以创立家业的希望"死去，到梁三老汉娶了宝娃妈之后立下"创立家业"的宏愿，再到梁生宝明白创业的重要，然后学会各种庄稼活路、买下吕二财东家的牛犊开始艰难的创业，这一切都是对民间"勤劳致富"观念的现实演绎，也是对《创业史》这个题目中"创业"的形象诠释。

梁生宝"创家立业的锐气比他继父大百倍"，先是"从下堡村破产的农户手里，拾便宜置买下几样必要的农具"，又有一条"引起许多人羡慕和嫉妒的大黄牛"，"租下吕老二的十八亩稻地，并且每亩又借下二斗大米来买肥料——油渣或者皮渣"。全家人齐心协力，起早摸黑，"创业发家"。可以设想一下，如果按照生活的惯性，假以时日，梁生宝未必不可以成为"梁二财东"——毕竟这个时候的梁生宝还处于一种自发的生命状态。当他的身边还没有革命资源出现的时候，吕二财东这样的人才是他所追求的生活模板。民间话语的存在揭示了生活的另一种可能性。但柳青不可能去讲述一个民间故事模式中的"勤劳致富"的故事，阶级话语在梁生宝即将迈开成功的第一步时悄然出现，打断了"创业"的进程：一年的辛苦所得在交过地租、还过欠债后，"剩下的被下堡村大庙里头的保公所打发保丁来装走了"。在此之后，革命话语收编了民间话语，"集体创业"代替了"个人创业"，而反映社会变迁的、被革命话语先在书写的、具有本质性规定的"史"开始正式出场。

曹文轩说过，《创业史》中，如"题叙"这样精彩的文字在正文中"一些局部的叙述和描写，也依然存活"①。这一看法同样适合于"十七

---

① 曹文轩：《二十世纪末中国文学现象研究》，作家出版社2003年版，第313页。

年”其他长篇小说，那些表现个性风格的语言片段在其他作家笔下也有不同程度的呈现。这说明“十七年”作家既不缺少个性风格表现的意识，也不缺少表现个性风格的能力。但他们的个性风格都有一种“未完成性”，这不能不说规范性语言约束力量的强大。

第五章

汉语规范化与"十七年"长篇小说语言越轨

如果说"十七年"长篇小说语言完全运行在规范化轨道上，未免失之偏颇。就好像学者今天在重读"十七年"长篇小说时，能从中发现人性、人情等非政治因素一样，"十七年"长篇小说在语言方面或明或暗突破了"规范化"的约束，比如作品中不仅有方言、文言及欧化语言的存在，也有黑话、脏话等反意识形态话语的存在。这也从一定程度上表明，文学作品语言具有变异性和自律性，在遵循语言规范的同时，在一定程度上为自身开辟了自由的语义空间。

第一节 "十七年"长篇小说的方言写作问题
——以周立波为中心的考察

近代以来，方言写作既有"开启民智"的思想价值，也是达至"言文一致"的良方。但对于刚刚建立统一政权、交流日益频繁的新中国来说，方言是现代民族共同语建构的最大障碍，人们对于"十七年"文学中出现的方言土语进行批评也是自然而然的事。但问题是，尽管汉语规范化的最大障碍来自方言土语，在文学作品中方言土语还是层出不穷、禁而不绝。这其中以周立波最为突出，可以说，周立波是当代最具有"方言情结"的作家。即使是"十七年"对方言土语规训最严格的语境下，在长篇小说《山乡巨变》、短篇小说《盖满爹》《禾场上》等作品中，都有大量益阳方言的存在，这些"反规范化"语言成就了周立波的文学价值，也使周立波在当代文学史上有了独特的地位和意义。周立波是新中国成立后因方言问题屡屡受批判的作家，也是在受批判后敢于公开为自己辩解并多次参与到方言文学问题讨论的作家。因此，对周立波的语言道路、语言态度、语言习惯及文学写作中方言使用情况的剖析，也许可以更细致地描绘出新中国成立后方言的文学地理图。

一 从欧化到方言：周立波文学语言的变化轨迹

作为从上海亭子间到延安、再从延安到东北解放区的周立波，在文学语言方面就像空间转换一样，也经历了一个变化的过程——从欧化语言向方言土语的靠拢。

如果从 1930 年 5 月 1 日在上海《大众文艺》上发表杂文《我希望于大众文艺》算起，到 1941 年发表《第一夜》《麻雀》等小说，周立波从事文学写作已有十多年的艺术积累。这期间他创作了大量的散文、诗歌、评论、通讯，但这些文学作品的欧化倾向非常明显，比如散文《向瓜子》中的一段：

> 那广漠无际的西伯利亚雪野，那离奇浪漫的哥萨克山谷，那平静得如同苏武的心样的贝加尔湖的水，一向是使我精神飞跃的，我知道生活在那儿的农民们也用他们推动着历史轮子的手剥着我所素爱的向瓜子，这是多么令人神往的事呵。

周立波文学语言的欧化与其对西方文学的阅读及早期从事文学翻译活动有关。从 1930 年的《北极光》到 1940 年的《一个琴师的遭遇》，周立波译介过 21 部（篇）外国文学作品，介绍过詹姆斯·乔伊斯、普希金、马查多、萧伯纳、卡摩因西、马克·吐温等国外知名作家作品。有学者论述到翻译对于译者个人语言风格的影响："任何认真从事过翻译的人，都清楚知道翻译时'译文腔'几乎是无可避免的，把外语（主要是欧洲语）作品翻译成中文，最显著的'译文腔'便是'欧化'，也就是译者自觉或不自觉地借用外语的句式和句法，这是因为中西语文在语式句法等各方面都有明显差异的缘故，译者过于讲究直译，'欧化'的情形便自然而然地出现。"[①] 经过近百万字文学翻译语言的锻炼，周立波从事文学创作时很难摆脱欧化语言的影响。

20 世纪 30 年代，周立波就已经注意到文学大众化与语言通俗化问

---

① 王宏志：《"欧化"："五四"时期有关翻译语言的讨论》，谢天振编《翻译的理论建构与文化透视》，上海外语教育出版社 2000 年版，第 131 页。

题。在《我希望于〈大众文艺〉的》一文中，周立波根据"大众文艺是以大众为对象"的观点，对《大众文艺》提出了几条比较具体的建议，如发表的文章应精练平白、多发表带有意识形态的作品、漫画插图应有趣刺激等，表明了大众化的文艺观点和立场。在《一九三五年中国文坛的回顾》一文中，周立波提到了翻译语言的拉丁化，认为最好的翻译是能够适合拉丁化的新文字。在文学创作方面，要注意到语言文字的通俗化，"通俗化运动是企图把文字和文学简明的交给大众的事业"。他指出过端木蕻良《遥远的风沙》中"不成文的土语用得太多，使行文多少带些晦暗"，却也认为"这不是很大的毛病，作者描写的新鲜和观察的深，可以掩去这些小瑕"①。虽然在理性上周立波清醒认识到文学要为大众服务，文学语言应该浅显易懂，可一旦进入写作，常年浸淫其中的欧化语言还是不自觉地流泻于笔端。如他到达延安后创作的《牛》《第一夜》《麻雀》《阿金的病》《夏天的故事》等。

周立波在文学语言方面发生实质性变化是延安文艺座谈会之后。1942年5月，延安文艺座谈会的召开对周立波思想触发较大。他认为，尽管对于写作还有点常识，但要写出时代的重要问题、写出工农群众都能感兴趣的生活却很难，究其原因就在于对于生活的不熟悉，在于带有许多从旧世界里来的思想上的毛病，因此，对于今后的创作来说，"立场的确定，思想的改造，是最要紧的事"②。他认为以前之所以会走一条旧的错误的道路，原因有三："第一，还拖着小资产阶级的尾巴，不愿意割掉，还爱惜知识分子的心情，不愿意抛除"。"其次，是中了书本子的毒。读了一些所谓的名著，不知不觉的成了上层阶级的文学俘虏。""第三，在心理上，强调了语言的困难，以为只有北方人才适宜写北方，因为他们最懂得这里的语言。"由于对工农兵生活的不熟悉，也就写不出真正的为他们服务的好文章。今后，希望"能够很快被派到实际工作去，住到群众中间去，脱胎换骨，'成为群众一分子'"③。

《暴风骤雨》就是这种思想转变之后的产物。1946年周立波初到东北时，当地正进行土改，东北局号召并鼓励干部从事土改工作。周立波主动

---

① 周立波：《一九三六年小说创作的回顾》，《周立波选集》（第6卷），湖南人民出版社1984年版，第142—145页。

② 周立波：《生活、思想和形式》，《文学浅论》，北京出版社1959年版，第1页。

③ 周立波：《后悔与前瞻》，《解放日报》1943年4月3日。

要求下乡，以一名土改工作队员的身份到松江省珠河县元宝区参加土地改革运动。这段工作经历前后有半年时间，是《暴风骤雨》创作的生活基础。第二年5月在松江省宣传部工作，开始着手创作《暴风骤雨》，意图通过文学的形式表现中国共产党二十多年来领导人民反帝反封建的艰辛雄伟的斗争以及当代农民的苦乐和悲喜。为了更好实现这一意图，周立波一开始就决定"用农民的语言来写"。在他看来，"要表现农民，必先学习农民的语言"。① 于是，诸如"屯子""草甸子""确青的""整橛子""打唧唧""吃劳金的"等东北方言词汇在作品中大量出现。

《暴风骤雨》1947年4月由东北书店出版了上卷，5月份东北文学工作委员会召开座谈会，"会上一致认为这部小说是东北文艺工作的一个重要收获，……在人物创作和语言的掌握上都是相当成功的。……"② 所谓语言掌握的成功也就是周立波在小说中运用了大量东北地区的方言土语。对于40年代的文学创作来说，"大众化"是衡量作品价值的关键，而采用大众语言——方言土语则是作品形式上的标记。座谈会上，草明惊叹于周立波语言上的成功："在语言方面使我很惊诧。立波同志是湖南人，到东北来时间不长，竟能掌握比较丰富的东北农民语言，这是了不起的。比起他过去的作品来，是一个大大地进步。"③

这部取材于周立波亲身工作经历的长篇小说在使用方言土语方面既大受好评，却又存有广泛争议。陈涌认为："作者在吸收群众语言时，也使用了一些使别人难以理解的不必要的方言，过多地使用这类方言，势必使读者对于作品的理解受到限制或发生误解。"④ 除了文艺界知名人士，一些普通读者对周立波的批评更甚。1952年8月5日，《人民日报》刊载了一封读者来信，批评了《暴风骤雨》中用了"很多难懂的土语"而"妨碍了我们对于这本书的内容的理解和欣赏"。对于这样一个普通的读者，报社编辑以"编者按"的形式肯定他的意见是"值得注意的"，"可以作为研究者参考"，同时也认定周立波的这部小说不必要地采用土语是一个

① 周立波：《〈暴风骤雨〉是怎样写的?》，《周立波选集》，湖南人民出版社1984年版，第244—246页。

② 胡光凡、李华盛：《周立波生平年表》（续二），《求索》1982年第4期。

③ 周立波：《〈暴风骤雨〉座谈会记录摘要》，《周立波研究资料》，湖南人民出版社1983年版，第291—292页。

④ 陈涌：《读〈暴风骤雨〉》，《周立波研究资料》，知识产权出版社2010年版，第278页。

缺点，影响它的普遍流传。①《暴风骤雨》中有些方言土语确实过于生僻，小说出版时对这些词汇进行了页下注释。本是"形象化""简练、对称，有节奏，有韵脚，音节铿锵"的农民语言因未加选择、生搬硬套而变得生涩、僵硬，对于非东北地区的读者来说，在阅读上构成障碍。作为一个外来者，周立波对东北方言的使用还比较生涩，还未能将方言土语与人物性格、作品风格、文化心理等有机结合在一起。② 毕竟他对于东北方言的理解还停留于学习观察阶段，"那半年时间……天天跟农民和工农出身的干部在一块儿生活和工作，我跟他们学到各种各样的活的知识和活的语言"③。半年的时间，很难说周立波能感受到方言土语的精髓。

对《暴风骤雨》中方言土语的批判主要是因其不好懂，④ 但并不是说方言土语不可用。毕竟在三四十年代，文艺大众化和抗战对于民众的动员为方言土语的出场提供了合法性语境。甚至在某些论者看来，方言土语与民族共同语建构之间不仅不是矛盾的关系，且有辅助的作用。如孔另境认为："方言文学的提倡不但不会妨碍国语文学的统一，反而帮助了它的统一。"⑤ 而在王力那里，方言则隐然与国语相比肩："所谓国语，它本身也是一种方言；它并不比其他的方言更优美，更完善，或更能表达意思。"⑥此种说法尽管有值得商榷的地方，但却表明三四十年代方言土语已经从一种地方性知识纳入构建民族共同语的高度。在文学作品中，方言土语俨然成为文学语言的源泉。即如茅盾所指出的，"如果要使作品能为人民所接

---

① 唐绍礼：《对文艺作品中采用难懂的方言的意见》，《人民日报》1952 年 8 月 25 日。

② 1948 年 5 月 15 日，东北文学工作委员会召开《暴风骤雨》座谈会，金人发言认为："整个看来，在形式上还没有完全脱却洋气，也就是说泥土气息不够。""基本上还是知识分子写的农民。"（《〈暴风骤雨〉座谈会记录摘要》，《中国新文学大系 1937—1949·文学理论卷1》，上海文艺出版社 1990 年版，第 717 页。）

③ 周立波：《〈暴风骤雨〉是怎样写的?》，《周立波选集》，湖南人民出版社 1984 年版，第 240 页。

④ 陈涌认为："在语言方面，作者在吸收群众语言时，也采用了一些使别处人难以理解的不必要的方言，如意思相当于'蹲'的'猫'字（如'猫在那里'），相当于'肮脏'的'埋太'，相当于'冷不防'的冷丁以及其他等等，都是有很大的地方的局限性，很少可能成为大家都采用的民族的共同语言的。过多地使用这类方言，势必使读者对于作品的理解受到限制或发生误解，这是《暴风骤雨》在语言方面的一个缺点。"（陈涌：《暴风骤雨》，《文艺报》1952 年第 11、12 期合刊。）

⑤ 孔另境：《对于方言剧的认识》，《中美日报·堡垒》第 126 期，1940 年 12 月 4 日。

⑥ 王了一：《漫谈方言文学》，《观察》第 5 卷第 11 期，1948 年 11 月 6 日。

受，最低限度得用他们的口语——方言"①。郭沫若也认为："方言文学的建立，的确可以和国语文学平行，而丰富国语文学。"② 40 年代中后期，方言写作成为一种自觉的文学行为，以至于有人在新中国成立前夕提出了"在全国各处发展方言文学"的倡议。③

当然，对于方言写作质疑的声音也一直不断。就像 30 年代末期一位论者所言："土话大部分是落后的，芜杂的，不讲求语法的。"④ 这样的语言进入文学作品，显然达不到"提高"民众素质的目的，"假使不加批判地使用方言，即便是语言上的'投降主义'"⑤。1949 年 8 月，吴玉章写信向毛泽东请示文字改革问题，毛泽东转给郭沫若等人审议。在给毛泽东的复信中，郭沫若表示地区的方言拉丁化，一定会成为全国语言统一发展方向的阻力。新中国成立后，首先对方言文学发难的是语言学家邢公畹。1950 年年初，邢公畹发表《谈"方言文学"》的文章，认为过去写农民用方言，有着革命性意义。而在目前全国解放并且统一了，"特别是在人民政治协商会议召开之后的今天"，似乎不能再用方言进行创作。也就是在新的环境下，没有必要再提倡方言文学。

这篇发表在《文艺学习》上不足两千字的短文很快引起《文艺报》的重视。1951 年第 10 期，《文艺报》发表了刘作骢的《我对〈谈"方言文学"〉的一点意见》、周立波的《谈方言问题》以及邢公畹答复刘作骢的《关于"方言文学"的补充意见》三篇文章，引发了新中国成立后的第一次方言问题大讨论。事实上，从一开始，这场讨论就纳入民族共同语建构的框架中，而非单纯的语言问题或文学问题。论争各方在看待方言时，所秉持的理论依据都是斯大林关于方言的论述。邢公畹《谈"方言文学"》的副标题即是"学习斯大林《论马克思主义在语言学中的问题》的报告之一"，这是他在学习了斯大林语言学说之后对方言文学创作的全面否定——其实就在两年前，邢公畹在《欧化与大众化》一文中还对茅

---

① 茅盾：《杂谈方言文学》，香港《群众》周刊第 2 卷第 3 期，1948 年 1 月 29 日。

② 郭沫若：《当前的文艺诸问题》，《郭沫若轶文集》（下册），四川大学出版社 1988 年版，第 122 页。

③ 白纹：《方言文学创作上的一个问题》，《文艺生活》海外版第 14 期，1949 年 5 月 15 日。

④ 黄绳：《民族形式与语言问题》，香港《大公报·文艺副刊》1939 年 12 月 15 日。

⑤ 田苗：《方言诗与朗诵》，《新华日报》1946 年 8 月 1 日。

盾支持方言文学的意见表示支持。邢公畹依据斯大林所提出的方言习惯语应隶属、服从于民族共同语的观点出发否定方言文学。理由有两点：一是"方言文学这个口号不是引导着我们向前看，而是引导着我们向后看的东西；不是引导着我们走向统一，而是引导着我们走向分裂的东西"。二是"方言文学这个口号完全是从中国语言的表面形态的基础上提出了的；不是从中国语言的内在本质的基础上提出了的"①。因此，方言文学不必存在。作为反对的一方，刘作骢的出发点也是斯大林的语言学说，但却得出了和邢公畹相反的结论：斯大林并没有在文章中提过方言文学的这些负面作用和影响。那么为什么邢公畹会认为方言文学是引导我们向后退的、引向分裂的呢？原因就在于邢公畹忽略了中国实际情况，忽视了中国有着80%的文盲大众，现在的任务是对他们进行文化普及而不是提高，这就需要方言文学的存在。② 周立波也认为不会出现邢公畹所说的使用方言会引导人们"向后看"及"走向分裂"："斯大林说得对：方言习惯语和同行语是全民语言的支脉，并且服从于全民语言。采用方言，不但不会和'民族的统一的语言'相冲突，而且可以使它语汇丰富，语法生动，使它更适宜于表现广大人民的实际的生活。"③ 随后，杨堤的文章《关于方言文学的几个问题》又是以斯大林反对语言突变论批判了邢公畹"急于从事于语言统一的工作"。④

斯大林的语言学说对于 50 年代中国语言学界影响相当大，王力曾有一段话说明这种影响的范围及程度："当前中国语言学所应该研究的问题，如有关文字改革、语法、词典学、汉语史、汉语方言、少数民族语言等问题，都应该在斯大林语言学著作的光辉照耀下进行研究。"⑤ 尽管斯大林对语言问题论述得相当深入，但他终究是一位政治家而非语言学家。他是从意识形态角度而不是语言学角度观照语言起源与发展、语言与社会、语言与思维等问题。因此，当参与方言问题的论辩各方纷纷征引斯大林的论点作理论依据时，这场论争实际上已经被纳入意识形态的范畴。50

---

① 邢公畹：《谈"方言文学"》，《文艺学习》1950 年第 2 期。

② 刘作骢：《我对〈谈"方言文学"〉的一点意见》，《文艺报》1951 年第 10 期。

③ 周立波：《谈方言问题》，《文艺报》1951 年第 10 期。

④ 杨堤：《关于方言文学的几个问题——并以此文与邢公畹同志商榷》，《文艺报》1951 年第 41 期。

⑤ 王力：《论汉族标准语》，《中国语文》1954 年第 24 期。

年代方言问题的讨论者尚未意识到方言在新的时代语境下已经变得不合时宜，对方言文学的质疑和批判借助于政治权力拉开序幕。1951 年 6 月 6 日《人民日报》的社论《正确地使用祖国的语言，为语言的纯洁和健康而斗争!》从纯洁语言的角度批评了滥用文言、土语和外来语的现象。如果考虑到经过"五四"新文化运动的反对文言文、三四十年代的语言大众化之后，古人语言和外国语言或是被挤兑，或是被压抑的状况，那么，社论希望解决的主要就是文学作品中方言的"滥用"问题。其后，茅盾、老舍、叶圣陶、赵树理等作家纷纷撰文或发出呼吁或自我表态，要在文学作品中审慎地、有分寸地使用方言土语，此后对于方言土语的态度几乎呈一边倒的批判态势。1956 年 2 月 12 日《人民日报》社论《努力推广普通话》更是从推广普通话的角度对方言明确否定："汉语中有严重的方言分歧，特别表现在语音上。不仅是这个地区和那个地区之间，甚至在同一个省的这个县和那个县之间，人们的语言都有很大分歧。这种分歧和混乱的现象，不仅削弱了汉语作为交际工具的作用，阻碍了汉语本身的顺利发展，而且对于社会主义的建设事业和我国文字的进一步改革也都不利。"① 至此，方言存在的合法性基础已荡然无存。

对于汉语规范化这样一项政治任务，作为从亭子间到延安，再从延安进入新中国文艺队伍并且担任领导职位的周立波应该而且必须带头做语言规范的示范者、实践者。对于如火如荼进行的汉语规范化运动，周立波不可能视而不见。事实上，在汉语规范化方面周立波也是做出了一定努力。1956 年《暴风骤雨》再版时，他不仅增加了对一些东北方言的注释，而且将一些方言词替换成普通话的词汇，诸如"电车道"改为"公路""毛子壳"改成"向日葵""老儿子"改成"小儿子""洋柿子"改成"西红柿""抬钱"改为"贷钱""红血"改为"鲜血"等，以解除方言给读者造成的阅读障碍，也适应了新中国成立后对汉语规范化的要求。② 但在五六十年代创作的小说中，还是充满了大量的方言土语（还有欧化语言甚至是粗鄙化语言）——也正是认同汉语规范化的政治理念与反规范语言的文学实践之间的悖反体现出的是周立波在新的语言环境中的矛盾、困惑、犹疑和彷徨，暴露出"十七年"文学创作主体在政治规训与文学自

---

① 《人民日报》社论：《努力推广普通话》，《人民日报》1956 年 2 月 12 日。

② 马亚琳：《〈暴风骤雨〉的版本变迁与文本修改》，《重庆师范大学学报》2013 年第 1 期。

由之间的矛盾心态与精神困惑。

二　母语体验与方言写作的自觉

也许是《暴风骤雨》的成功增添了周立波方言写作的自信，新中国成立后他在多种场合表达方言写作的意义。1950 年在《关于写作》一文中，周立波肯定性地指出："学会运用劳动人民的语言必能改革我们的文体。"[①] 1951 年，周立波针对邢公畹反对"方言文学"的倾向，写出了《谈方言问题》一文。在文中，周立波旗帜鲜明地提出在创作中继续采用各地的方言土话："我以为我们在创作中应该继续的大量的采用各地的方言，继续的大量的使用地方性的土话。要是不采用在人民的口头上天天反复使用的生动活泼的，适宜于表现实际生活的地方性的土话，我们的创作就不会精彩，而统一的民族语也将不过是空谈，更不会有什么'发展'。"[②] 1957 年，受《文字改革》之邀，周立波写了一篇短文《汉字要改革》，表明自己的语言态度。文章总共有九条，是对编辑部提出的十个问题的一一回答。其中第二条回答的是对于文字改革的方针有什么意见：

> 这方针很好，拟定和推行拼音字母，希尽速进行。推广普通话时，希望妥当解决这个问题：尽可能不要使普通话失去各地方言中所包含的可珍贵的丰富语汇和生动成语。普通话应该不是干巴巴的学生腔的同义语。[③]

《文字改革》是国务院直属机关——中国文字改革委员会的机关报，成立刊物的目的是"击退右派分子的进攻，消除各种误解和疑虑，澄清为右派分子所造成的思想混乱，使文字改革为更多人了解和支持"，自创刊号开始，连续四期发表了一组关于文字改革的笔谈，"自由讨论"文字改革问题。[④] 说是"自由讨论"，实际上所发表的七十多篇文章除了林砺儒、潘菽、李平心、翦伯赞、袁家骅等极少数人对文字改革表示一定限度

---

① 周立波：《关于写作》，《周立波文集》（第 5 卷），上海文艺出版社 1985 年版，第 567 页。

② 周立波：《谈方言问题》，《文艺报》1951 年第 10 期。

③ 周立波：《汉字要改革》，《文字改革》1957 年第 10 期。

④ 《文字改革》编辑部：《告读者》，《文字改革》1957 年第 8 期。

的疑虑和商榷，绝大多数文章几乎是口径一致地赞成文字改革、推广普通话和对章伯钧、罗隆基等反对文字改革的"右派分子"进行政治批判和否定。在这种背景下，周立波的受邀和他的回答就颇有意味——在表面认同普通话的情势下，对于普通话写作以及方言的失落有着深深的忧虑。1958 年，在为中国作家协会长沙分会座谈会作讲演时，周立波再次强调："文学作品采用方言土语是可以的，有时很必要。"① "方言土语是广泛流传于群众口头的活的语言，如果完全摈弃它不用，会使表现生活的文学作品受到蛮大的损失。"② 到了 1960 年，周立波认为对 "一些富有表现力的辞儿，弃之可惜，应重复使用。用得次数多，不懂的人们也会懂得了"③。语气稍为缓和，但仍可以看出是对方言写作的坚持。

　　周立波不断地强调方言写作的重要性，是因为他在方言中找到了适合自己的文学表达方式，而离开这种熟悉的语言，就有可能引发创作障碍。即使勉强写出，也可能不尽如己意。也许我们可以从周立波创作的工业题材小说考察新中国成立初期周立波创作的语言困境。50 年代初，周立波创作过反映工业题材的长篇小说《铁水奔流》以及短篇小说《诸葛亮会》（1951）、《砖窑和新屋》（1952）、《李大贵观礼》（1962）④ 等。但毫无疑问，这些作品并没有显示出周立波的创作实绩，尤其是后三篇短篇小说，近乎通讯报道。

　　1951 年，为了了解和反映工人生活和工业建设，周立波到石景山钢铁厂体验生活。从 1951 年到 1954 年，周立波先后三次在工厂共待了十个月，以工会报纸编辑和修理部党的宣传工作者的身份接触、了解并努力熟悉工人的生产和生活，在此期间断断续续用了一年零两个月的时间写出了《铁水奔流》。无论从体验生活时间和创作时间都没法和《山乡巨变》比——《山乡巨变》从准备到写作花了五年时间。尽管周立波也知道"了解人和熟悉人是第一位的工作"，但他真正感兴趣的还是"高炉、大

---

　　① 周立波：《几个文学问题——在中国作家协会长沙分会座谈会上的讲演》，《周立波文集》第 5 卷，上海文艺出版社 1985 年版，第 595 页。

　　② 周立波：《关于〈山乡巨变〉答读者问》，《周立波写作生涯》，百花文艺出版社 1986 年版，第 148 页。

　　③ 周立波：《关于民族化和群众化》，《周立波文集》（第 5 卷），上海文艺出版社 1985 年版，第 617 页。

　　④ 《李大贵观礼》写成于 1954 年，但是直到 1962 年 9 月，经过改写后才发表。

水池、回水泵、各种车床和一分钟转三千转的送风机"以及"许多的生产知识"。在此期间，他大部分时间与工人交流聊天，翻阅文件、档案、报表等材料，在笔记本上记下大量素材。但在写作过程中，这些素材成了一种平面的罗列，人物性格淹没在大段大段的生产场面、技术描写的场景中，造成了人物形象的模糊不清。周立波坦承："对领导干部、生产问题和工人群众，我都慢慢地熟悉了一些，可惜不深刻。"① 林蓝也认为："对工业建设这个极为陌生复杂的生产领域，没有多年的深入了解，是不可能达到娴熟自如、游刃有余的创作境地的，这就是立波同志写《铁水奔流》所受到的主要局限吧。"②

作家熟悉不熟悉一种生活也就是能不能"娴熟自如、游刃有余"地将这种生活转换为语言形象。换句话说，作家对于生活的熟悉程度也就是对表现这种生活的语言的熟悉程度。具体到文学作品，表现生活的失败也就是语言的失败。五六十年代的文学作品之所以在工业题材方面成绩欠佳，就是因为未能找到一种恰当的语言去表现工业领域的生活。他们过多地胶着于工业领域的专业术语和生产技术而忽略了人物性格的刻画——在这方面，80 年代初期的张洁、蒋子龙显然做得更好。50—70 年代创作工业题材的作家也努力去了解、掌握工人语言，但这样"走马观花"的做法显然使工人语言浮于新词汇的表面而很难和人物精神世界的表现结合在一起。在这方面，即使已经写出过《暴风骤雨》这样堪称为语言"典范"的周立波也未能辛免。学者康咏秋这样评论《铁水奔流》的语言：

　　　为了反映大都市工人阶级的生活，周立波企图创造一种口语词汇和书面语的语法结构相结合的语言，以口语词汇来体现语言的生动性，以书面语的语法结构来加强语言的严密性。但是，书面语语法结构却带来一种致命的缺点，即丧失了群众性口语的简明有力的特色。作品中有些句子长得像竹竿一样，主词或宾词之前常常附加一大串限制性的、修饰性的定语。例如："杏树的低垂的花枝的盛开的雪白的花朵"，"长长的，宽敞的撒满新添的黄灿灿的河沙的出铁场上"。这

① 周立波：《〈铁水奔流〉的创作》，《周立波文集》（第 5 卷），上海文艺出版社 1985 年版，第 656—657 页。

② 林蓝：《战士与作家——〈周立波文集〉编后记》，《周立波文集》（第 5 卷），上海文艺出版社 1985 年版，第 734 页。

样的句子念起来实在使人感到很别扭。……周立波的《铁水奔流》的创作，可以使人清楚地看到：一个作家一旦离开了他所谙熟的生活基地和艺术敏感区，离开了自己的创作个性，而新的生活又准备不足时，他的创作是很难成功的。①

除了康咏秋文章所引例子，还有如对李大贵的外貌描写："雪还在飘卷，小朵小朵的雪花落在象牙似的年轻的脸上，不再融化了。不大一会，纯净的，洁白的干雪盖住了他的结实的端正的身体和端正的脸庞。"与"铁水奔流"的火热场面相比，这段带有小资情调的、充满诗意的场景描写显得不伦不类。对于工业建设这样一个全新的生活领域，周立波绕过了《暴风骤雨》的语言经验而重新走上 40 年代"欧化"语言的老路。离开了方言土语的周立波几乎处于"失语"状态。颇有意味的是，50 年代有评论者却非常肯定《铁水奔流》的语言特色："值得提起的是：作者运用工人语言的成功。在描写工人生活时，作者不仅保持了他过去创作的一贯优点：语言生动、活泼，富于生活气息，而且也扬弃了他过去创作中的某些缺点：如语言中夹杂着过多的生僻的方言土语等。可以想见，作者在学习工人语言方面付出了巨大的劳力。"② 无独有偶，黄秋耘也认为："至于在作品的语言方面，也极其洗练精辟，口语化，并且改进了过多采用方言土语的缺点。"③ 显然，发表于 1955 年的这两篇文章与汉语规范化对方言土语的规训遥相呼应。

无论如何，通过工业题材的小说创作，周立波认识到自己创作的瓶颈所在："作家必须有一个真正熟悉的地区，真正熟悉的人群。我在'熟悉'前面加了'真正'两个字，是因为这种熟悉不能单由参观访问来获得。"④ 对于周立波而言，这个熟悉的地方就是他曾经生活过二十多年的老家湖南益阳。1953 年 12 月，中共中央发布《关于发展农业生产合作社的决议》。为响应这一号召、反映农村和农民生活，周立波于 1954 年初夏回到益阳，在益阳县谢林港区和老家邓石桥住了一段日子。之后，他以一

---

① 康咏秋：《盲目紧跟反为紧跟误——评〈铁水奔流〉》，《湘潭师范学院学报》1988 年第 3 期。

② 林嫩：《读〈铁水奔流〉》，《读书杂志》1955 年第 4 期。

③ 黄秋耘：《试谈〈铁水奔流〉的人物形象》，《光明日报》1955 年 11 月 19 日。

④ 周立波：《读好两种书——答浩然同志》，《中国青年报》1962 年 5 月 26 日。

位互助合作委员会主任黎盖均为原型，写出了新中国成立之后的第一篇农村题材小说《盖满爹》。在老家的短暂停留让周立波对生活、写作有了更多的感悟：

> 我有好多年没回故乡了，一九五四年刚到乡下，觉得样样东西都新鲜。十几年来，日本鬼子和国民党反动派都打跑了，农民又经过镇反、土改等运动，有了好多的变化。我的头脑里充满了印象。但等提起笔来时，却又写不出什么。道理何在呢？这是由于印象虽多，但都很表面，对于人的心理、口吻、习惯、性格和生活细节都不熟悉，提起笔来，能写什么呢？可见光走马看花，得到一些表面的印象，是不能写小说的。①

为了能够更进一步深入生活，1955 年 5 月，周立波携家带口由北京迁居到湖南益阳郊区桃花崙乡竹山湾村，一直到 1966 年"文革"的爆发。在此期间，除了长篇小说《山乡巨变》，周立波还创作了《禾场上》《山那面人家》《张满贞》等二十多个短篇小说和一些散文。

周立波的这次迁居既是身体和精神的还乡，更是语言的还乡。1962年在给浩然的公开信中，周立波说："近年以来，我常常跑到我的故乡去，这并非是我的乡土观念特别浓厚，也不光是语言的问题。讲到语言，对我是都没有难懂之处的。我曾运用东北方言写文章。那末，我为什么常常要跑到故乡去呢？主要的原因就是那里的人们我真正地熟悉。他们打一个喷嚏，我就猜得到他们会要说什么。"②尽管周立波仍然自信于以东北方言写作《暴风骤雨》的成功，但只有在老家益阳，周立波才真正找到属于自己的语言世界——换句话说，周立波回到了母语的怀抱。

但毕竟离开家乡二十多年，对于母语的回归还需有一个温习的过程。据负责周立波第一次回家乡时的向导和保卫工作的张镇南回忆，周立波告诉他，"准备用家乡人民的语言"写作《山乡巨变》。在日常生活中，周立波特别留心于方言土语，并多次与张镇南研究一些方言土语的确切含义和音与字的矛盾处理问题。他认为，从音与字的关系出发可以将家乡的方

---

① 周立波：《谈创作》，《光明日报》1959 年 8 月 26 日。

② 周立波：《读好两种书——答浩然同志》，《中国青年报》1962 年 5 月 26 日。

言土语分为两类,一是可以用同音同义字表述的词,如"要挪懒动""抓爬舞势"等;二是不能用同音同义字表述的词,如吃过饭了说是"相偏了",麻烦你了说是"丫环你了",摔伤了屁股说是"扮烂了炉罐"等。不仅如此,周立波还和张镇南谈到了使用方言土语的重要性和如何运用方言土语的方法问题。他认为在文学作品里,多多采用群众的语言,包括方言土语,能使作品增添生动活泼和地方气息的色彩,更适宜于表现人民的实际生活。但是,在使用时必先加以提炼润色,有所增益或删节。对于农民中的谚语,周立波也很感兴趣,差不多是有闻必录,如"正屋不正厦子斜""洞庭湖的麻雀,见过几个风浪"等。这些谚语最后都用在作品中。张镇南还举出生活中的几件小事,可以见出周立波对方言土语的关注几乎是一种无意识的反应。其一是听到一个农民骂牛:"贼养的,还不跟老子走起一点!"周立波饶有兴趣地分析:"你看这个农民骂牛的语言好不讲究啊,骂牛是'贼养的',这倒是一句随便的话,但怎么能称自己是牛的'老子'呢?"其二是农会主席黎盖均说一个有些胆小的小孩:"你这裤包脑,没得用。"周立波听到了就问身边的人"裤包脑"怎么写。就在大家你瞧我望说不出新的写法时,周立波说:"是不是改用裤子的'裤'、包袱的'包'、脑壳的'脑'好一些?"众人一想有道理:裤包脑的原意是害羞,不敢出众;一个人用裤子包着脑壳,当然害羞和不敢出众。[①] 后来在《山乡巨变》《新客》等小说中均使用过"裤包脑"这个词。周立波认为不仅文学作品中应使用方言土语,就是新闻稿件中也可以适当运用。1958 年 4 月上旬,新华社湖南分社记者胡坚到益阳市郊桃花崙乡瓦窑村采访周立波。周立波多次就新闻报道语言同胡坚有过交流:"新闻报道也要用一些群众语言。""我主张用些群众的话,是因为它可以丰富语汇,增强文章的乡土气息和感染力。"周立波还认为:方言土语是广泛流传于群众口头上的语言,它生动、形象、简洁、清新,有时还带有幽默感,如能用得好,能使报道增强真实感和乡土气息。周立波曾将胡坚文中所用的"汗流浃背"改为当地土话"汗巴水流"。[②] 当然,周立波对于方言土语并不是无原则采用,而是有所取舍、提炼、润色、增益或删

---

① 张镇南:《周立波 1954 年在益阳》,《益阳市文史资料》(第 12 辑),益阳市政协文史资料研究委员会 1990 年编印,第 86—91 页。

② 胡坚:《一次特殊的采访——回忆 29 年前采访〈作家周立波在农村〉》,《中国记者》1987 年第 2 期。

节。据张镇南的回忆，周立波曾将"诚真默实"改为"认真摸实""体心破意"改为"体心剖意""茅封草封"改为"茅封草长""强咀烈腮"改为"强咀咧舌"等。

在海德格尔看来，方言是本真的源初语言，是语言之母。在方言中栖居着乡土乡情。也因此，方言天生就比普通话和打磨得光滑的交往语言更能诗性地言说。① 在与方言土语的接触磨合中，周立波的母语意识渐渐苏醒、强化。无论是长篇小说《山乡巨变》还是短篇小说《盖满爹》《张满贞》等，都可以看到大量益阳地区的方言土语。游弋在方言土语的世界，周立波找到了源源不断的写作资源。最明显的表现就是，写作《铁水奔流》时，周立波三次进厂寻找素材，而写作《山乡巨变》，他所搜集的素材仅仅用了 1/3。在方言土语的自觉使用中，周立波才真正找到了语言的着力点，形成自己独特的风格——也许即如 80 年代学者所提出的"茶子花派"这个概念所标示的，那种明净的、诗意的风格。

《山乡巨变》是周立波运用方言土语最为频繁、最为成功、也是争论最大的作品。与《暴风骤雨》对东北方言使用的生涩相比，《山乡巨变》中方言的使用圆融妥帖、浑然天成，恰好地表现了具有鲜明地域特征的人物性格、自然图景、民俗风情。据益阳学者雷德高的判断，小说最大限度地录入了益阳 20 世纪 50 年代原汁原味的方言乡音。② 孙叶林详细列举了《山乡巨变》中的益阳方言土语，如"四海"（大方）、"弹弦"（谈话）、"诒试"（欺骗）等特色方言词汇；"退财折星数""有钱四十称年老，无钱六十逞英雄"等民间俗语；"墨水"（女子的姿色）、"绿麻鬼"（鬼主意）等特有的益阳表意用语；"蛮攀五经"（横蛮不讲道理）、"死呆八板"（脑筋死板、不灵活）、"共脚穿裤"（关系好）、"唱歌俐哪"（轻松愉快）等益阳独有的四字格，语言形象鲜明生动，表现了浓郁的生活气息。③ 方言土语不仅出现在人物对话中，而且也出现在叙述语言中。比如："生到第九胎，送子娘娘才送来一个秋崽子。这时候，爹爹死了，他爷爷在隔边打牌，不肯回来看，报喜的人说

---

① 张福海：《论海德格尔的"方言之家"》，《山东师范大学学报》2011 年第 2 期。

② 雷德高：《周立波乡土小说中益阳方言的运用》，《湖南城市学院学报》2008 年第 3 期。

③ 孙叶林：《母语方言的自觉书写——重读周立波〈山乡巨变〉》，《当代文坛》2010 年第 5 期。

是伢子。""他总是黑雾天光就来了。……""谢庆元堂客手里扶着孩子，站了起来，遮巴舞势地解释。"

《山乡巨变》连载和发表后，引起很大反响。有人认为这是周立波创作的"新高点"，是在保持《暴风骤雨》重要优点基础上的继续成长。①有人认为《山乡巨变》"是一部反映我国农业合作化运动的史诗"②。但批评声也随之而来，这些批评大多集中在《山乡巨变》的语言层面。

最早对《山乡巨变》中的语言问题做出反应的是王西彦。《人民文学》第 6 期续完《山乡巨变》后，第 7 期发表了王西彦的文章《读〈山乡巨变〉》。在文章中，王西彦首先肯定了周立波在《山乡巨变》中运用方言土语的成功，"像我这样的读者，虽然不是湖南人，却在湖南农村里生活过，工作过，听得懂湖南话，读起来就感到很亲切。有些段落，我一面轻声诵读，一面点头微笑，觉得立波同志写得实在好，有味道"。但他还是认为对于不是湖南湖北一带的、也没有在湖南农村里住过的读者来说，过多的方言土语难免会使他们感到"碍眼"，从而减少对作品的兴趣。因此，"作者在对方言土语的提炼选择上，似乎还有可以努力的地方"③。像王西彦这样在肯定《山乡巨变》方言土语使用的同时又抱以委婉批评的还有秦文琴、黄秋耘、王世德、曹日升等。秦文琴在肯定周立波语言成就的同时委婉地指出：

> 强调汉语规范化，决不是无端的排斥或要消灭方言土语，也不是说作家就绝对不准使用；恰恰相反，我们还要求作家不断地从方言土语中选择和提炼出优美的富有形象的词句输送到普通话的词汇中去，但是，作家们必须要从大处着眼，要看到汉语的发展方向，并尽力促进它的发展；还要照顾到目前以及将来的最大多数的读者。正如周立波同志在"答读者问"中举例说的像南方的"端子"，北方的"炕"那样的专有名词是非用不可的。但有一些动词、副词等，如果介乎可用可不用之间，就应尽量少用。譬如"流水""霸蛮"等等，如果用普通话来代替，作品也不会有所逊色的，何必一定要用广大读者费解

---

① 朱寨：《〈山乡巨变〉——周立波创作的新高点》，《读书杂志》1959 年第 21 期。

② 江曾培：《〈山乡巨变〉变得好——谈〈山乡巨变〉及其续篇》，上海文艺出版社 1961 年版，第 2 页。

③ 王西彦：《读〈山乡巨变〉》，《人民文学》1958 年第 7 期。

的词句呢?①

更严厉的批评来自朱寨、周定一以及部分读者。1960 年，朱寨连续发表两篇文章，表示对《山乡巨变》土语使用的不满。在《优美的山乡在继续巨变着》一文的结尾，朱寨指出："最后一点：就是过多生僻的方言妨碍我们的阅读。本来这个问题在《上篇》中已经存在，因为在《续篇》再次遇到这样的障碍，特别觉得绊脚碍眼。尤其是象这样一些字眼：'品排'（并排）、'打收管'（照管）、'块腰'（卡腰）、'扭练'（扭动或扭转）……除了过于生僻，似乎不能为作品的语言风格增加什么特色。我们提出这样的希望：希望作者割舍对自己故乡方言的偏爱，不仅对《续篇》，而且对全部《山乡巨变》的方言做一番整饰，这样就为更广大的读者，进入作者所希望读者进入的作者描写的生活境界扫除了某些障碍。"② 在另一篇文章中，朱寨援引茅盾对《山乡巨变》的批评，提醒作者注意"太多的方言反而成了累赘"③。周定一从读者的角度分析了《山乡巨变》中方言土语的生涩带来理解的困难：

> 一般文艺作品的读者总不能限于某个地区的。"霸蛮"之类的词固然叫湖南某些地区的读者感到"传神"，却叫这些地区之外广大读者感到晦涩。从总的效果看来，"传神"倒是很有限的了。而且，即使在当地，也未见得使人人真的感到"传神"。这是因为：我们现在的作品没有完全用方言写的，也不会有人再提倡用方言写。完全用方言写，像解放前有些人主张过的并实践过的那样办，倒可以叫当地读者通篇按照方言的读音和意义去了解，而现在我们所谈论的作品不是，这些作品是在普通话的基础上掺入大量方言。不懂这个方言的人读起来固然感到困难、晦涩，懂得这个方言的人对某些词句要按普通话的意思去理解，对另外一些词句又要按方言的意思去理解，也会感到吃力，有些地方恐怕真是"要默一默神"才能领悟过来。群众看

---

① 秦文琴：《对周立波同志运用方言土语的意见》，《人民文学》编辑部：《评〈山乡巨变〉》，作家出版社 1959 年版，第 56—57 页。

② 朱寨：《优美的山乡在继续巨变着——读〈山乡巨变〉续篇》，《读书杂志》1960 年第 7 期。

③ 朱寨：《读〈山乡巨变〉续篇》，《文学评论》1960 年第 5 期。

惯了用普通话写的书报，现在要用另一种尺度去读文艺作品，要把那些方言词句按照汉字的方音翻成口语去体会文意，也就更会使作者牵涉到这么一个技术问题：许多方言字眼到底该用什么汉字来写？我看《山乡巨变》的时候，就常常有这么个疑问，不知道某些方言字眼是不是能真切地表达那个方音。假若能，那么当地人由眼到口，是会懂得，而且"传神"的，纵然头一回碰在眼前不很熟悉；假若不能，即使当地人恐怕也要拐弯抹角猜想一阵才能体会吧？[①]

　　读者对《山乡巨变》的批评不像批评家那样理性、委婉，他们毫不留情地指出方言土语过多带来的阅读障碍："譬如《山乡巨变》，人们都说是本好书，但是我这个北方人只看了一遍就有些不舒畅，因为阅读本民族的现代小说还得老翻注解，这总不是一件令人痛快的事吧？"[②]

　　批评家及读者对《山乡巨变》方言土语的强烈反应并非偶然。继新中国成立初期《文艺报》组织的关于方言土语的讨论之后，50年代中期又开始了新一轮对于文学作品中方言土语的批判，而《山乡巨变》的出现恰好为这次批判提供了一个可供批判的"理想"文本。1955年，在北京召开了全国文字改革会议和现代汉语规范问题学术会议，普通话在国家意志的主导下开始全面推广。从语言规范化的角度，批评家及读者对文学作品中的方言土语越来越不满意。

　　《人民文学》1956年第5期以《希望作家不要滥用方言土语》为题发表了两篇读者来信，对文学作品中过多的、不适当的使用方言土语进行批评。读者泚水认为，杨朔小说《北黑线》因过多使用方言土语而费解，而陈登科的《活人塘》中方言土语出现频率过高："不仅增加了编者、排印者、读者的麻烦，而且也浪费了作家的笔墨。"他希望"作家不要再用难懂的方言土语了，以免我们在阅读时感到困难，以免语言规范化受到不好的影响"。另一位读者朱志泉则认为沙汀小说《过渡》中很多土话词汇完全可以用普通话来写，作品并不因此而逊色。文章批评了小说在使用语言方面采取自然主义态度的弊害，同时也反映出作者在写作方面对语言问

---

①　周定一：《论文艺作品中的方言土语》，《中国语文》1959年第5期。

②　孙玉溱：《对作家使用方言词的一点意见》，《语文知识》1960年第2期。

题重视不够，所使用的语言不符合语言规范要求。① 当然，最为严厉的批评还是来自官方。胡乔木在 1955 年的现代汉语规范学术会议的谈话中指出："现在扩大方言影响的不是地方戏，而是一部分作家，他们喜欢用大量的方言写作，这种作法对于民族文化的发展有阻碍的作用。"② 1958 年 1 月，周恩来做《当前文字改革的任务》报告的时候，讲到了方言存在的情况及其可能有的副作用：

> 不同地区的人，如果各说各的方言，往往不容易互相了解。甚至在同一个省里，例如闽南人跟闽北人，苏南人跟苏北人，交谈就发生困难。这种方言的分歧，对于我国人民的政治、经济、文化生活都带来了不利的影响。北方的干部有时要调到南方去，南方的大学生有时要分配到北方来，沿海城市的工人要去支援内地的工业建设——如果没有一种共同的语言，我们的建设工作就会遭到一定的困难。常常有这样的事情：一个重要的报告，一门重要的课程，由于方言的作梗，大大妨碍了听讲的人的理解。广播和电影是我们的重要的宣传工具，但是由于普通话还没有普及，它们的功效在方言地区不能不受到一定的限制。③

文学界人士如叶圣陶、老舍、茅盾、赵树理以及周扬、郭沫若等纷纷撰文提倡普通话写作，反对方言进入文学作品或在文学作品中滥用方言。叶圣陶在《关于使用语言》一文中提到了方言和普通话之间的关系，他的意见还是倾向于普通话，少用方言。他认为："要依照普通话的语法，使用普通话的词，不要依照方言土语的语法，使用方言土语的词。推广普通话，汉民族使用同一的语言，在社会主义建设高潮的今天，是作为一种严肃的政治任务提出来的。"④ 茅盾曾经在 40 年代倡导过文学的方言写作，但新中国成立后对方言的存在能够使作品富有地方色彩和丰富文学语言的理由表示怀疑："我们不反对作品有地方色彩，尤其不反对特殊题材

---

① 泚水、朱志泉：《希望作家不要滥用方言土语》，《人民文学》1956 年第 5 期。

② 胡乔木语，见现代汉语规范问题学术会议秘书处编：《现代汉语规范问题学术会议文件汇编》，科学出版社 1956 年版，第 237 页。

③ 周恩来：《当前文字改革的任务》，《语文知识》1958 年第 2 期。

④ 叶圣陶：《关于使用语言》，《人民文学》1956 年第 3 期。

的作品不可避免地需要浓厚的地方色彩；但是地方色彩的获得不能简单地依靠方言、俗语，而要通过典型的风土人情的描写，来创造特殊气氛。没有这种气氛而仅仅用了太多的不必要的方言、俗语，其结果虽然有了地方色彩，可惜广大的读者不能看懂。另一个理由是想用方言、俗语来丰富文学语言。这是个值得讨论的问题。文学语言并不排斥部分的方言乃至俗语，但这并不等于说，一切方言、俗语都可成为文学语言。我国的文学发展史以及外国的文学发展史都提供了这样的事实：被采纳为文学语言的方言或俗语一定是新鲜、生动、简练而意义深长的。而且这里还有个加工问题。"① 从语言纯洁的角度，茅盾反对滥用方言："滥用方言和歇后语的结果，非但不能达到丰富语汇的目的,.反而使得文学语言流于粗糙庞杂。我们要丰富我们的语汇，但同时也要注意保持我们祖国语文的纯洁。"② 赵树理明确表示："在用地方语汇时，也得照顾到不妨碍广大读者的欣赏。比如说：山西农民说话很有风趣，生动、准确，是书本上找不到的。但全用这种山西方言写作，别的地区、风土人情各异的读者群就会看不懂，所以也最好不用。"③

　　与叶圣陶、茅盾和赵树理相比，老舍反对方言的态度最为坚决。老舍新中国成立前的作品语言方言化比较明显，他甚至自信地宣称："说我的文字缺乏书生气，太俗，太贫，近于车夫走卒的俗鄙，我一点也不以此为耻！"④ 但新中国成立之后，老舍和茅盾一样，对方言土语的态度大为转变。写完《龙须沟》之后，他认为方言土语应该慎用："我们应该让语言规范化，少用方言土语。只有这句土语的确是普通话里没有的，又有表现力的，可以用一些，不一定完全不用。"而到了 1955 年写作《青年突击队》《西望长安》时，在语言上则是"尽力避免用土话，几乎都是普通话"⑤。从某种程度上说，老舍对待方言的态度比语言学家还要苛刻。老舍不仅在《女店员》《西望长安》等作品中有意摒弃方言、选用普通话词汇，而且在多个场合倡导普通话写作。1955 年，老舍在《人民日报》发

---

　　① 茅盾：《关于艺术的技巧》，刘锡庆主编《中国写作理论辑评·当代部分》，内蒙古教育出版社 1992 年版，第 11 页。

　　② 茅盾：《新的现实和新的任务》，《人民日报》1953 年 9 月 26 日。

　　③ 赵树理：《赵树理论创作》，上海文艺出版社 1985 年版，第 230 页。

　　④ 老舍：《我怎样写〈小坡的生日〉》，《宇宙风》1935 年第 1 期。

　　⑤ 老舍：《记者的语言修养》，《写与读》，湖南人民出版社 1984 年版，第 225、235 页。

表文章《大力推广普通话》，对方言土语写作进行了正面的否定。他表示："我将尽量地选用普通话的词汇，不故意卖弄土语。我应当把卖弄自己改为替群众服务。假若'油条'比'油炸鬼'更普通一些，我就用'油条'。同样的，假若'墙角'比'嘎栏儿'更普通一些，我就用'墙角'。"地方色彩并不仗着几个方言中的词汇支持着。不深入一个地方的生活，而只用几个地方上的特殊字眼儿，如'油炸鬼'和'嘎栏儿'之类去支持，是得不到什么好处的。它们适足以增加语言的混乱与分歧。"他下定决心，今后写作"不用土语撑门面"。①

但比较有意思的是，有的读者在批评方言文学时将矛头指向了老舍："老舍先生在《光明日报》上发表文章表示决心要以'少用土语方言'和'选择地运用土语'的实际行动来响应政府的号召，态度是诚恳的。我们相信所有作家都会同意这样作，可是就在老舍先生这篇文章中还有我们南方人不好懂的字眼儿，如同'管祖母叫奶奶……'的'管'，我体会这个'管'字等同于我们说的'把'字，可是我去问一位在北京念过两年大学的老师，他也不敢肯定。"② 这位读者的批评对正努力去除方言的老舍来说，也许是始料未及或者是颇为尴尬的事情。

但究竟如何为恰当地使用方言土语，并没有一个可以量化的标准。多数批评者认为对方言土语可以用，但不可滥用。这只是一个非常模糊的标准。丘劲柏提出了两条原则："第一，根据需要，反对滥用；第二，意义明确，便于读者理解。"③ 但在实际操作层面，这两条原则也是"无原则"的原则——毕竟，在这个原则上面还有一个"汉语规范化"的大原则。相比较之下，曾昭耕所做的工作更为细致些，也更容易把握。他将方言分为三类：一类是引用非常普遍的方言，如北方语的"二流子""破鞋""胡同"，上海话中的"猪猡""瘪三"之类，已经为大众所了解、熟悉，这类方言可以用在文学作品中；二类是应用虽不很普遍，但人们不难望文知义，或可以从文字前后相关联的意义去推知，如川语"龟儿子"、湘语"反水"、陕北语"婆姨"、东北语"尖头"，此类方言可以普遍使用；三类是方言气味太浓厚，只为本地人所懂，如厦门语"吉格浑"（一角钱）、

---

① 老舍：《大力推广普通话》，《人民日报》1955 年 10 月 31 日。
② 《对汉字改革和汉语规范化的反映》（读者来件综述），《中国语文》1955 年第 42 期。
③ 丘劲柏：《关于文艺作品使用方言土语的问题》，《中国语文》1959 年第 7 期。

"能格浑"（二角钱），苏州语"阿拉"（我）、"侬"（你）、"伊"（他），陕北语"扬下名"（坏了名声之类）、"没黄水"（不要脸）、"二道毛"（赖皮）之类，这类方言，除了在本地的报纸刊物上发表文章，或在本地演讲、演剧之外，应尽量不用或少用，必须用时应当加以注释。[①] 这种对方言难易程度的细分倒不失为一种较为妥帖的处理方法，但需要做大量的调查工作。

在这种对方言土语口诛笔伐及严格要求的情势下，周立波显然意识到对方言土语的坚持有些不合时宜。应该说在参与新中国成立初期《文艺报》的讨论中，周立波已经意识到滥用方言土语的弊端："南方话，特别是广东、福建和浙江等地的部分的土音，在全国范围内很不普遍。这几个地方的有些方言不宜全部的采用。""用方言土话，一定要想方设法使读者能懂。"[②] 而新中国成立之后《暴风骤雨》中的方言土语屡屡被指责也使周立波意识到方言写作面临的禁忌。因此，在《山乡巨变》中，他采取了相对温和的方法处理方言土语问题："一是节约使用过于冷僻的字眼；二是必须使用估计读者不懂的字眼时，就加注解；三是反复运用，使得读者一回生，二回熟，见面几次，就理解了。"他还在《山乡巨变》中弃用了一些诸如"和尚错了腊肉，乱犁子犁"等尽管生动、幽默却有音无字的土话。[③] 尽管如此，还是未能避开被批评的命运。

在批判的声音中，他创作了《山乡巨变》的续篇，对方言土语的使用有所节制，文末注释明显减少。与此同时，政治话语大量渗入文本。即如评论者所言："如果说《山乡巨变》的上篇对于农民，特别是贫农的要求彻底摆脱贫困而主动积极要求合作化的革命情绪缺乏足够的表现；对于阻止合作化运动的对立阶级的阶级势力也表现得比较软弱。那么，在它的续篇中，对于这两方面的表现都有所增强。"[④] 但政治话语的进入导致作品阶级色彩明显突出，而地方色彩相对减弱。

在巨大的批评声中，还是有人对周立波的方言写作表示了理解和支持。刘曰之撰文反对曹日升对《山乡巨变》的批评："奇怪的是我不是

---

① 曾昭耕：《关于运用方言》，《华北文艺》1949 年第 5 期。

② 周立波：《谈方言问题》，《文艺报》1951 年第 10 期。

③ 周立波：《关于〈山乡巨变〉答读者问》，《人民文学》1958 年第 7 期。

④ 曹福来：《周立波完成〈山乡巨变〉续篇》，《读书》1960 年第 3 期。

益阳人，也没有到过益阳，而周立波同志的作品中的方言土语不但没有减低我阅读它的兴趣，（曹同志认为它产生了减低读者的阅读兴趣的副作用）相反地使我感到特别新鲜亲切，咀嚼起来有吃家乡饭菜的味道。"① 方明、杨昭敏认为，《山乡巨变》在群众语言的运用上比《暴风骤雨》和《铁水奔流》更成功，而群众的语言多数是通过方言和土语的形式表现出来，在很多情况下，将方言土语完全翻成普通话，就失去了色彩。扩而言之，"小说并不是推广普通话的课本。当作家创作和构思自己的人物时，人物的性格和语言是同时出现的，而且作者会在自己的耳朵里，听到人物是用怎样的口音在发言，改变人物的这些口音，也常常会改变了人物的语言特点，这对不少作者来说大概是痛苦的"②。但在强劲的批评浪潮中，这种支持的声音实在是微乎其微。值得注意的是，多数评论者将《山乡巨变》的方言土语纳入到汉语规范化框架，从丰富普通话的角度对其做出了肯定。湖南作家刘勇的文章从汉语规范化的角度对《山乡巨变》的方言土语进行了肯定性阐释。③ 王西彦也认为："近来，常有人拿推广普通话的理由，反对和非难作家的采用方言土语，却忽略了作家也有提炼群众语言来丰富普通话的责任。我们反对把方言土语当作'奇货'，拿怪癖难解的方言土语来装饰自己的作品，但应该赞同作家适当地采用方言土语，在采用时加以提炼和选择。"④王世德认为：

> 《山乡巨变》的作者努力向人民活的口语学习，吸取了很多生动的语汇和用法，基本上是正确的，也得到了很多好的成绩。即使其中有些做得还不够好，也不应因而否定这种尝试和摸索。只有经过不断尝试和摸索，大家详细的具体分析和讨论，才能使我们取得经验教训，找到正确的具体途径，以不断丰富我们的文学语言，从而促进全民普通话的健康、纯洁和规范化，并提高我们文学作品中

---

① 刘曰之：《也谈周立波作品中的土语》，《人民文学》1958 年第 6 期。

② 方明、杨昭敏：《山乡的巨变，人的巨变——读小说〈山乡巨变〉》，《中国当代文学研究资料·周立波专集》，华中师范大学中文系 1979 年编，第 253 页。

③ 刘勇：《生动、准确、精炼的群众语言——读〈山乡巨变〉的一点感想》，《新苗》1958 年第 8 期。

④ 王西彦：《读〈山乡巨变〉》，《人民文学》1958 年第 7 期。

的语言的水平。①

支持的声音并没有给周立波带来更多的安慰和鼓励。面对急剧变化的生活和越来越"左"倾化的语言规范化运动，周立波连连发出"不好写，不写了"的感叹。完成《山乡巨变》之后，他再未从事长篇小说的创作，整个创作也"进入了近于停滞的阶段"。他对葛洛的解释是："现在生活变化太快，我看不准，怎么敢写长篇啊。"② 几乎与《山乡巨变》同一时期成文的《山那边人家》避免了《山乡巨变》正篇中方言土语的大量使用，写于1959年9月的《下放的一夜》在方言土语的择取方面更为谨慎，如"么子家伙""嚣险""噬死""精怪笼了""大人讲话细人子听"等并不是太生僻。在把这些小说交给《人民文学》时，询问陈白尘："你们敢不敢登我的小说，敢登我才给你们。"③ 周立波之所以有此问法，很大一部分原因是对方言土语使用的顾忌。

在"十七年"作家中，也许周立波最为注重文字的锤炼，他不止一次表达过对文字精致的追求。1958年在为《周立波选集》所做的序言中，周立波认为："今年以来，我国的文艺理论有了较为显著的开展。但我以为美中不足的是还有少数的评论家不大留意文章的藻饰。以为衡文者可以不必考究自己的行文，是不很对的。有一句老话：'言之无文，则行之不远'，不但适用于创作，同样适用于论文。"④ 冯牧回忆，大约在1963年，周立波负责编选一本散文选集，其中也选了冯牧的一篇散文。有一天，两人在一次会议上相遇时，周立波坦率地对冯牧说："我选了你这篇文章，主要是感到它写得有些气势，能够把自己的激情融汇在对于自然景观的描写上。但是，我也要提醒你：你的文字太华丽和太欧化了，而这只能是一个作家不成熟的表现。"接着他又向冯牧谈了自己的困惑："我越来越感到：要掌握一种简洁、优雅、凝练的文字，是多么不容易。多年以来，我就想使自己的文字达到'其淡如水，其味无穷'的境界，唉，却总也做

---

① 王世德：《方言、日常语言与文学语言——具体探讨〈山乡巨变〉中的语言问题》，《浇花集》，长江文艺出版社1959年版，第55页。

② 葛洛：《悼念周立波同志》，《北京文学》1979年第11期。

③ 金振林：《巴金谈周立波的"三次牢骚"》，《文史博览》2006年第5期。

④ 周立波：《〈周立波选集〉序言》，《周立波研究资料》，知识产权出版社2010年版，第174页。

不到!"① 50 年代中后期是周立波正处于个人风格的形成期,但因为种种原因——尤其是语言方面的原因,在风格方面,周立波还是留下了种种遗憾。

曾经与周立波共同执教于鲁艺的严文井认为,周立波是一位有着深厚文学修养的作家,完全应该而且可能写出更多更高的文学作品。但他去世得早了一些,"总感觉他还有一些发人深省的话没有说出来,还有一些叫人一唱三叹的作品没有写出来"②。对此,评论家们多从时代、政治或是主流意识形态/民间文化的角度解释周立波在文学修养和文学实践之间这种不平衡现象。也有评论家将此具体归结为与周立波在鲁艺、在延安的生活经历和思想、艺术历程相关。③ 应该说,这些解释具有一定的文本效力。但随着中国现当代文学研究的语言学转向,对这一问题还有重新认识的必要。周立波是一个既有着深刻的语言体验又有着明确的语言观念的作家。问题是周立波一直彷徨于自发的语言体验(审美)与自觉的语言观念(功利)之间,但却很难将二者有机地调和起来。于是周立波的小说写作就出现了一个奇怪的现象:当周立波以母语(方言)进行写作时,文学创作会取得成功,比如《暴风骤雨》和《山乡巨变》;而当他以知识分子话语或是阶级话语进行创作时,文学就会出现梗塞或是倒退,比如早期牢狱题材的短篇小说和《铁水奔流》。也许从周立波的语言道路可以得出一个结论,从文学本体而言,只有服膺于自己的语言体验,作家才有可能创作出优秀的文学作品。

第二节　"十七年"长篇小说语言的欧化与文言现象

汉语规范化以方言、欧化语言和文言为规范对象,但作为当代文学书面语的语言基因,欧化语言和文言既不可能从当代文学书面语中去除殆尽,甚至在"十七年"某些长篇小说或长篇小说的某些部分有突出的表现,前文已有所诉及。对于作家来说,欧化和文言有时候是一种根深蒂固的用语习惯,对于文学作品来说,欧化和文言的存在也带来不同的审美风

---

① 冯牧:《周立波回忆片段》,《冯牧文集》(第 5 卷),解放军出版社 2002 年版,第 287—288 页。

② 严文井:《我所认识的周立波》,《作家生活漫记》,语文出版社 1989 年版,第 62 页。

③ 王培元:《小说家周立波的开端》,《中国现代文学研究丛刊》1998 年第 2 期。

格。对"十七年"长篇小说中欧化和文言现象的分析，也可以见出政治语境中文学主体话语生长的倔强和艰难。

一 "十七年"长篇小说语言的欧化

"十七年"长篇小说中，关于知识分子题材的作品或者作品中知识分子的语言和心理活动的地方，欧化语言比较集中。欧阳山在谈到周炳形象时说："周炳就是这样一种人，他一方面有手工业工人的思想意识和感情，因此生活上和各行各业的工人接近；但是他又有知识分子的气味，例如要求个性解放，想通过读书向上爬等。周炳就是那样有两种内在因素在矛盾斗争中发展着的人物。"① 因此，周炳在对话和心理活动方面也就有抒情化的倾向。为了与此相适应，在语言上也就比较欧化。"血腥的春天"一节中，5月4日这天早上，周炳一人在家孤独郁闷时的自言自语："光明的前途，幸福的预感，紧张的生活，——毁了！东园，南关，西门，三家巷，许多的好朋友，最心爱、最心爱的舞台，……没了！我自己把自己拴在这竹寮里，唉，孤独呵！苦闷呵！寂寞无聊呵！我如果像那一片云，那一只相思鸟，那一只小蝴蝶，出去飞一下，多好！"再如"夜深沉"一节中周炳对陈文婷思念的心理活动：

> 这时候，他说不出来有多么想念他的表妹陈文婷。他想起好几年前，陈文婷劝他读书的时候，那种热情和娇气；陈文婷给他钱，他不要，就把钱摔在地上，那种骄横和任性；陈文婷模仿哥哥姐姐们的追逐、爱恋，和为了崇高的理想而发出的盟誓。……这一切都是那么天真和幼稚，想起来仿佛有点可笑。但是这一切都充满了真情，都是那么可爱，都放射着那么巨大的魅力，使得他简直无法抗拒。他觉着陈文婷的任何行动都是美丽。他幻想着自己飞了起来。他飞到那黑洞洞的天空里，飞过那即使在黑暗中还是一样闪光而柔媚的珠江，飞过从长堤到惠爱路那一片灰色、忧郁、不歇地叫着闹着的房屋，从陈家那三层楼的窗户里飞进陈文婷的房间。……

无论情绪描写、景物描写还是心理活动，欧化的句式非常明显。据

---

① 欧阳山：《欧阳山谈〈三家巷〉》，《羊城晚报》1959 年 12 月 5 日。

此，60 年代就有学者认为，周炳在语言和情调方面"基本上是陈旧的知识分子的语言和情调过重些，也有太多欧化的痕迹"。这位学者批评《三家巷》"语言的格调还不够和谐统一，也还不够纯净，是还可以多做些提炼与加工的"①。除了《三家巷》《青春之歌》《小城春秋》等表现知识分子题材小说之外，在《浅野三郎》《林海雪原》《风雨的黎明》《为了革命的后代》《红岩》《创业史》《红日》等小说中，欧化语言均有不同程度地出现。学者张卫中指出："像《创业史》《青春之歌》《红岩》等作品还保留了翻译体语言的繁复、曲折、严密与精确。"②哈华说《浅野三郎》"有点像翻译的外国小说"。③陶钝承认《为了革命的后代》一书，"仔细看来，那类翻译风格的语句还是有的"④。

　　"十七年"长篇小说经常因语言的欧化而受到类似《三家巷》的批评。冯牧在谈到罗丹的长篇小说《风雨的黎明》时，同样是用"不够纯净"批评小说语言的欧化倾向："作品的语言应该说是比较简洁和生动的，但在简洁中有时却又掺杂了一些杂质，这主要表现在：在叙述和描写中间的某些略嫌欧化的文字，常常和对话当中的带有过多方言和谚语的语言不无勉强地交插在一起，这多少使人产生一种不够协调和不够纯净的感觉。"⑤姚文元批评《青春之歌》"从劳动人民生活中间提炼出来的生动活泼的口头语还不多，欧化的色彩过浓。这就影响到作品的民族风格"⑥。王世德批评周立波《山乡巨变》叙述语言中出现一些"只能为知识分子看懂"的词汇和句式，如"最熨贴的房间""效力堪疑的手段""轻柔的面网""他所眷恋""陶醉在经久不衰的伉俪深情里""心理上挫折她的优势和锐气""坠入情感的深渊""月色迷离""织成的罗网""质的突变"等，王世德认为这些词汇和人物对话中那些能为湖南农民听懂的词汇比起来，有着很大的距离，风格上也显得很不统一。⑦王西彦曾对周立

①　高风：《洗练而精粹的语言——二谈〈三家巷〉的民族特色》，《作品》1960 年第 1 期。

②　张卫中：《"语言规范化"对当代文学语言的影响》，《北方论丛》2008 年第 1 期。

③　哈华：《浅野三郎·前言》，《浅野三郎》，上海文艺出版社 1981 年版，第 6 页。

④　陶钝：《为了革命的后代·自序》，《为了革命的后代》，作家出版社 1958 年版，第 2 页。

⑤　冯牧：《〈风雨的黎明〉的成就及其弱点》，《文艺报》1959 年第 14 期。

⑥　姚文元：《一部闪耀着共产主义思想光辉的小说——评〈青春之歌〉》，《新松集》，上海文艺出版社 1962 年版，第 76 页。

⑦　王世德：《方言、日常语言与文学语言——具体探讨〈山乡巨变〉中的语言问题》，《浇花集》，长江文艺出版社 1959 年版，第 52—53 页。

波后期作品中的欧化句法提出批评:"我们许多作家,都是知识分子出身,读过不少外国作品,在语言句法上,带着不少欧化成分,腔调也是知识分子的;因此,在采用土语时,就往往会夹夹杂杂的,显出不调和、不统一的痕迹。"他特别提出《山乡巨变》里邓秀梅对盛淑君谈论爱情时的话不仅十分欧化,而且"出之于邓秀梅的嘴巴,也总觉不大切合身份"①。

但无论如何批评,"十七年"长篇小说语言欧化的现象不绝于缕。究其缘由,一是文体风格的需要,二是作家语言习惯的惯性使然,三是作家有意为之的结果。

"十七年"长篇小说语言欧化的第一种情况是文体和题材的限制。陈慈生的《粉饰的坟墓》是一部宗教题材的长篇小说,通过青年修女苏忆芬的人生遭际,揭露了帝国主义分子如何利用宗教的幌子在旧中国进行军事、经济和文化掠夺的种种罪恶。因为小说涉及外国传教士,他们所说的话显然有别于口语化的白话语言。如法国籍主教白尚欧对苏忆芬的祖父所说的话:"百禄啊!你还是在教会办的工艺院中做工好,因为这是爱天主的具体表现,你平时的一举一动,天主都是看得很清楚的,你死后或者上天堂,或者下地狱,就是根据你对教会有无出力来定断的啊!"因此,为了更好地刻画人物形象,作者采用了欧化语言。卷首语引用了《新约·马太福音》第23章第27节中的一段话:"经师和法利赛人,你们这些伪君子那!你们是有祸的,因为你们好象粉饰的坟墓,外面观着好看,里面却充满死人的骨头和各样的污秽。你们正是这样,你们外面显出公义来,里面却充满了伪善和不义的事。"这段话既奠定了整部小说的语言格调,同时也点明了题目的出处——所谓"粉饰的坟墓"指的是那些伪君子"外面观着好看,里面却充满死人的骨头和各样的污秽"。小说借用"粉饰的坟墓"这一意象,揭露了帝国主义传教士的虚伪。比如,祖父死后,祖母带着父亲到教堂求见白尚欧,白尚欧教人告诉他们自己出门了。母子俩直熬到天黑白尚欧吃晚饭时才见到他:"白尚欧低着头急匆匆地从他们母子的身边走过,故意装成没看见他们的样子,直到祖母主动追上去跟他打招呼,他才象刚知道他们来了似的假惺惺地说道:'唉,这些佣人真懒得太不象话了,天气这样冷,却让你们在走廊里呆着,也不早点告诉我。

___

① 王西彦:《读〈山乡巨变〉》,《人民文学》1958年第7期。

真对不住。你母子找我有些什么事情，就请说吧！'"这是小说中白尚欧的第一次露面，他的言行不一暴露了传教士虚伪的本性。

　　另外，这部小说是第一人称叙事——尤其是叙述者"我"受过高等教育，运用欧化语言可以更好地表达个人情绪。有学者研究发现，新中国成立后第一人称叙事再起高潮，但所举作品全部是短篇小说，如《三年早知道》《我的第一个上级》《黎明的河边》等。① 从文学史来看，长篇小说以第一人称叙述的并不多，而"十七年"更是少之又少。《粉饰的坟墓》似乎是个例外，采用了"他叙"和"自叙"相结合的双重的第一人称叙述，或者说是套盒式的叙述结构：外层结构由"我"——一个革命干部来讲述。"我"视察仁济疯人院时，解救了被认为是疯子的苏忆芬。八年之后，两人偶遇，苏忆芬将她所写的控诉传教士丑恶面目的稿件交给"我"；内层结构则是苏忆芬对自己人生遭际的讲述——这是小说的主体部分。文学作品中，采用第一人称的好处就像沙汀所说："作者常常是事件的目睹者或参加者。我们读这些作品的时候，就好像在听一个朋友娓娓讲说他的亲邻的故事，感到格外亲切。作者就是生活的见证人，不容你不相信。"② 那么《粉饰的坟墓》所采用的这种双重的第一人称叙事不仅保证了信息来源的可靠，欧化的语言更增添了细节和心理方面的真实。

　　哈华的《浅野三郎》不仅仅是一部反映国内抗日战争的小说，也涉及国际的反法西斯战线，如日本青年反法西斯和朝鲜青年、台湾青年在日本的革命活动。在谈起创作经过时，哈华说："有些材料是日本朋友提供日文材料直译过来的，为了真实性，难于用民间语言去修改它。"另外哈华还认为《浅野三郎》是"一本政论性的抒情散文"，"用更多的民间语言去叙写日本人的内心活动和人物活动，或给日本人的对话使用许多中国思想感情的民间语言"，不仅情调不对而且有些滑稽。这样一种国际性视野和反映历史真实性的要求使哈华放弃了原本"采用民族形式和全部民间语言"的打算，采取了欧化的语言形式。

　　"十七年"长篇小说语言欧化的第二种情况是作家语言习惯使然。丁玲在一篇文章中将赵树理、柳青、杜鹏程、峻青、康濯等称作第三代作

① 罗执廷：《"十七年"小说第一人称叙事初探》，《兰州大学学报》2003 年第 5 期。

② 沙汀：《漫谈小说创作中的一些问题》，《人民文学》1960 年第 3 期。

家，认为他们的文章比较口语化，"把'五四'以来一些欧化的半文半白的文体改为生动活泼的语言"①。从整体上看，这批作家在构建口语化的现代汉语体系方面做出了努力，而在局部和微观方面，还保留有欧化的痕迹。周立波、梁斌、吴强都说过早期语言比较欧化，即使新中国成立后也还不能完全摆脱。吴强说："在通过作者自己的语言描写人物、风景事件时，就暴露了更多的缺点。语法不通，辞藻陈旧、冗长，倒装的欧化句子也很多。"即使修改过"不只千百处，出版后，又曾作过几次加工"，"语言文字不顺、不通、不纯的地方还有不少"。为此，吴强检讨："我对整顿文风，学习群众语言，注意语言的准确性、鲜明性、生动性不曾下过认真的工夫，是表现得很明显的。"②

陶钝的《为了革命的后代》初稿是在 1952 年、1953 年两年写成，1958 年对初稿进行了重写。比较两稿，"变化较大的是文字的风格，不仅把对话断开来写的形式改变为像传统小说那样接起来；而且也改掉那些像外国文翻译过来的语法"。从这里可以看出陶钝对语言规范化的追求。但陶钝也认识到要想完全去除掉欧化语言几乎不可能："读了很多的翻译小说，也读了很多模拟翻译风格的中国小说，自己也陶醉过那样的风格，要改变过来是很难的。你不让它出来，它就会从你的笔尖下偷偷地溜出来。"③ 陶钝在 1925 年考入北京大学，入学后阅读过《语丝》《现代评论》《晨报副刊》《狂飙》《莽原》等刊物，他在晚年曾经谈到过这些刊物对他的影响是"充实了我的文艺知识，对我今天搞文艺是有影响的"④。这种影响不仅是思想认识的提高，还有语言方面的欧化。和大多数解放区作家一样，陶钝在学习了《讲话》之后，文学作品的创作以通俗文学为主，发表了《上升》《黄犍》《麦黄杏》《女民兵》《掩护》等。新中国成立后他担任山东省曲艺改进协会主任，对民间戏剧进行发掘、整理和改编。但几年的文学语言的通俗并没有改变早期欧化语言的积习。在《为了革命的后代》中，对临沂街道的描写、对李真外貌打扮的描写以及部

---

① 丁玲：《五代同堂，振兴中华》，《丁玲全集》（第 9 卷），河北人民出版社 2001 年版，第 401 页。

② 吴强：《写作〈红日〉的几点感受》，《创作经验漫谈》，人民文学出版社 1979 年版，第 88—89 页。

③ 陶钝：《为了革命的后代·自序》，《为了革命的后代》，作家出版社 1958 年版，第 2 页。

④ 刘亮：《曲艺界的良师益友陶钝》，《春秋》2009 年第 3 期。

分人物对话中时不时有欧化语言的出现。[①]

草明的《原动力》是一部反映解放区工业生产的小说。写作之初，草明最苦恼的就是如何去除语言的欧化色彩："写作前另一个问题苦恼我的，非常苦恼着我的，是形式的问题。毛主席在延安文艺座谈会讲话以前，我的文章是属于所谓'欧化'一类的。人所共知，那样的文体，起码要中学程度才看的懂。'八·一五'以后我所写的短篇，已逐渐改变了。但我没有一种熟悉的形式怎办呢？"在自己不能掌握一种熟练的形式的情况下，草明"立了一个决心，写浅些，写得明白点，让念过高小的人看得懂就成。我知道技术工人多念过几年书，我迫切地希望这本书他们自己能读得懂"。于是在语言方面，"竭力避免写长句子，或者把长句化成几个短句。竭力避免描写（心理描写，状物描写和自然描写），当然必要的描写还是保留了。寓意的，暗示的，要人揣猜的地方也尽量避免"。但写完之后，草明还是觉得在某些地方语言"切合当时的人物和情况还不够得很"。这说明这些"不切合"的地方多少还有些欧化，还不够浅显通俗。[②]

"十七年"长篇小说语言欧化的第三种情况作家有意为之的结果。与草明对欧化语言的有意疏远相反，曲波则直接为欧化语言张目："不排斥欧化，欧化有欧化的特点和长处……"[③]曲波的《林海雪原》曾被侯金镜认为是"语言通俗、群众化，极少有知识分子或翻译作品的洋腔调"，[④]但侯金镜看到的毕竟是经过作者和编辑修改后出版的模样，在《林海雪原》手稿中，显示出作者有意"追求'洋腔调'的那种'生硬'与'不

---

① 如关于李真外貌的描写："李真素常就很讲究军风纪，为了带动女生队，她对军风纪更加注意了。一套旧军装洗得干干净净地，没有一点灰尘和油腻。布鞋上和男同志一样打着鞋绊。绑腿打的花纹成一条直线，一圈一圈的距离用尺子量也不差丝毫。一条皮带紧紧地束在腰间，制服上被皮带束的折皱，都匀在两边胯骨上头，胸前背后都是平板的。更显得她腰细，胸高，两膊宽阔。她的军帽按照从延安带来的老习惯戴在后脑勺上，帽缘不是朝下，也不是朝前，是有点向上，显出她的长眉毛，大眼睛，丰满的两颊和四方脸盘。两条带子十字交叉在胸前，左边挂的是布壳子缝制的图囊，右边挂的是一支手枪"。

② 草明：《写〈原动力〉的经过》，《草明研究资料》，知识产权出版社 2009 年版，第 158—159 页。

③ 姚丹：《曲波访谈录》，《"革命中国"的通俗表征与主体建构——〈林海雪原〉及其衍生文本考察》，北京大学出版社 2011 年版，第 255 页。

④ 侯金镜：《一部引人入胜的长篇小说——读〈林海雪原〉》，《文学研究》1958 年第 2 期。

自然'"①。实际上，即使是出版后的作品，那种"洋腔调"也还不少。如少剑波在向小分队发布十天苦练的命令时所说的话："我们要使雪原，变成我们的汽车公路，变成我们火车的铁轨；变成我们驱逐舰的海洋，变成我们飞机飞翔的天空。"口头语言中很少有这样整饬的排比句式的出现。还有擒获座山雕之后对小白鸽、少剑波心理情感的描写：

> 今天她甜甜地睡在这威虎山上，她现在十九岁刚开头。十九岁！她无兄无弟，她只有无数的革命同志。她和他们这样地度着她的青春，在为实现共产主义战斗着的大道上过着青春。无数的英雄事迹点缀装饰着她不平凡的青春，此刻少剑波心里为他的小分队有这样一个女兵而骄傲。值得骄傲，他内心骄傲得不能抑制，他自语着："什么是女英雄呢？这是多么美丽的青春啊！"

主语的重复、"着"的高频率使用、长状语、排比句式、复述等，有些句子或者说搭配比较别扭，如"她和他们这样地度着她的青春""无数的英雄事迹点缀装饰着她不平凡的青春"。对照1957年和1964年的两个版本可以看出，曲波对这个段落修改过，1957年版"内心骄傲"后面是"的"，1964年版是"得"，以使其更为规范化。但这只是局部的修改，就整体看，曲波忽略了欧化句式的修改，反映出其民族化的不彻底。

曲波对欧化语言的使用在《林海雪原》这样一个民间传奇题材的文本中显得非常突兀、醒目。与此相类似，以欧化语言描写地道的中国农民的心理活动，也是非常生硬的写法。柳青在写到人物心理时，直接对准人物内心活动进行剖析。如写梁三老汉在新媳妇坟前的伤心："随后老汉竟用理智的力量，控制不住情感的冲击了。摆毕了贡品，他竟完全被感情所驱使了。"再如写高增福练习诉苦："他的阶级自尊心立刻克服了他对自己讲话能力的自卑心，开始一有空闲就练习。"用这样欧化的句式来描写陕北农民的心理活动，造成了整体风格上的不协调。

相比较之下，周立波在《山乡巨变》中对欧化语言的使用更为自然一些。50年代初期，周立波认为文学语言不仅要吸纳方言土语，而且要

---

① 姚丹：《"新人"想象与"民族风格"建构——结合〈林海雪原〉的部分手稿所展开的思考》，《文学评论》2010年第4期。

为欧化语言留下足够的空间:"人民的语言,需要加工的地方也还是不少。它也还有好些缺点。比方说:语法不十分精密,记述复杂的、科学的、新兴的事物的语汇还不够使用。为了补救这缺陷,我们必须介绍外来语,添加新的语法和字汇,注入新鲜的血液。"① 创作《山乡巨变》时,周立波在某些语境根据表达的需要而有意运用欧化语言。《山乡巨变》中有一段邓秀梅向盛淑君讲解什么是爱情:

> 这是一种特别厉害的感情,不要不控制,它会淹没你,跟你的一切,你的志向,事业,精力,甚至于生命。不过,要使你控制得宜,把它放在一定的恰当的地方,把它围在牢牢的合适的圈子里,好像洞庭湖里的滔天的水浪一样,我们用土堤把它围起来,就会不至于泛滥,就会从它的身上,得到灌溉的好处,得到天长地久的年年岁岁的丰收。

最早注意到这段话的是王西彦,他指出:"这段话,在句法上,不是很有些欧化吗?"除此之外,他还认为像这样"近于欧化的知识分子腔调"的地方还有好几处。事实上,《山乡巨变》中的"洋腔调"比较普遍,欧化的句法特征也比较明显。如使动介词的运用:"老田头听到这儿,低下头来,泪珠噼里啪啦往下掉,是穷人特有的软心肠,和他自己的心事,使他忍不住流泪";"的"字的大量使用:"带着女性的细腻,邓秀梅重新观察了李主席的这间办公室兼做寝室的房间……";长句式也经常出现:"……和一切同时被几个女子恋爱着的男子一样,陈大春对于对方的心情没有细心地体察,这样鲁莽地看着。""盛佳秀快乐地笑了。这是一种从嫉妒本能产生出来的,对于情敌的可笑行为的幸灾乐祸的情绪。她的一向沉郁的心情,一扫而光了。……"

《山乡巨变》在叙述语言中欧化的句法和外来词语不绝于缕,只不过在周立波对其理智使用和有意压制下很难为人觉察。就像有论者评论到的那样:"虽然周立波用地道的方言创造了他的农村题材小说,但他并没有拒绝欧化的语言,事实上欧化语言在周立波的创作生涯中自始至终都存

---

① 周立波:《谈方言问题》,《文艺报》1951 年第 10 期。

在，而且经历了一个由不自觉到自觉运用的过程。"① 这种自觉地运用还可以从《山乡巨变》的风景描写中看出：

> 远的山被雨雾遮掩，变得朦胧了，只有二三处白雾稀薄的地方，出了些微的青黛。近的山，在大雨里，显出青翠欲滴的可爱的清新。家家屋顶上，一缕一缕灰白的炊烟，在风里飘展，在雨里闪耀。
>
> 雨不停地落着。屋面前的芭蕉叶子上，枇杷树叶上，丝茅上，藤蔓上和野草上，都发出淅淅沥沥的雨声。雨点打在耙平的田里，水面漾出无数密密麻麻的闪亮的小小的圆涡。篱笆围着的菜土饱浸着水分，有些发黑了。葱的圆筒叶子上，排菜的剪纸似的大叶上，冬苋菜的微圆叶子上，以及白菜残株上，都缀满了晶莹闪动的水珠。

这两段描写很有层次感，由远及近，由上到下，形成一个立体的物理空间。作者凝聚笔墨于物象的形状、颜色、数量以及由此带来的主体听觉、视觉感受，细腻的描绘近乎于自然主义。显然这样一种观察方式来自于西洋画中的焦点透视，从而有别于中国山水画的那种平面化布局。这种观察视点不是来自于地地道道的中国老式农民亭面糊，而是作者周立波，展现的是写作主体周立波的审美趣味。在文本整体性上，这段描写属于"社会主义风景"的一部分，② 但孤立地来看，这段描写暂时性拉开了与"土改"这个现实题材的距离。从而，周立波成为柄谷行人所说的一个"对周围外部的东西没有关心的'内在的人'"，其知识分子气质隐约流露。与这种知识分子式的欧化情调相匹配，这段文字也相当欧化，如"的"的频繁使用，定语、状语修饰词多，多个排比句，主语的庞大等。也许，这就是克罗齐所说的"有意味的形式"的无意表现吧。

二 "十七年"长篇小说语言的文言现象

经过"五四"新文化运动对文言文的批驳以及三十多年的文学实践之后，文言在书面语中所占比重迅速下降。尤其是汉语规范化之后，更是

① 邹理：《周立波小说的欧化倾向》，《文学评论》2012 年第 1 期。
② 朱羽：《"社会主义风景"的文学表征及其历史意味——从〈山乡巨变〉谈起》，《文学评论》2014 年第 6 期。

少之又少。但正如欧化语言一样，文言也以各种方式存在于"十七年"语境中。比如在教育领域，古典文学被认为是爱国主义和民族自豪感培养的源泉，有些中学自新中国成立初期一直坚持古典文学教学，[①] 而 1955年中学语文教学改革试行汉语、文学分科教学后，古典文学更是成为文学课程的重要组成部分，影响了一批青少年的古典文学素养。再有就是一批知识分子的偏好。旧派文人如叶恭绰、胡先骕、郑逸梅、方孝岳等人的序跋、书牍和日记多以文言写成，张伯驹、周汝昌等"非线装书不读的""当代中国的一批老精英"写于 60 年代的一批文言作品在 80 年代初结集为《春游社琐谈》公开出版，"这些先生们学识渊博，各是每门学问的享有盛誉的代表人物。他们的文章，使人能看到高品位的中华文化"[②]。另外"十七年"时期还有许多文言作品的编选读物，以适应不同层面读者的阅读需求。再就是一些翻译作品中也会出现文言词汇和句法。昌浩、继纯合译的西蒙诺夫的《日日夜夜》被读者批评为文言词语太多，固然"使有相当语文水平的人感到行文非常简练"，但"也有不少的词语却很难懂或是读起来很蹩扭"，如"森峻""际此倏忽间""蓦地忿气""惯然""盖然"等。该读者还认为书中还有诸如"抑或""即""业已"一类的词，应该换成"或者是""就""这""已经"等口语化用词。[③]

但以上所举的显性的文言语态并不常见，文言成分更多是以隐性的方式潜存于"十七年"书面语言中，比如成语就是文言的产物。如果某些文言词汇和句法还有其使用的现实必要性，那么它就可以被吸纳进规范化语言体系中。事实上自"五四"以来，尽管文言一直处于受打击状态，但其对现代汉语建设的价值和意义一直屡屡被人提起。鲁迅虽然极力反对"学说古代的死人的话"，[④] 但他也认识到文言有补白话词汇欠缺、表达贫

---

① 北京师范大学附属女子中学"从一九五二年秋季开始注意研究本国古典文学教学。一九五三年春季，为了做一次初步试验，高中各年级都补充了一部分古典文学教材"，如《诗经》《楚辞》、汉魏乐府、唐诗等。见李梓《对古典文学教学的体会》，《光明日报》1954 年 5 月 18 日。

② 楼宇栋：《张伯驹与〈春游社琐谈〉》，《张伯驹先生追思集》，紫禁城出版社 2011 年版，第 344 页。

③ 王立：《〈日日夜夜〉一书文言词语太多》，《读书杂志》1956 年第 1 期。

④ 鲁迅：《三闲集·无声的中国》，《鲁迅全集》（第 4 卷），人民文学出版社 2005 年版，第 13 页。

乏之不足，一再指出："须在旧文中取得若干资料，以供使役"，① "没有相宜的白话，宁可引古语，希望总有人会懂，只有自己懂得或连自己也不懂的生造出来的字句，是不大用的"②。1937 年，在讨论语言大众化时，茅盾认为通俗化不一定要避去文言字："单避去了文言字便会损失掉言语的自然美，弄成生硬死板。"③ 1949 年 7 月第一届中华全国文学艺术工作者代表大会开幕式上，倪海曙提交的关于推行拉丁化新文字的提案要求文艺作品的语言文字应该肃清不必要的文言成分。这说明有必要的话，文言成分还是应该继承下来。1951 年《人民日报》社论引用毛泽东《反对党八股》中的话，认为对文言中有生命的东西需要学习继承："由于我们没有努力学习语言，古人语言中的许多还有生气的东西我们就没有充分地利用。"④ 1955 年，在现代汉语规范问题学术会议上，波兰语言学者赫迈莱夫斯基批评了那种将文言从规范化语言中排除出去的做法。他认为，白话和文言在历史发展过程中互相借用、互相渗透。那么，规范化决不能理解为从活的口语中排除从文言里借来的词汇和成语，也绝不排斥民族语言继续借用文言成分，尤其是书面语言。⑤ 普通读者也认为可以适当的采用文言："提倡口语化，并不完全反对用一些文言字眼。对这一点似乎有人不大理解，应该加以说明。活人的话里夹着一些完全死了的东西（像鲁迅说的'蹒跚、嗫嚅'之类），我们当然反对。还有些生气的东西，我们不妨利用，但是绝不是任何情况下都可以用。譬如说，'当……之际'在一般的文章里已经用不着，在外交文件中还见得到。……所以，口语化是一个重要的原则，我们必须重视。但是这个原则的具体贯彻，对不同类型的文章的要求是不完全相同的。"⑥ 因此，在文学作品中尤其是可以容纳多

---

① 鲁迅：《坟·写在坟后面》，《鲁迅全集》（第 1 卷），人民文学出版社 2005 年版，第302 页。

② 鲁迅：《南腔北调集·我怎么做起小说来》，《鲁迅全集》（第 4 卷），人民文学出版社2005 年版，第 526—527 页。

③ 茅盾：《"通俗化"及其他》，《茅盾全集》（第 21 卷），人民文学出版社 1991 年版，第259 页。

④ 《人民日报》社论：《正确地使用祖国的语言，为语言的纯洁和健康而斗争》，《人民日报》1951 年 6 月 6 日。

⑤ ［波兰］赫迈莱夫斯基：《关于汉语规范化问题的几点意见》，现代汉语规范问题学术会议秘书处编《现代汉语规范问题学术会议文件汇编》，科学出版社 1956 年版，第 125—126 页。

⑥ 文炼：《应该说明的一个问题》，《语文知识》1958 年第 6 期。

种语言方式的长篇小说中，文言在一定程度上的出现也是汉语规范化所能够容忍的要求。

"十七年"长篇小说中文言的存在一般有三种情况。一是与表现对象的特殊性有关。历史题材的作品在人物对话乃至于叙述语言都需要文言，以再现历史真实。在一篇文章中姚雪垠谈到为何在《李自成》中大量使用文言："明朝末年上层人物对话带许多文言，在语言中夹杂着是很自然的。现在的年轻人可能不理解，像我小的时候，民国初年，知识分子讲话还带着文言。为什么？因为他们只会读书，读的是文言文：旧诗词、古文，又用文言写作，习以为常，所以他们一说话就夹杂文言。解放以前，我们看见许多'高等华人'，一说话就带几句英文。本来说普通话谁都知道的，他们却故意要说几句英文。这是一股风气，那个时代的风气。可见语言虽不是阶级的产物，不属于上层建筑，但使用语言的习惯却有阶级烙印、时代风尚，所以《李自成》这部小说中高层的人讲话，常常搬些文言的词句。"[①] 二是某些特殊场合需要用到文言。《红旗谱》中运涛写的家信文白间杂。《林海雪原》中少剑波接到的剿匪命令、少剑波写给王团长和刘政委报告杉岚站敌情的信以及部分描写片段用到了文言。对此，姚文元论道："作者除了民间语言之外，还运用了大量的古典小说中的形容词来写景写人，好的一面是有些地方只用了数字就能传神，简练有力；不好的一面有些旧词汇是死去的词汇（例如以'娇娜'形容革命队伍中的女同志），用来描写新生活，就显得陈旧而不恰切，反而掩盖了新生活的光彩。"[②]

《创业史》中也有一段正宗的文言，即梁三请老学究写的婚书："立婚书人王氏，原籍富平南刘村人氏。皆因本夫夭亡，兼遭灾荒，母子流落在外，无人抚养，兹值饥寒交迫，性命难保之际，情愿改嫁于恩人梁永清名下为妻，自嫁本身，与他人无干。本人日后亦永无反悔。随带男孩乳名宝娃，为逃活命，长大成人后，随继父姓。空口无凭，立婚书为证。"而《三里湾》中菊英的分家清单是一个老秀才于鸿文于1942年所作，引经据典、佶屈聱牙，被灵芝、张永清认为是"疙瘩文""疙

① 姚雪垠：《与杜渐谈历史小说〈李自成〉的创作》，《姚雪垠文集》（第17卷），人民文学出版社2011年版，第509页。

② 姚文元：《论〈林海雪原〉》，《新松集》，上海文艺出版社1962年版，第54页。

里疙瘩":

> 尝闻兄弟阋墙，每为孔方作祟；戈操同室，常因财产纠纷。欲抽
> 薪去火，防患未然，莫若早事规划财产权益，用特邀同表兄于鸿文、
> 眷弟李林虎，秉公评议，将吾财产析为四份，分归四子所有。嗣后如
> 兄弟怡然，自不妨一堂欢聚；偶生龃龉，便可以各守封疆。于每份中
> 抽出养老地四亩，俾吾二老得养残年，待吾等百年之后，依旧各归本
> 人。恐后无凭，书此分付四子存据。……

《李自成》中，举凡书信、奏章、诏书、批示、告示、祭文等都是严
格按照相应文体而作。文言的使用，使书信文件显得庄重严肃。

三是作家因长期熏陶而对其有所偏好。老舍说："赶到弄不转白话
的时候，我就求救于文言。在二十多年前，我不但这样做了，而且给自
己找出个道理来。我说：这样做，为是提高白话。好几年后，我才放弃
了这个主张，因为我慢慢地明白过来：我的责任是用白话写出文艺作
品，假若文言与白话掺夹在一道，忽而文，忽而白，便是我没有尽到责
任。是的，有时候在白话中去找和文言中相同的字或词，是相当困难
的；可是，这困难，只要不怕麻烦，并不是不能克服的。为白话服务，
我们不应当怕麻烦。有了这个认识，我才尽力的避免借用文言，而积极
地去运用白话。有时候，我找不到恰好相等于文言的白话，我就换一个
说法，设法把事情说明白了。这样还不行，我才不得已的用一句文
言——可是，在最近几年中，这个办法，在我的文字里，是越来越少了。"①
当然，"越来越少"并不意味着一点儿没有，在《正红旗下》里面有些语
汇和句法有文言的踪迹。赵树理自小跟随祖父读过《三字经》《孟子》
《大学》等，入私塾读过《四书》，直到20岁进入山西长治第四师范初
级班才学写新诗、新小说，但同时也阅读了《诗经》《楚辞》、明清小
说等文学作品。对古典文学的学习使赵树理具备一定的古文功底，据黄
修己的考证，赵树理发表的第一篇作品是一首七言古体诗《打卦歌》，
从中可以看出赵树理所受乐府诗和魏晋、唐代诗歌的影响。② 稍后他又

---

① 老舍：《我怎样学习语言》，《解放军文艺》1951 年第 3 期。
② 黄修己：《关于赵树理的〈打卦歌〉》，《社会科学战线》1981 年第 2 期。

创作了杂文《太原拾零》及疑为其所作的《义务勘误》等，在语言方面也是文白间杂。自此之后，赵树理的语言朝向大众化、口语化方向努力，但他没有拒绝继续向文言汲取营养，比如向古文学习语言的简练、语体风格、句法笔法等。

"十七年"长篇小说中，文言大多出现在人物对话中。《小城春秋》中秀苇的父亲丁古对"自足"的看法："自足也是中国人做人的一种美德。未可厚非也。"丁古是《时事晚报》的编辑，"经常在报端发表一些似乎是愤世嫉俗而其实是浅薄无聊的小品文，……喜欢喝酒，做旧诗……"这样一个潦倒的文人，文言的使用，也正适合他的身份和性格。《林海雪原》中，少剑波批评小白鸽："我的意思是：该简则简，该详则详；该简者而你却详而不简，该详者而你又简而不详。本末倒置，批评你还不愿意？乱弹琴！"少剑波6岁那年父母双亡，他和姐姐相依为命。姐姐靠教书养活两人，少剑波也跟着姐姐读过书，16岁那年进入部队。这说明少剑波读了近十年的书，那么，他批评小白鸽的语言比较文雅化，也是情理之中。其他如《六十年的变迁》《红旗谱》《大波》《金陵春梦》《红日》等小说中的一些人物，如季慕寒、冯贵堂、严知孝、葛寰中、蒋介石、张静江、张灵甫、董耀宗等，话语中也都夹杂着浅显的文言词汇。

"十七年"作家中，最为自觉地使用文言的是姚雪垠。姚雪垠古文根底深厚扎实。牛金星的出场诗中有"感时诗就心如捣"一句，"捣"原为"焚"，但在平仄上出了问题。第二次印刷时姚雪垠写信给中国青年出版社的阙道隆和江晓天，希望将这个字改过来："第三句因疏忽，错了一个绝对不应错的平仄，青年读者不会挑剔，但稍有古典文学修养者会视为笑柄的。"[1] 可见姚雪垠在古典文学方面的素养及其以古文写作的认真态度。姚雪垠不仅能写古文，而且能根据不同场合、不同人物性格及身份采用不同风格的文字。姚雪垠自述："我青年时通过自学，对于中国古典文学有粗浅修养，在小说中我大体上可以运用我这点修养写出上层士大夫对话的特殊色彩，可以随手按照小说需要，代古人写书信、奏章、诏书、批示、

---

① 姚雪垠：《给阙道隆、江晓天》（1963年9月30日），《姚雪垠文集》（第19卷），人民文学出版社2011年版，第91页。

告示、祭文等，像是出自古人手笔。"① 他说："古人表达思想感情有它特殊的武器，如写诗、写词、写文章，他们讲的话也不完全跟我们一样。……《李自成》里面的诗词、文章，除个别之外，其他都由我代笔。我有时当崇祯的秘书，有时当别人的秘书。不同的文章要有不同的风格，符合不同人物的性格和身份。比如第二卷汤夫人写给丈夫的那封信，近于六朝文风，这是明代闺阁的习尚。替李岩写给闯王的那封信，就近于唐宋以来的（尤其是明人的）散文风格。又如崇祯的诏书，骈散兼行，骈句对仗工整，这是一种习尚。所以单就文字运用来说，写历史小说也需要广泛的修养。"②

在《李自成》中，人物对话中文言出现的更多些。茅盾在给姚雪垠的信中肯定了《李自成》中人物语言与时代背景的吻合："此书对话，或文或白，或文白参半，您是就具体事物、具体人物，仔细下笔的；这不光做到合情合理，多样化，而且加浓了其时其事的氛围气，比之死板板非用口语到底者，实在好得多。"③ 如小说第一卷上册开始时，崇祯皇帝所说的一些话里常有浅显的文言和半文半白的语句：

　　"昌平要紧，"他慢吞吞地说，"那是祖宗的陵寝所在，务必好生防守。"

　　崇祯突然把谈话转入正题，"但我们既要安内，又要攘外，二者不可得兼。历年用兵，国家元气损伤很大。如无必胜把握，还是以持满不发为上策，你是总监军，总要相机进止，不可浪战。"

　　"对东虏要抚，一定得抚！"皇帝用坚决的口气说，故意用个"抚"字，以掩饰向满洲求和的实际，也不失他的大皇帝的无上崇高的身分。"倘若抚事可成，"他接着说，"国家即可无东顾之忧，抽调关宁铁骑与宣大劲旅，全力剿贼，克期荡平内乱。卢象升今夜可到？"

----

① 姚雪垠：《学习追求五十年》（八），《新文学史料》1982 年第 2 期。

② 姚雪垠：《与杜渐谈历史小说〈李自成〉的创作》，《姚雪垠文集》（第 17 卷），人民文学出版社 2011 年版，第 505 页。

③ 茅盾：《关于长篇历史小说〈李自成〉》，《文学评论》1978 年第 2 期。

其他如杨嗣昌、洪承畴、卢象升、黄道周、孙传庭等文臣武将以及牛金星、宋献策、李岩等封建地主阶级知识分子的语言也都是文白相间，表现出不同人物的阶级出身、文化教养等。李自成的语言则更为丰富多变，严家炎曾经注意到李自成的语言特色，他说："作者在李自成语言的性格化方面，其实也是下了不少功夫的。就拿李自成同将领、士兵们说话用口语，而对牛金星、李信、宋献策等说话则杂用浅易的文言这点来说，我以为，本身就显示了人物的性格特点，表现了李自成为人的独到之处。"严家炎还着重分析了李自成语言之所以如此的原因："他和自己队伍的将领、士兵相处，总是十分平易近人；同是受苦人出身，当然不会有文绉绉的谈吐。但是，李自成幼年也读过一点书，后来又接触过一些读书人和官场人物，懂得一点常用的文言词语。他和牛金星、李信、宋献策说话用较多的口头文言，既为了表示对这些人的尊重，也说明他作为义军领袖所具有的丰富、广泛的社会阅历。他和弟兄们讲话，通俗而不粗不野，迥异于刘宗敏和郝摇旗；他跟读书人讲话，用点文言而并不深奥，与牛、李、宋诸人的语言也不一样。两种似乎很不相同的语言，却和谐地统一于闯王一人身上，鲜明地表现了他的身份、性格。"[1]

叙述语言有时也会出现文言词汇和文言句法，一方面是文白相间，另一方面叙述语言中出现了一些古诗词。《李自成》中写开封灯市的一段文字："男女成群结队，络绎街道，或携酒鼓吹，施放花炮，或团聚歌舞，打虎装象，琵琶随唱。"字里行间有着赋体散文的大气与严谨。再如小说中一段写到战斗场景的文字："左光先的侄儿、参将左世雄，面如涂赭，绰号红面虎，在左营里是一位有名的虎将，平日左光先常夸他有'万夫不当之勇'，倚为军中长城。他追杀农民军正在十分得手，忽见闯王来到，在马上狂呼大骂，声如虎吼，须发戟张，目眦尽裂，横刀跃马，来战自成，满以为立功封侯，就在顷刻之间。不料李自成既不叫喊，也不说话，马疾手快，犹如闪电，但见寒光一晃，他还没有来得及招架，已被刺落马下，自成杀散左世雄手下人众，直取左光先的中军。"这段文字描写被有的学者认为"成语迭生，所写战斗场景，大有《三国》意味"[2]。

① 严家炎：《〈李自成〉初探》，《北京大学学报》1979年第1期。

② 吴功正：《论〈李自成〉的艺术风格》，《当代文学研究丛刊》（第二辑），中国社会科学出版社1981年版，第152页。

《六十年的变迁》中，叙述语言也比较文言化。如："照普通惯例，一本流年的酬谢，多则五百，少则一百文。……""正当天气炎热的同日中午，忽然一阵狂风，墨一般的密云，豆一般的雨点……""少英有所顾忌，故只作了一个雷声大、雨点小的样子……""料不到近从外面解甲归来的丘军门……"，语言浅白精练，使《六十年的变迁》表现出言简义丰的民族语言特色。

另外，诗词也会在叙述语言中出现，增添了作品语言的韵味。《李自成》中的诗词数量不在少数，如《商洛杂忆》《随大军过龙门题壁》《囚车过锦州》《沁园春》《满江红》等，绝大多数出自姚雪垠之手。这些诗词在表达人物思想、刻画人物性格、点明文章主旨、推动情节发展方面起到重要作用。如写田妃被打入冷宫之前，写到了她房间有面小镜子，上有七绝一首："秋水清明月一轮，好将香阁伴闲身。青鸾不用羞孤影，开匣当如见故人。"诗作清冷、孤寂的风格暗示着人物命运的走向。再如牛金星于崇祯十二年上元节游玩北京灯市时写的一首诗："近畿才消战火红，太平灯市闹春风。感时诗就心如捣，踽踽游人笑语中。"当时北京周边畿辅各县刚遭清兵蹂躏，趁清兵将兵力转移之际，北京局势缓和许多，"尽管并未解严，但为着皇帝、贵族、达官、富人以及宫廷的需要，一年一度的灯市又开始了"。牛金星的这首诗就是作为一个知识分子对朝廷苟延残喘、浑噩度日现象的深切揭露和对国事民生的担忧情怀。

《李自成》中还有些风景描写，采用文言的四字格，排列整饬，营造了一种古朴的氛围："他苦于睡不着觉，索性起身出舱，站立船头。皓月当空。江风凄冷。两岸黑黝黝高山突兀。船边激浪拍岸，澎湃作响。他望望两岸山影，又望望滔滔江水，感到前途莫测，但又无计可想。""崇祯站起来，凭着女墙，向西南望去，金海中确是湖山如画。北边的蕉园，南边的瀛台，丹桂盛开，古木参天。有许多假山奇石，亭台楼阁，离宫别殿，曲槛回廊，黄瓦红墙，倒影入水，如真似幻。"

无论如何，"十七年"长篇小说中，欧化语言以及文言与普通话是互补而非对抗的关系，丰富了作品的艺术表现手法和作品的文体风格。贺仲明认为："真正成熟的新文学语言，应该是汲取了传统文言文的精粹，又借鉴翻译语的优长，同时又建立在现实大众口语的基础上，是本土生活与现代文化的结合。具备了这三点，就可以说实现了文学语言的本土化，也才可以说是实现了文学语言的成熟。"① 汉语规范化的初衷是建构民族共同语，但在实践过程中对欧化语言和文言甚为苛刻。文学作品从自身艺术特性出发，对欧化语言和文言有不同程度的采用，在一定程度上促进了现代汉语的丰富和成熟。

第三节　"十七年"长篇小说的边缘语言

尽管汉语规范化背景下长篇小说的语言有着纯洁、干净的衡量标准，但在主流语言之外还是有边缘语言的存在空间，这再次表明了长篇小说在语言方面的兼容性。比如行业语言，尤其表现在工业题材的作品中。艾芜《百炼成钢》中有号外钢、非计划等术语。对于一般性读者来说，行业语言的接受难度不亚于偏僻生涩的方言土语。孙犁对此做出过委婉的批评："有的同志用专门的技术名词、机器零件来装饰作品，这也是不足取法的。……术语太多，妨碍读者的阅读，减低他们的兴趣。"② 还有科学语言。曲波的《林海雪原》中有多处少剑波给小分队战士讲科学道理的话语，如科学地解释库仑比的"四怪"。但这样的语言由于其有着较强的专业性，很难参与到小说的整体叙事氛围中。真正具有文体意义及修辞功能的边缘性语言是黑话、脏话、粗话、痞话等所谓的"反语言"，这些话语在一定程度上是整部作品不可或缺的有机成分。

一　反语言的美学效应：黑话

严格说来，黑话也属于行业语，但由于使用这类话语的主体——土匪身份的陌生和神秘，也就使得黑话比主流语言更有隐喻性，也更富有审美质素。毕竟相对于主流语言和日常语言来说，黑话有一种语言陌生化的效果。比如《林海雪原》中，杨子荣带着"先遣图"进入威虎山，在路上打死一只老虎，土匪循声而来：

　　……他对那五个人一瞧也不瞧，只当没看见，满不在乎的搅拌着

① 贺仲明：《从本土化角度看"十七年"乡村题材小说语言的意义》，《首都师范大学学报》2008 年第 3 期。

② 孙犁：《怎样把我们的作品提高一步——在〈天津日报〉副刊写作小组讨论会上的发言》，《孙犁文论集》，人民文学出版社 1983 年版，第 57—58 页。

马草料。心想："我等着他，看他先来啥？"

"蘑菇，溜哪路？什么价？"

杨子荣一听，心想："来的好顺当。"他笑嘻嘻地回头一看，五个人惊瞪着十只眼，并列地站在离他二十步远的地方。杨子荣直起身来，把右腮一摸，用食指按着鼻子尖，"嘿！想啥来啥，想吃奶，就来了妈妈，想娘家的人，小孩他舅舅就来啦。"

他流利地答了匪徒的第一句黑话，并做了回答时按鼻尖的手势，接着他走上前去，在离匪徒五步远的地方，施了一个土匪的坎子礼道：

"紧三天，慢三天，怎么看不见天王山？"

五个土匪一听杨子荣的黑话，互相递了一下眼色，内中一个高个大麻子，叭的一声，把手捏了一个响道：

"野鸡闷头钻，哪能上天王山。"

杨子荣把大皮帽子一摘，在头上划了一个圈又戴上。他发完了这个暗号，右臂向前平伸道：

"地上有的是米，唔呀有根底。"

"拜见过啊么啦？"大麻子把眼一瞪。

"他房上没有瓦，非否非，否非否。"杨子荣答。

"哂哒？哂哒？"大麻子又道。

杨子荣两臂一摇，施出又一个暗号道：

"一座玲珑塔，面向青带，背靠沙。"

"么哈？么哈？"

"正晌午时说话，谁也没有家。"

这段对话如果按照一般生活情境来理解，也就是出门在外的人向陌生人请求帮助时的问答。但无论是问话者还是答话者，他们使用的是相对于主流语言来说具有不同词汇特征的语言形式，这些词汇的涵义与其字典上的解释毫无关系。换句话说，黑话借用了一般语言的词汇外壳，而重新赋予其新的内涵，在所指与能指之间进行重新匹配以达到信息交流的目的。黑话的这种寄生性使其具有极强的隐喻性，因此，小说不得不在这段对话下面加以注释，以使普通读者明了其意指。比如"蘑菇，溜哪路？什么价？"指的是"什么人？到哪去？""野鸡闷头钻、哪能上天王山"指的是

"因为你不是正牌的"。"黑话"作为一种独立自足的封闭语言系统，其暧昧不明的含混意指给了生活在紧张的阶级斗争氛围中的人们对另外一种生活方式的想象与满足，"由此带来的快感及精神治疗作用，不必夸大，却也不容轻看"①。据董之林的分析，这段话虽然很短，却表现了江湖上一种人情世故，有一种小说的世俗气息，极尽人情曲折。比如先打个招呼（"蘑菇……"），后说明自己和对方是同道，拉近了关系（"嘿！想啥来啥……"），也就是套近乎，接下来又施礼，表示有求于对方（要问路），对方则以本地人的自得在语气中略加卖弄（"野鸡闷头钻……"）。② 这段黑话一语双关，很形象地写出了中国下层社会的人际交往，既能交通信息，又有一定的礼数，烘托出一种特殊的生活氛围。

　　在某种程度上，黑话比方言土语更应该成为汉语规范化的对象，方言土语毕竟还有语音、字形上的轨迹可查，黑话则完全切断了字音、字形、字义之间的任何关联，可以说它是一种反语言的语言。不仅如此，黑话所构建的另类世界及其体现的亚文化色彩对主流社会构成了威胁和否定，不间断地同时也是实实在在地破坏着社会的语法规则。1960 年，八一电影制片厂拍摄的《林海雪原》上映之后，反响比较强烈，《北京日报》辟专栏"笔谈《林海雪原》"对该影片集中讨论。其中有篇《我们共同的责任》提到了一个和黑话相关的严重问题：

　　　　不久前《林海雪原》上映之后，"三爷""老九"一类的称呼就在孩子们中间出现了，有的孩子学小炉匠的丑象，自己打着耳光喊："我该死！我混蛋！"有的孩子拿"黑话"当笑话说。孩子们为什么会这样呢？这确实是一个值得我们深思，而又引起我们重视的问题。③

　　文章的作者丁林是北京第二实验小学的教师，出于职业敏感看到了"黑话"有可能对孩子心灵造成的污染。多年之后，学者黄子平也在论著中剖析了"黑话"对于意识形态的侵害："土匪黑话被官方红话所收编所

---

① 黄子平：《"灰阑"中的叙述》，上海文艺出版社 2001 年版，第 69 页。
② 董之林：《"新"英雄与"老"故事——关于五十年代革命传奇小说》，《中国当代文学批评大系·卷五》，苏州大学出版社 2012 年版，第 604 页。
③ 丁林：《我们共同的责任》，《北京日报》1961 年 5 月 25 日。

征服，纳入了正统意识形态的样板叙述之中，而红话也为此付出了代价，它不得不承认有另类话语的存在，对它们的收编和征服无法抹杀反而提醒人们注意了这种存在……"① 因此，无论从语言纯洁性还是社会危害性方面，黑话都应首当其冲成为汉语规范化对象。

但黑话不仅没有被规范整训，而且在文艺作品中获得合法性身份，堂而皇之地借助于文艺作品传播开来。黄子平当年曾在海南岛插队，有幸看到了样板戏《智取威虎山》的黑白舞台纪录片，"看完电影穿过黑沉沉的橡胶林回生产队的路上，农友们记不得豪情激荡的那些大段革命唱腔，反倒将这段土匪黑话交替着大声吆喝，生把手电筒明灭的林子吼成了一个草莽世界"②。即使在对语言"纯净化"程度要求极高的"文化大革命"期间，这段黑话仍然在《智取威虎山》中得以保留，而在新世纪拍摄的电视连续剧《林海雪原》中则被强化：不仅土匪见面以黑话开始，而且小分队也都听得懂黑话的含义。"黑话"受到读者、观众和改编者的青睐，其在文学作品中的合法存在及其在作品迁延中横向的扩展及分量的加重显然事出有因。

首先，黑话既是土匪的一种自我保护，也是自身身份的独特标志，同时也体现出土匪这一边缘性社会群体的文化忌讳心理。《李自成》中对黑话的存在进行了解释和说明：

> 原来本地杆子和各地农民队伍中都有许多词汇是犯忌讳的，用另外创造的词汇代替，一代代流传下来，叫做黑话。例如路和败露的露字同音，说成条子，带路的向导叫做带条子的；饭和犯同音，说成瓢子，而吃饭就叫做填瓢子；鸡和急同音，鸡子说成尖嘴子，鸡叫说成尖嘴子放气；鸭和押同音，鸭子说成扁嘴子。又有一些词汇并不为声音不吉利，也用另外的词汇代替，例如把狗说成皮子，狗叫说成皮子炸；小河说成带子；桥说成孔子等等，非常多。前一类词汇忌讳较严，后一类可以马虎。

土匪之间只有在同一语言系统中才会有认同的可能，就如杨子荣遇到

---

① 黄子平：《"灰阑"中的叙述》，上海文艺出版社 2001 年版，第 70 页。
② 同上书，第 68—69 页。

的那几个匪徒："五个匪徒怀疑的眼光，随着杨子荣这套毫不外行的暗号、暗语消失了。"再如少剑波初遇姜青山时通过对方不说黑话暗语断定其不是土匪。同样的，座山雕见到杨子荣自然也会有一番"语言考验"。杨子荣对答如流，熟悉黑话的种种语法规则，在座山雕看来，自然是同道之人，也就消除了对杨子荣的戒备心理。

其次，则是表现人物性格、营造场景氛围、推动故事情节发展的需要。

> "天王盖地虎。"座山雕突然发出一声粗沉的黑话，两只眼睛向杨子荣逼得更紧，八大金刚也是一样，连已经用黑话考察过他的大麻子，也瞪起凶恶的眼睛。
>
> 这是匪徒中最机密的黑话，在匪徒的供词中不知多少次的核对过它。杨子荣一听这个老匪开口了，心里顿时轻松了一大半，可是马上又转为紧张，因为还不敢百分之百地保证匪徒俘虏的供词完全可靠，这一句要是答错了，马上自己就会被毁灭，甚至连解释的余地也没有。杨子荣在座山雕和八大金刚凶恶的虎视下，努力控制着内心的紧张，他从容地按匪徒们回答这句黑话的规矩，把右衣襟一翻答道：
>
> "宝塔镇河妖。"
>
> 杨子荣的黑话刚出口，内心一阵激烈的跳动，是对？还是错？
>
> "脸红什么？"座山雕紧逼一句，这既是一句黑话，但在这个节骨眼间这样一句，确有着很大的神经战的作用。
>
> "精神焕发。"杨子荣因为这个老匪问的这一句，虽然在匪徒黑话谱以内，可是此刻问他，使杨子荣觉得也不知是黑话，还是明话？因而内心愈加紧张，可是他的外表却硬是装着满不在乎的神气。
>
> "怎么又黄啦？"座山雕的眼威比前更凶。
>
> "防冷涂的蜡。"杨子荣微笑而从容地摸了一下嘴巴。
>
> "好叭哒！"
>
> "天下大大啦。"
>
> 座山雕听到被审者流利而从容的回答，嗯一声喘了一口气，向后一仰，靠在椅圈上，脸朝上，眼瞅着屋顶，山羊胡子一撅一撅的像个兔尾巴。八大金刚的凶气，也缓和下来。接着这八大金刚一人一句又轮流问了一些普通的黑话，杨子荣对答如流，没有一句难住他，他内

心感谢着自己这几天的苦练。

　　这段对话，既表现了杨子荣的智勇双全及座山雕的狡猾奸诈，又能营造出杨子荣初见座山雕时剑拔弩张、杀气腾腾的紧张气氛。尤其是对话过程中，杨子荣内心出现的紧张以及紧张的加剧，使其不会是一个"高大完美的英雄"，但却是一个"真实的英雄"，对于"十七年"英雄形象的"高大全"来说，无疑是一种突破。而对于座山雕的形象塑造来说，一般性的日常语言表现不出其悍匪的本性，突如其来的一句"天王盖地虎"表现了其凶狠和奸诈。如将其全部改为标准化语言，则既违背生活真实，也有损于人物形象的塑造。以下即为"天王盖地虎、宝塔镇河妖"的文末白话注释：

　　　　（雕）：你好大的胆！敢来气你祖宗。
　　　　（杨）：要是那样，叫我从山上摔死，掉河里淹死。

　　即如黄子平所说："黑话译成了白话多少有点大煞风景，比如这后一句因对仗而具有的对等的气势消失殆尽，变成一种气急败坏的赌咒发誓。"①

　　再次，文学语言本身就是对日常语言的变异甚至是反叛，具有极强的隐喻性。那么，黑话出现在这样一种语境中，也就不足为奇了。当然，作家使用这些"黑话"，也比较有分寸、有节制，这就使"黑话"的使用范围有所限制，避免了滥用的嫌疑。首先，一般而言，"黑话"出现在人物语言中，而不会出现在叙述语言中。其次，"黑话"限于土匪之间并且限于某些特殊时刻——比如土匪初次见面之时。一旦身份确认之后，又回归到日常语言。最后，"十七年"涉及土匪题材的还有《李自成》《播火记》《苦菜花》《桥隆飙》《枫橡树》《武陵山下》等。但这些作品里的土匪除《李自成》外，很少有说"黑话"的。比如《苦菜花》里的柳八爷、《播火记》中的李霜泗以及《桥隆飙》中的桥隆飙这样的"准土匪"等。即使是《李自成》中的黑话，在具体使用方面也有分寸。以座山雕为代表的悍匪和李自成的义军不同，两部作品中的黑话自然也有差别。相

---

　　① 黄子平：《"灰阑"中的叙述》，上海文艺出版社 2001 年版，第 69 页。

比较而言,《李自成》中的黑话更为日常一些,在其隐喻义与日常所指之间有迹可循。如"窝在什么地方?"中的"窝"是隐藏、窝藏的意思,"昨夜率领一百多骑兵到了马世耀盘的村庄"中的"盘"是"驻扎"的意思。

当然,最主要的是,"黑话"还是作者美学方面的追求。《林海雪原》中的"黑话"是对土匪之间联络信号进行"文学化"处理的结果,甚至有些"黑话"是作者曲波的创作。比如"正晌午时说话,谁也没有家"。就是对许大马棒的"许"字进行拆解,而"天王盖地虎"中的"天王"指的是蒋介石。作者进行这样的处理,其目的在于"我就是要你听不出来我说的是什么"①。这样处理之后,所塑造的土匪形象不再"土了吧唧",增强了美学效果。

尽管黑话也有约定俗成的构词规则,也富于独创性,并且颇有历史渊源,但由于黑话的使用者是土匪,且其所指与丑陋、阴暗等负面价值相关联,是语言发展的高度污染源。但黑话能够在高度政治化的语言环境中合法地出现,确有令人耳目一新之感。这再一次表明了文学语言的特殊性。

二 "大众语商标":脏话

与黑话一样,脏话也是语言发展的污染源,与汉语纯洁化相悖,是汉语规范化的对象。但与黑话集束式出现不一样,"十七年"长篇小说中脏话则是随处可见,几乎涵盖了各种身份、各种场合。就身份而言,既有许大马棒、座山雕这样的土匪,也有王竹、王柬芝这样的汉奸地主(《苦菜花》);既有朱老忠这样的农民,也有张福全、袁廷发(《百炼成钢》)等工人;既有刘勋苍、栾超家这样的草莽英雄,也有贾正(《敌后武工队》)、石东根(《红日》)这样的指战员;既有蝴蝶迷、聂玉娇(《武陵山下》)这样的女土匪,也有林道静这样的知识分子。至于那些无名无姓的普通工农兵或是特务、汉奸、地主、富农等,更是不胜其数。就场合而言,公开场合的大声叱骂、批斗会上群众的怒骂、亲人之间的对话、敌我交锋时的压制与反对,以及无计可施时的内心独白、压抑愤懑时的情绪化宣泄等也都有脏话的存在。

一般而言,脏话的出现是塑造人物形象的需要。土匪、反动分子、流

---

① 姚丹:《重回林海雪原——曲波访谈录》,《新文学史料》2012 年第 1 期。

氓等反面形象的话语里会出现大量脏话，表现出人物卑劣的政治素质、腐朽的阶级本性和肮脏的道德观念。文学作品中，如同性修辞成为丑化人物的手段一样，脏话成为反动人物的语言标记。《播火记》中，在第二师范"七六"惨案的第二天夜晚，反动特务来捉拿严萍。就在严知孝还在询问对方是什么人时，其中有一人在门口粗暴地说："甭妈的废话，快开门！"严萍一听，南腔北调，嘴里不干不净，觉得不对头，赶紧爬上梯子跳到邻家逃了出来。《战斗的青春》中王金庆骂水仙花、小白鸭是"没长毛的母狗"，这样的话连窦洛殿也听不下去，说："够啦，不要说啦，听了这些话也值得用一盆水洗耳朵啦。"另外，像柳八爷（《苦菜花》）、李霜泗（《播火记》）等"准土匪"，也经常会说出脏话。

为了表现英雄的豪放、不拘小节，他们也会张嘴就说出脏话，甚至与反面形象相比，有过之而无不及。孙达得为了和正在匪巢中扮装匪徒的杨子荣取得联系，深入密林进行远距离联络时，作者写道：

> "妈的！"他奇怪地自语道，"我的全身的重量，倒比两只脚还轻？真他妈的欺侮人，这存心是逼我孙长脚滚去呀！好！妈的，为了完成任务，滚爬都行。"　·

不到50个字的"自言自语"中，出现了三个"妈的"，固然有表现英雄完成任务的坚定决心，却也有滥用之嫌。

"十七年"长篇小说中，女性说脏话的也不在少数。《武陵山下》中的女土匪聂玉娇心狠手辣、狡猾奸诈，她所说的话粗俗歹毒。在和特务曾长耀说话时，来了一句："看了三年驴，不熟驴性也知道驴放屁嘛！"在发火时高声尖叫："饭桶！全都是饭桶！你给我滚出去！"这样的话就很适合这个顽固而阴狠的土匪婆子的性格特点。"蝴蝶迷"是《林海雪原》中的女土匪，人们对她的印象是外貌极丑。其实她的语言比外形更"丑"——她的出场即伴随着脏话："叫他妈的下地狱爬刀山，嘿！穷棒子，看看谁斗过谁？"虽然同为女匪，但聂玉娇没有性道德方面的堕落，因此她的脏话呈现出的是粗俗。"蝴蝶迷"本身就是个具有色情隐喻的绰号。未出嫁时就已放荡无忌，"左盘右算要选一位如意的情人。因此这个搞三天，那个好五日，弄了个乱七八糟"。况又与许大马棒父子苟且，那么，从其口中说出对于女性带有侮辱意味的脏话来，更能表现出蝴蝶迷的无耻下流。与聂玉娇、蝴蝶迷比起来，孙犁《风云初记》中的俗儿所说的脏话更是有过之而无不及。守着丈夫高疤和父亲老蒋的面，她说："我不爱听！什么王八狗肏的话，一到你耳朵里，就成了圣旨。"当高疤询问道士如何保养时，俗儿一语道破："整天价揉搓娘儿们的肚子，你还修行哩！"就凭这两句话，可以见出"俗儿"这个名字，也是名副其实。脏话是一种特殊的男性话语形式，其所指与生殖器官、生殖行为等相关，是一种赤裸裸的性别歧视。这种明显带有性意味的语言对于女性来说构成了一种语言禁忌。但当女性也说出带有侮辱性的语言时，这种自我降格的做法更进一步丑化了人物形象。

　　其次，脏话是人物发泄情绪时的需要。在长期的历史发展过程中，脏话已经抽空了其蕴含的肮脏、污秽色调而变得较为中性化、公式化。比如"他妈的"在长期使用中由于其实际意义已经弱化而固定成为口头语，用来表达言者的愤怒、怨恨、懊恼、失望等负面情绪，或是兴奋、感动等正向情感。另外，脏话的语言构成短小精悍，适合于脱口而出，有利于直接、迅速地将情绪宣泄出来。

　　《青春之歌》是新中国成立后以知识分子为题材的长篇小说，是"十七年"文学的典范之作。其中的主人公林道静被认为是小资产阶级在党的教育领导下走上革命道路的代表性人物，但就是这样一个知识女性，在小说中也说出了脏话：

　　　　忽然一双苍白的手在她面前一闪，她想起了凌汝才。不由得厌恶地唾了一口，把头发向后一掠，轻轻喊道："去他妈的！"由于过度疲乏，她把头靠在冰冷的栏杆上睡着了。

　　这段话出现于小说的第十五章。林道静从乡下来到北平，在火车站遇到白莉苹。白莉苹"轻俏俏卖弄风情的姿态"首先给林道静带来不舒服的感觉；在北京饭店的大跳舞厅，当知道白莉苹有意要撮合自己和报馆总编辑凌汝才，"一霎间，对于白莉苹残余的友情全部消失了。道静的心由懊悔而愤懑、而抑郁"。出了北京饭店，她不知不觉又走到曾经和余永泽一起住过的房子前，"心里突然产生了一种憎恶、懊恼与悔恨交织在一起的情感"。当寻找王晓燕无果，一个人漫无目的地走在北京的街道上，林道静的心情颓废到了极点："心里空旷旷的"。当她想到自己与白莉苹等

"这一群资产阶级寄生虫去周旋"的时候，"她在心里狠狠地责备起自己来"。在这种情况下，林道静喊出了"去他妈的"这句话。如果不考虑林道静说脏话的语境，那么这句话与林道静小资产阶级的身份、思想和气质相左。但林道静毕竟与聂玉珍、蝴蝶迷是绝对不同的两类女性，她出身于地主家庭、接受过现代教育、对爱情充满幻想、对生活充满希望。也与白莉苹这样的性格软弱、贪图享受的小资产阶级女性不同——白莉苹在读林道静给她的告别信时，也说出了"他妈的"这句脏话。所以，林道静的脏话纯粹是一种愤怒、怨愤、自责等种种复杂情绪的宣泄。

《林海雪原》中，少剑波带领小分队来到夹皮沟屯寻找住房，遇到了一家人：

> 两个老年人态度比较缓和些，可是十分恐惧，当少剑波看到那壮年汉子的凶态时，便只说了两句一般的话，回身出来准备另想别的办法宿营。当他向外走的时候，只听那老年人，大概他是当父亲的，从嗓子眼里挤出一点慌恐颤抖的声音："孩子，好好说话，惹不起呀！不管怎么别惹出事来呀！唉！……"
>
> "怕他个屌！"那壮年汉子粗卤地回答着老年人，"要钱没有，要粮早被他们抢光了！要命拿去！割掉头碗大的疤。"
>
> "别说这个，别说这个，"老年人惊恐地阻止着，"看样子不是座山雕的人，好像是些正牌军。"
>
> "正牌军？"壮年汉子一跺脚，愤怒地骂起来，"一个屌样，正牌军是官胡子，兵变匪，匪变兵，兵匪一气通，都是些王八兔子鬼吹灯。"
>
> "孩子，你疯啦，咱们的嘴硬，硬不过他们的二拇手指头一勾勾。"
>
> "去他妈的！屌毛灰，反正是个死。"
>
> 少剑波听得越骂声越大，仿佛那壮年汉子故意要挑衅似的。

土匪对夹皮沟屯经常抢粮抢钱，村民们对土匪是恨之入骨，所以一张嘴就是满嘴脏话。因为这位壮年汉子的愤恨指向的是土匪而不是剿匪小分队，所以少剑波听了这恶毒的责骂，不仅没有生气，反而"对青壮年工人这种倔强的性格，无畏的精神，和全屯一致的行动，内心却感到无限的赞佩"。

最后，脏话也是创设特殊氛围的需要。《林海雪原》第 24 回《栾超家闯山急报》中，栾超家来到威虎山与小分队见面时的一段对话：

> 他喘了一口气又说，"百鸡宴上拿座山雕哇！就好比裤筒里抓……"他一眼看见白茹在跟前，不好意思再往下说下去，脸一红，笑着自语道："呔！呔！下道了！这说些啥！"
>
> 小董偏逼他说："老栾！抓什么？抓什么？"
>
> 栾超家脸更红了，再瞅了一下白茹道："说句文明的吧！裤筒里抓那个玩意，是手拿把卡。"
>
> 杨子荣咧嘴笑道：
>
> "别往下说啦！老栾又要磨上卸驴，快下道了！"

栾超家顾忌到白茹，没有说出脏字。在小董的逼问下，改用"文明的"说法"那个玩意"。但他的"不好意思""脸更红了"却表明没有说出来的脏话对于女性来说具有极强的冒犯性。小董的逼问以及栾超家欲盖弥彰的改换原词，使这一场景氛围沾染上民间趣味及狂欢化效果。《枫橡树》第 17 小节，群众中有人骂马玉池："放你娘的狗屁！"话不用多说，仅此一句，就戳破了马玉池的虚伪与狡辩。《红旗谱》中，庆儿娘守着大贵、江涛的面骂丈夫朱老星："成天价是脱了裤子放屁！这么会打算，那么会打算，把个日子也鼓捣垮了，眼看就要撅狗牙！"朱老星挨了骂后的反应是"咪咪笑着"。不仅如此，"庆儿娘越是骂他，浑身越是觉得滋润。有时，日子长了，听不见这种声音，看不见这种颜色，他就觉过得清淡，没有意思了。真的，庆儿娘连说带嚷，朱老星一点也不恼，一年三百六十五天，都是这样过来的，并不认为是什么侮辱。相反，更觉得夫妻和睦"。因此，庆儿娘对朱老星的骂，体现了一种民间生活的情趣。

脏话是一种普遍的语言现象和社会现象。语言具有宣泄功能，当人们在现实生活中遇到不满和欺压而又无力改变时，就会以对道德和文明冒犯和亵渎的语言表达出来。巴赫金曾经从积极意义为脏话做过辩护：

> 骂人的话是不拘形迹的广场言语的一种特殊的言语体裁。就其起源来说，骂人的话种类不一，在原始社会交往的条件下，骂人的话具

有各种不同的功能，主要是巫术、诅咒性质的功能。然而，对于我们来说，特别值得注意的是那些作为古代诙谐性祭祀活动的必要成分的亵渎神灵的骂人脏话。这些骂人脏话具有双重性：既有贬低和扼杀之意，又有再生和更新之意。正是这些具有双重性的脏话决定了狂欢节广场交往中骂人话这一言语体裁的性质。在狂欢节的条件下，它们从本质上得以重新认识：完全失去了自己的巫术性质以及一般实用性质，具有自我完整性、包罗万象性和深刻性。经过这种改观，骂人话对创造狂欢节的自由气氛和看待世界的第二种角度，即诙谐角度，做出了自己的贡献。①

从巴赫金的论述可以看出，脏话的出现具有一种解构功能，它以对神灵的亵渎确立了自身话语诙谐狂欢的独特性。无独有偶，露丝·韦津利也从解构的角度对脏话的功能进行了解释：

无论如何，站在咒骂这一边的人，传达的并不是上层阶级的观点——象牙塔、CBD里四面都有观景大窗的执行长办公室，或任何会因维持现况获利的人。而且，大致说来，反脏话的阵营已经打了声张。一旦既有权力给某种说话风格加上污名，该风格就变成错误示范的榜样。各方面证据显示，这种做法跟语言的"品质"或"纯度"或"优雅"没有什么关系，重点在于握有权力，让你自己的风格变成官方批准的风格。②

露丝·韦津利认为，脏话产生于无信仰的新时代，"'上帝'和'地狱'和许多宗教相关字词逐渐过气，因此也失去禁忌的力量"。在此情状下，具有冒犯性的脏话在俗世多元的社会语境中开始出现，而其中最具有攻击性的是性和生理功能的词汇。这样来看，"十七年"长篇小说中的脏话以对规范化语言的忽视与冒犯展现了民间社会原生态的粗鄙与混乱，在刻板僵化的文学语言中保存了民间应有的狂欢气息。当社会底层人员以脏

① ［苏］巴赫金：《拉伯雷的创作与中世纪和文艺复兴时期的民间文化》，《巴赫金全集》（第6卷），李兆林、夏忠宪等译，河北教育出版社1998年版，第21页。
② ［澳］露丝·韦津利：《脏话文化史》，颜韵译，文汇出版社2008年版，第249—250页。

话标示出自我身份的时候，文学疆域与社会生活的边界泯然一体。正因如此，无产阶级文学的先驱高尔基也对脏话赞不绝口："工人阶级的语言不文明，但与资产阶级贵族相比，却不娇柔作作，充满革命的新生力量。"①

脏话既存在于生活领域，也存在于文学领域。在中国文学的长河里，粗俗语的使用可谓源远流长。中国古代白话小说中就有很多脏话，在市民白话小说中尤其突出，如《金瓶梅》《水浒传》等小说里面粗话、脏话随处可见，而在高雅如《红楼梦》中，也难免有"杂种""畜生"等粗俗语的存在，端庄清高如林黛玉者，也说出"放屁！外头不是枕头？"这样的粗话；更有甚者，鸳鸯在抢白嫂子时情急之下说出了"你快夹着屎嘴离了这里……"这样粗鄙的言语来。五四新文学以来，脏话、粗俗语更为常见：

> 我操他八百代祖宗！硬将老子们坐禁闭。（叶紫《夜哨线》（二））
>
> 又是许你妈的什么愿，一点本事都没有，许愿就能保佑你发财了？（台静农《拜堂》）
>
> 他娘的！这是我们的不对么？（洪深《五奎桥》）
>
> 咱们是苦差使呀！几两银子的饷，就是他妈卖命钱！（洪深《赵阎王》）

脏话属于下层民间语言，文化水平越低，用语越不文明，即脏话越多；相反，文化水平越高，则使用脏话越少。以上所举例句中皆是农民形象。"十七年"长篇小说中，随着下层社会生活场景的全面展开，脏话也进入到一个狂欢化时代。在"为工农兵写作"的背景下，脏话的大量使用是文学"接地气"的表现，表征着日常生活的敞开。从文化心理学角度而言，脏话具有一种极强的亲和力，能迅速拉近文本与读者之间的距离。

脏话总是以规范化语言作为"他者"以保持自身的独特性。自发地生成于日常生活的脏话犹如一粒粒细小却坚硬的石子镶嵌在日常语言的

---

① 高尔基语，见孙国亮《小说日常话语的叙述表征》，上海大学出版社 2010 年版，第22 页。

肌理深处，不间断的同时又是实实在在地消耗、磨损着规范化语言的纯洁与健康。既然脏话以孤立、保守的方式拒绝同化，那么对于脏话的剿除也就在所难免。《中国语文》1954 年第 5 期发表了张啸虎的文章《清除庸俗低级的语言》，对文学作品中大量存在的脏话、粗俗语做了严厉批评：

> 有些作品在描述到劳动人民的时候，往往喜欢在他们说的话中安一些像"他妈的"，"操他奶奶"，"放你的狗屁"，"管他个屁"之类的骂人话。仿佛不讲几句荤话，就不足以表现"工农兵"的"特点"，就不足以表现劳动人民"心直口快"，"大刀阔斧"的个性。事实上，并不是这样的。应该承认：在旧社会中，劳动人民被剥夺了受教育的机会，他们不可能具有较高的文化素养。同时，他们也经常用刻毒的愤恨的诅咒，投向剥削阶级，投向反动统治者，投向黑暗的社会，投向不合理的人和事。但是，现在这种情况已经改变了。在新社会中，在毛泽东的教养下，劳动人民正在不断地提高自己的文化，已经或正在改变所谓"大老粗"的习惯。我们的人民将逐渐成为具有高度文化素养的人们呢。因此，把庸俗低级的语言说成是劳动人民的语言，硬要通过当代劳动人民的口表现出来，是不符合实际情况的，也是对劳动人民的一种歪曲和诬蔑！

文章最后从汉语规范化的角度呼吁消除脏话——首先是作家们有意识地对其剿除："'为祖国语言的纯洁和健康而斗争'必须包括两方面的任务，一方面是要求语言的正确，要合乎语法，讲究修辞，充分地表现出祖国语言所具有的生动，丰富与优美的特点；另一方面是要注意语言所表达的思想内容——是不是庸俗低级的语言，是否恰如其分地表现了事物的真实和本质，是否毒害人民的心灵。"因此，"正如庸俗低级的语言今后会从我们全体人民的口中消灭下去一样，我希望首先从我们的文艺作品中驱逐出去"①。

同样从汉语规范化角度反对脏话的还有吴强。他认为："有些人，在工人、农民、战士及其干部中，可能还要多些，在他们的语言里，是常有

---

① 张啸虎：《清除庸俗低级的语言》，《中国语文》1954 年第 5 期。

骂人的语句的。骂人的语言，骂到'娘'和其他的亲属的语言，是旧社会、封建主义统治之下的产物。这是人们语言中的落后的、不健康的部分。现在，社会性质已经根本改变，道德观念也已经有了根本的改变，因而这一类的语言，也在渐渐地被清洗。自然，这一类的语言，并没有从人们的嘴边完全驱除，这是实际。但作为文学艺术的创作来说，如果不是为的表现某个人物的落后、粗鲁、野蛮、没有文化和道德修养，就不应当采用这一类的语言。艺术的真实，是要表现生活的真实，而生活的真实，它的基本内容，就应当是斗争的真实，意识、思想、情感的真实。那些污秽的骂人的语句，与表现这些真实是无关的，也是无用的。因而在作品中，采用甚至滥用这一类不健康、不纯洁的语言，也是不必要的。"①

　　有的作家在作品再版时修改或是删除了脏话，即使因为语境的需要无法完全删除，也尽量以相应的词汇代替。如老舍在1955年《骆驼祥子》的修改版中"删去些不大洁净的语言"，② 这些"不大洁净的语言"其中有一部分就是脏话，如祥子觉得虎妞好饭好菜养着他，是为了让他成为她的玩意儿，接下来有一句叙述的话："他看见过：街上的一条瘦老的母狗，当跑腿的时候，也选个肥壮的男狗。"修订本将这句话删去，再如杨妈骂夏太太是"千人骑万人摸的臭×"，修订本将此句话删去。③ 柳青在1973年4月重印《铜墙铁壁》之前，对其进行了删改，其中文字方面删除了如"狗日的"之类骂人的粗话，"不得不用时则改为通行的'他妈的'"④。

　　事实上，对于脏话的清扫是20世纪语言学和文学批评的一以贯之的工作。针对现代文学作品中出现的脏话和粗俗语，在《答曹聚仁先生信》中，鲁迅从文艺大众化出发，讽刺了滥用脏话现象："譬如'妈的'一句话吧，乡下人是有许多意义的，有时骂骂，有时佩服，有时赞叹，因为他说不出别样的话来。先驱者的任务，是在给他们许多话，可以发表更明确的意思，同时也可以明白更精确的意义。如果也照样地写着'这妈的天

　　① 吴强：《注意语言的纯洁和健康》，《文艺生活》，新文艺出版社1956年版，第36页。

　　② 老舍：《〈骆驼祥子〉后记》，《老舍文集》（第16卷），人民文学出版社1991年版，第369页。

　　③ 金宏宇：《中国现代长篇小说名著版本校评》，人民文学出版社2004年版，第147页。

　　④ 何启治：《〈铜墙铁壁〉的再版和柳青的谈话》，《文学编辑四十年》，人民文学出版社2001年版，第7页。

气真是妈的，妈的再这样，什么都要妈的了'，那么于大众有什么益处呢？"① 在另外一篇文章中，鲁迅的批评更为严厉："现在有些作品，往往并非必要而偏在对话里写上许多骂语去，好像以为非此便不是无产者作品，骂詈愈多，就愈是无产者作品似的。其实好的工农之中，并不随口骂人的多得很，作者不应该将上海流氓的行为，涂在他们身上的。即使有喜欢骂人的无产者，也只是一种坏脾气，作者应该由文艺加以纠正，万不可再来展开，使将来的无阶级社会中，一言不合，便祖宗三代的闹得不可开交。"②

在这里鲁迅并非否定使用骂语——阿Q也说过"妈妈的"，而是认为在具体语境中恰当使用而不是滥用。文学作品中的脏话固然有其存在的必要性，但如果作者不加节制而滥用——忽略了语境的词语叠加，无论是对于意识形态的净化还是语言的良性发展都具有不可估量的后果。如张啸虎在同一篇文章中批评的，碧野的长篇小说《我们的力量是无敌的》"采用了连篇累牍的侮辱人的词儿，来描写我们人民解放军的干部和战士。像以下这样一些旧社会剥削阶级用来咒骂劳动人民的口头禅：马、牛、羊、鸡、狗、猪、驴、兔子、乌龟、王八、鳖、猴子、狐狸、杂种、混蛋、毬毛等。同时，作者还多方搜集和别出心裁地创造了一些新的骂人的语汇，如：公驴、公猴、阉鸡、阉猪、野狸子、陀螺、甜嘴狐狸、老公猴、山喜鹊、野狗、夹尾巴狗、狗不理之类，都被作者'信手拈来'，加在我们的战士身上，他形容连长是一个'××毛瞎大兵'，战士背被包是'王八驮壳壳'；描写上前线送饭而受敌射击的炊事员是'好像从糖土场上打过滚出来的两只驴子'；对一个作战失利的连队，就借一只乌鸦的啼叫，骂这个连队'鳖孙呀！鳖孙呀！'；他把一位团长的通讯员，说成是'团长养的一只猪'"。因此，文章谴责小说所使用的"所有这些庸俗低级的语言，说明作者对于我们的人民解放军没有丝毫敬爱尊重之处（不管作者的主观意图如何），而是'公开地鄙弃他们'"③。与之相类似的，艾芜的《百炼成钢》中因为过多使用"骂人的话"而受到读者的批评。《文史知识》

---

① 鲁迅：《答曹聚仁先生信》，《鲁迅全集》（编年版），人民文学出版社 2014 年版，第 177 页。

② 鲁迅：《辱骂和恐吓决不是战斗》，《鲁迅全集》（编年版），人民文学出版社 2014 年版，第 816 页。

③ 张啸虎：《清除庸俗低级的语言》，《中国语文》1954 年第 5 期。

刊载了清华大学施怀瑾等的来信，对《百炼成钢》中的脏话表示不满："在生活中难免有骂人的话，但作为文学作品应该提炼一下。如袁廷发对老婆谈话，好多次用恶毒的字眼"①。《林海雪原》中的多处脏话出现于人物的心理活动中，由于语境的丧失，这些脏话无论如何是不得体的。如第5节《刘勋苍猛擒刁占一》中有一段刘勋苍的心理活动："一直快晌午，还是一无所得。　'妈的！我这样盲目地走，走到哪里能找到匪踪呢？'……妈的！侦察不如打仗痛快……奶奶！老刘多咱也没干过这样不痛快的事。"心理活动中完全没有必要出现粗口，但作者并没有避免。

　　无论如何，脏话的生命力是如此顽强，不仅未能被规范化语言收编，反而在某些时期登峰造极、泛滥成灾。陈漱渝回忆"文化大革命"期间脏话的流行情况："由于红卫兵运动的推动，'国骂'堂而皇之地进入了革命造反派的红色文献。一时间，'他妈的'、'放他妈的屁'、'造他妈的反'一类豪言壮语充斥于大街小巷。我当时在北京一所中学任教，曾奉工宣队之命撰写一篇批判'走资派'的稿子。送审之后，工宣队找我谈话，认为稿子毫无战斗性，辜负了组织期望。结果我被迫在一篇千字文中加入了五至十句'国骂'，才最终获得通过。我的这一亲身经历说明，在那个'人妖颠倒是非混淆'的时代，骂脏话就等同于革命。人性的扭曲、语言的扭曲竟到如此地步，实为古今中外历史所罕见。"② 另有学者的回忆也谈到了"文化大革命"期间脏话的盛行："……文明的语言、优美的语言被说成没有'革命感情'的资产阶级、修正主义的货色，而粗话、脏话则以'工农兵革命语言'的面貌广泛流行，'滚他妈的蛋'就曾是一时间风行全国的'造反歌'中最受欣赏的一句。那些大有血淋淋吓人字眼的标语口号也充斥街头，什么'杀向社会'、'砸烂狗头'、'踏上一万只脚'的嚷叫简直要震破人们的耳鼓。"③

　　"文化大革命"结束后，文学作品——包括影视剧中的脏话再次出现高峰。对于这种现象，有学者做了比较中立的评判："这可能显示了当代文化和当代文艺里的一个二律背反的矛盾。你要反映人物的真，就要说脏话，神韵才会出来，如果要雅，就会露出假。从整个文化来说，人们应该

---

① 《读者对〈百炼成钢〉的意见》，《文史知识》1959 年第 5 期。

② 陈漱渝：《出口成"脏"——关于脏话的若干文化随想》，《书屋》2009 年第 1 期。

③ 见吕冀平、戴昭铭《语文规范工作 40 年》，《语文建设》1990 年第 4 期。

提倡雅，反对俗，但从文艺反映社会来说又有一个假与真的问题。这类人既然在社会上有其地位，文艺上也应该有其地位，这样才会对生活有一种全面认识，你要表现他的真，就要说脏话，你要把脏话都改为雅语，雅是雅了，但就不是他了，就假了。雅与俗，真与假的矛盾可能会在脏话圈里翻滚，而成为人们长期争论的问题。"①

　　因此，要想从语言体系中完全清除脏话，既没必要，也不可能。在文学作品中，应该对脏话审慎地运用。在评论靳以的《虫蚀》三部曲时，萧乾委婉地提出忠告："他这个实验显示给我们：能用大众语写小说，且能写得更结实生动。在那粗野泼辣的语调里，我看到了更真实活泼的人物。我随读随奇怪一个曾把想象放在异邦流浪者群里，把笔浸入温柔而曲折的字句里的作者，对北平方言会如此娴熟，且使用得如此恰当。在作者步入社会圈子改变作品内容之初，我们掬诚希望他在文体上也走上一条新路：把方言里的粗犷，诙谐（可不仅仅是那作为大众语商标的'他妈的！'），想象，爽利的精华尽力吸收到作品里去"②。赵树理也曾经表示过类似的意思："所谓大众语，并不尽是'奶奶雄，操他个奶奶，骂拉个八'等等粗陋的语言。"③ 赵树理笔下的农民没有说脏话、粗话的，但谁又能否认赵树理笔下农民形象的真实性呢？一般来说，脏话、粗俗话的使用如果注意到了时间、空间、说话主体、说话对象以及言说话题等几个方面，那么，脏话便有可能不"脏"。只有如此，脏话才能以美学的名义在语言领域为自己占据一块可供驰骋的飞地。

---

　　① 参见王一川、张法《新"十批判书"之九——杂语共生与汉语走向——当前汉语言文化批判》，《文艺争鸣》1994 年第 4 期。

　　② 萧乾：《评〈虫蚀〉三部曲》，《萧乾选集》（第四卷），四川人民出版社 1984 年版，第86—87 页。

　　③ 赵树理：《欧化与大众语》，《赵树理文集》（第 4 卷），中国工人出版社 2000 年版，第1481 页。

参考文献

一 "十七年"时期报刊

《北方杂志》《北京日报》《北京文艺》《长江文艺》《东北文学》《读书杂志》《光明日报》《红旗》《花城》《华北文艺》《火花》《解放》《解放军文艺》《拼音》《人民日报》《人民文学》《山东文学》《山花》《上海文学》《文汇报》《文学杂志》《文艺报》《文艺生活》《文艺月报》《文字改革》《西北文艺》《戏剧报》《新港》《新观察》《新观察》《新华月报》《新建设》《新文字周刊》《新闻战线》《鸭绿江》《延河》《语文学习》《语文知识》《语文知识月刊》《中国语文》

二 论著

[德] 洪堡特：《论人类语言结构的差异及其对人类精神发展的影响》，姚小平译，商务印书馆1999年版。

[法] 梅耶：《历史语言学中的比较方法》，岑麒祥译，科学出版社1957年版。

[加] 诺思洛普·弗莱：《弗莱文论三种》，徐坤等译，内蒙古大学出版社2003年版。

[美] 约翰·迈尔斯·弗里：《口头诗学：帕里－洛德理论》，朝戈金译，社会科学文献出版社2000年版。

[瑞士] 凯赛尔：《语言的艺术作品》，陈铨译，中国社会科学出版社1986年版。

[苏] 巴赫金：《巴赫金全集》，钱中文译，河北教育出版社1998年版。

新知识出版社编辑部：《1957年文字改革辩论选辑》，新知识出版社1958年版。

文字改革出版社编：《当前文字改革的任务和汉语拼音方案》，文字改革出版社 1958 年版。

中国文字改革委员会研究推广处编：《第二次全国普通话教学成绩观摩会资料选编》，文字改革出版社 1960 年版。

中国文字改革委员会词汇小组编：《汉语拼音词汇（初稿）》，文字改革出版社 1958 年版。

北京市推广普通话工作委员会编：《汉语拼音方案与有关文件汇编》，北京市推广普通话工作委员会 1958 年编印。

福建人民出版社编辑部编：《论新文风》，福建人民出版社 1959 年版。

文字改革出版社编：《清末文字改革文集》，文字改革出版社 1958 年版。

作家出版社编辑部编：《谈小说创作》，作家出版社 1962 年版。

文字改革出版社编：《推广普通话文件汇编》，文字改革出版社 1985 年版。

北京大学等编：《文学运动史料选》，上海教育出版社 1979 年版。

文字改革出版社编：《文字改革笔谈》（第 1 辑），文字改革出版社 1958 年版。

北京师范学院中文系汉语教研组编：《五四以来汉语书面语言的变迁和发展》，商务印书馆 1959 年版。

现代汉语规范问题学术会议秘书处编：《现代汉语规范问题学术会议文件汇编》，科学出版社 1956 年版。

罗常培等：《现代汉语资料选编》，甘肃人民出版社 1981 年版。

《新文学史料》编辑部：《历史风涛中的文人们》，人民文学出版社 2009 年版。

人民出版社编辑：《中国文字改革的第一步》，人民出版社 1956 年版。

《中国语文》杂志社编：《中国文字拼音化问题》，中华书局 1954 年版。

路德庆主编：《作家谈创作》，花城出版社 1981 年版。

曹伯韩：《论新语文运动》，东方书店 1953 年版。

陈徒手：《人有病　天知否》，生活·读书·新知三联书店 2013

年版。

陈望道：《陈望道文集》，上海人民出版社 1981 年版。

丁玲：《丁玲全集》，河北人民出版社 2001 年版。

杜鹏程：《杜鹏程文集》，陕西人民出版社 1993 年版。

杜子劲编：《一九四九年中国文字改革论文集》，大众书店 1950 年版。

杜子劲：《一九五〇年中国语文问题论文辑要》，大众书店 1952 年版。

冯雪峰：《冯雪峰选集》，人民文学出版社 2003 年版。

冯至：《冯至全集》，河北教育出版社 1999 年版。

高玉：《现代汉语与中国现代文学》，中国社会科学出版社 2003 年版。

何九盈：《中国现代语言学史》，广东教育出版社 1995 年版。

何启治：《文学编辑四十年》，人民文学出版社 2001 年版。

侯金镜：《侯金镜文艺评论选集》，人民文学出版社 1979 年版。

胡裕树编：《现代汉语参考资料》，上海教育出版社 1980 年版。

金宏宇：《中国现代长篇小说名著版本校评》，人民文学出版社 2004 年版。

老舍：《老舍全集》，人民文学出版社 2013 年版。

黎锦熙：《中国文字与语言》，北京师范大学出版社 1951 年版。

黎锦熙：《文字改革论丛》，文字改革出版社 1957 年版。

李华盛编：《周立波研究资料》，湖南人民出版社 1983 年版。

李恺玲、廖超慧：《康濯研究资料》，湖南人民出版社 1984 年版。

李频：《龙世辉的编辑生涯——从〈林海雪原〉到〈芙蓉镇〉的编审历程》，河南大学出版社 1992 年版。

李陀：《昨天的故事——关于重写文学史》，三联书店 2011 年版。

李杨：《50—70 年代中国文学经典再解读》，山东教育出版社 2003 年版。

李准：《李准谈创作》，中国文艺联合出版公司 1983 年版。

李准：《情节、性格和语言》，河南人民出版社 1963 年版。

梁斌：《梁斌文集》，人民文学出版社 2005 年版。

刘进才：《语言运动与中国现代文学》，中华书局 2007 年版。

刘云涛等编:《梁斌研究专集》,海峡文艺出版社 1986 年版。

刘增人、冯光廉编:《叶圣陶研究资料》,知识产权出版社 2010 年版。

柳青:《柳青文集》,人民文学出版社 2005 年版。

鲁枢元:《超越语言——文学言语学刍议》,中国社会科学出版社 1990 年版。

陆宗达、俞敏:《现代汉语语法》,群众书店 1954 年版。

吕叔湘、朱德熙:《语法修辞讲话》,中国青年出版社 1980 年版。

茅盾:《茅盾全集》,人民文学出版社 1996 年版。

倪海曙:《拉丁化新文字的运动始末和编年纪事》,知识出版社 1987 年版。

倪海曙:《语文杂谈》,新知识出版社 1957 年版。

秦牧:《秦牧全集》,广东教育出版社 2007 年版。

秦兆阳:《论公式化概念化》,人民文学出版社 1953 年版。

秦兆阳:《文学探路集》,人民文学出版社 1984 年版。

沈从文:《沈从文全集》,北岳文艺出版社 2002 年版。

师陀:《师陀作品新编》,人民文学出版社 2011 年版。

苏培成主编:《当代中国的语文改革和语文规范》,商务印书馆 2010 年版。

孙露茜、王凤伯编:《茹志鹃研究专集》,浙江人民出版社 1982 年版。

孙中田、查国华编著:《茅盾研究资料》,知识产权出版社 2010 年版。

唐兰:《中国文字学》,上海古籍出版社 1979 年版。

唐弢:《创作漫谈》(增订本),浙江文艺出版社 1986 年版。

汪辉:《现代中国思想的兴起》,三联书店 2008 年版。

王力、邵荣芬等:《汉族的共同语和标准音》,中华书局 1956 年版。

王力:《王力文集》,山东教育出版社 1990 年版。

王松茂:《谈谈现代汉语词汇规范化》,通俗读物出版社 1956 年版。

王希杰:《修辞学新论》,北京语言学院出版社 1993 年版。

王一川:《汉语形象美学引论》,广东人民出版社 1999 年版。

王一川:《汉语形象与现代性情结》,首都师范大学出版社 2001

年版。

魏金枝：《文艺随谈》，新文艺出版社 1957 年版。

吴玉章：《文字改革文集》，中国人民大学出版社 1978 年版。

徐世荣《普通话语音讲话》，文字改革出版社 1958 年版。

杨沫：《杨沫文集》，北京十月文艺出版社 1994 年版。

杨群等：《编余漫笔：编辑谈创作》，广东人民出版社 1980 年版。

姚北桦、贺国璋、俞润生编：《姚雪垠研究专集》，黄河文艺出版社 1985 年版。

姚丹：《"革命中国"的通俗表征与主体建构——〈林海雪原〉及其衍生文本考察》，北京大学出版社 2011 年版。

姚雪垠：《姚雪垠文集》，人民文学出版社 2011 年版。

叶圣陶：《叶圣陶集》，江苏教育出版社 2004 年版。

以群：《谈有关文学特性的几个问题》，上海文艺出版社 1958 年版。

易征：《文艺茶话》，吉林人民出版社 1962 年版。

张世禄：《普通话词汇》，新知识书店 1957 年版。

张卫中：《母语的魔障——从中西语言的差异看中西文学的差异》，安徽大学出版社 1998 年版。

张中行：《文言和白话》，黑龙江人民出版社 1988 年版。

张周编著：《为什么要推广普通话？》，广东人民出版社 1956 年版。

赵黎明：《"汉字革命"——中国现代文化与文学的起源语境》，中国社会科学出版社 2010 年版。

赵树理：《赵树理文集》，人民文学出版社 2005 年版。

郑林曦：《中国文字为什么必须改革》，东方书店 1953 年版。

周定一：《周定一文集》，中国社会科学出版社 2012 年版。

周立波：《周立波文集》，上海文艺出版社 1985 年版。

周扬：《周扬文集》，人民文学出版社 1990 年版。

周有光：《汉字改革概论》，文字改革出版社 1979 年版。

周有光：《语文风云》，文字改革出版社 1980 年版。

周有光等：《普通话常识》，文字改革出版社 1957 年版。

周祖谟：《汉语词汇讲话》，人民教育出版社 1959 年版。

朱自清：《朱自清大全集》，新世界出版社 2012 年版。

后 记

　　三年前的一个下午，在河南大学一个安静的办公室里，我向孙先科老师谈到想在汉语规范化与"十七年"文学之间的关联性做一研究，孙老师不仅肯定了这一话题有值得研究的价值，而且建议我将题目缩小为"汉语规范化与'十七年'长篇小说之间的关系研究"，这样更具有可操作性。孙老师的话使我大受鼓舞，我也趁机向孙老师提出能不能申请进入河南大学博士后流动站工作，他慨然允诺。在孙老师的指导下，2013 年我以该题报教育部人文社科基金青年项目，竟有幸通过。欣喜之余，更增添了对孙老师人品和学识的钦佩！

　　当初想到这个话题纯属偶然。一次无意中读到了刘进才老师的《语言运动与中国现代文学》一书，深受启发。研究界常常从政治、社会、文化、思想等角度对 20 世纪文学作品及文学史进行解读和梳理，但却忽略了文学的本体性问题，也就是语言问题。所有的文学问题最终要通过语言这一物质材料呈现出来，语言形态决定了文学风貌。忽略了这个本体性问题，也许就无法看清文学生成、发展的深层次原因。在对浩如烟海的史料的发掘和整理中，进才老师令人信服地论证了晚清民国的语言运动与中国现代文学发生的天然同构性及其历史必然性。读过进才老师这部扎实的理论著作后，我又找来了高玉、郜元宝、张卫中、赵黎明等学者关于语言与文学之间关系研究的专著。读过之后，我发现这些学者的研究重点都放在中国现代文学阶段，而对新中国成立后语言与文学之间的关系关注较少，尤其是汉语规范化这样一场全国性的语言规划运动不可能不对文学有影响。我意识到这是一个很好的话题，但这个话题有没有研究的价值、值不值得研究，心里却没底。故而在初步查找了一些资料后去向孙先科老师求教，而他的一番话则让我坚定了将这个话题研究下去的信心和决心。

　　当初向孙老师汇报如何入手时，我设想也按照进才老师的那种研究方法，回到历史现场，让史料说话。但及至书稿成文之后，发现与预期目标相差太大。目前最主要的问题是过于拘泥细节，未能从更宏观的角度对史料做出学理性阐发。这也让我对孙老师有一丝愧疚，辜负了他对我说的把这个问题"做实做透"的期望。

我的博士生导师昌切先生也一直关注着书稿的进展情况。当年就这一论题向昌切先生请教时，他在电话中侃侃而谈半个多小时，细致地勾勒出从晚清到新中国成立初期的语言流脉，其中的真知灼见给我以极大的启发。可惜我天资愚钝，仅能理解先生所言十之一二。每想及此，便惭愧不已！

在书稿写作期间，除了孙先科老师、刘进才老师的支持和鼓励，还要感谢在河南大学读硕士时教过我的刘涛、白春超、魏春吉、胡全章、杨萌芽等老师，他们扎实的理论和严谨的作风永远是我学习的榜样。感谢中国社会科学出版社的宫京蕾和武云两位女士，在她们的关心和帮助下，书稿得以顺利付梓。感谢师弟王鹏飞，他的真诚直率每每使我回到当年研究生楼 528 寝室那种融洽与快乐的氛围。还有周口师范学院文学院、科研处的领导、同事和朋友给予我工作上的帮助和扶持，在此说声谢谢！父母和爱人对我的工作全力支持，孩子给了我莫大的快乐。有了他们的陪伴，我的生命充实、丰富！